全国一级建造师执业资格考试专项突破

公路工程管理与实务案例分析专项突破

全国一级建造师执业资格考试专项突破编写委员会　编写

中国建筑工业出版社

图书在版编目（CIP）数据

公路工程管理与实务案例分析专项突破／全国一级
建造师执业资格考试专项突破编写委员会编写. -- 北京：
中国建筑工业出版社，2025.4. --（全国一级建造师执
业资格考试专项突破）. -- ISBN 978-7-112-31101-9

Ⅰ. U415.1

中国国家版本馆CIP数据核字第20257W3F28号

本书根据考试大纲的要求，以历年实务科目实务操作和案例分析真题的考试命题规律
及所涉及的重要考点为主线，收录了近年全国一级建造师执业资格考试实务操作和案例分
析真题，并针对历年实务操作和案例分析真题中的各个难点进行了细致的讲解，从而有效
地帮助考生突破固定思维，启发解题思路。

同时以历年真题为基础编排了大量的典型实务操作和案例分析习题，注重关联知识
点、题型、方法的再巩固与再提高，着力培养考生对"能力型、开放型、应用型和综合
型"试题的解答能力，使考生在面对实务操作和案例分析考题时做到融会贯通、触类旁
通，顺利通过考试。

本书可供参加全国一级建造师执业资格考试的考生作为复习指导书，也可供工程施工
管理人员参考。

责任编辑：田立平
责任校对：张惠雯

全国一级建造师执业资格考试专项突破

公路工程管理与实务案例分析专项突破

全国一级建造师执业资格考试专项突破编写委员会　编写

*

中国建筑工业出版社出版、发行（北京海淀三里河路9号）

各地新华书店、建筑书店经销

北京建筑工业印刷有限公司制版

建工社（河北）印刷有限公司印刷

*

开本：787毫米×1092毫米　1/16　印张：17¾　字数：426千字

2025年5月第一版　　2025年5月第一次印刷

定价：**48.00**元

ISBN 978-7-112-31101-9

（44778）

前　言

为了帮助广大考生在短时间内掌握考试重点和难点，迅速提高应试能力和答题技巧，更好地适应考试，我们组织了一批一级建造师考试培训领域的权威专家，根据考试大纲要求，以历年考试命题规律及所涉及的重要考点为主线，精心编写了这套"全国一级建造师执业资格考试专项突破"系列丛书。

本套丛书共分8册，涵盖了一级建造师执业资格考试的3个公共科目和5个专业科目，分别是：《建设工程经济重点难点专项突破》《建设工程项目管理重点难点专项突破》《建设工程法规及相关知识重点难点专项突破》《建筑工程管理与实务案例分析专项突破》《机电工程管理与实务案例分析专项突破》《市政公用工程管理与实务案例分析专项突破》《公路工程管理与实务案例分析专项突破》和《水利水电工程管理与实务案例分析专项突破》。

3个公共科目丛书具有以下优势：

一题敌多题——采用专项突破形式将重点难点知识点进行归纳总结，将考核要点的关联性充分地体现在"同一道题目"当中，该类题型的设置有利于考生对比区分记忆，该方式大大节省了考生的复习时间和精力。众多易混选项的加入，有助于考生更全面地、多角度地精准记忆，从而提高考生的复习效率。以往考生学习后未必全部掌握考试用书考点，造成在考场上答题时觉得见过，但不会解答的情况，本书一个题目可以代替其他辅导书中的3~8个题目，可以有效地解决这个问题。

真题全标记——将近年一级建造师执业资格考试考核知识点全部标记，为考生总结命题规律提供依据，帮助考生在有限的时间里快速地掌握考核的侧重点，明确复习方向。

图表精总结——对知识点采用图表方式进行总结，易于理解，降低了考生的学习难度，并配有经典试题，用例题展现考查角度，巩固记忆知识点。

5个专业科目丛书具有以下优势：

要点突出——对每一章的要点进行归纳总结，帮助考生快速抓住重点，节约学习时间，更加有效地掌握基础知识。

布局清晰——分别从施工技术、进度、质量、安全、成本、合同、现场、实操等方面，将历年真题进行合理划分，并配以典型习题。有助于考生抓住考核重点，各个击破。

真题全面——收录了近年全国一级建造师执业资格考试实务操作和案例分析真题，便于考生掌握考试的命题规律和趋势，做到运筹帷幄。

一击即破——针对历年真题中的各个难点，进行细致的讲解，从而有效地帮助考生突破固定思维，启发解题思路。

触类旁通——以历年真题为基础编排的典型习题，着力加强"能力型、开放型、应用型和综合型"试题的开发与研究，注重关联知识点、题型、方法的再巩固与再提高，帮助考生对知识点的进一步巩固，做到融会贯通、触类旁通。

由于编写时间仓促，书中难免存在疏漏之处，望广大读者不吝赐教。

读者如果对图书中的内容有疑问或问题，可关注微信公众号【建造师应试与执业】，与图书编辑团队直接交流。

建造师应试与执业

目　　录

全国一级建造师执业资格考试答题方法及评分说明

全国一级建造师执业资格考试设《建设工程经济》《建设工程项目管理》《建设工程法规及相关知识》三个公共必考科目和《专业工程管理与实务》十个专业选考科目（专业科目包括建筑工程、公路工程、铁路工程、民航机场工程、港口与航道工程、水利水电工程、矿业工程、机电工程、市政公用工程和通信与广电工程）。

《建设工程经济》《建设工程项目管理》《建设工程法规及相关知识》三个科目的考试试题为客观题。《专业工程管理与实务》科目的考试试题包括客观题和主观题。

一、客观题答题方法及评分说明

1. 客观题答题方法

客观题题型包括单项选择题和多项选择题。对于单项选择题来说，备选项有4个，选对得分，选错不得分也不扣分，建议考生宁可错选，不可不选。对于多项选择题来说，备选项有5个，在没有把握的情况下，建议考生宁可少选，不可多选。

在答题时，可采取下列方法：

（1）直接法。这是解常规的客观题所采用的方法，就是考生选择认为一定正确的选项。

（2）排除法。如果正确选项不能直接选出，应首先排除明显不全面、不完整或不正确的选项，正确的选项几乎是直接来自考试用书或者法律法规，其余的干扰选项要靠命题者自己去设计，考生要尽可能多排除一些干扰选项，这样就可以提高选择出正确答案的概率。

（3）比较法。直接把各备选项加以比较，并分析它们之间的不同点，集中考虑正确答案和错误答案关键所在。仔细考虑各个备选项之间的关系。不要盲目选择那些看起来、读起来很有吸引力的错误选项，要去误求正、去伪存真。

（4）推测法。利用上下文推测词义。有些试题要从句子中的结构及语法知识推测入手，配合考生平时积累的常识来判断其义，推测出逻辑的条件和结论，以期将正确的选项准确地选出。

2. 客观题评分说明

客观题部分采用机读评卷，必须使用2B铅笔在答题卡上作答，考生在答题时要严格按照要求，在有效区域内作答，超出区域作答无效。每个单项选择题只有1个备选项最符合题意，就是4选1。每个多项选择题有2个或2个以上备选项符合题意，至少有1个错项，就是5选2～4，并且错选本题不得分，少选，所选的每个选项得0.5分。考生在涂卡时应注意答题卡上的选项是横排还是竖排，不要涂错位置。涂卡应清晰、厚实、完整，保持答题卡干净整洁，涂卡时应完整覆盖且不超出涂卡区域。修改答案时要先用橡皮擦将原涂卡处擦干净，再涂新答案，避免在机读评卷时产生干扰。

二、主观题答题方法及评分说明

1. 主观题答题方法

主观题题型是实务操作和案例分析题。实务操作和案例分析题是通过背景资料阐述一个项目在实施过程中所开展的相应工作，根据这些具体的工作提出若干小问题。

实务操作和案例分析题的提问方式及作答方法如下：

（1）补充内容型。一般应按照教材将背景资料中未给出的内容都回答出来。

（2）判断改错型。首先应在背景资料中找出问题并判断是否正确，然后结合教材、相关规范进行改正。需要注意的是，考生在答题时，有时不能按照工作中的实际做法来回答问题，因为根据实际做法作为答题依据得出的答案和标准答案之间存在很大差距，即使答了很多，得分也很低。

（3）判断分析型。这类型题不仅要求考生答出分析的结果，还需要通过分析背景资料来找出问题的突破口。需要注意的是，考生在答题时要针对问题作答。

（4）图表表达型。结合工程图及相关资料表回答图中构造名称、资料表中缺项内容。需要注意的是，关键词语表述要准确，避免画蛇添足。

（5）分析计算型。充分利用相关公式、图表和考点的内容，计算题目要求的数据或结果。最好能写出关键的计算步骤，并注意计算结果是否有保留小数点的要求。

（6）简单论答型。这类型题主要考查考生记忆能力，一般情节简单、内容覆盖面较小。考生在回答这类型题时要直截了当，有什么答什么，不必展开论述。

（7）综合分析型。这类型题比较复杂，内容往往涉及不同的知识点，要求回答的问题较多，难度很大，也是考生容易失分的地方。要求考生具有一定的理论水平和实际经验，对教材知识点要熟练掌握。

2. 主观题评分说明

主观题部分评分是采取网上评分的方法来进行，为了防止出现评卷人的评分宽严度差异对不同考生产生的影响，每个评卷人员只评一道题的分数。每份试卷的每道题均由2位评卷人员分别独立评分，如果2人的评分结果相同或很相近（这种情况比例很大）就按2人的平均分为准。如果2人的评分差异较大，超过4～5分（出现这种情况的概率很小），就由评分专家再独立评分一次，然后用专家所评的分数和与专家评分接近的那个分数的平均分数为准。

主观题部分评分标准一般以准确性、完整性、分析步骤、计算过程、关键问题的判别方法、概念原理的运用等为判别核心。评分标准一般按要点给分，只要答出要点基本含义一般就会给分，不恰当的错误语句和文字一般不扣分，要点分值最小一般为1分。

主观题部分作答时必须使用黑色墨水笔书写作答，不得使用其他颜色的钢笔、铅笔、签字笔和圆珠笔。作答时字迹要工整、版面要清晰。因此书写不能离密封线太近，密封后评卷人不容易看到；书写的字不能太粗、太密、太乱，最好买支极细笔，字体稍微书写大点、工整点，这样看起来工整、清晰，评卷人也愿意多给分。

主观题部分作答应避免答非所问，因此考生在考试时要答对得分点，答出一个得分点就给分，说的不完全一致，也会给分，多答不会给分，只会按点给分。不明确用到什么规范的情况就用"强制性条文"或者"有关法规"代替，在回答问题时，只要有可能，就在答题的内容前加上这样一句话：根据有关法规或根据强制性条文，通常这些是得分点之一。

　　主观题部分作答应言简意赅，并多使用背景资料中给出的专业术语。考生在考试时应相信第一感觉，考生在涂改答案过程中，"把原来对的改成错的"这种情形有很多。在确定完全答对时，就不要展开论述，也不要写多余的话，能用尽量少的文字表达出正确的意思就好，这样评卷人看得舒服，考生自己也能省时间。如果答题时发现错误，不得使用涂改液等修改，应用笔画个框圈起来，打个"×"即可，然后再找一块干净的地方重新书写。

本科目常考的标准、规范及法规

1. 《建设工程施工合同（示范文本）》GF—2017—0201
2. 《公路工程施工安全技术规范》JTG F90—2015
3. 《公路工程质量检验评定标准》JTG F80
4. 《公路桥涵施工技术规范》JTG/T 3650—2020
5. 《公路土工试验规程》JTG 3430—2020
6. 《公路沥青路面施工技术规范》JTG F40—2004
7. 《公路隧道施工技术细则》JTG/T F60—2009
8. 《公路工程技术标准》JTG B01—2014
9. 《公路工程质量检验评定标准　第一册　土建工程》JTG F80/1—2017
10. 《生产经营单位生产安全事故应急预案编制导则》GB/T 29639—2020
11. 《危险性较大的分部分项工程安全管理规定》
12. 《公路水运行业安全生产风险管理暂行办法》
13. 《公路水运工程安全生产监督管理办法》
14. 《公路桥梁和隧道工程施工安全风险评估指南（试行）》
15. 《公路工程标准施工招标文件》
16. 《公路工程设计变更管理办法》

第1章　路基工程施工技术
实务操作和案例分析专项突破

2015—2024年度实务操作和案例分析题考点分布

考点	年份									
	2015年	2016年	2017年	2018年	2019年	2020年	2021年	2022年	2023年	2024年
路基施工准备							●			
原地基处理要求										
挖方路基施工										●
填方路基施工	●		●		●	●				●
路基季节性施工										●
路基改（扩）建施工						●			●	
特殊路基施工					●	●		●	●	
路基施工测量										
防护工程设置与施工				●				●		
支挡工程设置与施工		●			●		●			●
路基地下水排水设置与施工										●
路基地面水排水设置与施工										
路基压实质量问题防治										
路堤边坡病害防治						●				
高填方路基沉降防治										
路基裂缝防治						●				

【专家指导】

　　在实务操作和案例分析题的考核中，每年都会有一个关于路基工程的题目，我们主要学习路基施工和路基防护与支挡的内容。特殊路基的施工技术也是一个很好的命题素材，我们要有所了解。

历 年 真 题

实务操作和案例分析题一［2024年真题］

【背景资料】

某施工单位承建31km一级公路路基工程（重交通），包括路堤填筑、路堑开挖、半填半挖路基施工、路基支挡与防护砌筑等工作内容。其中，K2＋300～K2＋672为半填半挖路基，其典型横断面示意图如图1-1所示，浆砌片石挡土墙高度2.8～4.1m，该地段土质为碎石土。

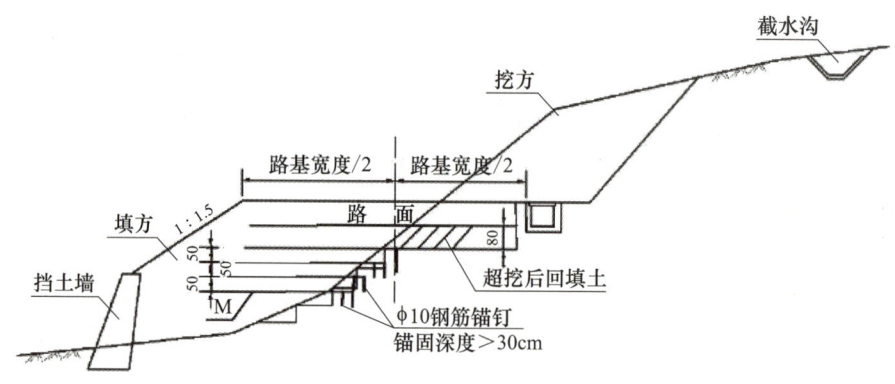

图1-1　半填半挖路基典型横断面示意图

施工过程中发生以下事件：

事件1：施工单位向监理单位提交的施工方案部分内容如下：

（1）半填半挖路段的开挖，必须待半填断面的原地基处理好并经检验合格后，方可开挖半挖断面。对挖方中非适用材料必须废弃，严禁填在半填断面内。

（2）原地面横坡为1：5～1：2.5的半填半挖路基，填方部分应按设计要求开挖台阶，台阶高度不小于规范值，内倾坡度4%，以防止出现纵向开裂。

（3）挖方部分按要求对路面下80cm范围的原状土进行超挖回填处理，确保压实度达到95%，以减少路基差异变形。

（4）填筑时，必须从低处往高处分层摊铺碾压，特别要注意填、挖交界处的拼接，碾压要做到密实无拼痕。

事件2：挡土墙施工内容包括：A—基坑质检；B—基坑开挖；C—基础施工；D—墙身砌筑；E—墙背回填；F—伸缩缝与沉降缝施工。

事件3：在挡土墙墙背回填过程中，2024年1月23日13时21分发生坍塌事故。事故现场的项目经理立即拨打110与120急救电话，并展开救援；14点37分项目经理向本单位负责人报告发生了9人伤势可能较重、4人伤势可能较轻的挡土墙坍塌生产安全事故，同时汇报了现场救援的基本情况；单位负责人接到报告后，于14点55分向事故发生地县级以上人民政府应急管理部门和负有安全生产监督管理职责的有关部门如实进行了报告。事故调查报告组最终确认事故造成10人重伤，3人轻伤，直接损失380万元。

【问题】

1. 写出图1-1中构造物M的名称。图1-1中已标出的各组成部位中，首先应施工哪个部位？

2. 逐条判断事件1中的施工方案是否正确。若不正确，写出正确的施工方案。

3. 该路段挡土墙施工是否需要搭设脚手架？若要搭设脚手架，该脚手架是否单独计量？

4. 写出事件2中挡土墙施工工序（写出代号即可，如CDE……）。

5. 写出事件3中的生产安全事故等级。根据《生产安全事故报告和调查处理条例》，项目经理对该坍塌事故是否涉嫌迟报与谎报？

【参考答案与分析思路】

1. 图1-1中构造物M的名称：土工格栅。

图1-1中已标出的各组成部位中，首先应施工：截水沟。

本题考核的是半填半挖路基施工技术。土质路堑施工工艺流程如图1-2所示。

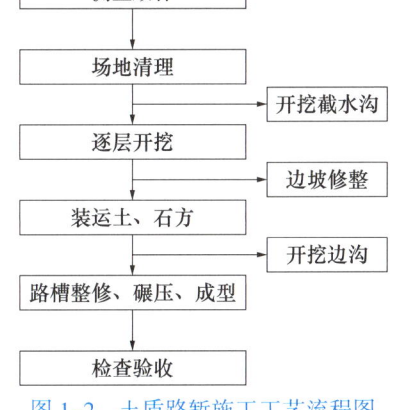

图1-2 土质路堑施工工艺流程图

2.（1）正确。

（2）不正确。改正：台阶宽度应不大于规范值。

（3）不正确。改正：压实度应不小于96%。

（4）正确。

本题考核的是施工方案。零填、挖方路段的路床压实度应符合表1-1的要求。

表1-1 零填、挖方路段的路床压实度标准

填筑部位 （路面底面以下深度，m）			压实度（%）		
			高速、一级公路	二级公路	三、四级公路
零填及 挖方路基	上路床	0～0.30	≥96	≥95	≥94
	下路床	轻、中及重交通	0.30～0.80	≥96	≥95	
		特重、极重交通	0.30～1.20			

路堤填筑应从最低处起分层填筑，逐层压实，每种填料的松铺厚度应通过试验确定。

3. 该路段挡土墙施工需要搭设脚手架。

脚手架不能单独计量。

本题考核的是脚手架的搭设与计量。

除合同特殊约定单独计量之外，工程必需的模板、脚手架、装备、机具、螺栓、垫圈和钢制件等其他材料，应包括在工程量清单所列的有关支付项目中，均不单独计量。

4. 挡土墙的施工工序：BACDFE。

本题考核的是挡土墙。重力式挡土墙依靠圬工墙体的自重抵抗墙后土体的侧向推力（土压力），以维持土体的稳定，是我国目前最常用的一种挡土墙形式，多用浆砌片（块）石砌筑。施工要求：

（1）基坑开挖。土质或易风化软质岩石雨季开挖基坑时，应在基坑挖好后及时封闭坑底。

（2）开挖完成后应及时检验，检验合格后应及时进行下道工序的施工。

（3）基础施工。台阶式基础宜与墙体连续砌筑，基底及墙趾台阶转折处不得砌成垂直通缝，砌体与台阶壁间的缝隙砂浆应饱满。基础应在砂浆强度达到设计强度的75%后及时分层回填夯实。回填应在表面留3%的向外斜坡。

（4）墙身施工。砌石墙身应分层错缝砌筑，咬缝应不小于砌块长度的1/4，且不得出现贯通竖缝。片石、砌块应大面朝下砌筑，砌块不应直接接触，间距宜不小于20mm。混凝土墙身应水平分层浇筑，分层振捣。分层厚度应不超过300mm。混凝土浇筑应连续进行。如间断，间断时间应小于前层混凝土的初凝时间，否则按施工缝处理。

（5）伸缩缝与沉降缝内两侧壁应竖直、平齐、无搭叠。缝中防水材料应按设计要求施工。

（6）挡土墙与桥台、隧道洞门连接处应协调施工，必要时可设置临时支撑，确保与墙相接填方或山体的稳定。

（7）挡土墙混凝土或砂浆强度达到设计强度的75%时，应及时进行墙背回填。距墙0.5～1.0m内，不得使用重型振动压路机碾压。

（8）墙背填料。宜采用砂性土、卵石土、砾石土或块石土等透水性好、抗剪强度高的材料。采用黏质土作为填料时，应在墙背设置厚度不小于300mm的砂砾或其他透水性材料排水层。排水层顶部应采用黏质土层封闭，土层厚度宜不小于500mm。填料中不得含有机物、冰块、草皮、树根及生活垃圾。不得使用腐殖土、盐渍土、淤泥、白垩土、硅藻土、生活垃圾及有机物等作为墙背填料。

5. 事件3中的生产安全事故等级属于较大事故。
项目经理涉嫌对该坍塌事故迟报、不涉嫌谎报。

本题考核的是生产安全事故。根据生产安全事故（以下简称事故）造成的人员伤亡或者直接经济损失，事故一般分为以下等级：

（1）特别重大事故，是指造成30人以上死亡，或者100人以上重伤（包括急性工业中毒，下同），或者1亿元以上直接经济损失的事故。

（2）重大事故，是指造成10人以上30人以下死亡，或者50人以上100人以下重伤，或者5000万元以上1亿元以下直接经济损失的事故。

（3）较大事故，是指造成3人以上10人以下死亡，或者10人以上50人以下重伤，或者1000万元以上5000万元以下直接经济损失的事故。

（4）一般事故，是指造成3人以下死亡，或者10人以下重伤，或者1000万元以下直接经济损失的事故。

所称的"以上"包括本数，"以下"不包括本数。

事故发生后，事故现场有关人员应当立即向本单位负责人报告；单位负责人接到报告后，应当于1h内向事故发生地县级以上人民政府应急管理部门和负有安全生产监督管理职责的有关部门报告。

情况紧急时，事故现场有关人员可以直接向事故发生地县级以上人民政府应急管理部门和负有安全生产监督管理职责的有关部门报告。

实务操作和案例分析题二 [2023年真题]

【背景资料】

某施工单位承建20km高速公路扩建工程，其中桥梁扩建方式为在原桥位两侧各增建独立桥梁，路基扩建方式为在旧路基两侧分别拓宽7.5m，小型构造物如涵洞、通道则随路基扩建衔接到位。拓宽路基工程主要包括填挖方、软基处理及防护工程。经调查，全线既有路堤护脚挡土墙稳定、外观完好，软基处理方式采用与原设计一致的袋装砂井。路基拓宽代表性横断面示意图如图1-3所示。

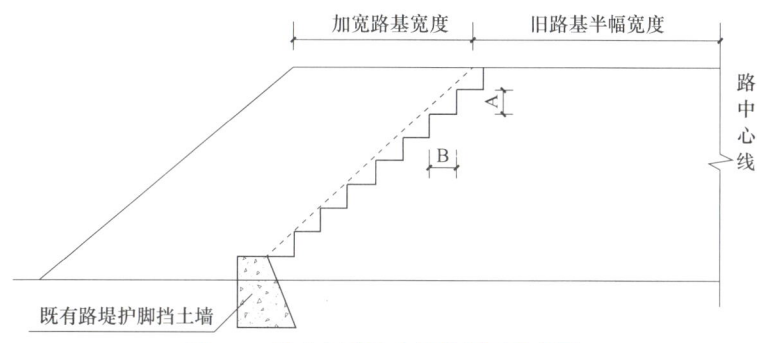

图1-3　路基拓宽代表性横断面示意图

施工过程中发生以下事件：

事件1：施工单位向监理单位提交的施工方案部分内容如下：

（1）采用原路基施工试验段相关参数直接进行路基拓宽施工。

（2）上边坡的既有防护工程一次性拆除后再逐段进行路基开挖。

（3）从旧路堤坡脚向上开挖台阶时，应随挖随填，图1-1中台阶高度应不大于Am，宽度应不小于Bm。

（4）拓宽路基应进行C观测，观测点应按设计要求设置。高路堤与陡坡路堤段尚应进行稳定性监测。

事件2：施工单位在袋装砂井施工过程中存在下列做法：

（1）施工单位采用细砂制作袋装砂井。

（2）施工工艺程序为：整平原地面→摊铺下层砂垫层→机具定位→打入套管→D→

9

E→机具移位→埋砂袋头→摊铺上层砂垫层。

（3）袋装砂井完工后，施工单位按照袋装砂井施工质量标准要求，检查了井长等重点项目。

【问题】

1. 在拓宽路基施工时，图1-3中"既有路堤护脚挡土墙"是否可保留？

2. 事件1中（1）、（2）有明显错误，分别写出正确做法。

3. 写出事件1中（3）、（4）涉及的A、B、C具体内容。

4. 写出事件2中（1）的正确做法，补充（2）中D、E的工序名称。

5. 补充事件2中袋装砂井施工质量的其他三个检查项目。

【参考答案与分析思路】

1. 既有路堤护脚挡土墙可保留。

> 本题考查的是路堤拓宽的施工要求。既有路堤的护脚挡土墙及抗滑桩可不拆除。路肩式挡土墙路基拼接时，上部支挡结构物应予拆除，宜拆除至路床底面以下。

2. 事件1中（1）的正确做法：需要重新修建试验段获取相关施工参数。

事件1中（2）的正确做法：上边坡的既有防护工程宜与路基开挖同步拆除。

> 本题考查的是路堤拓宽的施工要求。上边坡的既有防护工程宜与路基开挖同步拆除，下边坡的防护工程拆除时应采取措施保证既有路堤的稳定。

3. A—1.0m；B—1.0m；C—沉降。

> 本题考查的是路堤拓宽的施工要求。
> （1）从老路堤坡脚向上开挖台阶时，应随挖随填，台阶高度应不大于1.0m，宽度应不小于1.0m。
> （2）拓宽路基应进行沉降观测，观测点应按设计要求设置。高路堤与陡坡路堤路段尚应进行稳定性监测。

4. 事件2中（1）的正确做法：施工单位采用中、粗砂制作袋装砂井。

D—沉入砂袋；E—拔出套管。

> 本题考查的是袋装砂井施工做法。袋装砂井施工宜采用中、粗砂，粒径大于0.5mm颗粒的含量宜大于50%，含泥量应小于3%，渗透系数应大于$5×10^{-2}$mm/s。砂袋的渗透系数应不小于砂的渗透系数。
> 我们了解几个施工技术的工艺流程：
> （1）袋装砂井施工工艺程序。整平原地面→摊铺下层砂垫层→机具定位→打入套管→沉入砂袋→拔出套管→机具移位→埋砂袋头→摊铺上层砂垫层。
> （2）塑料排水板施工工艺程序。整平原地面→摊铺下层砂垫层→机具就位→塑料排水板穿靴→插入套管→拔出套管→割断塑料排水板→机具移位→摊铺上层砂垫层。
> （3）重复压管成桩法施工工序。① 清理平整场地→② 测量放样→③ 机具就位→④ 沉管至设计深度→⑤ 加料→⑥ 振动拔管→⑦ 振动下压管→⑧ 振动拔管→⑨ 机具移位。其中⑤～⑧重复循环至桩顶，直至桩管拔出地面。

5. 袋装砂井施工质量的其他检测项目有：井距、井径、灌砂率。

本题考查的是袋装砂井施工质量的检测项目。我们了解一下塑料排水板施工质量的检测项目有板距和板长。

实务操作和案例分析题三〔2021年真题〕

【背景资料】

某施工单位承建了长度为12.2km的高速公路路基工程，其中，K7＋370～K7＋740通过滑坡体前缘，滑坡体长约370m，宽约650m，厚14.1～28.5m，属于大型滑坡。路线在滑坡体前缘以挖方路基的形式穿过。

施工图设计处理挖方路段右侧的滑坡段采用抗滑桩板墙进行加固，抗滑桩为钢筋混凝土悬臂桩，桩截面尺寸为2.0m×3.0m，桩长22～30m，桩间距5.0m。抗滑桩内侧设桩板挡土墙，抗滑桩采用钢筋混凝土现浇，板采用钢筋混凝土预制安装，长4.8m，高0.5m，厚0.4m。路基横断面示意图如图1-4所示。

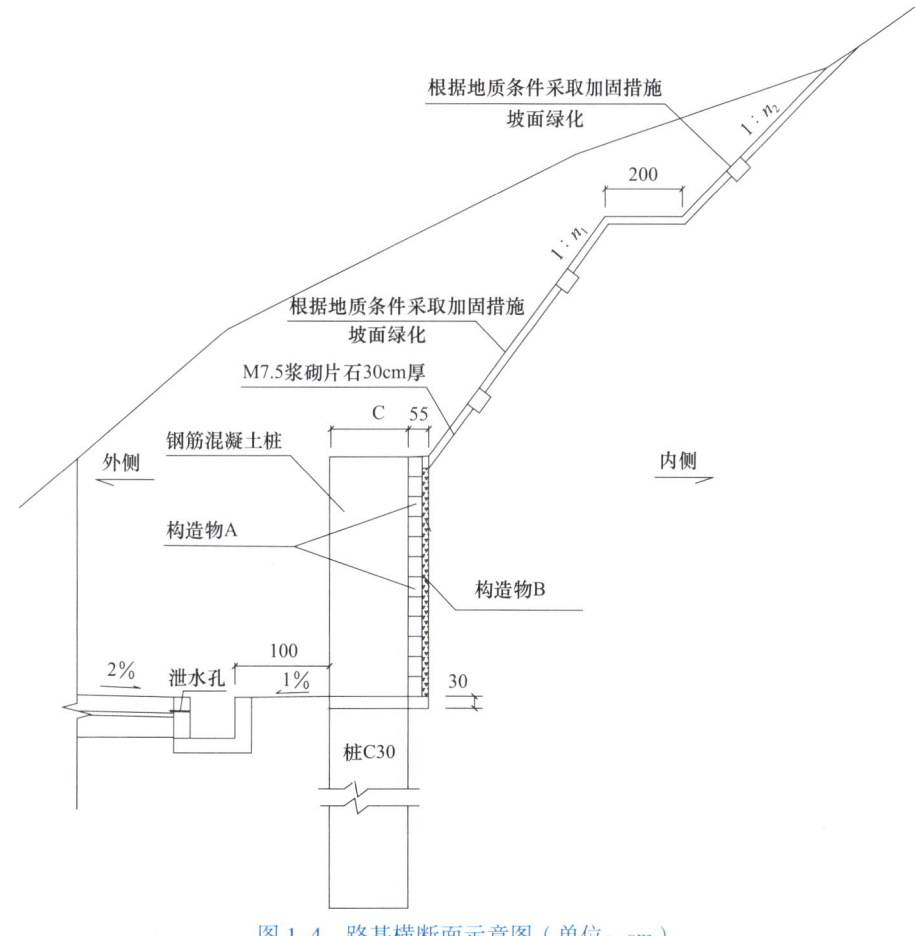

图1-4　路基横断面示意图（单位：cm）

施工过程中发生了如下事件：

事件1：施工单位在施工现场临时用电管理做法如下：① 根据现场用电设备情况等由

项目总工组织编制了施工现场临时用电组织设计；② 采用三级配电系统与二级保护系统；③ 停电操作顺序严格按照总配电箱→分配电箱→开关箱的顺序进行；④ 坚持"一机、一闸、一漏、一箱"的管理措施。

事件2：施工单位编制了抗滑桩施工方案，采用的施工工序流程图如图1-5所示。

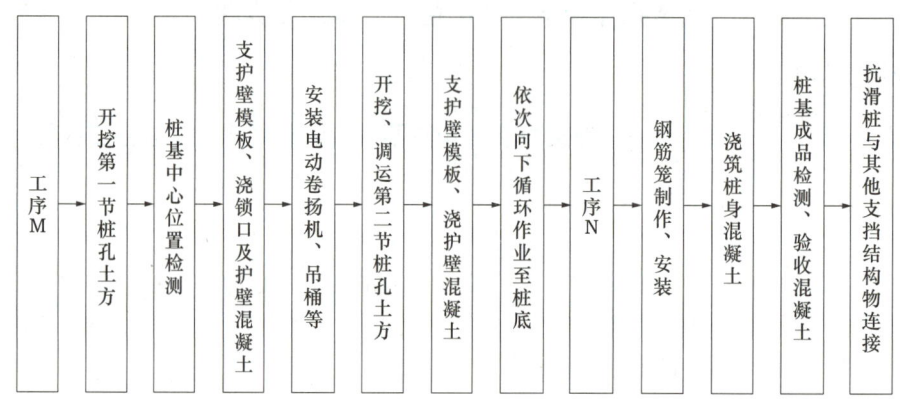

图1-5　抗滑桩施工工序流程图

桩孔开挖采用人工开挖，要求分节开挖，逐节支护。围岩较松软、破碎或有水时，分节应适当缩短。分节处应错开土石层变化和滑床面处。桩孔采用锁口及护壁进行支撑，第一节锁口段护壁高1.5m，其上面0.8m高度范围内护壁厚50cm，高出地面30cm。锁口以下每开挖1.0m浇筑护壁直至孔底；锁口及护壁均采用钢筋混凝土浇筑。开挖过程中，应经常检查桩孔平面位置等，如有偏差应及时纠正。施工方案编制后，技术管理部门组织审核了施工方案，施工单位还组织召开了专家论证会。

事件3：在全线开工前，由建设单位负责组织进行了路堑高边坡工程等施工安全总体风险评估，评估方法采用专家调查评估法，并形成了总体风险评估报告，K7＋370～K7＋740高边坡路段风险等级达到Ⅳ级。

【问题】

1. 图1-4中，构造物A与构造物B的名称分别是什么？C值为多少？

2. 逐条判断事件1中的做法是否正确。若不正确，写出正确做法。

3. 写出图1-5中工序M、工序N的内容。

4. 针对该抗滑桩的桩孔开挖，写出在背景资料中未提及但需配置的3种施工机械。桩孔开挖过程中，为保证开挖精度，还应经常检查哪些项目？

5. 补充事件2中锁口在桩孔施工中的3个主要作用。

6. 事件3中，总体风险评估方法还可以采用何种方法？K7＋370～K7＋740高边坡路段还应在何时进行何种风险评估？该评估工作费用应在项目何种费用中列支？

【参考答案与分析思路】

1. 构造物A的名称：钢筋混凝土挡土板；构造物B的名称：反滤层。C值为300cm。

> 本题考查的是路基横断面示意图，属于识图题，要根据实际工作经验来作答。

2. 逐条判断事件1中的做法正确与否及正确做法：

① 错误。正确做法：施工单位根据现场用电设备情况等由电气工程技术人员（或电

气工程师）组织编制了施工现场临时用电组织设计。

② 正确。

③ 错误。正确做法：停电操作顺序严格按照开关箱→分配电箱→总配电箱的操作顺序。

④ 正确。

> 本题考查的是施工单位在施工现场临时用电管理。施工现场临时安装的电气设备必须符合安全用电要求，并配备专职电工管理，其他人员不得擅自接电、拉线。施工用电设备数量在5台及以上，或用电设备容量在50kW及以上时，应编制用电组织设计。施工现场临时用电工程专用的电源中性点直接接地的220/380V三相四线制低压电力系统，必须符合下列规定：① 采用三级配电系统；② 采用TN-S接零保护系统；③ 采用二级保护系统。坚持"一机、一闸、一漏、一箱"。

3. 工序M的内容：测量定位（或测量放线，或施工准备）；工序N的内容：检查验收桩孔。

> 本题考查的是抗滑桩施工工序。主要理解工序的先后顺序。

4. 针对该抗滑桩的桩孔开挖，在背景资料中未提及但需配置的施工机械：水磨钻（或风镐、风钻）、送风机、水泵、空气压缩机。

桩孔开挖过程中，为保证开挖精度，还应经常检查桩孔尺寸、竖轴线倾斜情况（或垂直度）。

> 本题考查的是挖孔桩施工的技术要求。桩孔直径应符合设计规定，孔壁支护不得占用桩径尺寸，挖孔过程中，应经常检查桩孔尺寸、平面位置和竖轴线倾斜情况，如偏差超出规定范围应随时纠正。

5. 补充事件2中锁口在桩孔施工中的3个主要作用：

（1）防止桩孔井口变形（或沉降，或稳定孔口）。

（2）防止杂物掉入井内。

（3）防止地表水流入井内。

> 本题考查的是锁口的作用。挖孔桩护壁锁口就是每一节护壁与下一节护壁之间搭接的部位，为防止井口塌方，保护后续开挖人员的施工安全，在井口施作的钢筋混凝土结构，其主要作用有：① 防止井口塌方，保护后续开挖人员的施工安全，如果井口下面的岩层不稳定，还要采取锚喷挂钢筋网的措施。② 施工安全防护。③ 避免竖井变成沉井。④ 保证进度，便于出渣。如果覆盖层较厚，需先进行锁口，避免塌方造成不必要的损失。⑤ 防止雨水流入井口内以及下节井壁开挖时井口沉陷。

6. 事件3中，总体风险评估方法还可以采用指标体系法。K7＋370～K7＋740高边坡路段还应在路堑边坡分项工程开工前进行专项风险评估。该评估工作费用应在项目安全生产费用中列支。

> 本题考查的是高速公路路堑高边坡工程施工安全风险评估。高速公路路堑高边坡工

程施工安全风险评估划分为总体风险评估和专项风险评估两个阶段，一般采用专家调查评估法、指标体系法。专项风险评估是在总体风险评估基础上，将风险等级达到高度险（Ⅲ级）及以上的路堑段作为评估单元，以施工作业活动为评估对象，根据其施工安全风险特点及类似工程事故情况，进行风险辨识、分析、估测；并针对其中的重大风险源进行量化评估，提出具体的风险控制措施。总体风险评估应在项目开工前实施。专项风险评估应在路堑边坡分项工程开工前完成。施工安全风险评估工作费用在项目安全生产费用中列支。

实务操作和案例分析题四 ［2020年真题］

【背景资料】

某施工单位承建某高速公路K11＋320～K30＋180段改扩建工程，由双向四车道扩建为双向六车道，施工过程中发生了如下事件：

事件1：K13＋826～K14＋635段为填方路段，边坡高度最低为20.6m，最高为24.8m。路床填筑时，每层最大压实厚度宜不大于（A）mm，顶面最后一层压实厚度应不小于（B）mm。

事件2：本工程填方量大，借方困难，部分填料含水量较大，需掺灰处理，经反复试验，掺灰土的CBR值在6%～7%。

事件3：本工程K22＋300～K23＋100为高填路堤，其新拓宽部分局部路段穿越软土地基，设计采取了粉喷桩对软基进行处理。

事件4：K25＋550～K30＋180段有若干鱼塘，水深低于2m，塘底淤泥厚度最大不超过0.8m，软土层厚度大于4m，小于8m；施工单位拟采取抛石挤淤或袋装砂井处理软基。

事件5：扩建路面工程与原设计路面结构层一致，通车后不久，巡查发现某软基填方区间新旧路面结合部有一条长约80m、宽约1.5mm的纵向裂缝。业主召集路基、路面等技术专家对纵向裂缝进行论证及原因分析。专家会议结论是：该80m路段路面材料及工艺控制均无缺陷，沥青路面扩建与旧路面结合部质量良好，裂缝产生与路面施工无关。裂缝产生的主要原因是由路基施工引起的……

【问题】

1. 事件1中，本段填土路基是否属于高路堤？说明理由。分别写出A、B的数值。
2. 事件2中，掺灰土能否作为上路床填料？说明理由。
3. 事件3中，粉喷桩处理软基的主要目的有哪些？
4. 事件4中，两种软基处理方案哪种较合理？说明理由。
5. 写出事件5中裂缝产生的两条主要原因。

【参考答案与分析思路】

1. 本段填土路基属于高路堤。理由：因K13＋826～K14＋635段为填方路段，边坡高度最低为20.6m，最高为24.8m。根据相关规范规定，边坡高度大于20m的路堤称为高路堤，所以本段填土路基属于高路堤。

A的数值为300；B的数值为100。

本题考查的是路床及高路堤施工技术。路基填土边坡高度大于20m的路堤称为高路堤。路床填筑，每层最大压实厚度宜不大于300mm，顶面最后一层压实厚度应不小于100mm。

2. 掺灰土不能作为上路床填料。

理由：灰土的CBR值不符合高速公路上路床CBR值的规定。根据相关规范规定，高速公路上路床的CBR值应不小于8%，所以不能作为上路床的填料。

本题考查的是路堤填料最小承载比。高速公路上路床的CBR应不小于8%。

3. 粉喷桩处理软基的主要目的：提高地基承载力、确保路基稳定、减少路基工后沉降。

本题考查的是粉喷桩处理软基的主要目的。施工中为了确保路基稳定，减少路基工后沉降，对高路堤拓宽可采取粉喷桩、砂桩、塑料排水体、碎石桩等处理措施，并配合填筑轻型材料。

4. 采用袋装砂井较合理。

理由：因软土层厚度为4~8m，根据相关规范规定，抛石挤淤适用于处理软土深度不宜大于3m的软土地基，袋装砂井适用于深度大于3m的软土地基。

本题考查的是软土地基处理施工技术。竖向排水体适用于深度大于3m的软土地基处理。

5. 事件5中裂缝产生的两条主要原因：

（1）软基处理不彻底、压实度不足。

（2）旧路利用路段，新旧路基结合部未挖台阶或台阶宽度不足。

本题考查的是路基纵向开裂甚至形成错台的原因。路基纵向开裂甚至形成错台的原因有：

（1）清表不彻底，路基基底存在软弱层或坐落于古河道处。

（2）沟、塘清淤不彻底，回填不均匀或压实度不足。

（3）路基压实不均。

（4）旧路利用路段，新旧路基结合部未挖台阶或台阶宽度不足。

（5）半填半挖路段未按规范要求设置台阶并压实。

（6）使用渗水性、水稳性差异较大的土石混合料时，错误地采用了纵向分幅填筑。

（7）高速公路因边坡过陡、行车渠化、交通频繁振动而产生滑坡，最终导致纵向开裂。

实务操作和案例分析题五〔2019年真题〕

【背景资料】

某施工单位承建一山岭重丘区高速公路工程，起讫桩号为K12＋200~K27＋700，路基设计宽度为24.5m。纵断面设计示意图如图1-6所示，半填半挖横断面示意图如图1-7所示。其中K12＋200~K15＋600段穿越农田，其间经过几条农用灌溉水渠，水渠的平均宽度约3m，渠底淤泥底标高比农田软土底标高平均低约1.7m，渠位均设涵洞，涵底处理依照设计；结合地质情况，农田软土层平均厚度1.25m，最深不超过3m。由于地方交通道路等级较低，农用水田、旱地宝贵，因此合同约定不许外借土石方填筑路基。

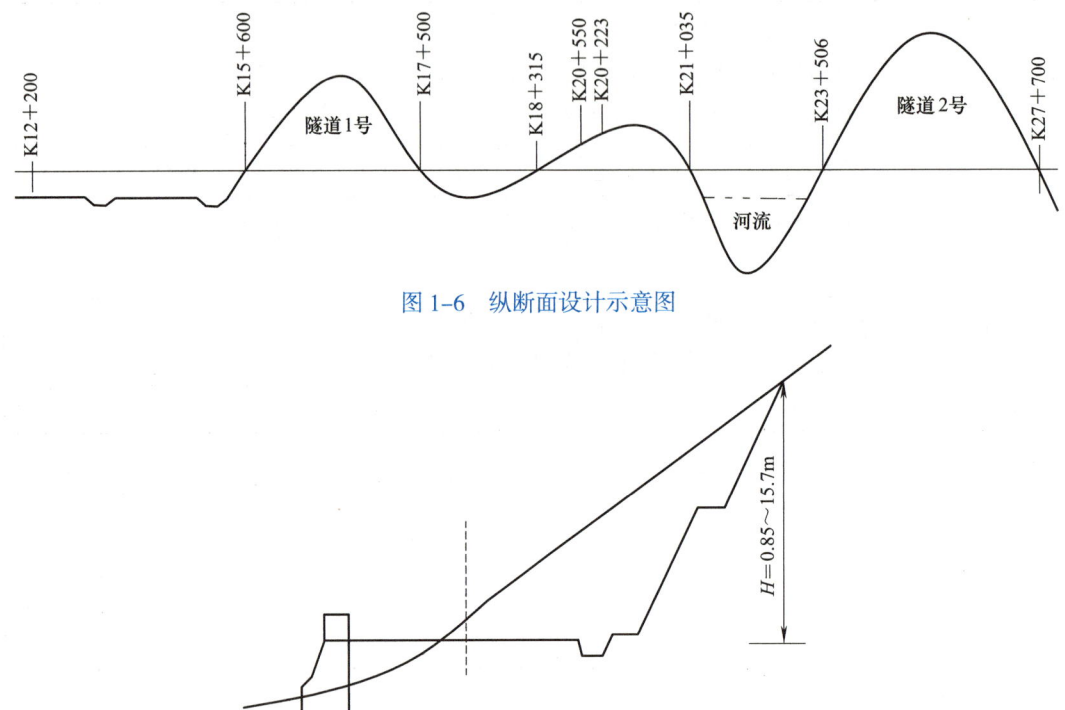

图 1-6　纵断面设计示意图

图 1-7　半填半挖横断面示意图

施工中发生如下事件：

事件1：施工单位根据全路段原材料情况及K12＋200～K15＋600段软土厚度，采用了垫层和浅层处理技术进行软土地基处治。

事件2：在施工准备阶段，施工单位经核对设计文件，发现本合同段路基填方总量约35万m³，最大填方高度4.3m，主要集中在K12＋200～K15＋600；路基挖方总量约9.7万m³，主要集中在K18＋315～K21＋035，开挖深度0.85～15.7m，山体除少量风化表层外均为硬质石灰岩。

事件3：经现场勘察并查阅图纸，发现K20＋223～K20＋550为全断面挖方段，最大垂直挖深5.8m，K20＋550～K21＋035为半填半挖段，最大挖深15.7m；为减少征地并能维持路基稳定，在半填段设计了较常用的重力式挡土墙，它主要依靠圬工墙体的（A）抵抗墙后土体的侧向推力。

事件4：两隧道的主要穿越区段均无明显溶洞，岩石为较坚硬石灰岩，岩体较破碎，属于Ⅲ级围岩段。施工单位在修筑填石路堤时，将填方路段划分为四级施工台阶，分别为：在路基面以下（B）m为第一级台阶，（B）～1.5m为第二级台阶，1.5～（C）m为第三级台阶，（C）m以上为第四级台阶。

事件5：施工单位在本工程路基填筑时采用了自重15t的振动压路机。

【问题】

1. 说明本工程路堤填料来源。

2. 结合工程背景并考虑项目的经济性，写出事件1中本工程适宜采用的两种垫层类型和两种浅层处理方法。

3. 写出适合事件2中挖方路段岩质特点的两种控制爆破方法。结合规范要求，本工程最大挖方路段宜设置几级边坡？

4. 分别回答事件3和事件4中A、B、C的内容。

5. 改正事件5中的错误。

【参考答案与分析思路】

1. 可利用所有挖方的弃土作为填方利用（K18＋315～K21＋035挖方的弃土），不足部分用隧道洞渣（隧道1号、2号的弃渣）补足。

> 本题考查的是工程路堤填料来源。结合图中可采用的是隧道弃渣。通常情况下，所有挖方的弃土均可作为填方利用。

2. 事件1中本工程适宜采用的垫层：碎石垫层、石屑垫层。

事件1中本工程适宜采用的浅层处理方法：换填垫层、抛石挤淤。

> 本题考查的是软土地区路基施工。
>
> （1）垫层类型按材料可分为碎石垫层、砂砾垫层、石屑垫层、矿渣垫层、粉煤灰垫层以及灰土垫层等。需要注意的是K12＋200～K15＋600段处于隧道口的位置，其垫层类型需要考虑排水的问题。
>
> （2）浅层处理可采用换填垫层、抛石挤淤、稳定剂处理等方法。

3. 控制爆破方法：光面爆破、预裂爆破。

最大挖方路段宜设置两级边坡。

> 本题考查的是常用的爆破方法与边坡的分级。
>
> （1）常用爆破方法包括：光面爆破、预裂爆破、微差爆破、定向爆破、洞室爆破。本题中给出的要点是："挖方路段"和"控制边坡"，这样答案就容易锁定为光面爆破或预裂爆破。
>
> （2）考虑因素：开挖深度0.85～15.7m。也可根据图1-7半填半挖横断面示意图分析判断为两级边坡。

4. A为自重；B为0.5m；C为3.0m。

> 本题考查的是路基挡土墙工程施工技术和路堤施工技术。
>
> （1）事件3中给出了"在半填段设计了较常用的重力式挡土墙"，据此可以得知，重力式挡土墙依靠圬工墙体的自重抵抗墙后土体的侧向推力（土压力），以维持土体的稳定。
>
> （2）填石路堤将填方路段划分为四级施工台阶、四个作业区段，按施工工艺流程进行分层施工。四级施工台阶是：在路基面以下0.5m为第一级台阶，0.5～1.5m为第二级台阶，1.5～3.0m为第三级台阶，超过3.0m为第四级台阶。

5. 事件5中的错误：采用自重15t的振动压路机。

正确做法：填石路堤压实机械宜采用自重不小于18t的振动压路机。

> 本题考查的是填石路堤施工要求。压路机宜选用自重不小于18t的振动压路机。

实务操作和案例分析题六［2018年真题］

【背景资料】

某施工单位承建了一段高速公路路基工程，公路设计车速为100km/h。其中，K18＋230～K18＋750为路堑，岩性为粉质黏土、粉砂质泥岩，采用台阶式边坡，第一级边坡采用7.5号浆砌片石护面墙，护坡设耳墙一道；其他各级边坡采用C20混凝土拱形护坡，拱形骨架内喷播植草。本路段最大挖深桩号位于K18＋520，路基填挖高度为–31.2m，桩号K18＋520横断面设计示意图如图1-8所示。

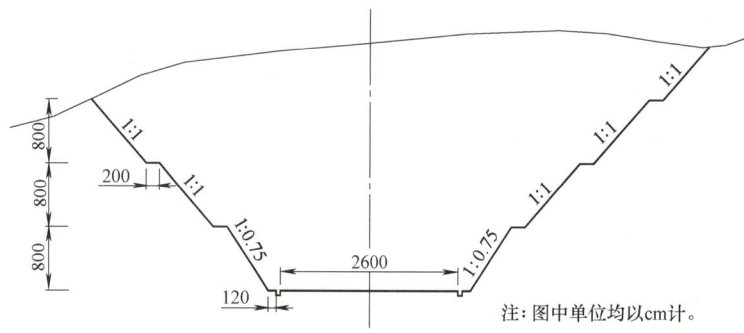

图1-8　K18＋520横断面设计示意图

在项目开工前，施工单位根据《交通运输部关于发布高速公路路堑高边坡工程施工安全风险评估指南的通知》，对全线的路堑工程进行了总体风险评估，其中，K18＋230～K18＋750段路堑高边坡总体风险等级为Ⅱ级。

路堑开挖前，施工单位对原地面进行了复测，并进行了路基横断面边桩放样，边桩放样采用坐标法。设计单位提供的设计文件包括"导线点成果表""直线、曲线及转角表""路基设计表""路基标准横断面图""路基典型横断面设计图""路基横断面设计图""防护工程设计图"等。

路堑开挖过程中，为监测深路堑边坡变形和施工安全，施工单位埋设了观测桩。在挖至路基设计标高后，施工单位开始由下往上进行防护工程施工。在第一级边坡施工中，边坡局部凹陷。

【问题】

1. K18＋230～K18＋750段路堑高边坡工程是否需要进行专项风险评估？如果要进行专项风险评估，应在何时完成？

2. 图1-8中，标注尺寸120cm和2600cm分别是指什么宽度？写出边桩放样所需的3个设计文件。

3. 改正施工单位在防护工程施工中的错误。

4. 浆砌片石护面墙的耳墙设置在什么部位？针对第一级边坡出现的局部凹陷，应如何处置？

5. 复制图1-8至答题卡上并在图上绘出深路堑监测观测桩位置示意图（在相应位置用

短竖线"|"示出)。

1. K18+230~K18+750段路堑高边坡工程不需要进行专项风险评估。如果要进行专项风险评估，应在路堑边坡分项工程开工前完成。

> 本题考查的是专项风险评估。专项风险评估是在总体风险评估基础上，将风险等级达到Ⅲ级及以上的路堑段作为评估单元，以施工作业活动为评估对象。很明显背景资料中给出的"风险等级为Ⅱ级"。

2. 图1-8中标注尺寸120cm代表的是碎落台宽度，图中标注尺寸2600cm代表的是路基宽度。

边桩放样所需的3个设计文件为"导线点成果表""直线、曲线及转角表""路基横断面设计图"（或回答"路基设计表"亦可）。

> 本题考查的是实际操作经验。① 本题中，对有实际操作经验的人来说，很明显，120cm的碎落台和2600cm为路基宽度是送分题。② 坐标法是根据路基边桩点与中线的距离计算、横断面方向的方位角，计算求出路基边桩的坐标值（X，Y），即可在导线点上用全站仪直接放样出路基边桩的桩位。

3. 改正：路堑开挖防护工程，应在开挖一级后，及时防护一级。上一级防护未完工，不得开挖下一级。

> 本题考查的是施工单位开挖路堑的安全防护。路堑开挖应采取保证边坡稳定的措施，边坡有防护要求的应开挖一级防护，且应自上而下开挖，不得掏底开挖、上下同时开挖、乱挖超挖。我们一定要回答"开挖一级防护一级"。

4. 浆砌片石护面墙的耳墙应设置在护面墙中部。针对第一级边坡出现的局部凹陷，应挖成台阶后用与墙身相同的圬工填补（或7.5号浆砌片石填补）。

> 本题考查的是耳墙的设置和路基防护。关于本题考生一定要注意的是"挖成台阶后，采用与墙身相同的圬工材料填补"。

5. 深路堑监测观测桩位置示意图如图1-9所示。

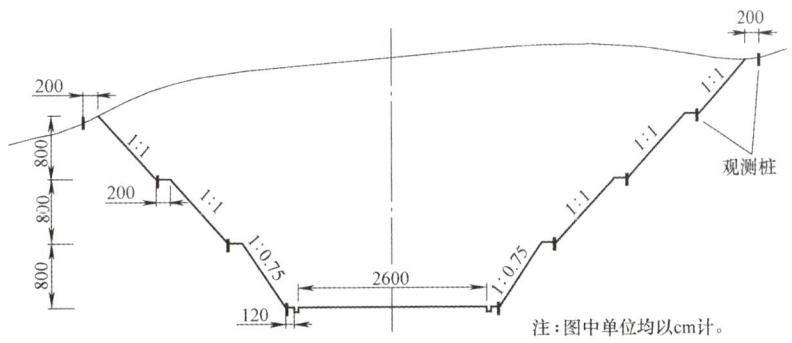

图1-9　深路堑监测观测桩位置示意图

> 本题考查的是公路工程施工测量方法。回答本题需要我们结合实际工作经验进行作答。

实务操作和案例分析题七［2016年真题］

【背景资料】

某施工单位承建了一段路基工程，其中K18＋220～K18＋430设置了一段挡土墙，路基填方高度最高为11m。挡土墙横断面示意图如图1-10所示。

挡土墙施工流程为：施工准备（含构件C预制）→测量放线→工序A→地基处理→排水沟施工→基础浇筑→构件C安装→工序B→填料填筑与压实→墙顶封闭。

路基工程施工前项目部进行了技术交底，技术交底工作由项目经理组织，项目总工程师主持实施，向项目部、分包单位的全体施工技术人员和班组进行交底，交底人员和参会人员双方签字确认。技术交底记录部分内容如下：

（1）筋带采用聚丙烯土工带，进场时检查出厂质量证明书后即可用于施工。

（2）聚丙烯土工带的下料长度取设计长度。聚丙烯土工带与面板的连接，可将土工带的一端从面板预埋拉环或预留孔中穿过，折回与另一端对齐，并采用筋带扣在前端将筋带扎成一束。

（3）填土分层厚度及碾压遍数，应根据拉筋间距、碾压机具和密实度要求，通过试验确定。为保证压实效果，所有填筑区域均使用重型压实机械压实，严禁使用羊足碾碾压。

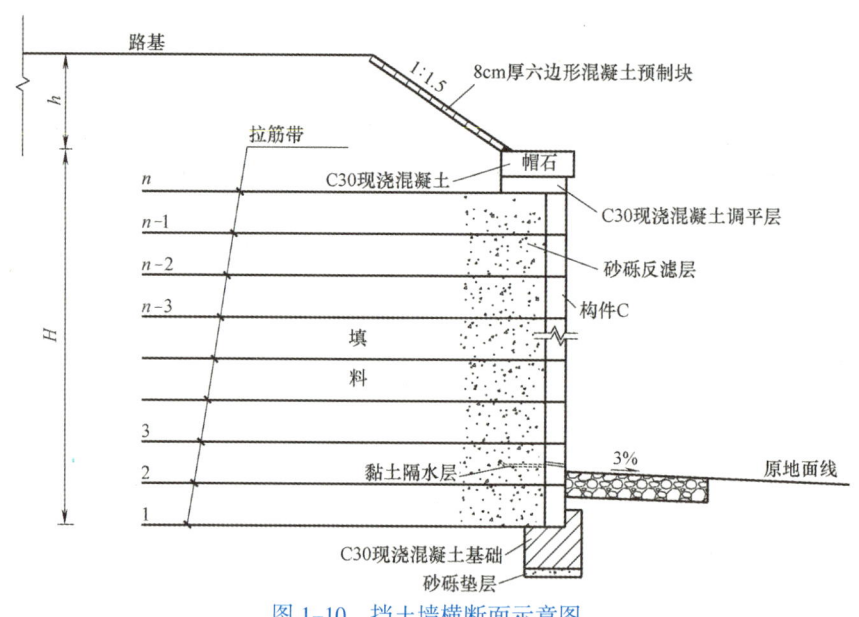

图1-10 挡土墙横断面示意图

（4）填料摊铺、碾压应从拉筋尾部开始，平行于墙面碾压，然后向拉筋中部逐步进行，再向墙面方向进行。严禁平行于拉筋方向碾压，碾压机具不得在挡土墙范围内调头。

【问题】

1. 按照挡土墙设置的位置和结构形式划分，分别写出该挡土墙的名称。

2. 写出挡土墙施工流程中工序A、工序B与图中构件C的名称。写出挡土墙施工流程中必须交叉进行的工序。

　　3. 项目部组织技术交底的方式是否正确？说明理由。

　　4. 逐条判断技术交底记录内容是否正确，并改正错误。

【参考答案与分析思路】

　　1. 按照挡土墙设置的位置划分，该挡土墙为路堤墙。按照挡土墙的结构形式划分，该挡土墙为加筋土挡土墙。

> 　　本题考查的是挡土墙的种类及其划分。本题考核的方式较为简单，考生应能够对挡土墙的划分进行明确区分。

　　2. 工序A是基槽（坑）开挖，工序B是筋带铺设，构件C是墙面板。

　　必须交叉进行的工序有：墙面板安装（或构件C安装）、筋带铺设（或工序B）、填料填筑与压实。

> 　　本题考查的是挡土墙的施工流程。本题要求考生对挡土墙的施工流程中的前后工序关系进行分析判断。

　　3. 项目部组织技术交底的方式不正确。

　　理由：技术交底未按不同要求、不同层次、不同方式进行技术交底，即技术交底应分级进行，分级管理。

> 　　本题考查的是技术交底的方式。正确的交底方式应当考虑不同的要求、层次和方式。

　　4. 第（1）条错误。改正：进场时除了查看出厂质量证明书外，还应查看出厂试验报告，并且还应取样进行技术指标测定。

　　第（2）条错误。改正：聚丙烯土工带的下料长度一般为2倍设计长度加上穿孔所需长度（30~50cm）。

　　第（3）条错误。改正：在采用靠近墙面板1m范围内，应使用小型机具夯实或人工夯实，不得使用重型压实机械压实。

　　第（4）条错误。改正：填料摊铺、碾压应从拉筋中部开始平行于墙面碾压，先向拉筋尾部逐步进行，然后再向墙面方向进行。

> 　　本题考查的是技术交底记录内容。技术交底记录的正确内容需要考生进行实记，本题中只是增加了对比分析的过程。

典 型 习 题

实务操作和案例分析题一

【背景资料】

　　某二级公路工程K20＋855~K20＋985为软土地基路段，设计采用水泥粉煤灰碎石桩（CFG桩）＋30cm厚水泥土（水泥掺量5%）进行软基处理，CFG桩软基处理示意图如图1-11所示。

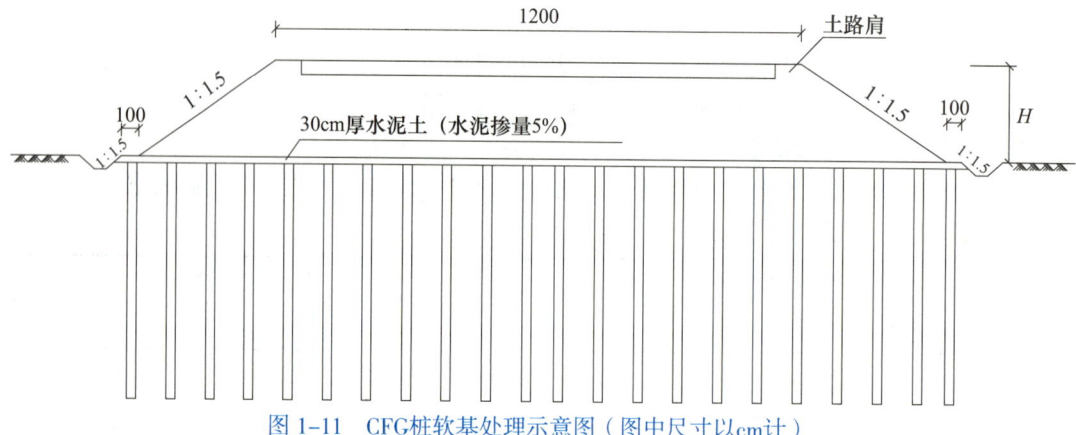

图 1-11　CFG桩软基处理示意图（图中尺寸以cm计）

施工单位采用振动沉管灌注法施工CFG桩，施工工序为：原地表处理→A→沉管机就位→下沉至设计深度→停机→泵送混合料→拔管→B。

施工中发生以下事件：

事件1：CFG桩施工前进行了成桩试验，确定了施工工艺、质量标准及相关参数。

事件2：施工技术人员提出CFG桩的部分施工技术要求，如沉管至设计高程后应尽快投料；首次投料应使管内混合料超灌高度不小于0.5m；当遇淤泥层时，适当放慢拔管速度，每拔管2m后应反插不小于0.3m再拔管。

事件3：经检查，CFG桩软基处理的桩径、桩长、强度等项目符合要求，施工单位利用挖方路段土方外掺5%水泥填筑30cm厚水泥土层。软基处理结束后进行路基填筑，该路段路基设计填高H的平均值为2.6m。

【问题】

1. 答出CFG桩施工工序中A、B工序的内容。

2. 事件1中，成桩试验还应确定哪两项参数？

3. 指出事件2中CFG桩施工技术要求的两处错误，并改正。

4. 事件3中，CFG桩软基处理的质量检查项目还缺少哪两项？

5. 计算该软基处理段水泥土（水泥掺量5%）填筑工程量（单位：m³，计算结果保留小数点后2位）。分别判断水泥土（水泥掺量5%）填筑量和土路肩填筑量是否在"204-1a利用土方路基填筑"清单子目中计量。

【参考答案】

1. CFG桩施工工序中A工序的内容：测量放样；B工序的内容：沉管机移位。

2. 事件1中，成桩试验应确定的两项参数：施工速度、投料数量。

3. 事件2中CFG桩施工技术要求的两处错误及改正：

（1）错误1：首次投料应使管内混合料超灌高度不小于0.5m。

改正：首次投料应使管内混合料面与投料口平齐。

（2）错误2：每拔管2m后应反插不小于0.3m再拔管。

改正：拔管过程中不得反插。

4. 事件3中，CFG桩软基处理的质量检查项目还缺少的两项质量检查项目：桩距、复合地基承载力。

5. 该软基处理段水泥土（水泥掺量5%）填筑平均宽度：12＋2.6×1.5×2＋1×2＋0.3×1.5＝22.25m。

该软基处理段水泥土（水泥掺量5%）填筑工程量：22.25×0.3×（985－855）＝867.75m³。

水泥土（水泥掺量5%）填筑量不在"204-1a利用土方路基填筑"清单子目中计量。

土路肩填筑量不在"204-1a利用土方路基填筑"清单子目中计量。

实务操作和案例分析题二

【背景资料】

某施工单位承建了一级公路路基工程，路基宽度25m，其中K2＋100～K2＋500为路堑，K6＋200～K6＋900为斜坡高路堤。施工前，施工单位对原地面进行复测，核对了横断面地面线。在深挖、高填路段施工中，每开挖、填筑一个边坡平台或3～5m，复测横断面。

K2＋100～K2＋500段路堑施工中，第一级边坡采用路堑挡土墙加固，第二级采用挂铁丝网喷播基材绿化封闭，防治坡面风化剥落，路堑高边坡加固设计图如图1-12所示。挡土墙的施工工序包括：① 测量放样；② 墙身施工；③ 基础施工；④ 基坑开挖；⑤ 其他附属工程施工。挡土墙施工中，基坑开挖分段跳槽进行；作业高度超过1.8m时，设置脚手架；挡土墙高度超过2m时，按高处作业要求进行安全防护。

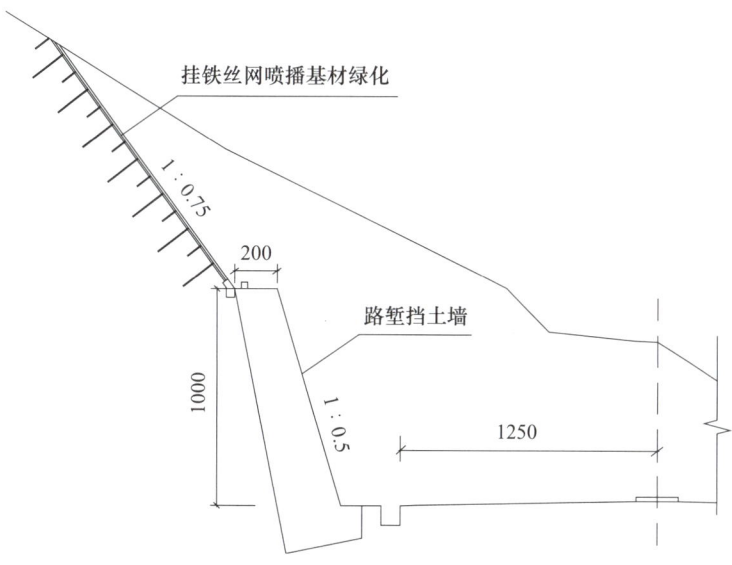

图1-12　路堑高边坡加固设计图（图中尺寸以cm计）

K6＋200～K6＋900段斜坡高路堤填筑前，对原地基进行了压实，压实度控制在90%以上。斜坡高路堤段采用强度高、水稳性好的材料进行水平分层填筑，并按设计要求预留高度与宽度，每填筑2m进行冲击补压一次。为提高施工安全与施工质量，施工单位对斜坡高路堤进行了稳定监测，稳定监测设施按图1-13中所示位置布设，纵向按每200m间距布置一处，并优先安排斜坡高路堤施工，预留了5个月的沉降期。斜坡高路堤完工后，路堤沉降稍大，经处理合格后，通过验收。

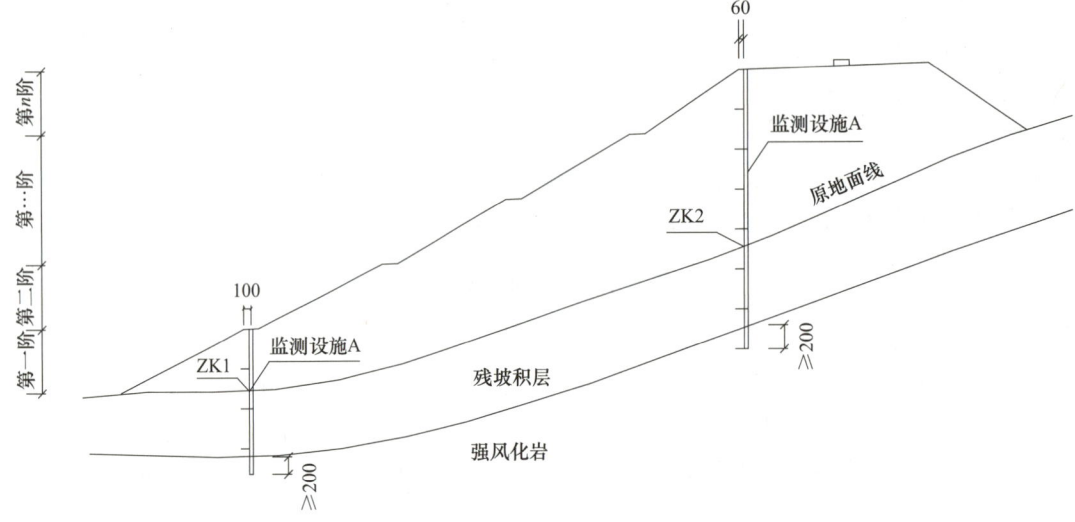

图 1-13　斜坡高路堤稳定监测布设示意图（图中尺寸以cm计）

【问题】

1. 写出图 1-13 中监测设施 A 的名称，还可设置哪些沉降位移监测设施？

2. 对深挖、高填路段，每开挖、填筑一个边坡平台或3～5m，还应复测什么项目？

3. 写出挡土墙施工工序的正确顺序（用序号表示，如⑤①③②④）。工序⑤中的其他附属工程包括哪些构造物？

4. 按照挡土墙墙背形式划分，K2＋100～K2＋500段路堑挡土墙属于哪种形式的挡土墙？改正挡土墙施工中的错误。

5. 试分析K6＋200～K6＋900斜坡高路堤段，由施工引起的沉降稍大病害的4个可能原因。

【参考答案】

1. 图 1-13 中监测设备 A 的名称是测斜管。还可设置的沉降位移监测设施包括：地表水平位移桩、地表型沉降计（或沉降板或桩）。

2. 每开挖、填筑一个边坡平台或3～5m，还应复测中线。

3. 挡土墙施工工序的正确顺序为：①④③②⑤。

其他附属工程包括：伸缩缝与沉降缝、泄水孔、锥坡。

4. K2＋100～K2＋500段路堑挡土墙属于仰斜式挡土墙。

错误之处："作业高度超过1.8m时，设置脚手架"。

正确做法："作业高度超过1.2m时，设置脚手架"。

5. 斜坡高路堤沉降稍大病害的4个可能原因：

（1）地基处理不彻底。

（2）填筑层厚度偏大。

（3）压实不均匀，压实度达不到要求。

（4）路堤固结沉降。

实务操作和案例分析题三

【背景资料】

某高速公路膨胀土路堑段，长480m，挖深8～9m，右侧为顺层边坡，岩土层倾角为12°～15°，结构面内摩擦角为5°，黏聚力为12kPa。边坡加固防护方案如图1-14所示。

施工单位采用如图1-15所示的工艺流程组织施工，于4月完成该路段边坡施工。

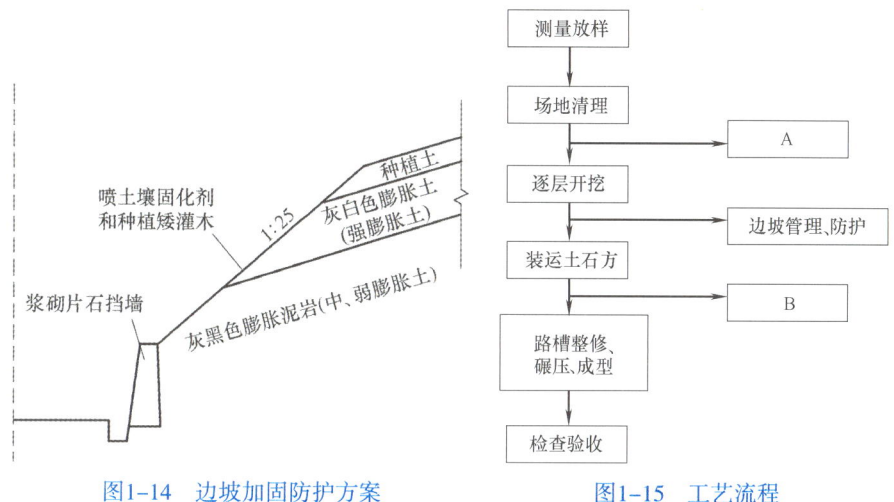

图1-14　边坡加固防护方案　　　　图1-15　工艺流程

当年6月，在雨水作用下该边坡发生了部分滑塌，施工单位认为是原设计不合理所致，因此提出了如图1-16所示柔性支护结构方案，并按相关程序报批变更设计。

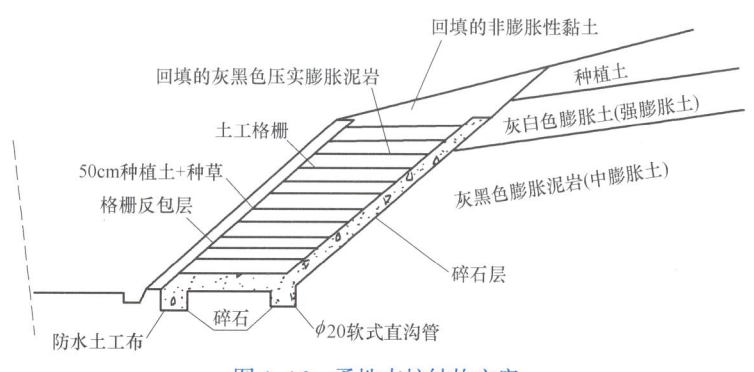

图1-16　柔性支护结构方案

【问题】

1. 指出图1-15中A、B分别代表的施工过程。

2. 说明对该路段路堑护坡变更设计应采取的正确程序。

3. 结合图1-16说明土工格栅与土之间的三种相互作用。

4. 结合地质情况说明图1-16中碎石层的作用。

5. 结合示意图1-16，说明"种植土＋种草"有哪几种作用？

【参考答案】

1. 图1-15中A代表的施工过程是开挖截水沟，B代表的施工过程是开挖边沟。

2. 该路段路堑护坡变更设计应采取的正确程序：变更人向驻地监理工程师提出申请，驻地监理工程师初审，总监理工程师签署变更令，组织施工，办理结算；重要工程部位及较大问题需建设单位、设计、施工三方洽商，设计单位签发设计变更通知单。

3. 土工格栅与土之间的三种相互作用：格栅表面与土之间的摩擦作用，格栅孔眼对土的锁定作用，格栅肋的被动抗阻作用。

4. 碎石层的作用：隔离、排水、反滤层。

5. "种植土＋种草"的作用：用于边坡稳定，迅速绿化边坡，稳固土层，防止水土流失。

实务操作和案例分析题四

【背景资料】

施工单位承建了某二级公路路基工程，路基宽度10m。其中K1＋600～K1＋900为软土地基，该路段原地面平坦，路基为填方路堤，设计采用碎石桩处理软基，碎石桩桩径D为0.5m，桩中心间距S为1.3m，正三角形布置，桩长h为6m，桩内填充碎石填料，填料最大粒径50mm，含泥量不大于5%。碎石桩布置示意图如图1-17所示。

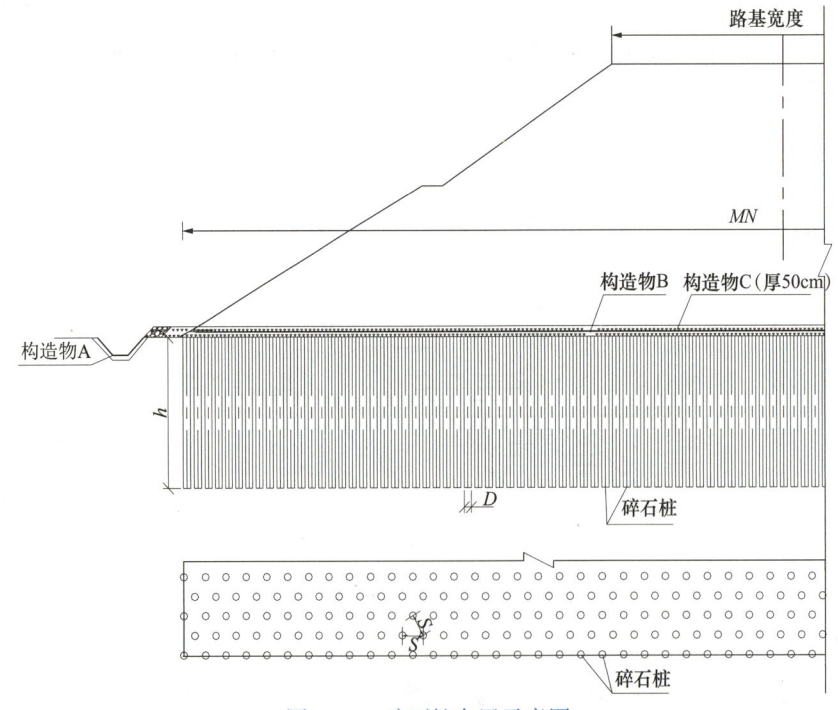

图1-17　碎石桩布置示意图

施工单位专业工程师编制了软基路堤填筑施工方案，项目技术部门对施工方案进行了审核，项目经理审批后用于指导施工。

碎石桩采用振动沉管法施工，针对碎石桩施工，施工单位在施工前进行了成桩挤密试验。施工过程中，先开挖纵横排水沟，将农田排水疏干，并清除表层淤泥质土，清基后先铺设0.25m厚的级配碎石并压实，然后进行碎石桩施工，打完碎石桩后铺设土工格栅，再铺设级配碎石垫层。首排碎石桩里程桩号为K1＋600，最后一排里程桩号不超过K1＋900，基底处理宽度MN为52m，桩位布置不超出此范围。其成桩工艺为：

（1）桩管垂直就位，闭合桩靴。

（2）将桩管沉入地基土中达到设计深度。

（3）按设计规定的混合料数量向桩管内投入碎石料。

（4）边振动边拔管，拔管高度100cm。

（5）边振动边向下压管（沉管），下压高度30cm。

（6）继续振动10～20s，停拔时间长短按照规定要求。

（7）重复步骤（3）～（6），直至桩管拔出地面。

路堤填筑过程中，为保证软土地基路堤稳定性，路堤施工期内施工单位连续观测了路堤的沉降等，其填筑速率按路堤中心线地面沉降速率每昼夜不大于10～15mm控制。路堤完工且在沉降稳定后，进行路面及边坡防护等施工。

【问题】

1. 写出图1-17中构造物A、B、C的名称。

2. 计算该路段碎石桩的总根数（计算过程结果保留小数点后3位，最后结果取整）。

3. 改正施工方案审批流程中的错误。针对碎石桩施工，施工单位在施工前还应进行何种试验？

4. 写出背景资料中振动沉管法的成桩工艺方法名称。振动沉管法的成桩工艺还有哪两种方法？

5. 为保证软土地基路堤稳定性，路堤填筑时还应采用什么控制标准？

【参考答案】

1. A的名称：边沟或排水沟。B的名称：土工格栅。C的名称：级配碎石垫层（碎石垫层）。

2. 排间距：$1.3 \times \cos 30° ＝ 1.126$m。

第一排（单排）桩的根数：$52/1.3 ＋ 1 ＝ 41$根。

第二排（双排）桩的根数：$（52 － 0.65）/1.3 ＋ 1 ＝ 40$根。

总排数：$300/1.126 ＋ 1 ＝ 266 ＋ 1 ＝ 267$排。

总根数：$134 \times 41 ＋ 133 \times 40 ＝ 5494 ＋ 5320 ＝ 10814$根。

3. 施工方案审批流程中的错误改正如下：

将"项目经理审批后用于指导施工"改正为："项目总工程师审批后用于指导施工"。

碎石桩施工前，施工单位应进行成桩工艺试验。

4. 振动沉管法的成桩工艺方法名称：重复压管成桩法。

振动沉管法的成桩工艺还有：一次拔管成桩法和逐步拔管成桩法。

5. 软土地区路堤施工期间宜按坡脚水平位移速率每昼夜不大于5mm控制路堤稳定性。

实务操作和案例分析题五

【背景资料】

某施工单位承建了一段二级公路路基工程，其中K3＋220～K3＋650为高填方路堤，路基填方高度最高为21.2m，地面以下有约6m的软土层。施工单位采用强夯处理地基，采用水平分层填筑路堤。高填方路堤横断面示意图如图1-18所示。

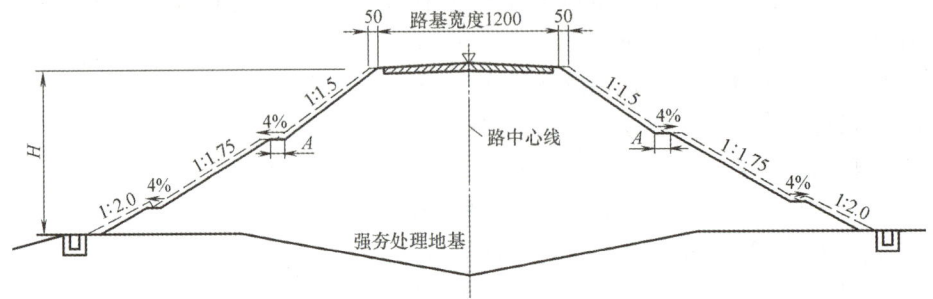

注：本图单位以cm计，路基两侧起宽填筑50cm。

图1-18 高填方路堤横断面示意图

施工过程中发生如下事件：

事件1：施工单位在已碾压整平的场地内做好了周边排水沟，布设了竖向排水体，并在强夯区地表铺设了垫层。在施工场地内选择一块有代表性的地段作为试夯区，面积200m²。试夯结束后在规定时间段内，对试夯现场进行检测，并与试夯前测试数据进行对比，以检验设备及夯击能是否满足要求，确定间歇时间、夯间距、夯击次数等施工参数，确定强夯处理的施工工艺。强夯处理范围为坡脚边缘。

事件2：施工单位确定的强夯施工工序主要包括：① 夯点布设；② 施工准备；③ 场地平整；④ 试夯；⑤ 主夯；⑥ 检查验收；⑦ 副夯；⑧ 满夯。

事件3：施工期间，施工单位对高填方路堤进行了动态观察，即沉降观测，用路堤中心线地面沉降速率每昼夜不大于10～15mm控制路堤稳定性。

【问题】

1. 分别写出图1-18中标注H以及A所对应的术语名称。强夯区铺设的垫层材料采用哪种类型？试列举两种具体材料。

2. 指出事件1中存在的错误并改正。补充通过试夯还可以确定的施工参数。

3. 写出事件2中强夯施工的正确工序（写出数字编号即可）。

4. 补充事件3中，施工单位对软土地区路堤施工还必须进行的动态观测项目及控制标准。

【参考答案】

1. 图1-18中H为路基边坡高度，A为边坡平台。

垫层材料宜采用级配良好的坚硬粗颗粒材料。比如：砾石（或碎石、卵石、砂砾）、矿渣（或石渣、煤渣）。

2. 事件1中存在的错误与改正：

（1）① 强夯处理范围为边坡脚边缘错误。

正确做法：强夯处理范围应超出路堤坡脚。每边超出坡脚的宽度不宜小于3m。

② 试夯面积为200m²错误。

正确做法：试夯区场地面积不应小于500m²。

（2）试夯还可以确定的施工参数有：单击夯击能、夯击遍数等。

3. 强夯施工的正确工序：②③①④⑤⑦⑧⑥。

4. 事件3中，动态观测项目还应该进行水平位移的观测。

事件3中，控制标准：施工期间坡脚水平位移速率每昼夜不大于5mm控制路堤稳定性。

实务操作和案例分析题六

【背景资料】

某施工单位承接了一段路基工程施工，其中K8＋780～K8＋810为C20片石混凝土重力式挡土墙，墙高最高为12m，设计要求地基容许承载力不小于0.5MPa。片石混凝土挡土墙立面示意图如图1-19所示。挡土墙施工流程为：施工准备→测量放线→基槽开挖→验基→地基承载力检测→测量放线→搭脚手架→立模加固→浇筑混凝土并人工摆放片石→拆除模板交验→养护。

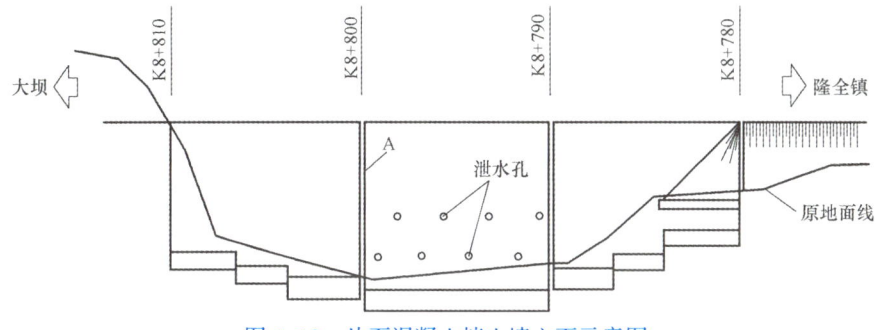

图1-19　片石混凝土挡土墙立面示意图

施工中，采用挖掘机开挖基槽，分段开挖长度根据现场地质情况确定。机械开挖至基底设计标高以上0.3m时，重新进行测量放线，确定开挖正确且不偏位的情况下改用人工清理基底，开挖至设计标高后，用蛙式电动夯将基底夯实，使压实度达到90%以上，检测基底承载力，发现部分基底承载力为0.45MPa。地下水对该基槽无影响。

模板采用钢模板分片拼装后，再按设计位置分段拼装，模板在安装前进行了打磨，并刷隔离剂。每段拼完后，四边挂线调整模板直顺度，符合质量要求后固定。

施工单位采用拌合站集中拌制混凝土，搅拌运输车运输混凝土，混凝土到达现场后，通过溜槽灌注，混凝土自由落体高度不大于2m。采用插入式振动棒振捣密实。混凝土分层浇筑，每层混凝土浇筑完成后，加填一层片石。片石在填放前用水冲洗干净，片石的强度不小于30MPa，片石的最大尺寸不大于结构最小尺寸的1/4，最小尺寸不小于15cm。

施工单位在施工中注重控制片石投放质量，保证了净间距不小于15cm，片石与模板间的净间距不小于25cm，片石体积不超过片石混凝土总体积的30%。

拆模在混凝土强度达到2.5MPa进行，同时考虑拆模时混凝土的温度（由水泥水化热引起）不能过高。模板的拆除顺序遵循先支先拆、后支后拆的原则进行。拆模后，混凝土表面局部出现蜂窝缺陷，但确认施工过程中未出现漏浆及模板变形、跑模现象。

【问题】

1. 判断挡土墙位于路基左侧还是右侧，并说明理由。写出图中构造A的名称。

2. 提出该项目基底承载力不能满足设计要求时的工程处理措施。

3. 指出片石混凝土浇筑与拆模中的错误并改正。

4. 分析混凝土表面局部出现有蜂窝缺陷的可能原因。

5. 除测量工与试验工外，写出该挡土墙施工还需要配置的技术工种。

【参考答案】

1. 挡土墙位于路基左侧，因为立面图中从左到右里程是由大到小（或：当人站在挡土墙起点桩号K8＋780向挡土墙终点桩号K8＋810看时，挡墙位于人的左侧）。构造A的名称为沉降缝与伸缩缝。

2. 该项目基底承载力不能满足设计要求时的工程处理措施：

（1）超挖换填水稳性好、强度高的材料。

（2）掺加水泥、石灰等进行土壤改良。

（3）增大压实功率，提高压实度。

（4）设置片石混凝土等扩大基础。

3. "片石体积不超过片石混凝土总体积的30%"错误，应为"片石体积不超过片石混凝土总体积的20%"。

"模板的拆除顺序遵循先支先拆、后支后拆的原则进行"错误，应为"模板的拆除顺序遵循先支后拆、后支先拆的顺序进行"。

4. 混凝土表面局部出现有蜂窝缺陷的可能原因有：

（1）振捣设备选择不合理。

（2）过振。

（3）漏振（欠振）。

（4）材料计量不准确。

（5）拌和不均匀（拌合时间不够）。

（6）混凝土配合比设计不合理。

5. 该挡土墙施工还需要配置的技术工种有架子工、模板工、混凝土工、机修工、电工。

实务操作和案例分析题七

【背景资料】

某施工单位承建了长度为10km的山岭重丘区二级公路工程，半填半挖路基典型横断面示意图如图1-20所示。

施工中发生以下事件：

事件1：施工方案中，边坡开挖采用浅孔微差爆破方法，在靠近边坡部位，采用光面爆破方法进行开挖。在实际作业时，为了加快工程进度，边坡开挖采用了洞室爆破的方法。放炮前设专人警戒，所有人撤到警戒线以外；爆破结束后，在无法确定是否有盲炮的情况下，专业人员等待5min后进入现场按规定检查和处理盲炮；确认安全后，相关人员进入现场继续施工。在边坡挖方过程中共进行了两次横断面复测。

事件2：施工单位选取了200m长度的路基试验段，用粗颗粒土（最大粒径45mm）进行填筑。质量检测采用灌砂法测定压实度；填筑过程中采用核子密度湿度仪进行快速检测压实度；用重型击实试验法测定最佳含水率。通过试验段总结压实工艺，确定了主要压实参数包括机械组合、压实机械规格、最佳含水率及碾压时含水率范围。

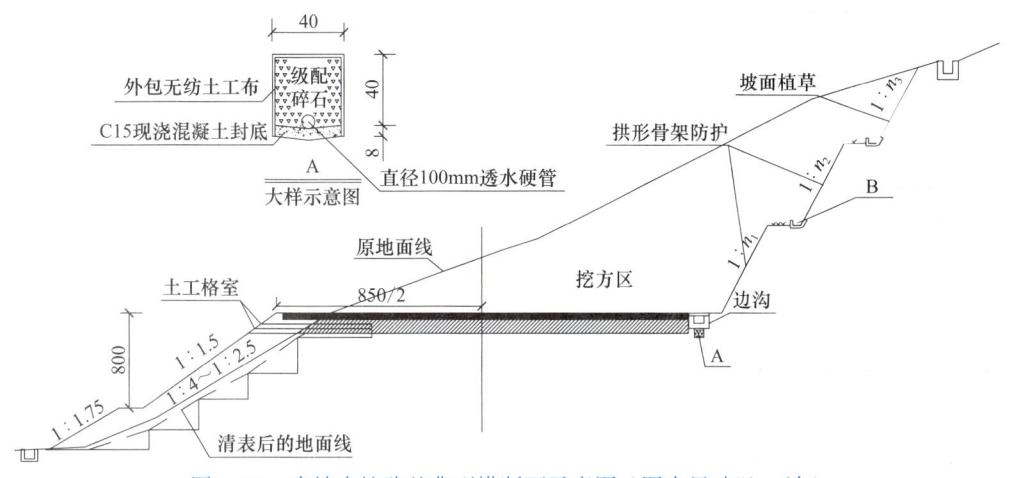

图1-20 半填半挖路基典型横断面示意图（图中尺寸以cm计）

【问题】

1. 写出图1-20中构造物A、B的名称。图1-20中，填方部位原地面清表后是否应挖台阶处理？说明理由。

2. 指出事件1中爆破开挖施工过程中三处错误，并改正。

3. 说明事件2中用灌砂法测定压实度的理由。现场压实度快速检测方法还有哪种？

4. 补充事件2中主要压实参数。

【参考答案】

1. 构造物A的名称：填石渗沟（或暗沟，或盲沟）。

构造物B的名称：平台截水沟。

应挖台阶处理。理由：因为其地面横坡度陡于1:5。

> 本题考查的是路基识图与路基边坡病害的防治。路基所处的原地面斜坡面（横断面）陡于1:5时，原地面应开挖反坡台阶。
>
> 应挖台阶处理的理由写成"原地面坡度在1:4～1:2.5，或为了保证边坡稳定，或为了防止边坡滑坡"均可得分。

2. 事件1中爆破开挖施工过程中三处错误及正确做法如下：

（1）错误一：边坡开挖采用了洞室爆破的方法（或未按原施工方案施工）。

正确做法：禁用洞室爆破，应用施工方案中的浅孔微差爆破法（或应按原施工方案施工）。

（2）错误二：爆破结束后，在无法确定是否有盲炮的情况下，专业人员等待5min后进入现场按规定检查和处理盲炮（或专业人员等待时间太短）。

正确做法：在无法确定有盲炮的情况下，爆破结束等待15min后，专业人员进入现场。

（3）错误三：在边坡挖方过程中，共进行了两次横断面复测（或断面复测次数不够）。

正确做法：专业人员应进行不少于三次横断面复测（或每挖一个台阶复测一次横断面，或每开挖3～5m复测一次横断面，或专业人员应多次进行横断面复测）。

本题考查的是爆破开挖施工要求。采取浅孔少装药、松动爆破等飞石少的方法，放炮前设专人警戒，定时爆破，不得用石块覆盖炮孔，爆破后15min后才能进入现场。按规定检查和处理盲炮，检查处理危石。深挖高填路段，每挖填一个边坡平台或者3～5m，应复测中线和横断面。

3. 事件2中用灌砂法测定压实度的理由：因为灌砂法是标准规定的土质路基压实度检测方法（或灌砂法适用于细粒土或粗粒土的压实度检测，或本路粗颗粒土最大粒径为45mm）。

现场压实度快速检测方法还有无核密度仪法。

本题考查的是现场干密度的测定方法。无核密度仪可快速测试当日铺筑且未开放交通的沥青路面各层沥青混合料的密度，并计算压实度。

4. 事件2中主要压实参数还包括：松铺厚度、碾压遍数、碾压速度。

本题考查的是路堤试验路段压实工艺主要参数。路堤试验路段压实工艺主要参数包括：机械组合、压实机械规格、松铺厚度、碾压遍数、碾压速度、最佳含水率及碾压时含水率范围等。

第2章　路面工程施工技术实务操作和案例分析专项突破

2015—2024年度实务操作和案例分析题考点分布

考点	年份									
	2015年	2016年	2017年	2018年	2019年	2020年	2021年	2022年	2023年	2024年
路面基层（底基层）用料要求			●					●		●
路面粒料基层（底基层）施工										
路面沥青稳定基层施工										
路面无机结合料稳定基层（底基层）施工										
沥青路面结构及类型	●		●	●		●				
沥青路面施工准备										●
沥青路面用料要求							●			
沥青路面面层施工										
沥青路面透层、粘层、封层施工	●			●	●					
路面改（扩）建施工				●						
水泥混凝土路面施工准备										
水泥混凝土路面用料要求										
水泥混凝土路面施工		●						●	●	
中央分隔带施工										
路肩施工										
无机结合料稳定类基层裂缝防治					●		●			
沥青路面接缝病害防治							●			
水泥混凝土路面裂缝防治										
水泥混凝土路面断板防治										

【专家指导】

在实务操作和案例分析题的考核中，每年都会有一个关于路面工程的题目，在这部分内容里，沥青路面面层施工、无机结合料稳定基层（底基层）施工及质量通病的防治措施是相对重要的知识点。

历 年 真 题

实务操作和案例分析题一［2024年真题］

【背景资料】

某施工单位承建10km双向四车道高速公路沥青路面工程，所处路段横断面形式为半填半挖和路堑，当地年降水量为650mm。沥青路面结构示意图如图2-1所示，其中路面基层施工采用42.5强度等级的普通硅酸盐水泥。通过重型击实试验可知，水泥稳定级配碎石混合料的最大干密度为2.35g/cm³，压实度标准为98%。

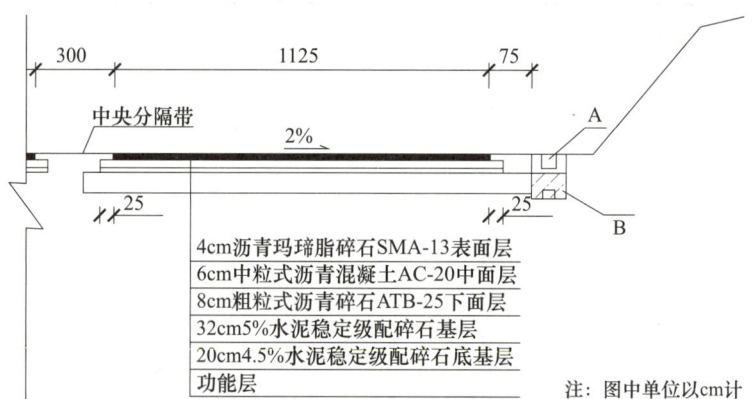

图2-1　沥青路面结构示意图

施工过程中发生以下事件：

事件1：施工单位对基层水泥稳定级配碎石材料的组成设计工作，依据《公路路面基层施工技术细则》JTG/T F20—2015，按照原材料检验、目标配合比设计、生产配合比设计以及施工参数确定的流程组织实施，其中生产配合比设计完成了确定料仓供料比例、水泥稳定级配碎石混合料的最佳含水率和最大干密度等技术内容。

事件2：施工单位在组织实施沥青面层施工时，采取了以下做法：

（1）由于施工单位认为下面层施工在人员、材料、机械设备及施工方案等方面与以往本单位承担的其他类似工程完全相同，因此决定利用其经验和结果，不再铺筑新的下面层试验路段，并报监理单位审批。

（2）沥青混合料的运输，主要根据拌合站的产量和当地气温条件合理安排运输车辆，运输车辆的车厢内保持干净，涂防粘薄膜剂，运输过程中覆盖篷布。

（3）采用两台摊铺机一前一后梯进式施工作业，两台摊铺机的纵向间距控制在30～50m，两幅横向有50～100mm宽度的重叠，且摊铺过程中随时检查高程、摊铺厚度、摊铺质量。

事件3：施工单位（承包人）根据招标投标文件和交通运输部发布的《公路工程施工分包管理办法》，将本工程的沥青路面面层摊铺施工分包给了符合要求的分包人。承包人还与某劳务合作公司签订了劳务合作合同。工程竣工后，分包人以及劳务合作公司均向承包人和发包人提出申请施工分包业绩证明的要求。

【问题】

1. 写出图 2-1 中 A、B 构造物的名称。

2. 计算路面基层施工需要备料的水泥量（单位：t，计算结果保留整数）。

3. 补充事件 1 中生产配合比设计还应包含的其他两项技术内容。

4. 逐条判断事件 2 中的做法是否正确。若不正确，写出正确做法。

5. 承包人和发包人对分包人和劳务合作公司提出申请施工分包业绩证明的要求是否支持？若不支持，说明理由。另分包人和劳务合作公司各自承担工作的施工方案分别由谁负责编制？

【参考答案与分析思路】

1. A 构造物的名称：边沟；B 构造物的名称：渗沟。

> 本题考核的是路基排水设置。挖方地段和填土高度小于边沟深度的填方地段均应设置边沟。路堤靠山一侧的坡脚应设置不渗水的边沟。
>
> 有地下水出露的挖方路基、斜坡路堤、路基填挖交替地段，当地下水埋藏浅或无固定含水层时，为降低地下水位或拦截地下水，可在地面以下设置渗沟。渗沟有填石渗沟、管式渗沟、洞式渗沟、边坡渗沟、支撑渗沟等。

2. 基层水泥用量 = $(11.25 + 0.25 + 0.25) \times 10000 \times 0.32 \times 2 \times 2.35 \times 98\% \times [5/(100+5)]$ = 8247t。

> 本题考核的是水泥用量的计算。每幅路面基层的水泥体积计算：$(11.25 + 0.25 + 0.25) \times 10000 \times 0.32$。需要计算两幅路面基层的体积：$(11.25 + 0.25 + 0.25) \times 10000 \times 0.32 \times 2$。
>
> 水泥稳定级配碎石混合料的最大干密度为 2.35g/cm^3，压实度标准采用 98%。

3. 事件 1 中生产配合比设计还应包含的其他两项技术内容：确定水泥稳定材料的容许延迟时间、确定结合料剂量的标定曲线。

> 本题考核的是无机结合料稳定材料组成设计。
>
> （1）无机结合料稳定材料组成设计应包括原材料检验、混合料的目标配合比设计、混合料的生产配合比设计和施工参数确定四部分。
>
> （2）原材料检验应包括结合料、被稳定材料及其他相关材料的试验。所有检测指标均应满足相关设计标准或技术文件的要求。
>
> （3）目标配合比设计应包括下列技术内容：
>
> ① 选择级配范围。
>
> ② 确定结合料类型及掺配比例。
>
> ③ 验证混合料相关的设计及施工技术指标。
>
> （4）生产配合比设计应包括下列技术内容：
>
> ① 确定料仓供料比例。
>
> ② 确定水泥稳定材料的容许延迟时间。

③ 确定结合料剂量的标定曲线。

④ 确定混合料的最佳含水率、最大干密度。

（5）施工参数确定应包括下列技术内容：

① 确定施工中结合料的剂量。

② 确定施工合理含水率及最大干密度。

③ 验证混合料强度技术指标。

（6）确定无机结合料稳定材料最大干密度指标时宜采用重型击实方法，也可采用振动压实方法。

（7）应根据当地材料的特点和混合料设计要求，通过配合比设计选择最优的工程级配。

（8）用于基层的无机结合料稳定材料，强度满足要求时，尚宜检验抗冲刷和抗裂性能。

（9）在施工过程中，材料品质或规格发生变化、结合料品种发生变化时，应重新进行材料的组成设计。

4. 逐条判断事件2中的做法是否正确及正确做法：

（1）正确。

（2）不正确。正确做法：应根据拌合站的产量、运距，合理安排运输车辆。

（3）不正确。正确做法：相邻两台摊铺机的纵向间距控制在10～20m。

本题考核的是沥青面层施工。

（1）高速公路和一级公路的沥青路面在施工前应铺筑试验段。其他等级公路在缺乏施工经验或初次使用重大设备时，也应铺筑试验段。当同一施工单位在材料、机械设备及施工方法与其他工程完全相同时，也可利用其他工程的结果，不再铺筑新的试验路段。

（2）沥青混合料的运输应根据拌合站的产量、运距，合理安排运输车辆。运输车的车厢内保持干净，涂防粘薄膜剂。运输车配备覆盖篷布以防止雨和热量损失。运输车厢内已离析、硬化的混合料及低于规定铺筑温度或被雨淋的混合料应予废弃。

（3）沥青混合料的摊铺：

① 根据路面宽度选用1～2台具有自动调节摊铺厚度及找平装置、可加热的振动熨平板、运行良好的高密度沥青混凝土摊铺机进行摊铺。

② 底、中、面层采用走线法施工，表面层采用平衡梁法施工。

③ 摊铺机均匀行驶，行走速度和拌合站产量相匹配，以确保所摊铺路面的均匀不间断摊铺。摊铺过程中不准随意变换速度，尽量避免中途停顿。

④ 根据气温变化调节沥青混凝土的摊铺温度，开铺前将摊铺机的熨平板进行加热至不低于100℃。一般正常施工控制在不低于110～130℃，不超过165℃，摊铺过程中随时检查并做好记录。

⑤ 采用双机或三机梯进式施工时，相邻两机的间距控制在10～20m。两幅应有50～100mm宽度的重叠。

⑥ 摊铺过程中随时检查高程、摊铺厚度、摊铺质量，并及时通知操作手，出现离析、边角缺料等现象时人工及时补撒料，换补料。

⑦ 摊铺机无法作业的地方，经监理工程师同意后采取人工摊铺施工。

5. 支持分包人向承包人和发包人提出申请施工分包业绩证明的要求。

不支持劳务合作公司向承包人和发包人提出申请施工分包业绩证明的要求。理由：劳务合作不属于施工分包，劳务合作企业以分包人名义申请业绩证明的，承包人与发包人不得出具。

分包人的施工方案由分包人编制；劳务合作公司的施工方案由承包人编制。

> 本题考核的是分包管理。分包人有权与承包人共同享有分包工程业绩。分包人业绩证明由承包人与发包人共同出具。分包人以分包业绩证明承接工程的，发包人应当予以认可。分包人以分包业绩证明申报资质的，相关交通运输主管部门应当予以认可。
>
> 劳务合作不属于施工分包。劳务合作企业以分包人名义申请业绩证明的，承包人与发包人不得出具。
>
> 对于一般施工方案，应由各专业工程师或专业分包单位专业工程师编制，项目技术部门或专业分包单位技术部门审核，项目总工程师或专业分包单位技术负责人审批；对于重大施工方案，应由项目总工程师组织编制，施工单位技术管理部门组织审核，由施工单位技术负责人进行审批。
>
> 超过一定规模的危险性较大的分部分项工程专项方案应当由施工单位组织召开专家论证会。实行施工总承包的，由施工总承包单位组织召开专家论证会。专家论证内容：
> （1）专项方案内容是否完整、可行。
> （2）专项方案计算书和验算：依据是否符合有关标准规范。
> （3）安全施工的基本条件是否满足现场实际情况。

实务操作和案例分析题二〔2023 年真题〕

【背景资料】

某施工单位承建季冻区双向四车道高速公路水泥混凝土路面工程，设计路面结构为：26cm 水泥混凝土面层、30cm 水泥稳定碎石基层、20cm 级配碎石底基层，硬路肩与行车道路面结构相同。

根据施工方案要求，中央分隔带每侧面层按全幅摊铺且设置两条纵向接缝，并采用滑模摊铺技术进行施工，其工艺流程为：基层质量检查验收→测量放样→摊铺机就位→混凝土运输车卸料及布料→滑模摊铺机摊铺、振捣、整平→X→初期养护→Y→刻槽→Z→后期养护→质量检测→开放交通。用于面层施工的水泥为道路硅酸盐水泥，外加剂采用引气高效减水剂。

另外，针对可能出现的特殊天气情况以及水泥混凝土路面接缝多、构造复杂的特点，制定了专项施工组织方案和应急处理预案。

施工过程中发生以下事件：

事件1：面层水泥混凝土拌和中掺入了一定量符合规定要求的粉煤灰掺合料，并在施工前进行了混凝土配合比试配与粉煤灰掺量优化试验，对水泥混凝土弯拉强度等设计指标进行了符合性检验。

事件2：滑模摊铺面层前，架设双线基准线，基准线桩纵向间距在直线段按10m设置，在竖曲线和平曲线段按20m设置，滑模摊铺机底板设置为双向路拱形状。

事件3：在水泥混凝土面层摊铺施工过程中，发生了6级以上强风并伴随气温骤降的天气情况。

【问题】

1. 写出背景资料中X、Y、Z代表的工序名称以及面层施工纵向接缝的类型。

2. 补充事件1中配合比设计需要检验的其他设计指标。

3. 改正事件2中的两处错误做法。

4. 事件3中的天气情况可能对面层造成怎样的后果？施工现场应如何处置？

【参考答案与分析思路】

1. 背景资料中X、Y、Z代表的工序名称：X—人工修整；Y—切缝；Z—灌缝。

面层施工纵向接缝的类型：设拉杆假缝型。

本题考查的是滑模摊铺技术的工艺流程。水泥混凝土路面工程滑模摊铺技术的工艺流程如图2-2所示。

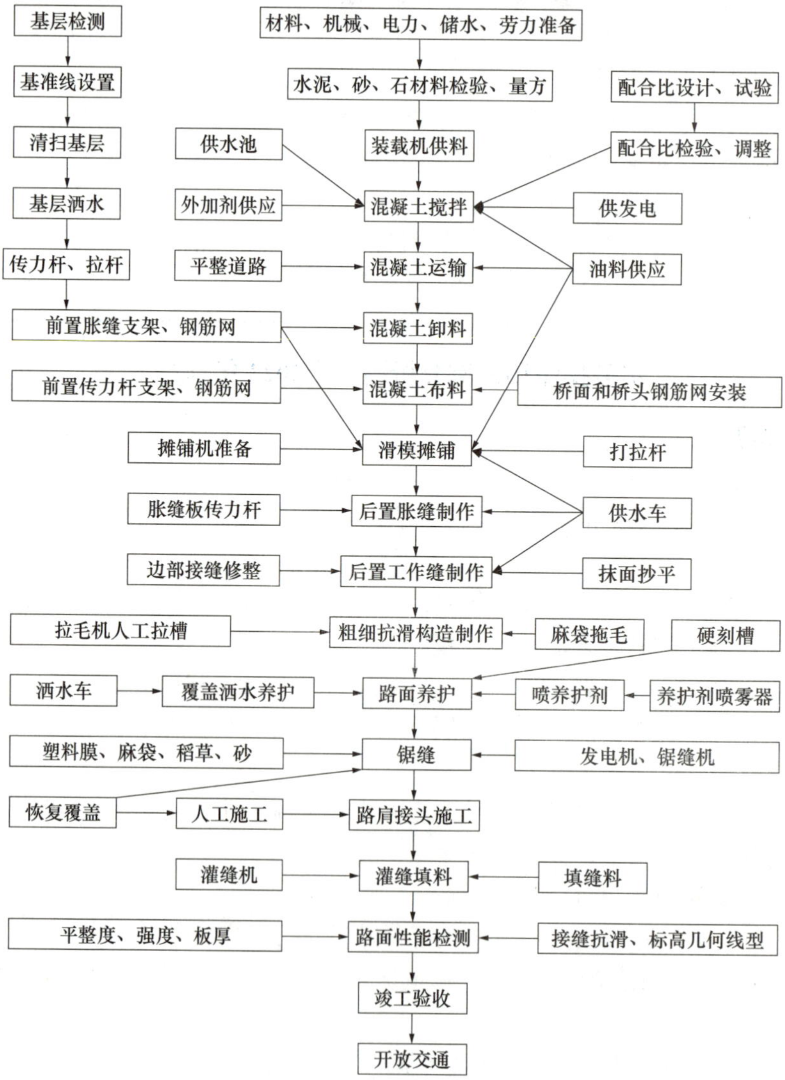

图 2-2　水泥混凝土路面工程滑模摊铺技术的工艺流程

纵缝从功能上分为纵向施工缝和纵向缩缝两类；从构造上分为设拉杆平缝型和设拉杆假缝型。当一次铺筑宽度大于4.5m时，应设置纵向缩缝，构造可采用设拉杆假缝型，锯切的槽口深度应大于纵向施工缝的槽口深度。纵缝位置应按车道宽度设置，并在摊铺过程中用专用的拉杆插入装置插入拉杆。钢筋混凝土路面、桥面和搭板的纵缝拉杆可由横向钢筋延伸穿过接缝代替。钢纤维混凝土路面切开的纵向缩缝可不设拉杆，纵向施工缝应设拉杆。

2. 补充事件1中配合比设计需要检验的其他设计指标：水泥混凝土工作性、抗磨性、抗冰冻性、抗盐冻性等指标。

本题考查的是水泥混凝土路面用料要求。① 使用道路硅酸盐水泥或硅酸盐水泥时，可在混凝土中掺入适量粉煤灰；使用其他水泥时，不应掺入粉煤灰。② 面层水泥混凝土不得掺用结块或潮湿的粉煤灰、矿渣粉或硅灰。不得掺用高钙粉煤灰或Ⅲ级及Ⅲ级以下低钙粉煤灰。③ 使用矿渣硅酸盐水泥时不得再掺加矿渣粉。高温期施工时不宜掺用硅灰。④ 各种掺合料在使用前，应进行混凝土配合比试配检验与掺量优化试验，确认面层水泥混凝土弯拉强度、工作性、抗磨性、抗冰冻性、抗盐冻性等指标满足设计要求。

3. 改正事件2中的两处错误做法：
改正一：在竖曲线和平曲线路段宜按5～10m设置。
改正二：滑模摊铺底板设置为单向路拱形状。

本题考查的是滑模摊铺技术。对应的背景资料中错误的做法如下：
错误一：滑模摊铺面层前，架设双线基准线。
错误二：在竖曲线和平曲线段按20m设置。

4. 事件3中的天气情况可能对面层造成龟裂的后果。
施工现场的处置：施工现场采取停工措施，并尽可能在缩缝和胀缝处设置横向工作缝，同时要采取加强覆盖养护措施。

本题考查的是水泥混凝土路面产生裂缝的原因及防治。产生龟裂的原因：
（1）混凝土浇筑后，表面没有及时覆盖，在炎热或大风天气，表面游离水分蒸发过快，体积急剧收缩，导致开裂。
（2）混凝土拌制时水胶比过大；模板与垫层过于干燥，吸水大。
（3）混凝土配合比不合理，水泥用量和砂率过大。
（4）混凝土表面过度振捣或抹平，使水泥和细集料过多上浮至表面，导致缩裂。
龟裂的治理措施：
（1）如混凝土在初凝前出现龟裂，可采用镘刀反复压抹或重新振捣的方法来消除，再加强湿润覆盖养护。
（2）一般对结构强度无甚影响，可不予处理。
（3）必要时应用注浆进行表面涂层处理，封闭裂缝。

实务操作和案例分析题三〔2022年真题〕

【背景资料】

某施工单位在南方旅游区承建某一级公路水泥混凝土路面工程，起讫桩号为K0＋000～K22＋000，当地建筑材料充足。该公路设计速度为80km/h，双向四车道，单车道宽度3.75m，硬路肩宽度为2.5m，公路左侧临河，填方路堤高度为3～5m，临河侧及中央分隔带侧均设置了安全防撞护栏，该工程主要的施工项目有：级配碎石底基层、水泥稳定碎石基层、水泥混凝土面层、中央分隔带、路面防排水及交通安全设施，路面结构示意图如图2-3所示。

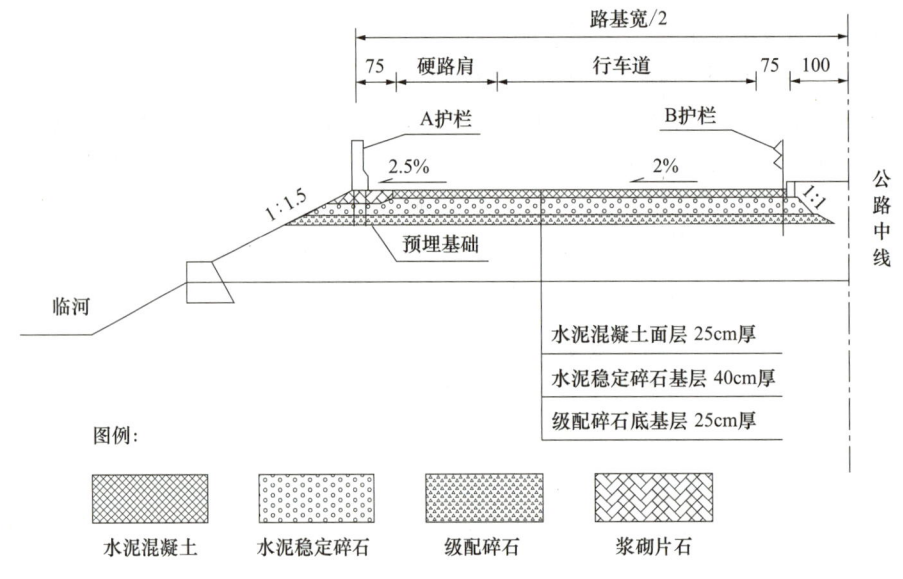

图2-3　路面结构示意图

施工过程中发生了如下事件：

事件1：为确保路面基层的施工质量，提高施工效率，项目部在底基层检验合格后，计划对路面基层分两层、等厚度进行摊铺、碾压、成型，根据项目部配置的人员和设备，项目部铺筑了试验路段，确定了基层混合料的松铺系数为1.32，并根据该松铺系数确定基层松铺厚度，以确保碾压成型后的基层厚度满足设计要求。

事件2：水泥混凝土路面采用滑模摊铺机进行施工，施工前，项目部技术人员编写了详细的施工方案，拟报上级部门审批。其中部分技术要求如下：

（1）水泥混凝土搅拌楼的配备，应优先选配间歇式搅拌楼，也可使用连续搅拌楼。

（2）水泥混凝土搅拌时，外加剂应以稀释溶液加入，其稀释用水和原液中的水量不得从拌和加水量中扣除。

（3）滑模摊铺机起步时，应先开启振捣棒，在2～3min内调整振捣到适宜频率，使进入挤压板前缘拌合物振捣密实，无大气泡冒出破灭，方可开动滑模机平稳推进摊铺。

（4）抗滑纹理做毕，应立即开始保湿养护，并立即连续摊铺相邻车道面板。

事件3：施工单位以公路施工项目为对象，开展施工成本管理和控制。施工项目成本管理流程如图2-4所示，表明了施工项目成本管理的流程及其对应的主要管理内容。通过实施该成本管理措施，该路面工程取得了良好的经济效益。

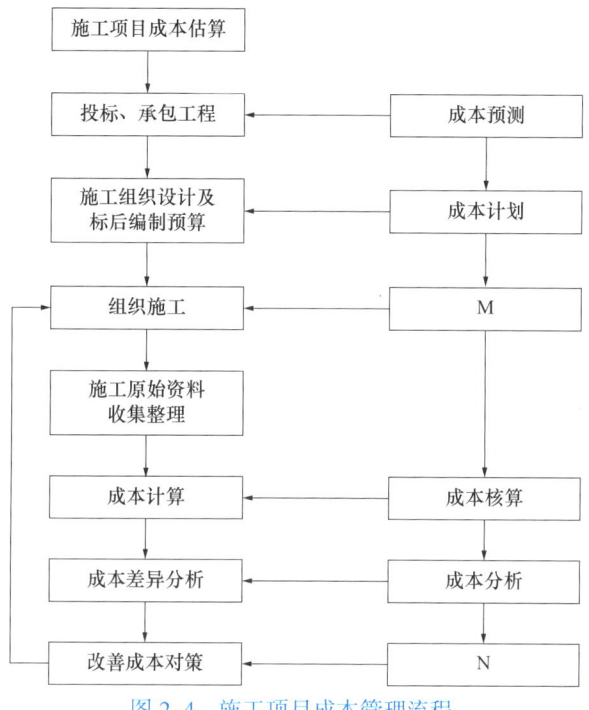

图2-4 施工项目成本管理流程

【问题】

1. 按护栏的结构类型，写出图2-3中设置的A护栏和B护栏的类型名称。

2. 计算事件1中路面基层分层摊铺时的单层松铺厚度（单位：cm，精确到小数点后1位）。

3. 逐条判断事件2中的技术要求是否正确。若不正确，改正错误之处。

4. 写出事件3施工项目成本管理流程中的M、N对应的成本管理名称。

【参考答案与分析思路】

1. A护栏的类型名称：钢筋混凝土墙式护栏（或钢筋混凝土护栏），B护栏的类型名称：金属梁柱式护栏（或波形梁护栏）。

> 本题考查的是护栏的类型。我们了解一下有关护栏的施工技术要求：
>
> 立柱打入的护栏宜在水泥混凝土路面、沥青路面下面层施工完毕后施工，不得早于路面基层施工，并控制好护栏立柱高程。
>
> 混凝土护栏可在路面基层施工完毕后路面摊铺前施工。长度较长、现场条件允许时，可采用滑模施工。
>
> 混凝土桥梁护栏应在桥面的两侧对称进行施工。
>
> 中央分隔带开口护栏的端头基础和预埋基础应在路面面层施工前完成，其余部分应在路面施工后安装。缓冲设施应在路面施工后安装。

2. 每层压实厚度：40/2＝20cm。

路面基层单层松铺厚度：20×1.32＝26.4cm。

> 本题考查的是路面基层单层松铺厚度的计算。松铺厚度是指这种未经压实的材料层的厚度。用各种不同方法摊铺任何一种混合料时，其密实度经常显著小于碾压后达到的规定密实度。材料的松铺厚度与达到规定压实度的压实厚度之比值称为松铺系数，常精确到小数点后两位，因此，松铺厚度＝压实厚度×松铺系数。

3.（1）正确。

（2）不正确。改正：稀释用水和原液中的水量应从拌和加水量中扣除。

（3）正确。

（4）不正确。改正：养护龄期不应少于5d，且混凝土强度满足要求后，方可连续摊铺相邻车道面板。

> 本题考查的是水泥混凝土路面采用滑模摊铺机进行施工的技术要求。这种施工技术是我国在高等级公路水泥混凝土路面施工中广泛采用的工程质量最高、施工速度最快、装备最现代化的高新成熟技术。其特征是不架设边缘固定模板，布料、摊铺、振捣密实、挤压成型、抹面装饰等施工流程在摊铺机行进过程中连续完成。

4. M 为成本控制，N 为成本考核。

> 本题考查的是施工成本管理的流程。我们这样来记忆：预计控、核分考。近年来经常考查工艺流程挖空的题型。

实务操作和案例分析题四〔2020 年真题〕

【背景资料】

南方平原地区某一快速通道公路位于滨海区域，气候多雨，公路起讫桩号为 K0＋000～K30＋000，线形平顺，双向六车道，无中央分隔带。行车道总宽度为 B，每个车道宽度为 3.75m。该公路为旧路改建，设计标高为公路中线位置。该工程采用柔性路面面层，基层采用半刚性基层，路面结构设计示意图如图 2-5 所示。为加强路面横向排水，路面横坡采用改进的三次抛物线型路拱，平均路拱横坡 i＝2%，路拱大样示意图及其计算公式如图 2-6 所示。

施工过程中发生了如下事件：

事件1：施工单位按公路工程施工标准化的要求，修建了沥青混合料拌合站，占地面积 4500m²，配置了 1 台拌合机、3 个沥青罐、冷热集料仓各 5 个。按施工标准化要求设置了下列标识标牌：拌合站简介牌、混合料配合比牌、材料标识牌、操作规程牌、消防保卫牌、安全警告警示牌。拌合站简介牌应标识的主要内容有：供应主要构造物情况及质量保证体系。拌合站采用封闭式管理，四周设置围墙及排水沟，入口处设置彩门及值班室。

事件2：施工单位依托母体试验室组建了工地试验室，母体试验室具有交通运输部公路水运工程试验检测机构等级证书中的综合乙级资质证书。为加强工地试验室外委管理，要求外委试验的检测机构应具备相应的资质和条件，工地试验室应将其有关证书复印件存档备案，施工单位还制定了如下管理要求：

（1）工地试验室超出母体检测机构授权范围的试验检测项目和参数，必须进行外委，外委试验应向监理单位报备。

（2）外委试验取样、送样过程应进行见证，工地试验室应对外委试验结果进行确认。

（3）工程建设项目的同一合同段中的施工、监理单位和检测机构应该将外委试验委托给同一家检测机构。

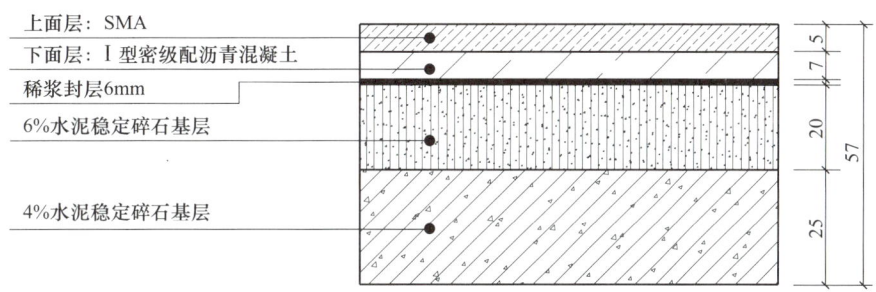

说明：本图尺寸单位均以cm计。

图 2-5　路面结构设计示意图

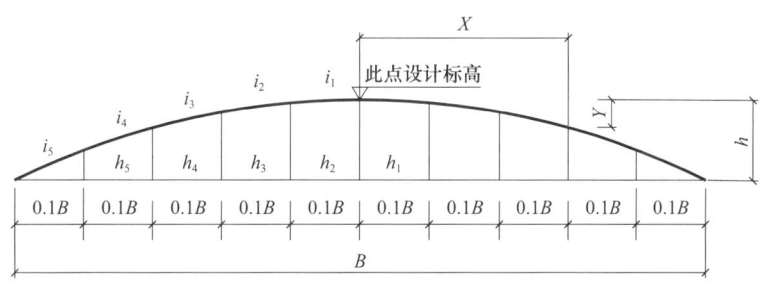

改进的三次抛物线型路拱的计算公式为：

$$Y = \frac{4h}{B^3}X^3 + \frac{h}{B}X$$

式中　B —— 行车道总宽度（m）；

　　　h —— 行车道路拱的竖向高度，$h = B \times i / 2$（m）；

　　　X —— 距离行车道中心的横向距离（m）；

　　　Y —— 对应X值的纵坐标（m）。

图 2-6　抛物线型路拱大样示意图

【问题】

1. 写出图2-5中上面层结构的中文名称。图2-5中下面层沥青混凝土的级配有何特点？该层压实后，其剩余空隙率要求满足什么范围？

2. 计算图2-6中的h_3（单位：m，小数点后保留4位）。

3. 事件1中，拌合站简介牌还应标识的内容有哪些？复制表2-1到专用答题卡上，并按表中示例，用直线将"标识标牌名称"与最佳的"设置位置"一一对应连接起来。

4. 逐条判断事件2中的管理要求是否正确。若不正确，写出正确要求。

5. 写出事件2中外委试验的检测机构应具备的资质和条件。

表2-1　拌合站标识、标牌设置

标识标牌名称	对应关系	设置位置
拌合站简介牌		拌合楼旁
混合料配合比牌		材料堆放处
材料标识牌		场内醒目位置
操作规程牌		拌合站入口处
消防保卫牌		机械设备旁
安全警告警示牌		各作业点

【参考答案与分析思路】

1. 上面层结构的中文名称为：沥青玛琋脂碎石混合料。

下面层沥青混凝土的级配特点：颗粒级配连续、相互嵌挤密实。

剩余空隙率为3%～6%（行车道路2%～6%）。

> 本题考查的是沥青路面分类。密级配沥青混凝土混合料：各种粒径的颗粒级配连续、相互嵌挤密实的矿料，与沥青拌和而成，且压实后的剩余空隙率小于10%的混凝土混合料。剩余空隙率为3%～6%（行人道路为2%～6%）的是Ⅰ型密实式改性沥青混凝土混合料，剩余空隙率为4%～10%的是Ⅱ型半密实式改性沥青混凝土混合料。

2. $B = 3.75 \times 6 = 22.5\text{m}$，$h = 22.5 \times 2\%/2 = 0.225\text{m}$，$X = 0.2 \times 22.5 = 4.5\text{m}$。

$$Y = \frac{4h}{B^3}X^3 + \frac{h}{B}X = 4 \times 0.225/22.5^3 \times 4.5^3 + 0.225/22.5 \times 4.5 = 0.0522\text{m}。$$

$$h_3 = h - Y = 0.225 - 0.0522 = 0.1728\text{m}。$$

> 本题考查的是行车道路拱高度计算。考生首先要充分利用背景资料给出的"改进的三次抛物线型路拱的计算公式"，算出 $h - Y$ 即可。

3. 拌合站简介牌还应标识的内容有：拌和的数量、安全保障体系。

对应关系见表2-2。

表2-2　拌合站标识、标牌设置

标识标牌名称	对应关系	设置位置
拌合站简介牌		拌合楼旁
混合料配合比牌		材料堆放处
材料标识牌		场内醒目位置
操作规程牌		拌合站入口处
消防保卫牌		机械设备旁
安全警告警示牌		各作业点

> 本题考查的是拌合站标识、标牌设置。具体要点详见表2-3。

表2-3　拌合站标识、标牌设置

标识名称	标识内容及要求	设置位置
拌合站简介牌	拌和的数量、供应主要构造物情况及质量、安全保障体系等	场地入口处
混凝土配合比牌	—	拌合楼旁
材料标识牌	—	材料堆放处
操作规程	各机械设备操作要求	机械设备旁
消防保卫牌	底部应标有火警电话119	场内
安全警告警示牌	—	各作业点

4. 事件2中的管理要求正确与否的判断及正确要求：

（1）错误。正确要求：外委试验应向项目建设单位报备。

（2）正确。

（3）错误。正确要求：同一合同段中的施工，监理和检测机构不得将外委试验委托给同一家检测机构。

> 本题考查的是工地试验外委管理。工地试验室应加强外委试验管理，超出母体检测机构授权范围的试验检测项目和参数应进行外委，外委试验应向项目建设单位报备，故（1）错误。工程建设项目的同一合同段中的施工、监理单位和检测机构不得将外委试验委托给同一家检测机构，故（3）错误。

5. 应取得《公路水运工程试验检测机构等级证书》（含相应参数），通过计量认证（含相应参数）且上年度信用等级为B级及以上。

> 本题考查的是工地试验外委管理。接受外委试验的检测机构应取得《公路水运工程试验检测机构等级证书》（含相应参数），通过计量认证（含相应参数）且上年度信用等级为B级及以上。

实务操作和案例分析题五〔2019年真题〕

【背景资料】

某施工单位承建某三级公路，公路起讫桩号为K0＋000～K12＋300，路面结构示意图如图2-7所示，图2-7中（A）未采用硬化处理，在沥青混凝土面层和级配碎石基层之间设置下封层。项目地处丘陵地区，周边环境复杂。其中K2＋000～K2＋600为滑坡地段，该地段多为破碎结构的硬岩或层状结构的不连续地层，路线在滑坡地段以挖方形式通过，经挖方卸载后进行边坡防护。

施工单位对滑坡地段施工编制了滑坡防治专项施工方案以及滑坡监测方案，通过了相关专家评审。施工中发生如下事件：

事件1：施工单位针对该项目特点编制了应急预案，在应急预案公布之日起1个月内，向单位所在地应急管理部门和有关部门进行告知性备案，并提交相关材料。

事件2：滑坡地段采用挖方卸载的防治措施，对该地段边坡采用锚杆加钢筋网再加喷射混凝土进行防护。

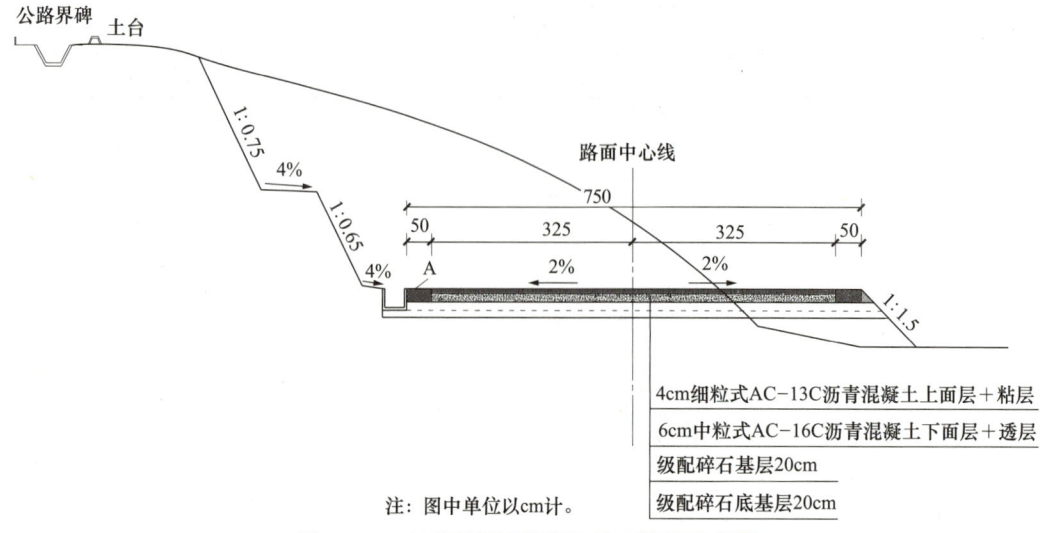

图 2-7　三级公路沥青混凝土路面结构示意图

事件3：施工单位对级配碎石基层表面做了如下处理：

（1）在沥青面层施工前1～2d内，采用人工清扫方式清理级配碎石基层表面。

（2）当基层表面出现小坑槽时，用原有基层材料找补。

（3）当基层表面出现较大范围松散时，清除掉该范围内全部基层重新铺装。

事件4：级配碎石基层施工完毕后，施工单位会同相关质量检验人员对基层的弯沉、压实度、平整度、横坡等项目进行了实测。

【问题】

1. 写出图2-7中A的名称。下封层宜采用什么方法施工？

2. 指出事件1中对应急预案告知性备案做法的错误之处，并改正。

3. 事件2中，滑坡防治措施属于哪类滑坡防治措施？滑坡防治措施还有哪两类？

4. 逐条判断事件3中级配碎石基层表面处理的做法是否正确，并改正。

5. 补充事件4中还需实测的项目，并指出实测项目中的关键项目。

【参考答案与分析思路】

1. 图2-7中，A的名称：土路肩。

下封层宜采用层铺法表面处治或稀浆封层法施工。

> 本题考查的是路肩的种类和封层的施工技术。本题从图中的位置可以判断A为路肩，但是路肩有土路肩和硬路肩之分，加之"未采用硬化处理"，故排除硬路肩。

2. 错误之处：在应急预案公布之日起1个月内，向单位所在地应急管理部门和有关部门进行告知性备案。

改正：在应急预案公布之日起20个工作日内，按照分级属地原则，向属地应急管理部门和有关部门进行告知性备案。

> 本题考查的是应急预案备案。施工单位应当在应急预案公布之日起20个工作日内，按照分级属地原则，向属地应急管理部门和有关部门进行告知性备案。本题中错误有两点：①1个月内；②单位所在地。

3. （1）滑坡防治措施属于力学平衡类防治措施。

（2）滑坡防治措施还有排水防治措施以及改变滑带土措施。

> 本题考查的是滑坡防治的工程措施。根据事件2中，"挖方卸载"即可判断其为力学平衡类防治措施。滑坡防治的工程措施主要有排水、力学平衡和改变滑带土三类。

4. 事件3中级配碎石基层表面处理的做法判断及改正：

（1）正确。

（2）错误。改正：清理出小坑槽时，不得用原有基层材料找补。

（3）错误。改正：清理出较大范围松散时，应重新评定基层质量，必要时宜返工处理。

> 本题考查的是无机结合料稳定材料基层与沥青面层之间的处理。在沥青面层施工前1～2d内，应清理基层顶面。应采用人工清扫、小型清扫车、空压机以及洒水冲刷等方式将基层表面的浮浆清理干净。清理出小坑槽时，不得用原有基层材料找补。清理出较大范围松散时，应重新评定基层质量，必要时宜返工处理。

5. 事件4中还需实测的项目：① 纵断高程；② 宽度；③ 厚度。

实测项目中的关键项目：厚度、压实度。

> 本题考查的是路面工程质量检验。级配碎（砾）石基层和底基层实测项目有：弯沉值、平整度、纵断高程、宽度、厚度（△）、横坡。

实务操作和案例分析题六 ［2018年真题］

【背景资料】

某三级公路，起讫桩号为K0＋000～K5＋300，双向两车道，路面结构形式为水泥混凝土路面。由于当地旅游经济的发展，此三级公路已发展为重要的旅游支线公路。通车10年后，路面发生局部网状开裂、纵向裂缝等病害。具有相应检测资质的检测单位采用探地雷达、（C）对水泥混凝土板的脱空和结构层的均匀情况、路面承载能力进行检测评估。设计单位根据检测评估结果对该路段进行路面改造方案设计。经专家会讨论，改造路面的结构形式决定采用原水泥混凝土路面破碎后加铺沥青混凝土面层的路面结构形式，如图2-8所示。施工中发生如下事件：

事件1：改造路段中的K1＋000～K1＋600为滑坡、落石等不良地质路段，施工单位针对此路段的边坡防护编制了专项施工方案，并组织专家对边坡专项施工方案进行了论证。

事件2：施工单位对破碎后的水泥混凝土路面采用Z型压路机振动压实2～3遍，测标高并进行级配碎石调平，检测平整度。光轮压路机压实3～4遍，压实速度不超过5km/h。

事件3：水泥混凝土路面破碎颗粒粒径满足要求并压实后，施工单位用智能洒布车均匀洒布乳化沥青做透层。洒布施工中发现局部有花白遗漏现象。

事件4：沥青混凝土面层铺装后，施工单位会同监理单位对沥青混凝土路面平整度、弯沉值、渗透系数、抗滑（含摩擦系数和构造深度）、中线平面偏位、纵断高程、路面宽度及路面横坡进行了实测。

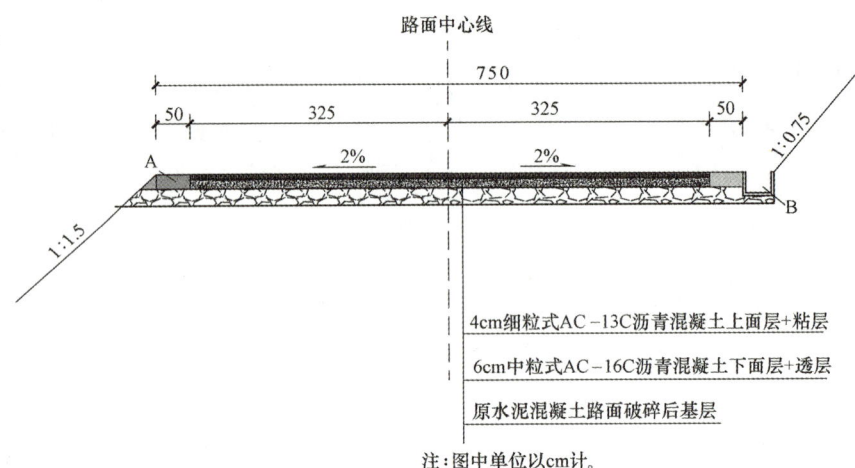

路面中心线

图 2-8　三级公路沥青混凝土路面结构图

注：图中单位以cm计。

4cm细粒式AC-13C沥青混凝土上面层+粘层
6cm中粒式AC-16C沥青混凝土下面层+透层
原水泥混凝土路面破碎后基层

【问题】

1. 写出图2-8中A、B以及背景资料中C的名称。

2. 事件1中，施工单位针对不良地质路段编制的专项施工方案应该包括哪些内容？

3. 说明事件2中水泥混凝土路面破碎后进行压实的主要作用。

4. 针对事件3中的花白遗漏处应如何处理？透层油还可选择哪些类型的沥青？

5. 补充事件4中沥青混凝土面层质量检验的实测项目。

【参考答案与分析思路】

1. 图2-8中A为路肩；B为边沟；背景资料中C的名称为弯沉仪。

> 本题考查的是沥青路面施工和路面改建施工。路肩位于车行道外缘至路基边缘。B处的边沟也较容易判断。C的名称考核的是加铺沥青面层的路面改建施工方法中的直接加铺法。一般通过人工调查对旧水泥路的病害按段落桩号进行统计，采用探地雷达、弯沉仪对混凝土板的脱空和其结构层的均匀情况、路面承载能力进行检测评价。

2. 事件1中，施工单位针对不良地质路段编制的专项施工方案包括：工程概况、编制依据、施工计划、施工工艺技术、施工安全保证措施、劳动力计划、计算书及图纸。

> 本题考查的是不良地质路段专项施工方案的编制内容。专项施工方案应当包括以下内容：工程概况、编制依据、施工计划、施工工艺技术、施工安全保证措施、劳动力计划、计算书及图纸。

3. 事件2中，水泥混凝土路面破碎后进行压实的主要作用：①水泥混凝土路面颗粒进一步破碎；②稳固下层块料；③为新铺沥青面层提供一个平整的表面。

> 本题考查的是破碎后的压实作用。压实的主要作用是将破碎的路面表面的扁平颗粒进一步破碎，同时稳固下层块料，为新铺沥青面层提供一个平整的表面。

4. 事件3中的路面存在花白遗漏处应人工补洒。

事件3中的该路面透层油还可选择的有：液体沥青和煤沥青。

> 本题考查的是路面透层施工的技术。喷洒透层油前应清扫路面，透层油必须洒布均

匀，有花白遗漏应人工补洒，喷洒过量的立即撒布石屑或砂吸油，必要时作适当碾压。可以根据基层类型选择渗透性好的液体沥青、乳化沥青、煤沥青作透层油。

5. 事件4中，沥青混凝土面层质量检验的实测项目还有：沥青混凝土面层的厚度和压实度。

> 本题考查的是沥青混凝土面层质量检验的实测项目。沥青混凝上面层和沥青碎（砾）石面层的实测项目有：厚度（△）、平整度、压实度（△）、弯沉值、渗水系数、抗滑（含摩擦系数和构造深度）、中线平面偏位、纵断高程、路面宽度及路面横坡。

实务操作和案例分析题七［2016年真题］

【背景资料】

某施工单位在北方平原地区承建了一段长152km的双向四车道高速公路的路面工程，路面结构设计示意图如图2-9所示。

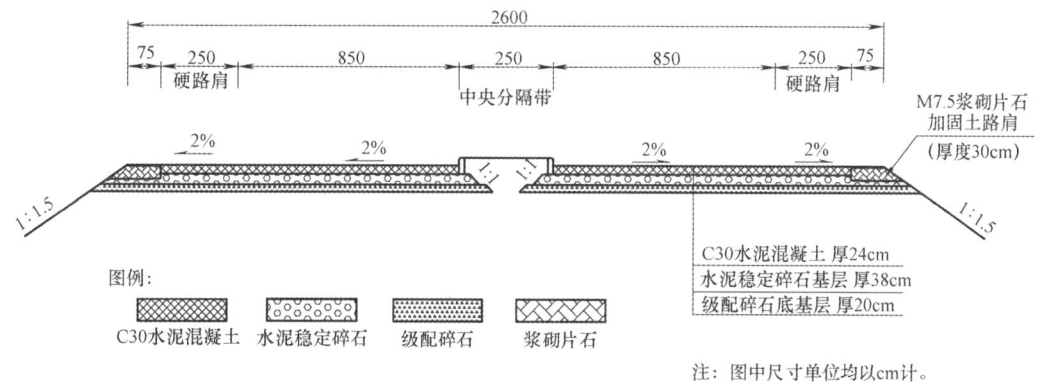

图2-9　路面结构设计示意图

为保证工期，施工单位采用2台滑模摊铺机分左右幅同时组织面层施工，对行车道与硬路肩进行整体滑模摊铺。施工中发生如下事件：

事件1：滑模摊铺前，施工单位在基层上进行了模板安装，并架设了单线基准线，基准线材质为钢绞线。

事件2：滑模摊铺机起步时，先开启振捣棒，在2～3min内调整到适宜振捣频率，使进入挤压板前缘拌合物振捣密实，无大气泡冒出，方可开动滑模机平稳推进摊铺。因滑模摊铺机未配备自动插入装置（DBI），传力杆无法自动插入。

事件3：施工单位配置的每台摊铺机的摊铺速度为100m/h，时间利用系数为0.75，施工单位还配置了专门的水泥混凝土搅拌站，搅拌站生产能力为450m^3/h［滑模摊铺机生产率公式为：$Q = hBV_pK_B$（m^3/h），公式中h为摊铺厚度，B为摊铺宽度］。

事件4：施工单位按每2km路面面层划分为一个分项工程，并按《公路工程质量检验评定标准 第一册 土建工程》JTG F80/1—2017进行检验和评定。分项工程的质量检验内容包括基本要求、实测项目、外观鉴定和质量保证资料四个部分。K0＋000～K2＋000段路面面层满足基本要求，且资料检查齐全，但外观鉴定时发现1处外观缺陷，需扣1分。该分项工程的实测项目得分见表2-4。

表2-4　K0＋000～K2＋000段路面面层实测项目得分表

序号	实测项目	得分值	权值	检测工具或方法
1	弯拉强度△	97	3	钻芯劈裂法
2	平整度	99	2	3m直尺测得 k（mm）
3	板厚度△	98	3	钻芯取样法
4	抗滑构造深度	95	2	铺砂法
5	相邻板间的高差	96	2	抽量
6	纵横缝顺直度	92	1	拉线
7	路面中线平面偏位	94	1	经纬仪
8	路面宽度	96	1	抽量
9	纵断高程	95	1	水准仪
10	路面横坡	95	1	水准仪

【问题】

1. 改正事件1中的错误。

2. 事件2中传力杆应采用什么方法施工？对传力杆以下的混凝土如何振捣密实？

3. 施工单位配置的水泥混凝土搅拌站能否满足滑模摊铺机的生产率？说明理由。

4. 写出表中 k 的含义。平整度的检测除了表格中提及的直尺外，还可以采用什么仪器？

5. 计算分项工程（K0＋000～K2＋000段路面面层）的评分值（计算结果保留1位小数），并评定该分项工程的工程质量等级。

【参考答案与分析思路】

1. "在基层上进行了模板安装"改为"滑模摊铺机不需要安装模板"。

滑模摊铺高速公路时，应采用单向坡双线基准线，故，"单线基准线"应改为"单向坡双线基准线"。

> 本题考查的是滑模摊铺施工的施工技术及要求。本题中"进行模板安装"较为多余。"单线基准线"错误较为明显。

2. 采用前置支架法施工。传力杆以下的混凝土宜在摊铺前采用手持振捣棒振捣密实。

> 本题考查的是水泥混凝土路面施工技术。前置法施工，应预先加工、安装和固定胀缝钢筋支架，并在使用手持振捣棒振实胀缝板两侧的混凝土后再摊铺。

3. 水泥混凝土搅拌站能满足滑模摊铺机的生产率；

理由：每台摊铺机生产效率 $Q＝1000×0.24×（2.5＋8.5）×100/1000×0.75＝198m^3/h$。

则两台摊铺机生产效率为：$198×2＝396m^3/h$。

$396m^3/h＜450m^3/h$（搅拌站生产能力），所以能满足滑模摊铺机的生产率。

> 本题考查的是滑模摊铺机生产率的计算。考生应充分把握背景资料中提供的"滑模摊铺机生产率公式为：$Q＝hBV_pK_B（m^3/h）$，公式中 h 为摊铺厚度，B 为摊铺宽度"线索。考生应明确 V_p 为摊铺速度，K_B 为时间利用系数。

4. k的含义是指3m直尺与路面的最大间隙。

平整度的检测还可以采用的检测仪器为：平整度仪。

> 本题考查的是直尺与路面的最大间隙及平整度的测量。本题考核的较为简单，考生应避免丢分。

5. 分项工程得分＝∑（实测项目得分×权值）/∑实测项目权值＝1637/17＝96.3分。

分项工程评分值＝分项工程得分－外观缺陷扣分－资料不齐扣分＝96.3－1－0＝95.3分。

该分项工程的评分值95.3分≥75分，该分项工程的工程质量等级为：合格。

> 本题考查的是分项工程质量评分。分项工程得分＝$\dfrac{\sum（检查项目得分×权值）}{\sum 检查项目权值}$。
>
> 分项工程评分值＝分项工程得分－外观缺陷减分－资料不全减分。分项工程评分值不小于75分者为合格；小于75分者为不合格。

实务操作和案例分析题八［2015年真题］

【背景资料】

某施工单位承建了某高速公路路面工程，其主线一般路段及收费广场路面结构设计方案见表2-5。

表2-5　路面结构设计方案表

路面类型	钢筋混凝土路面	沥青混凝土路面
适用范围	收费广场	主线一般路段
面层设计指标	5.0（A）	20.9（B）
结构图式	钢筋混凝土 水泥稳定碎石 低剂量水泥稳定碎石 级配碎石	SMA-13 AC-20C AC-25C ATB-30 水泥稳定碎石 低剂量水泥稳定碎石 级配碎石

备注：① 沥青路面的上、中面层均采用改性沥青；② 沥青路面面层之间应洒布乳化沥青作为C，在水泥稳定碎石基层上应喷洒液体石油沥青作为D，之后应设置封层。

本项目底基层厚度为20cm，工程数量为50万 m^2。施工单位在底基层施工前完成了底基层水泥稳定碎石的配合比等标准试验工作，并将试验报告及试验材料提交监理工程师中心试验室审批。监理工程师中心试验室对该试验报告的计算过程复核无误后，批复同意施工单位按标准实验的参数进行底基层的施工。

本项目最终经监理工程师批复并实施的底基层水泥稳定碎石施工配合比为：水：水泥：碎石（10～30mm）：碎石（5～10mm）：石屑（0～5mm）＝5.8：3.8：48：10：42，最大干密度为2.4g/cm³，底基层材料的施工损耗率为1%。

【问题】

1. 按组成结构分，本项目上面层、中面层分别属于哪一类沥青路面结构？

2. 写出路面结构设计方案表中括号内A、B对应的面层设计指标的单位。

3. 写出路面结构设计方案表中备注②所指功能层C、D的名称，并说明设置封层的作用。

4. 监理工程师中心试验室对底基层水泥稳定碎石配合比审批的做法是否正确？说明理由。

5. 计算本项目底基层水泥稳定碎石的水泥需用量为多少吨（计算结果保留1位小数）？

【参考答案与分析思路】

1. 按组成结构分，本项目上面层SAM-13沥青路面属于密实－骨架结构；中面层AC-20C沥青路面属于密实－悬浮结构。

> 本题考查的是沥青路面结构的种类。本题要求考生从沥青路面结构组成下手。

2. 路面结构设计方案表中括号内A对应的面层设计指标的单位为MPa；B对应的面层设计指标的单位为0.01（1/100）mm。

> 本题考查的是水泥路面抗弯拉强度与沥青混凝土路面弯沉值的理解。5.0MPa为钢筋混凝土路面抗弯拉强度。

3. 路面结构设计方案表中备注②所指功能层C为粘层，D为透层。

设置封层的作用包括：① 封闭某一层起着保水防水作用；② 起基层与沥青表面层之间的过渡和有效联结作用；③ 路的某一层表面破坏离析松散处的加固补强；④ 基层在沥青面层铺筑前，要临时开放交通，防止基层因天气或车辆作用出现水毁。

> 本题考查的是封层的作用。本题为需要考生实记的内容，作答较为容易。

4. 监理工程师中心试验室对底基层水泥稳定碎石配合比审批的做法不正确。

理由：监理工程师中心试验室应在承包人进行标准试验的同时或以后，平行进行复核（对比）试验，以肯定、否定或调整承包人标准试验的参数或指标。

> 本题考查的是材料、构（配）件试验管理的标准试验。回答本题要注意与原材料的验证试验要求进行区分。避免混淆。

5. 根据底基层水泥稳定碎石施工中水泥的配合比为3.8，则本项目底基层水泥稳定碎石的水泥需用量＝0.2×500000×（1＋1%）×2.4×3.8÷（3.8＋48＋10＋42）≈8874.0t。

> 本题考查的是底基层水泥稳定碎石的水泥需用量的计算。本题中的要点是确定底基层水泥稳定碎石施工中水泥的配合比为3.8，然后代入即可。注意：干密度＝干重与样品体积的比值。因此在计算过程中不考虑水的配合比。

典 型 习 题

实务操作和案例分析题一

【背景资料】

某施工单位承建了二级公路水泥混凝土路面工程，路面面层采用滑模摊铺机铺筑。开工前施工单位编制了施工组织设计，其中双代号网络计划图如图2-10所示。

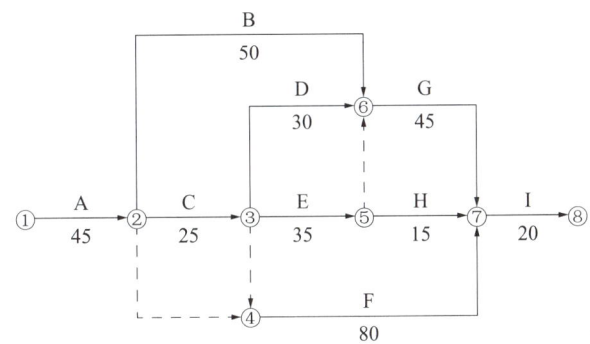

图2-10 双代号网络计划图（时间单位：d）

施工中发生以下事件：

事件1：面层施工前，施工单位对水泥稳定碎石基层质量进行检查，发现基层存在非扩展性温缩裂缝和局部破碎两种现象。施工单位针对非扩展性温缩裂缝采取的处理措施是：先进行M，再采用土工合成材料进行防裂处理。针对局部破碎采取的处理措施是：先进行N，再采用贫混凝土修复。

事件2：水泥混凝土面层施工中，施工单位的部分做法如下：

（1）混凝土拌合物搅拌时，外加剂以稀释溶液加入，其稀释用水量从拌和加水量中扣除。

（2）低温期施工时，拌合物出搅拌机的温度不低于5℃。

（3）每日施工结束后或因临时原因中断施工时，设置横向胀缝。

（4）为保证摊铺质量稳定，当拌合物稠度发生变化时，先采取调整振捣频率的措施，后采取改变摊铺速度的措施。

事件3：在水泥混凝土弯拉强度试验中，施工单位使用了尺寸为$a \times a \times b$的标准试件，使用的仪器有弯拉试验装置和R。

【问题】

1. 根据图2-10，写出总工期和关键线路（关键线路用工作名称作答，如ACD……）。

2. 写出事件1中M、N的内容。

3. 逐条判断事件2中施工单位的做法是否正确。若不正确，写出正确做法。

4. 写出事件3中仪器R的名称和标准试件尺寸a、b的值（单位：mm）。

【参考答案】

1. 图2-10的总工期为170d。

图2-10的关键线路：ACEGI和ACFI。

2.事件1中，M的内容：灌沥青（或灌缝）密封防水；N的内容：局部全厚度挖除（或清除，或凿除）。

3.逐条判断事件2中施工单位的做法是否正确：

（1）正确。

（2）不正确。正确做法：低温期施工时，拌合物出搅拌机的温度不低于10℃。

（3）不正确。正确做法：每日施工结束后或因临时原因中断施工时，设置横向施工缝。

（4）正确。

4.事件3中仪器的名称是万能试验机。

标准试件尺寸 a 的值为150mm； b 的值为550mm。

实务操作和案例分析题二

【背景资料】

某重要的三级旅游公路，设计速度为40km/h，起讫桩号K0＋000～K8＋300，项目所在区域湿润、多雨，且年降水量在600mm以上。路基材料为渗水差的细粒土（渗透系数不大于 10^{-5}cm/s），路面底基层、基层由无机结合料稳定材料组成，路面面层为C30水泥混凝土，路面结构形式示意如图2-11所示。

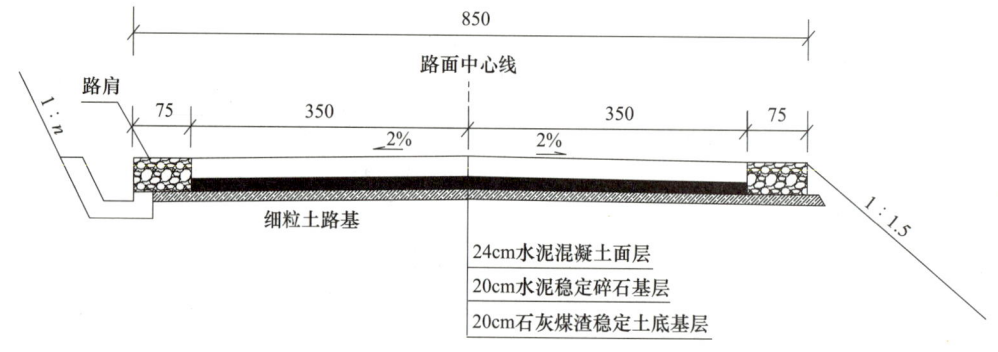

注：图中尺寸以cm计。

图2-11 路面结构形式示意图

施工中发生如下事件：

事件1：在路面底基层、基层施工前，施工单位对无机结合料稳定材料组成进行了设计，设计流程图如图2-12所示。

事件2：施工单位在无机结合料稳定材料组成设计中，采用振动压实方法确定最大干密度指标。

事件3：水泥混凝土路面施工过程中，施工单位工地试验室做了水泥混凝土抗压强度试验，试验方法如下：

（1）采用边长为100mm的正方体为标准试件。

（2）发现有蜂窝缺陷，在试验前1d用水泥浆填补修整，并在报告中加以说明。

（3）以试件成型时的正面作为受压面进行压力试验。

事件4：水泥混凝土路面施工前，施工单位做了一段路面试验段。试验段水泥混凝土路面硬化后，施工单位发现路面局部出现龟裂现象。经专家组分析，排除了混凝土过度振捣或抹平、模板与垫层过于干燥、吸水大以及养护不当等原因，主要是混凝土拌制的原因。

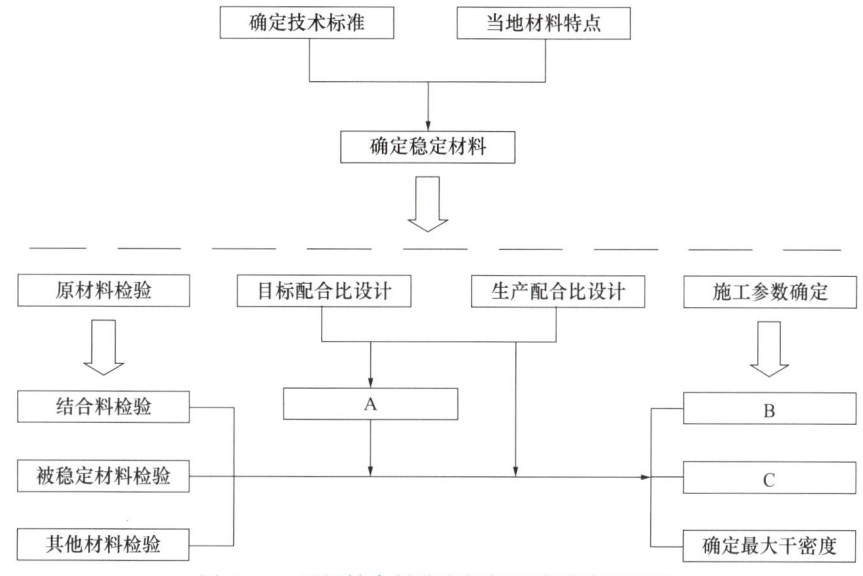

图 2-12　无机结合料稳定材料组成设计流程图

【问题】

1. 按力学性质划分，该路面的基层属于哪一类？

2. 写出图 2-12 中 A、B、C 的名称。

3. 写出事件 2 中施工单位确定最大干密度指标的另外一种方法。

4. 逐条判断事件 3 中水泥混凝土抗压强度试验方法是否正确。若不正确，写出正确做法。

5. 写出事件 4 中因混凝土拌制造成水泥混凝土路面龟裂的两个可能原因。

【参考答案】

1. 该路面的基层属于半刚性基层。

2. A 的名称：级配优化；B 的名称：确定结合料剂量（或确定合理含水率）；C 的名称：确定合理含水率（或确定结合料剂量）。

3. 施工单位确定最大干密度指标的另外一种方法：重型击实方法。

4.（1）不正确。

正确做法：应采用边长为 150mm 的正方体为标准试件。

（2）不正确。

正确做法：发现有蜂窝缺陷，在试验前 3d 用水泥浆填补修整，并在报告中加以说明。

（3）不正确。

正确做法：以试件成型时的侧面作为受压面进行压力试验。

5. 造成水泥混凝土路面龟裂的两个可能原因：

（1）混凝土拌制时水胶比过大。

（2）混凝土配合比不合理。

实务操作和案例分析题三

【背景资料】

某施工单位承建了一段二级公路沥青混凝土路面工程，路基宽度12m。上面层采用沥青混凝土（AC-13），下面层采用沥青混凝土（AC-20）；基层采用18cm厚水泥稳定碎石，基层宽度9.5m；底基层采用级配碎石。

沥青混合料指定由某拌合站定点供应，现场配备了摊铺机、运输车辆。基层采用两侧装模，摊铺机铺筑。

施工过程中发生如下事件：

事件1：沥青混凝土下面层施工前，施工单位编制了现场作业指导书，其中部分要求如下：

（1）下面层摊铺采用平衡梁法。

（2）摊铺机每次开铺前，将熨平板加热至80℃。

（3）采用雾状喷水法，以保证沥青混合料碾压过程不粘轮。

（4）摊铺机无法作业的地方，可采取人工摊铺施工。

事件2：施工单位确定的级配碎石底基层实测项目有：压实度、纵断高程、宽度、横坡等。

事件3：施工单位试验室确定的基层水泥稳定碎石混合料的集料比例见表2-6，水泥剂量为4.5%（外掺），最大干容重为2.4t/m³，压实度98%。

表2-6 基层水泥稳定碎石混合料集料比例表

集料名称	1号料	2号料	3号料	4号料
比例（%）	25	35	25	15

【问题】

1. 本项目应采用什么等级的沥青？按组成结构分类，本项目沥青混凝土路面属于哪种类型？

2. 沥青混凝土路面施工还需要配备哪些主要施工机械？

3. 逐条判断事件1中现场作业指导书的要求是否正确，并改正错误。

4. 补充事件2中级配碎石底基层实测项目的漏项。

5. 列式计算事件3中1km基层需1号料和水泥的用量（不考虑材料损耗，以t为单位，计算结果保留到小数点后2位）。

【参考答案】

1. 本项目采用A级、B级的沥青均可。

按组成结构分类，本项目沥青混凝土路面属于密实-悬浮结构类型。

2. 还需要配备的主要施工机械有：双轮双振动压路机、胶轮压路机、钢轮压路机（或光轮压路机）。

3. 事件1中现场作业指导书的错误与改正：

第（1）条不正确。改为：下面层摊铺采用走线法。

第（2）条不正确。改为：摊铺机每次摊铺前，将熨平板加热至不低于100℃。

第（3）条正确。

第（4）条正确。

4. 级配碎石底基层实测项目的漏项有：厚度、平整度、弯沉值。

5. 计算过程如下：

（1）1000×9.5×0.18×2.4×98%＝4021.92t。

（2）集料总量：4021.92/1.045＝3848.73t。

（3）1号料用量：3848.73×0.25＝962.18t。

（4）水泥用量：3848.73×0.045＝173.19t（或4021.92－3848.73＝173.19t）。

> 本题考查的是工程量的计算。1号料的用量要充分考虑到1号料的比例、路基宽度以及基层厚度。0.18＝18÷100，即将cm换算成m。关于1号料的用量，首先要计算出1号料的体积。2.4×98%为混合料压实后的干密度。

实务操作和案例分析题四

【背景资料】

某施工单位承接了一条长21km的二级公路的路基、路面工程，路基宽12m，为水泥混凝土路面。为保证测量工作质量和提高测量工作效率，项目部制定了详细的测量管理制度，要求如下：

（1）测量队对有关设计文件和监理签认的控制网点测量资料，由两人共同进行核对，核对结果应作记录，并进行签认，成果经项目技术主管复核签认，总工程师审核签认后方可使用。

（2）测量外业工作必须有多余观测，并构成闭合检测条件。

（3）对各工点、工序范围内的测量工作，测量组应自检、复核并签认，分工衔接的测量工作，由测量队或测量组进行互检、复核和签认。

（4）项目经理部总工程师和技术部门负责人要对测量队（组）执行测量复核签认制的情况进行检查，测量队对测量组执行测量复核签认制的情况进行检查，所有检查均应做好检查记录。

（5）测量记录与资料必须分类整理、妥善保管，并作为竣工文件的组成部分归档保存，具体归档资料包括：

① 交接桩资料、监理工程师提供的有关测量控制网点、放样数据变更文件。

② 各工点、各工序测量原始记录，观测方案布置图，放样数据计算书。

K6＋280～K6＋910为土质路堑，平均挖方深度约13m，最大挖深21.2m，路段土质为细粒土。施工单位在进行路堑开挖时，先沿路线纵向挖出一条通道，再横向进行挖掘。由于该路段地下水位较高，设置了渗沟排除地下水，但路床碾压时出现了"弹簧"现象。经检查分析，出现"弹簧"的原因是渗沟的排水效果不理想，路床下局部路段地下水排不了，导致毛细水上升，使土的含水量偏高。

【问题】

1. 逐条判断测量管理制度中第（1）～（4）条是否正确，并改正错误之处。

2. 补充第（5）条中作为竣工文件的其他测量归档资料。

3. 指出施工单位进行路堑开挖所采用方法的名称。采用该方法是否恰当？说明理由。

4. 为解决K6+280～K6+910路段出现的"弹簧"现象，施工单位可采取的技术措施是什么？

【参考答案】

1. 第（1）条不正确。

改正：测量队应核对有关设计文件和监理签认的控制网点测量资料，应由两人独立进行。

第（2）条正确。

第（3）条正确。

第（4）条正确。

2. 第（5）条中作为竣工文件的其他测量归档资料有：

（1）测量内业计算书、测量成果数据图表。

（2）测量器具周期检定文件。

3. 施工单位进行路堑开挖所采用方法是混合式挖掘法。采用该方法恰当。

理由：混合式挖掘法适用于纵向长度和挖深都很大的路堑开挖，本工程中路堑的挖深就很大。

4. 为解决K6+280～K6+910路段出现的"弹簧"现象，施工单位可采取的技术措施是：对产生"弹簧"的部位，可将其过湿土翻晒，或掺生石灰粉翻拌，待其含水量适宜后重新碾压；或挖除换填含水量适宜的良性土壤后重新碾压。

实务操作和案例分析题五

【背景资料】

某三级公路，起讫桩号为K0+000～K4+300，双向两车道，路面结构形式为水泥混凝土路面。由于当地经济的发展，该路段已成为重要集散公路，路面混凝土出现脱空、错台、局部网状开裂等病害，对该段公路需进行路面改造。具有相应检测资质的检测单位采用探地雷达、弯沉仪对水泥混凝土板的脱空和结构层的均匀情况、路面承载能力进行了检测评估，设计单位根据检测评估结果对该路段进行路面改造方案设计。经专家会讨论，改造路面采用原水泥混凝土路面进行处治后加铺沥青混凝土面层的路面结构形式，如图2-13所示。

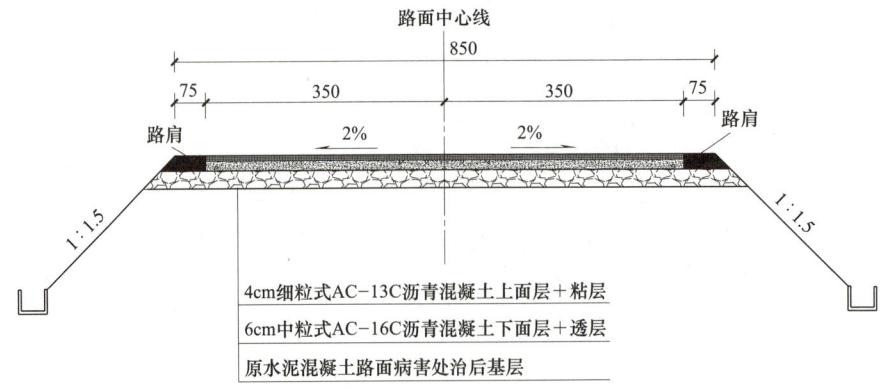

注：图中单位以cm计。

图2-13　沥青混凝土路面结构示意图

施工中发生如下事件：

事件1：该改造路段中的K2＋000～K3＋200经过人口密集的村庄，设计方案在此路段设置隔离栅，建议施工单位隔离栅宜在A工程完成后尽早实施。

事件2：施工单位对原水泥混凝土路面板块脱空的病害采用钻孔然后用水泥浆高压灌注处理的方案，具体的工艺包括：① 钻孔；② 制浆；③ 定位；④ 交通控制；⑤ 灌浆；⑥ B；⑦ 灌浆孔封堵。

事件3：施工单位对发生错台或板块网状开裂的原混凝土路面，将病害范围的整个板全部凿除，重新夯实路基及基层，对换板部位基层顶面进行清理维护，换板部分基层调平采用碎石，再浇筑同强度等级混凝土。

事件4：施工单位对板块脱空病害进行压浆处理，强度达到要求后，复测压浆板四角的弯沉值，实测弯沉值在0.10～0.18mm。

事件5：施工单位对原水泥混凝土路面病害处治完成并检查合格后，按试验段摊铺获取的数据铺筑沥青混凝土面层，对于沥青混合料的生产，每日应做C试验和D试验。

【问题】

1. 写出事件1中A的名称。说明设置隔离栅的主要作用。

2. 写出事件2中工艺B的内容，并对路面处治的工艺流程进行最优排序。

3. 改正事件3中的错误之处。

4. 事件4中施工单位复测压浆板四角的弯沉值后，可否判断板块不再脱空？说明理由。

5. 写出事件5中C试验、D试验的名称。

【参考答案】

1. 事件1中，A为路基。

设置隔离栅的主要作用：

（1）将公路用地隔离出来，防止非法侵占公路用地设施。

（2）将可能影响交通安全的人和畜等与公路分离，保证公路的正常运营。

2. 事件2中，工艺B应为：弯沉测试。

事件2中，路面处治的最优工艺流程为：③①②⑤⑦④⑥。

3. 事件3中的错误之处："换板部分基层调平采用碎石，再浇筑同强度等级混凝土"。

改正为："换板部分基层均由新浇筑的水泥混凝土面板一次浇筑完成，不再单独选择材料调平"。

4. 事件4中，施工单位复测压浆板四角的弯沉值后，可以判断板块不再脱空。

理由：因为根据《公路水泥混凝土路面养护技术规范》JTJ 073.1—2001规定，凡弯沉值超过0.2mm的，应确定为面板脱空。该项目实测弯沉值均在规定范围内，所以可判断板块不再脱空。

5. 事件5中，C试验的名称：抽提试验；D试验的名称：马歇尔稳定度试验。

实务操作和案例分析题六

【背景资料】

某施工单位承接了一条二级公路的施工，路线全长30.85km，路基宽度8.5m，路面宽度2×3.5m。该工程内容包括路基、桥梁及路面工程等。为减少桥头不均匀沉降，防止桥头跳车，桥台与路堤交接处按图2-14施工，主要施工内容包括：地基清表、挖台阶、A区域分层填筑、铺设土工格室、设置构造物K、路面铺筑等。路面结构层如图2-14所示，B区域为已经填筑完成的路堤填筑区域。

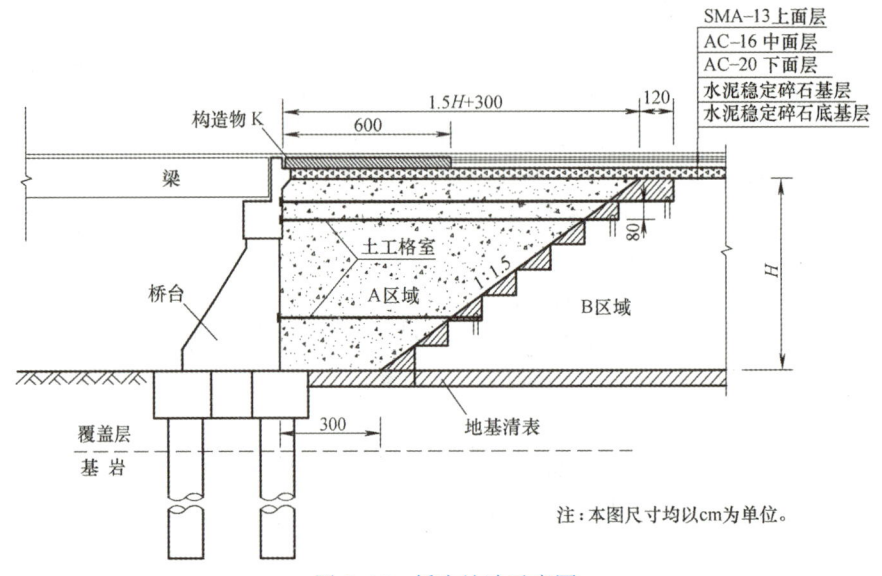

图2-14　桥头处治示意图

该项目实施过程中发生了如下事件：

事件1：针对基层与底基层的施工，施工单位在施工组织设计中做了详细要求，现摘录4条技术要点如下：

（1）应在下承层施工质量检测合格后，开始摊铺上层结构层。采用两层连续摊铺时，当下层质量出了问题时，上层应同时处理。

（2）分层摊铺时，应先将下承层顶面拉毛或采用凸块压路机碾压，再摊铺上层混合料。

（3）对无法使用机械摊铺的超宽路段，应采用人工同步摊铺、修整，并同时碾压成型。

（4）气候炎热、干燥时碾压稳定中、粗粒混合料，含水率应比最佳含水率降低0.5～1.5个百分点。

事件2：施工单位对K5＋500～K5＋800路段的基层完成碾压并经压实度检查合格后，及时实施养护，但因养护条件欠佳，导致基层出现了裂缝。经过弯沉检测，该段基层的承载力满足设计要求。施工单位对裂缝采取了相应的技术措施处理后，继续铺筑上面的沥青混凝土面层。

事件3：根据《公路工程竣（交）工验收办法实施细则》，施工单位完成约定的全部工程内容，且经施工自检和监理检验评定均合格后，提出交工验收申请，报监理单位审查。交工验收申请书附自检评定资料和C报告。监理单位审查同意后，向项目法人提交了D资料、质量评定资料和监理总结报告。项目法人接收资料后，及时按规定组织了交工验收。

【问题】

1. 写出图2-14中构造物K的名称。

2. 图2-14中A区域应采用哪些特性的填料回填?

3. 对事件1中的4条技术要点逐条判断对错,并改正错误之处。

4. 写出两条可对事件2中裂缝修复的技术措施。

5. 写出事件3中C报告、D资料的名称。

【参考答案】

1. 构造物K的名称:桥头搭板。

2. A区域应采用:透水性材料、轻质材料、无机结合料。

3. 要点(1)正确。

要点(2)错误,改正:分层摊铺时,应先将下承层清理干净,并洒铺水泥净浆,再摊铺上层混合料。

要点(3)正确。

要点(4)错误,改正:气候炎热、干燥时碾压稳定中、粗粒混合料,含水率应比最佳含水率增加0.5~1.5个百分点。

4. 裂缝修复的技术措施:

(1)在裂缝位置灌缝(或灌浆,或注浆)。

(2)在裂缝位置铺设玻璃纤维格栅。

(3)洒铺热改性沥青(或洒铺透层油)。

5. C报告为:施工总结报告;D资料为:监理单位独立抽检资料。

实务操作和案例分析题七

【背景资料】

某施工单位承接了K0+000~K48+000段二级公路路面施工,路面结构示意图如图2-15所示,该公路靠近三峡某风景旅游区,沿线居民较多。

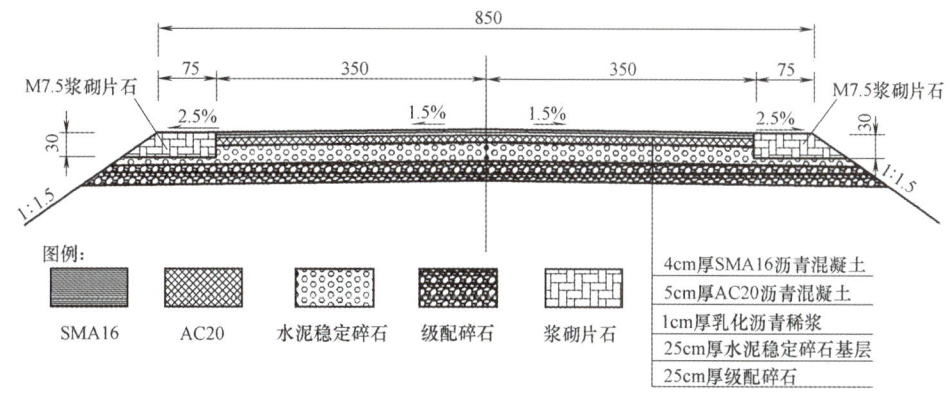

图2-15 路面结构示意图

施工中发生了如下事件:

事件1:施工单位组建了工地试验室,采购了马歇尔试验仪、恒温水槽、真空保水容器、烘箱、天平、温度计、卡尺等设备。试验室人员通过马歇尔稳定度试验，测试得到了标准试件在标准马歇尔稳定度试验条件下的稳定度为X。另外，将标准试件在（60 ± 1）℃恒温水槽中保温48h，然后测试得到了其稳定度为Y，计算得到$Z=\dfrac{Y}{X}\times100\%$。

事件2：施工单位在K25＋100右侧设置了沥青混凝土集中拌合站。在沥青混凝土面层施工过程中，环保部门接到当地居民举报，称施工单位造成了较严重的大气污染。环保部门工作人员到施工现场实测了PM2.5和SO_2等大气质量指标，多项指标严重超标。环保部门工作人员指出施工单位存在的主要问题有：

（1）施工便道为简易土路，雨天泥泞、晴天扬尘。

（2）运输砂石、矿粉的车辆未加盖，沿途遗洒、粉尘飞扬。

（3）沥青混凝土集中拌合站的烟尘敞口排放、严重超标。

环保部门工作人员根据《中华人民共和国环境保护法》相关规定，责令施工单位进行整改并处以罚款。

【问题】

1. 本工程中基层混合料的拌和方法有哪两种？从环保的角度考虑，本工程宜采用哪一种？

2. 本工程路面结构的上面层和底基层在粒料级配方面分别有何要求？

3. 事件1中试验方法除了用于沥青路面施工质量检验外，还有什么用途？

4. 写出事件1中Z的名称，它是反映沥青混合料什么性能的指标？

5. 针对事件2中环保部门工作人员指出的三个问题，分别写出整改措施。

【参考答案】

1. 两种拌和方法：路拌法和中心站集中拌和法（或厂拌法）。本工程宜采用中心站集中拌和法（或厂拌法）。

2. 上面层（SMA）的矿料级配组成中应缺少1个或几个档次，形成间断级配。底基层（级配碎石）级配应接近圆滑曲线（或应形成连续级配）。

3. 试验方法还可用于沥青混合料的配合比设计。

4. Z的名称：残留稳定度，它是反映沥青混合料受水损害时抵抗剥落能力的指标。

5. 整改措施：

（1）对施工便道进行硬化，防止扬尘。

（2）运输易飞扬的材料时，采取遮盖措施（或罐装运输）。

（3）对拌合站安装烟尘处理装置（或除尘装置）。

实务操作和案例分析题八

【背景资料】

某施工单位承建了长度为10km的路面工程，该路面工程采用热拌沥青混合料面层。施工单位中标后，项目负责人立即组织人员进场，技术负责人组织编写了路面施工方案，其中热拌沥青混合料面层施工工艺流程图如图2-16所示。

施工过程中发生以下事件：

事件1：施工单位喷洒透层油时，施工技术要求如下：

（1）透层油采用沥青洒布车，按设计喷油量分两次均匀洒布。

（2）透层油洒布后应不致流淌，应渗入基层一定深度，在表面形成油膜。

（3）气温低于10℃或大风、即将降雨时，不得喷洒透层油。

（4）透层油洒布后应待充分渗透，一般不少于24h后才能摊铺上层。

（5）在进行下一道工序前，应将局部尚有多余的未渗入基层的透层油清除。

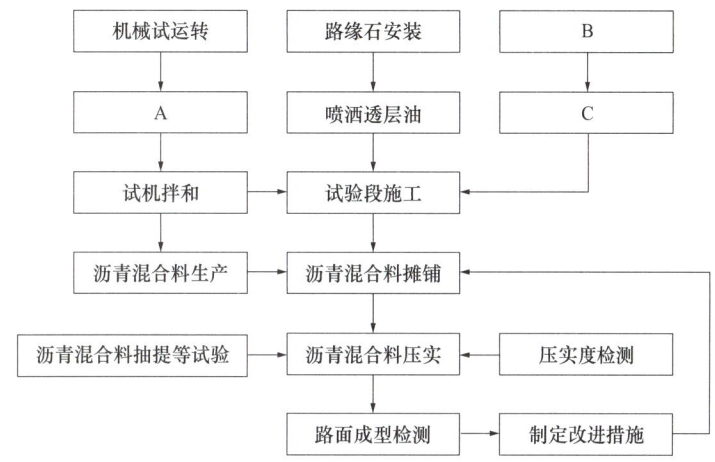

图2-16　热拌沥青混合料面层施工工艺流程图

事件2：施工单位通过试验段施工，确定了松铺系数、施工工艺、机械配备等指标，且通过沥青混合料马歇尔试验评价了沥青混合料在外力作用下抵抗变形的能力、抗塑性变形的能力等指标。

事件3：参与项目施工的施工机械设备种类和数量较多，施工单位对施工机械设备建立了管理台账，每台设备进行了归档，主要归档内容如下：

（1）设备的名称、类别、数量、统一编号。

（2）产品合格证及生产许可证（复印件及其他证明材料）。

（3）《大、中型设备安装、拆卸方案》《施工设备验收单》及《安装验收报告》。

【问题】

1. 写出图2-16中工艺A、B、C的内容（从"沥青混凝土配合比、配合比调试、批准配合比"中选择）。

2. 逐条判断事件1中的施工技术要求是否正确。若不正确，写出正确的施工技术要求。

3. 写出事件2中马歇尔试验评价沥青混合料在外力作用下抵抗变形的能力指标以及抗塑性变形的能力指标的名称。

4. 补充事件3中机械设备归档内容中遗漏的三项内容。

【参考答案】

1. 工艺A的内容：配合比调试。

工艺B的内容：沥青混凝土配合比。

工艺C的内容：批准配合比。

2. 事件1中的施工技术要求是否正确的判断：

（1）不正确。正确的施工要求：应按设计喷油量一次均匀洒布。

（2）不正确。正确的施工要求：不得在表面形成油膜。

（3）正确。

（4）正确。

（5）正确。

3. 事件2中马歇尔试验评价沥青混合料在外力作用下抵抗变形的能力指标：稳定度。抗塑性变形的能力指标：流值。

4. 事件3中机械设备归档内容中遗漏的三项内容：设备的购买日期、各设备操作人员资格证明材料、使用说明书等技术资料。

第3章　桥梁工程施工技术 实务操作和案例分析专项突破

2015—2024 年度实务操作和案例分析题考点分布

考点	年份									
	2015 年	2016 年	2017 年	2018 年	2019 年	2020 年	2021 年	2022 年	2023 年	2024 年
桥梁构造										
桥梁计算荷载										
桥梁施工准备										
桥梁施工测量		●								
常用模板、支架设计与施工	●			●						●
常用拱架设计与施工										
钢筋工程施工										
混凝土工程施工	●					●		●		●
预应力混凝土工程施工	●				●	●	●		●	
钢结构与钢混组合结构工程施工										
桩基础施工			●				●	●		
沉井施工										
地下连续墙施工										
基坑施工			●							
浅基础与承台施工								●		
桥墩与桥台施工										
圬工结构施工										
梁式桥施工	●	●		●			●			●
拱桥施工					●					
斜拉桥施工									●	
悬索桥施工	●									

续表

考点	年份									
	2015年	2016年	2017年	2018年	2019年	2020年	2021年	2022年	2023年	2024年
桥梁施工监控										
支座与伸缩装置施工										
桥面铺装与防排水施工										
桥面防护设施与桥头搭板施工										
钻孔灌注桩断桩防治										
钢筋混凝土梁桥预拱度偏差防治		●								
箱梁两侧腹板混凝土厚度不均防治							●			
钢筋混凝土结构构造裂缝防治										
悬臂浇筑钢筋混凝土箱梁施工（挠度）控制										
桥面铺装病害防治										
桥梁伸缩缝病害防治										
桥头跳车防治										
桥梁工程改（扩）建要求										
桥梁工程改（扩）建施工										

【专家指导】

在实务操作和案例分析题的考核中，每年都会有一个关于桥梁工程的题目，桥梁下部结构施工和桥梁上部结构施工的内容是命题的重要知识点，我们必须要掌握。顺便说一下，《公路工程管理与实务》科目的四个案例题的命题素材大部分来自于公路工程技术。

历 年 真 题

实务操作和案例分析题一［2024年真题］

【背景资料】

某施工单位承建了某跨海桥梁工程，全长6.8km，单幅桥宽16.5m，非通航孔桥为50m和70m跨径的连续梁桥，上部结构为等截面预应力混凝土箱梁，通航孔桥为80m＋168m＋168m＋80m四跨一联的连续刚构桥，上部结构为变截面预应力混凝土箱梁。为减少海上作业时间，全线上部结构采用节段预制拼装施工工艺。节段梁在预制厂集中预制，存放3个月后，再采用驳船运至现场进行安装，通航孔桥节段梁预制模板系统示意图如图3-1所示。

施工过程中发生以下事件：

事件1：通航孔桥主墩0号块采用大直径钢管立柱＋型钢梁支架法现浇，钢管立柱支撑在承台顶面。1号节段是第1块预制节段，采用浮吊安装，其他节段梁采用桥面吊机悬臂拼装，边跨无法采用悬臂拼装的节段梁采用水中钢管桩＋贝雷梁支架法配合浮吊拼装，该处水深12～15m，河床40m厚度范围内的地层依次为淤泥、淤泥质黏土、粉质黏土和圆砾土。

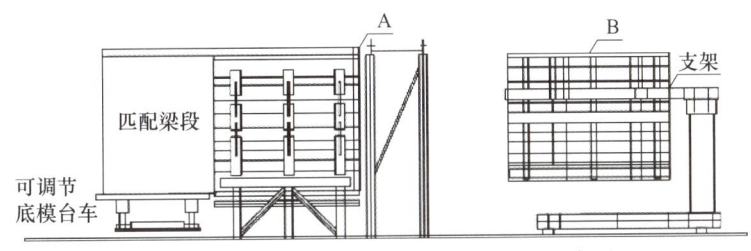

图3-1　通航孔桥节段梁预制模板系统示意图

事件2：桥面吊机悬臂拼装工艺流程如下：吊机安装及调试→梁段就位→X→节段胶层涂抹→Y→胶结层养护至固化→悬拼预应力钢束张拉→吊机解钩，前移至下一节段施工。施工前施工单位就施工荷载对桥面吊机进行了强度验算，且安全系数不小于2。

事件3：预应力钢束加工和张拉基本要求如下：

（1）同一截面预应力筋接头面积不超过预应力筋总面积的30%，接头质量应符合施工技术规范的规定。

（2）锚固后预应力筋应采用电弧切割，外露长度符合设计要求。

施工单位对后张法的5项实测项目进行检测，其中有管道间距、管道坐标、张拉应力值、张拉伸长率等。

事件4：在合同段施工专项应急预案或现场处置方案的基础上，施工项目宜针对工作岗位的特点编制C卡。项目综合应急预案、合同段施工专项应急预案和现场处置方案之间应相互衔接，项目综合应急预案还应与本单位的上级部门，以及项目属地负有安全生产监督管理职员的D和E部门的应急预案相衔接，合同段施工专项应急预案应与本企业的应急预案相衔接。

施工单位按照分级属地原则，向属地有关部门进行告知性备案。提交的材料有：应急预案备案申报表、应急预案评审或者论证意见、应急预案文本及电子文档。有关部门以资料内容不足为由，告知施工单位补全资料内容。

【问题】

1. 写出图3-1中模具A、B的名称，图3-1中节段梁采用的是哪种预制方法？

2. 事件1中，0号块支架和边跨支架安装完成后是否需要进行预压？分别写出理由。

3. 写出事件2中工序X、Y的名称。施工单位还应对桥面吊机进行哪些验算？

4. 事件3，逐条改正预应力钢束加工和张拉基本要求中的错误。补充未列出的一项实测项目，并写出实测项目中的两项关键项目。

5. 事件4，写出C卡的名称，D、E分别是指什么部门？应急预案备案时，还应补充哪些内容？

【参考答案与分析思路】

1. 模具A的名称：端模。模具B的名称：内模。

节段梁采用的是短线法。

本题考核的是悬臂梁段预制。梁段预制方法分为长线法及短线法。

短线法：梁段在固定台座能纵移的模内浇筑。待浇梁段一端设固定模架，另一端为已浇梁段（配筑梁段），浇筑完毕达到强度后运出原配筑梁段，达到强度要求梁段为下一待浇梁段配筑。如此周而复始，台座仅需3个梁段长。优点是场地较小，浇筑模板及设备基本不需要移机，可调的底、侧模便于平竖曲线梁段的预制；缺点是精度要求高，施工要求严，施工周期相对较长。

短线法梁段预制工序：台车及模板系统加工→端模、底模及外侧模安装→匹配梁段定位→钢筋骨架吊装→内模就位→固定端模复测→混凝土浇筑及养护→拆除模板→匹配梁段转运存放→新浇筑梁段移至匹配梁位置→匹配梁段定位→下一块段施工。

节段预制宜采用专门设计的钢模板，钢模板及其支撑除应满足强度、刚度和稳定性的要求外，尚应满足多次重复使用不变形及保证节段预制精度的要求。采用长线法预制节段时，同一连续匹配浇筑的梁段应在同一长线台座上制作；采用短线法时，应在台座上匹配预制，并应符合下列规定：

（1）内模系统应可调整且宜安装在可移动的台车支架上。

（2）端模应垂直、牢固，外侧模与底模应能适应节段的线形变化要求。

（3）模板与匹配节段的连接应紧密，不漏浆。

2. 0号块支架不需要预压。理由：0号块支架支撑于承台上，属于刚性地基，所以不需要预压。

边跨支架需要预压。理由：边跨支架地基为非刚性地基，所以需要预压。

本题考核的是支架制作及安装。支架宜根据其结构形式、所用材料和地基情况的不同，在施工前确定是否对其进行预压，并符合下列规定：

（1）对位于刚性地基上的刚度较大且非弹性变形可确定控制在一定范围内的支架，经计算并通过一定审核程序，确认其满足强度、刚度和稳定性等要求的前提下，可不预压；但施工过程中应对支架的材料和安装施工质量采取严格的管控措施。而0号块的支架采用的是大直径钢管立柱＋型钢梁架，本身强度刚度比较大，且支架支撑在承台顶面。因此0号块支架可以不预压。

（2）对位于软土地基或软硬不均地基上的支架，宜通过预压的方式，消除地基不均匀沉降和支架的非弹性变形。边跨支架虽然采用水中钢管桩＋贝雷梁支架法，但河床40m厚度范围内的地层依次为淤泥、淤泥质黏土、粉质黏土和圆砾土。因此边跨支架需要预压。

（3）对支架进行预压时，预压荷载宜为支架所承受荷载的1.05～1.10倍，预压荷载的分布宜模拟需承受的结构荷载及施工荷载。

3. 工序X的名称：起吊梁段、试拼。工序Y的名称：临时预应力张拉。

施工单位还应对桥面吊机进行的验算：刚度、稳定性验算。

本题考核的是梁段的拼接。

（1）湿接缝拼装梁段施工程序包括：吊机就位→提升、起吊1号梁段→安装波纹管→中线测量→丈量湿接缝的宽度→调整波纹管→高程测量→检查中线→固定1号梁段→安装湿接缝的模板→浇筑湿接缝混凝土→湿接缝养护、拆模→张拉预应力筋→压浆→下一梁段拼装。

（2）移动式导梁架桥机施工悬臂节段拼装工艺流程：架桥机安装及调试→运梁就位→架桥机落钩起吊箱梁至桥面→节段胶结层涂抹→临时预应力张拉→胶结层养护至固化→悬拼预应力钢束张拉→架桥机解钩，前移至下一个节段施工。

（3）整跨拼装工艺流程：架桥机安装及调试→运梁就位→梁段吊装及调整→节段胶结层涂抹→临时预应力张拉→胶结层养护至固化→整孔预应力张拉→整孔落梁就位→架桥机纵移过孔，吊钩前移至下一个节段施工。

（4）悬拼吊机法节段拼装工艺流程：吊机安装及调试→梁端就位→起吊梁段、试拼→节段胶结层涂抹→临时预应力张拉→胶结层养护至固化→悬拼预应力钢束张拉→吊机解钩，前移至下一个节段施工。

（5）浮吊悬拼工艺流程：浮吊船移动就位→梁预制节段驳船运输到位→移动浮吊挂钩，固定缆风绳，起吊→浮吊调整梁段起吊高度，停钩靠近待吊墩位→稳住浮吊，起钩→就位停钩，稳住浮吊，梁段调正→调整梁段，浮吊落钩→摘钩，移船。

施工前应按施工荷载对起吊设备进行强度、刚度和稳定性验算，其安全系数应不小于2。节段安装前应对起吊设备进行全面的安全技术验收，并分别进行1.25倍设计荷载的静载和1.1倍设计荷载的动载试验。

4. 改正预应力钢束加工和张拉基本要求中的错误：

（1）改正：同一截面预应力筋接头面积不超过预应力筋总面积的25%。

（2）改正：锚固后预应力筋应采用机械（砂轮锯）切割，外露长度应符合设计要求。

未列出的一项实测项目：断丝滑丝数。

实测项目中的两项关键项目：张拉应力值、张拉伸长率。

本题考核的是预应力筋加工和张拉。

（1）预应力筋加工和张拉基本要求：

① 预应力束中的钢丝、钢绞线应顺直，不得有缠绞、扭结现象，表面不应有损伤。

② 单根钢绞线不得断丝。单根钢筋不得断筋或滑移。

③ 同一截面预应力筋接头面积不超过预应力筋总面积的25%，接头质量应符合施工技术规范的规定。

④ 预应力筋张拉或放张时混凝土强度和龄期应满足设计要求，应按设计规定的张拉顺序进行操作。

⑤ 预应力钢丝采用镦头锚时，镦头应圆整，不得有斜歪或破裂现象。

⑥ 管道应安装牢固，接头密合，弯曲圆顺。锚垫板平面应与孔道轴线垂直。

⑦ 张拉设备配套标定和使用，不得超过标定期限使用。

⑧ 锚固后预应力筋应采用机械切割，外露长度符合设计要求。

（2）应力筋加工和张拉实测项目：

① 钢丝、钢绞线先张法实测项目：镦头钢丝同束长度相对差、张拉应力值（△）、张拉伸长率（△）、同一构件内断丝根数不超过钢丝总数的百分数、预应力筋张拉后在横断面上的坐标、无粘结段长度。

② 后张法实测项目：管道坐标、管道间距（包含同排和上下层）、张拉应力值（△）、拉伸长率（△）、断丝滑丝数。

5. C卡的名称：应急处置卡。

D是指：交通运输管理部门。

E是指：应急管理部门。

应急预案备案时，还应补充：风险评估结果和应急资源调查清单。

本题考核的是应急预案体系及备案。公路工程项目生产安全事故应急预案体系一般由项目综合应急预案、合同段专项应急预案与现场处置方案组成。建设单位应组织项目参建单位，根据项目组织管理体系、建设规模和风险特点等科学、合理地确定公路工程项目的应急预案体系。

项目综合应急预案是建设单位为应对项目可能发生的各种生产安全事故而制定的总体工作方案，应从总体上阐述项目应急领导机构、预警预防、应急联动、现场救援、应急资源调配等要求。

合同段施工专项应急预案是施工项目为应对单位工程、分部分项工程施工中某一种或者多种类型的生产安全事故而制定的专项应对方案，重点规范应急组织机构以及应急救援处置程序和措施。

现场处置方案是施工项目根据不同生产安全事故类型，针对具体部位、作业环节和设施设备等制定的应急处置措施，重点分析风险事件，规范应急工作职责、处置措施和注意事项，应突出班组自救互救与先期处置的特点。

对危险性较大的工程，应组织编制合同段施工专项应急预案与现场处置方案。对风险等级较小及以下作业活动的合同段，可只编制现场处置方案。

在合同段施工专项应急预案或现场处置方案的基础上，施工项目宜针对工作岗位的特点编制应急处置卡。

项目综合应急预案、合同段施工专项应急预案和现场处置方案之间应相互衔接，项目综合应急预案还应与本单位的上级部门，项目属地负有安全生产监督管理职责的交通运输管理部门和应急管理部门等相关单位的应急预案相衔接，合同段施工专项应急预案应与本企业的应急预案相衔接。

施工项目应当在应急预案公布之日起20个工作日内，按照分级属地原则，向属地应急管理部门和有关部门进行告知性备案。应急预案备案，应当提交下列材料：

（1）应急预案备案申报表。

（2）应急预案评审或者论证意见。

（3）应急预案文本及电子文档。

（4）风险评估结果和应急资源调查清单。

实务操作和案例分析题二［2023年真题］

【背景资料】

施工单位承建了某特大桥工程，该大桥主桥为跨径160m＋160m、桥宽30.5m的独塔双索面斜拉桥，主梁采用预应力混凝土箱梁结构，塔梁固结体系。大桥主塔采用群桩基础，由于河水较深且流速较快，基础施工时采用双壁钢围堰。施工单位对钢围堰结构进行设计，考虑河流水情及施工各环节，设计计算中考虑了施工荷载及结构重力、水流压力、浮力、土压力、风力、波浪力、漂浮物撞击力等作用。

斜拉桥主塔为花瓶形，高度107.6m，主塔轮廓如图3-2所示。主塔施工时间历经夏季与冬季、丰水与枯水季节，最高气温39℃，最低气温-6℃，由于主塔上塔柱施工正值冬季低温季节，混凝土施工后采用蒸汽养护。

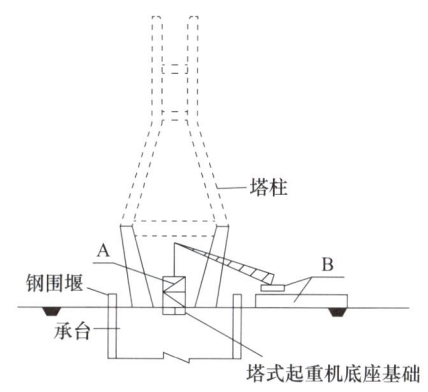

图3-2 主塔轮廓及塔式起重机安装示意图

施工中发生以下事件：

事件1：主塔施工配置的主要机械设备有：塔式起重机、浮吊、液压爬模系统、电焊机切割设备、张拉与压浆设备、水上运输与混凝土拌合设备、混凝土垂直运输泵送与浇筑设备、供水设备、混凝土喷淋养护设备、测量与监控设备等。塔式起重机安装在两塔柱中间，如图3-2所示。

事件2：主塔塔柱施工中设置了型钢制作的劲性骨架，其主要作用是保证钢筋架立等工序施工的精度。主塔施工时加强了监测和控制，监控的主要参数包括主塔倾斜度与应力、风力、温度及温差等。

事件3：施工单位强调加强塔式起重机等特种设备管理，要求做好特种设备使用的相关记录，包括：特种设备检查记录、特种设备运行故障和事故记录、定期检验整改记录等，并在特种设备使用管理中有下列做法：

（1）在设备投入使用前到设备所在地市级以上的特种设备安全监督管理部门办理特种设备使用登记。

（2）特种设备登记标志悬挂于机械管理部门展示墙。

（3）设备检验合格有效期届满前15d向特种设备检验检测机构提出定期检验要求。

（4）设备使用过程中发现事故隐患或其他不安全因素，立即向现场安全管理人员和单位有关负责人报告。

【问题】

1. 写出图3-2中结构物（或设备设施）A、B的名称。补充钢围堰设计计算中应考虑的其他两个主要作用。

2. 事件1中，主塔施工中还应配置哪些主要机械设备？

3. 事件2中，劲性骨架的主要作用还应包括保证哪两道工序施工的精度？补充主塔施工还应监控的两个主要参数。

4.事件3中，特种设备使用还应做好哪两个相关记录？逐条改正施工单位特种设备使用管理中的错误做法。

【参考答案与分析思路】

1.图3-2中结构物（或设备设施）A、B的名称：A：塔式起重机标准节；B：浮吊。钢围堰设计计算中应考虑的其他两个主要作用：冲刷、施工船舶撞击力。

> 本题考查的是钢围堰设计计算中应考虑的主要作用。对围堰结构进行计算时，除应考虑施工荷载及结构重力、水流压力、浮力、土压力等荷载外，尚应根据现场的具体情况考虑可能出现的冲刷、风力、波浪力、流冰压力、施工船舶或漂浮物撞击力等作用。
>
> 塔式起重机标准节分为整体式标准节和片式标准节。

2.事件1中，主塔施工中还应配置的主要机械设备：施工电梯、蒸汽养护设备。

> 本题考查的是索塔施工主要机械设备。索塔施工主要机械设备一般设置起重设备、施工电梯和安全通道，还有混凝土浇筑设备、供水设备及混凝土养护设备等。塔式起重机可安装在两柱中间。混凝土的垂直运输一般采用泵送。泵管一般设在施工电梯旁，便于接管、拆管和采取降温或保温措施，或处理堵管等。

3.事件2中，劲性骨架的主要作用还应包括保证模板安装精度和拉索预埋导管空间定位精度的作用。

补充主塔施工还应监控的两个主要参数：平面位置和线形。

> 本题考查的是主塔塔柱的施工要求。索塔与主梁不宜同时交叉施工，必须交叉施工时应采取保证质量和施工安全的措施。索塔塔柱施工时宜设置劲性骨架，所设置的劲性骨架应能起到保证钢筋架立、模板安装和拉索预埋导管空间定位精度的作用；劲性骨架宜采用型钢制作。
>
> 斜拉桥的施工主要包括主塔的施工、主梁的施工、拉索的施工等。斜拉桥的索塔施工时，应对其平面位置、倾斜度、应力和线形等进行监测和控制；上部结构施工时，应对其施工过程中的索力、高程以及索塔偏位等参数进行监测和控制。

4.事件3中，特种设备使用还应做好的两个相关记录：

（1）特种设备日常使用状态记录（特种设备运行记录）。

（2）特种设备维护保养记录。

逐条改正施工单位特种设备使用管理中的错误做法：

改正一：特种设备登记标志应当置于或者附着于该特种设备的显著位置。

改正二：设备检验合格有效期届满前1个月向特种设备检验检测机构提出定期检验要求。

> 本题考查的是特种设备安全管理措施。改正施工单位特种设备使用管理中对应的背景资料的错误之处。
>
> 错误一：在设备投入使用前到设备所在地市级以上的特种设备安全监督管理部门办理特种设备使用登记。

错误二：特种设备登记标志挂于机械管理部门展示墙。

错误三：设备检验合格有效期届满前15d向特种设备检验检测机构提出定期检验要求。

实务操作和案例分析题三〔2022年真题〕

【背景资料】

某施工单位承建一座平原区跨河桥梁，主桥上部结构为70m＋120m＋120m＋70m的连续箱梁，对应的桥墩编号依次为0号、1号、2号、3号、4号。0号桥墩和4号桥墩位于河滩岸上，基础均由4根40m长、直径2.0m的桩基础和方形承台组成，桩基础穿越的地层从上至下依次为黏土、砂土、砂卵石、强风化砂岩及弱风化砂岩。1号桥墩、2号桥墩和3号桥墩位于水中，基础均由7根直径2.2m的桩基础和圆形承台组成，其中1号桥墩和3号桥墩的桩长为60m，深水区域2号桥墩的桩长为70m。2号桥墩桩基础施工示意图如图3-3所示，图中h_1为围堰顶与最高水位的竖向间距，L为围堰内边缘与承台边缘的水平距离。桩基础穿越的地层从上至下依次为3m深的淤泥、5m深的砂卵石、强风化砂岩及弱风化砂岩。

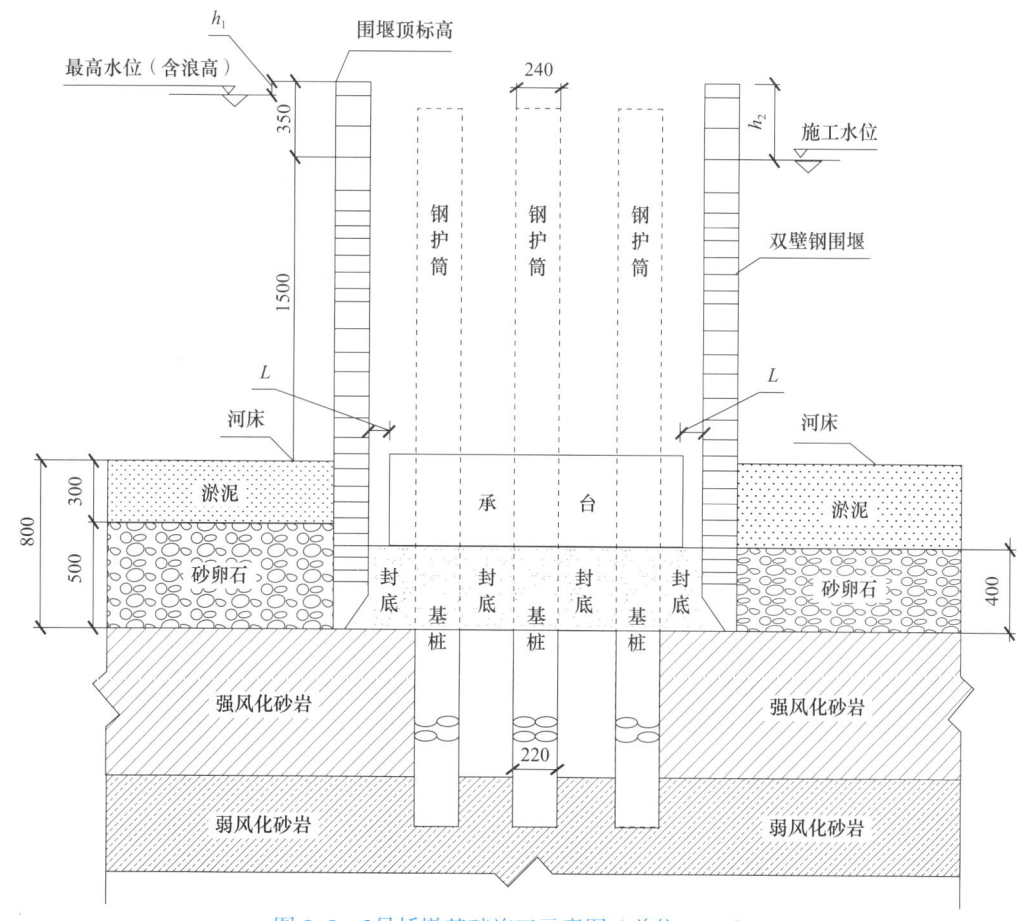

图3-3　2号桥墩基础施工示意图（单位：cm）

施工单位进场后根据实际情况编制了桥梁基础的施工方案，其中部分技术要求如下：

（1）桥梁桩基础均采用冲击钻成孔。

（2）考虑到河滩岸上地质情况较好，对桥墩位置的地面进行清理、整平夯实后安装型钢，形成了桩基础钻孔工作平台；承台基坑采用放坡开挖工艺进行施工。

（3）水中桩基础利用钢管桩工作平台进行施工，施工完成后拆除工作平台。

（4）圆形双壁钢围堰采用分块分节拼装工艺施工，经灌水、吸砂下沉至设计位置；再进行混凝土封底并抽水后，进行圆形承台施工。

施工单位按程序报批了桥梁基础的施工方案，项目部总工按规定向A及B进行了第一级施工技术交底。后续施工过程中发生了如下事件：

事件1：基于0号桥墩位于岸上且地质情况较好的实际情况，施工单位将原桩基础的冲击钻孔工艺改为人工挖孔工艺，监理单位依据《公路水运工程淘汰落后工艺、设备、材料目录》的相关规定制止了施工单位的做法。

事件2：第一根桩成孔验收合格后，施工单位按照规定安装了钢筋笼，利用氧气瓶对灌注水下混凝土的导管进行试压，被监理制止；施工单位之后规范了导管的检验方法，对导管进行了C和D试验，未发现异常。

事件3：第一根桩首批混凝土灌注顺利，当混凝土正常灌注至20m桩长位置时，导管顶部往下约2~3m位置发生堵管，经取样测得混凝土坍落度为26cm，及时采用型钢冲散堵管混凝土，后续混凝土灌注未发生异常。

事件4：2号桥墩桩基础施工完成后，施工单位拆除了钻孔工作平台，将圆形双壁钢围堰下沉至设计位置，对围堰基底进行认真清理和整平后，随即灌注了水下封底混凝土。封底混凝土的厚度经计算确定为4m，计算时考虑了桩周摩阻力、围堰结构自重等因素。封底混凝土达到龄期要求后，施工承台前，围堰内侧周边发生渗漏，处理后未对后续工序造成影响。

【问题】

1. 针对水中基础施工，施工单位需编制哪些专项施工方案？写出背景资料中A、B的具体内容。

2. 根据《公路水运工程淘汰落后工艺、设备、材料目录》的规定，写出事件1中桩基础人工挖孔工艺属于哪种淘汰类型？

3. 写出事件2中C、D的具体内容。

4. 写出事件3中处理导管堵管的另一种方法，并从坍落度的角度分析导管堵管的原因。

5. 写出图3-3中L、h_1的技术要求（以m为单位）。说明事件4中围堰渗漏的原因及封底混凝土厚度计算重点还应考虑的其他两个因素。

【参考答案与分析思路】

1.（1）需要编制水中钻孔桩专项施工方案、围堰专项施工方案、水上作业平台专项施工方案。

（2）A为各部门负责人，B为全体技术人员。

> 本题考查的是专项施工方案及施工技术交底。我们要把考试用书中讲到的关于危险性较大的分部分项工程的范围搞清楚。

施工技术交底分为三级，第二级为项目技术部门负责人或各分部分项工程主管工程师向现场技术人员和班组长进行交底；第三级为现场技术员负责向班组全体作业人员进行技术交底。

2. 桩基础人工挖孔工艺属于限制类型。

本题考查的是公路水运工程淘汰落后工艺、设备、材料。我们把公路水运工程淘汰危及生产安全施工工艺、设备和材料的目录见表3-1。

表3-1 公路水运工程淘汰危及生产安全施工工艺、设备和材料目录

名称	类型
一、通用（公路、水运）工程	
施工工艺	
卷扬机钢筋调直工艺	禁止
现场简易制作钢筋保护层垫块工艺	禁止
空心板、箱型梁气囊内模工艺	禁止
人工挖孔桩手摇井架出渣工艺	禁止
基桩人工挖孔工艺	限制
"直接凿除法"桩头处理工艺	限制
钢筋闪光对焊工艺	限制
水泥稳定类基层、垫层拌合料"路拌法"施工工艺	限制
施工设备	
竹（木）脚手架	禁止
门式钢管满堂支撑架	禁止
扣件式钢管满堂支撑架、普通碗扣式钢管满堂支撑架（立杆材质为Q235级钢，或构配件表面防腐处理采用涂刷防锈漆、冷镀锌）	限制
非数控预应力张拉设备	限制
非数控孔道压浆设备	限制
单轴水泥搅拌桩施工机械	限制
碘钨灯	限制
工程材料	
有碱速凝剂	禁止
二、公路工程	
施工工艺	
盖梁（系梁）无漏油保险装置的液压千斤顶卸落模板工艺	禁止
高墩滑模施工工艺	限制
隧道初期支护混凝土"潮喷"工艺	限制
桥梁悬浇挂篮上部与底篮精轧螺纹钢吊杆连接工艺	限制

续表	
名称	类型
施工设备	
桥梁悬浇配重式挂篮设备	禁止
三、水运工程	
施工工艺	
沉箱气囊直接移运下水工艺	禁止
沉箱、船闸闸墙混凝土木模板（普通胶合板）施工工艺	禁止
沉箱预制"填砂底模＋气囊顶升"工艺	限制
沉箱预制滑模施工工艺	限制
纳泥区围堰埋管式和溢流堰式排水工艺	限制
透水框架杆件组合焊接工艺	限制
人工或挖掘机抛投透水框架施工工艺	限制
甲板驳双边抛枕施工工艺	限制

3. C为水密承压试验，D为接头抗拉试验。

> 本题考查的是对灌注水下混凝土导管的试验。水下混凝土宜采用钢导管灌注，导管内径宜为200～350mm。导管使用前应进行水密承压和接头抗拉试验，严禁采用压气试压。

4. 处理导管堵管的另一种方法：迅速提出导管，用高压水冲掉堵管混凝土后，重新放入导管浇筑混凝土。

从坍落度的角度分析导管堵管的原因：水下混凝土坍落度不符合规范要求（或超出规范要求）。

> 本题考查的是导管堵管的处理方法。施工中易出现的问题及预防和处理方法是案例分析题的很重要的采分点。

5. 图3-3中L的技术要求：围堰内侧距承台边缘的净距宜不小于1m。

图3-3中h_1的技术要求：围堰顶面高程要高出施工期间最高水位（含浪高）0.5～0.7m。

围堰渗漏的原因：

（1）双壁钢围堰拼焊后没有进行焊接质量检验，也未进行水密性试验。

（2）在灌注封底混凝土之前，未将围堰底部制成与岩面相应的异形刃脚。

封底混凝土厚度计算重点还应考虑的其他两个因素：浮力及封底混凝土自身强度的原因。

> 本题考查的是钢围堰设计与施工的规定。对于围堰来说，其类型很多，我们主要掌握钢围堰的相关内容。

实务操作和案例分析题四［2021年真题］

【背景资料】

某施工单位承建一跨堤桥梁工程，该桥为三跨预应力混凝土连续梁桥，跨径布置为

48m＋80m＋48m，上部结构为预应力混凝土箱梁，箱梁顶宽14.5m，底宽7.0m，箱梁高度由6.0m渐变到2.5m。施工单位组建了项目经理部，施工过程中发生了如下事件：

事件1：项目经理部在详细踏勘现场后，编制了实施性施工组织设计，并要求由上部结构劳务分包单位编制挂篮专项施工方案，项目经理部再按规定进行报批。

事件2：项目经理部经过分析比选，决定上部结构悬臂浇筑挂篮采用菱形挂篮，挂篮示意图如图3-4所示，强调挂篮与悬浇梁段混凝土的重量比不宜大于A，且挂篮的总重应控制在设计规定的限重之内，并对挂篮中构件B、C、D的质量作了特别要求。

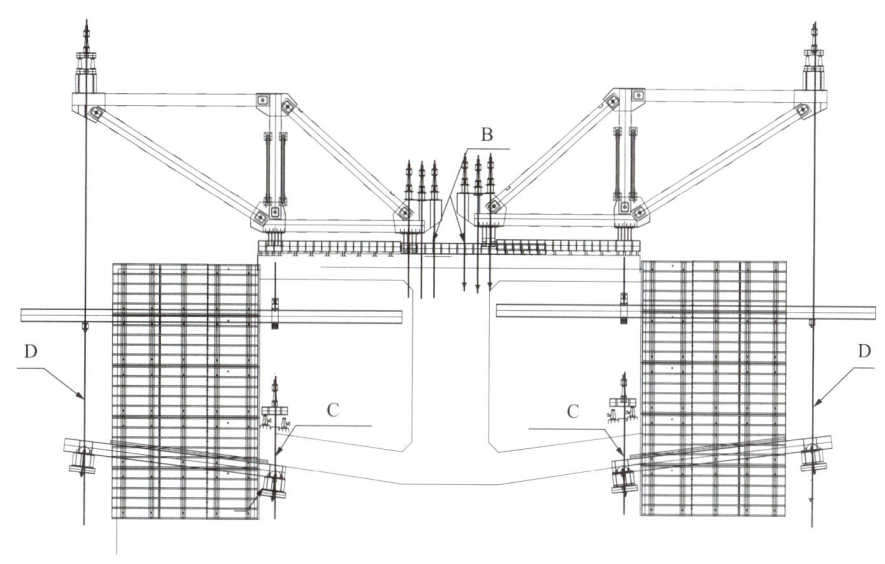

图3-4　挂篮示意图

事件3：项目总工程师在挂篮施工前进行了详细的安全技术交底，强调严格按规范要求实施，混凝土的强度应不低于设计强度等级值的E，弹性模量应不低于混凝土28d弹性模量的F，当采用混凝土龄期代替弹性模量控制时应不少于G天，两端张拉时，各千斤顶之间同步张拉力的允许误差宜为H。

事件4：挂篮施工进行到5号梁段，浇筑完混凝土后拆除内模板时发现腹板部分位置存在厚度不均缺陷，项目经理部经过认真分析，找出了造成缺陷的可能原因，包括模板设计不合理、箱梁模板产生位移（模板没有固定牢固，使内、外模板相对水平位置发生偏差）等模板本身及施工方面的原因。

【问题】

1. 改正事件1中的错误做法，并说明挂篮专项施工方案须经过哪些审批流程方可实施？

2. 事件2中Λ值为多少？写出构件B、C、D的名称。

3. 写出事件3中E、F、G、H的数值。

4. 补充事件4中还可能存在的模板本身及施工方面的原因（要求只写出三个）。

【参考答案与分析思路】

1. 改正事件1中的错误做法为：上部结构挂篮专项施工方案应由施工单位（或项目经理部）编制。

挂篮专项施工方案须经过以下审批流程方可实施：挂篮专项施工方案应当由施工单位

技术负责人审核签字、加盖单位公章并由总监理工程师审查签字、加盖执业印章后方可实施。

> 本题考查的是专项施工方案的编制及审批。专项施工方案应当由施工单位技术负责人审核签字、加盖单位公章，并由总监理工程师审查签字、加盖执业印章后方可实施。注意：挂篮属于危险性较大的分部分项工程。危大工程实行分包并由分包单位编制专项施工方案的，专项施工方案应当由总承包单位技术负责人及分包单位技术负责人共同审核签字并加盖单位公章。

2. 事件2中A值为0.5（或1/2）。
构件B的名称为锚杆（或锚固）系统。
构件C的名称为后吊杆（或后吊带）。
构件D的名称为前吊杆（或前吊带）。

> 本题考查的是挂篮设计及加工。挂篮由主桁架、锚固、平衡系统及吊杆、纵横梁等部分组成。挂篮与悬浇梁段混凝土的重量比不宜大于0.5，且挂篮的总重应控制在设计规定的限重之内。

3. 事件3中E的数值是80%。
事件3中F的数值是80%。
事件3中G的数值是5。
事件3中H的数值是±2%。

> 本题考查的是后张法预应力筋的张拉。张拉时，结构或构件混凝土的强度、弹性模量（或龄期）应符合设计规定；设计未规定时，混凝土的强度应不低于设计强度等级值的80%，弹性模量应不低于混凝土28d弹性模量的80%。当采用混凝土龄期代替弹性模量控制时应不少于5d。两端张拉时，各千斤顶之间同步张拉力的允许误差宜为±2%。

4. 事件4中还可能存在的模板本身及施工方面的原因：
（1）箱梁模板强度不足。
（2）箱梁（内）模板由于刚度不够，在浇筑混凝土过程中发生变形。
（3）混凝土没有对称浇筑，由于单侧压力过大，使内模板偏向一侧。

> 本题考查的是箱梁两侧腹板混凝土厚度不均的原因。箱梁两侧腹板混凝土厚度不均的原因：① 箱梁模板设计不合理；② 模板强度不足，或箱梁内模没有固定牢固，使内模与外模相对水平位置发生偏差；③ 箱梁内模由于刚度不够，在浇筑混凝土过程中发生变形；④ 混凝土没有对称浇筑，由于单侧压力过大，使内模偏向另一侧。

实务操作和案例分析题五〔2020年真题〕

【背景资料】

某桥上部为3×25m预应力钢筋混凝土连续箱梁，下部为圆柱式墩，桩基础。桥面宽度为8.5m，桥面纵坡3.5%，双向横坡1.5%，桥梁高度24m。地基土层从上到下依次为杂填土、砂岩。施工过程中发生了如下事件：

事件1：项目经理部决定采用盘扣式支架搭设满堂支架浇筑连续箱梁，支架搭设高度

24m，宽度9m，并按规定设置纵、横、平面斜杆，经支架设计验算确定了布置间距并委托第三方验算。专项施工方案编制完成后，经项目总工程师签字并加盖项目经理部公章，报总监理工程师签字盖章后即组织施工。

事件2：项目经理部按照专项施工方案完成地基处理、支架搭设、模板、钢筋和预应力管道安装，经监理工程师现场对模板、钢筋和预应力管道检查验收后浇筑箱梁底板和腹板混凝土。

事件3：箱梁混凝土分两次浇筑，第一次浇筑底板和腹板，第二次浇筑顶板。第一次浇筑混凝土时纵向由高处向低处浇筑，横向对称浇筑，气温最高达32℃，经过30h完成混凝土浇筑。待第一次浇筑混凝土完成，开始洒水养护时发现，先浇筑部分混凝土顶面出现裂缝。

事件4：本桥箱梁为C40混凝土，低松弛钢绞线，夹片式锚具。施工单位在张拉压浆过程中采取了如下做法：

（1）预应力张拉程序为：$0 \rightarrow \sigma_{con}$（持荷5min锚固）。

（2）在水泥浆中加入铝粉膨胀剂。

（3）压浆自高处向低处进行。

【问题】

1. 事件1中，支架工程是否属于超过一定规模的危大工程？专项施工方案实施前还应完善哪些手续？

2. 事件1中，支架搭设高宽比是否满足相关规定？如果不满足，说明理由和应采取的处理措施。

3. 事件2中，浇筑混凝土之前遗漏了哪些验收程序和工序？

4. 说明事件3中混凝土产生裂缝的主要原因。

5. 逐条判断事件4中施工单位的做法是否正确。若不正确，写出正确做法。

【参考答案与分析思路】

1. 支架工程属于超过一定规模的危大工程。

专项施工方案实施前还应完善的手续有：施工单位技术负责人（或总监理工程师）签字（或审批）并加盖单位公章，报总监理工程师审批后，再组织专家论证（或评审）。

> 本题考查的是专项施工方案与技术交底。完善的手续：
> （1）专项施工方案应当由施工单位技术负责人审核签字、加盖单位公章，并由总监理工程师签字、加盖执业印章。
> （2）施工单位应当组织召开专家论证会对专项施工方案进行论证。

2. 支架搭设高宽比不满足相关规定。

理由：因支架搭设高度24m，宽度9m，支架高宽比为24/9＝2.67，根据规范，支架高宽比宜小于或等于2，所以不满足规范规定。

应采取的处理措施：加宽支架、加抗风绳、增加支架稳定性。

> 本题考查的是支架的设计与施工。支架的高宽比宜小于或等于2，当高宽比大于2时，宜扩大下部架体尺寸或采取其他构造措施。

3. 浇筑混凝土之前遗漏的验收程序和工序：

（1）支架地基处理完后的检测验收。

（2）支架拼装完后的验收。

（3）支架预压。

> 本题考查的是浇筑混凝土工序。本题根据实际工作进行作答即可。

4. 原因1："第一次浇筑混凝土时纵向由高处向低处浇筑"错误。

原因2：养护不及时（或浇筑时间过长，"气温最高达32℃，经过30h完成混凝土浇筑"错误）。

> 本题考查的是混凝土的浇筑。正确做法：应从低处向高处进行浇筑。正确做法：应从低处向高处进行浇筑。混凝土的运输、浇筑及间歇的全部时间不得超过表3-2的规定。当需要超过时应预留施工缝。
>
> 表3-2　混凝土的运输、浇筑及间歇的全部允许时间（min）
>
> | 混凝土强度等级 | 气温不高于25℃ | 气温高于25℃ |
> | --- | --- | --- |
> | ≤C30 | 210 | 180 |
> | >C30 | 180 | 150 |
>
> 注：当混凝土中掺有促凝剂或缓凝剂时，其允许时间应根据试验结果确定。
>
> 根据表3-2，气温高于25℃时，C30以上混凝土浇筑时间不应大于150min，故存在养护不及时。

5. 事件4中施工单位的做法正确与否的判断及正确做法如下：

（1）错误。正确做法：预应力张拉程序为：0→初应力→σ_{con}（持荷5min锚固）。

（2）错误。正确做法：膨胀剂宜采用钙矾石系或复合型膨胀剂。

（3）错误。正确做法：压浆应按先下层后上层的顺序进行（由低处往高处压浆）。

> 本题考查的是先张法预应力筋张拉程序。先张法预应力筋张拉程序见表3-3。膨胀剂宜采用钙矾石系或复合型膨胀剂，不得采用以铝粉为膨胀源的膨胀剂。
>
> 表3-3　先张法预应力筋张拉程序
>
> | 预应力筋种类 | | 张拉程序 |
> | --- | --- | --- |
> | 钢丝、钢绞线 | 夹片式等具有自锚性能的锚具 | 普通松弛预应力筋：0→初应力→1.03σ_{con}，（锚固）
低松弛预应力筋：0→初应力→σ_{con}（持荷5min锚固） |
> | | 其他锚具 | 0→初应力→1.05σ_{con}（持荷5min）→0→σ_{con}（锚固） |
> | | 热轧带肋钢筋 | 0→初应力→1.05σ_{con}（持荷5min）→0.9σ_{con}→σ_{con}（锚固） |

实务操作和案例分析题六［2019年真题］

【背景资料】

某施工单位承建了一座桥梁工程。主桥为上承式钢管混凝土拱桥，跨度为220m，左右分幅布置。每幅拱桥由两片拱肋组成，每片拱肋采用钢管混凝土桁架，拱肋桁架主管采用4根钢管，内灌C50混凝土。拱桥位于山间河流水库区域，桥梁设计按Ⅲ级航道净空控制。桥位处谷深峡窄，山体陡峻，呈"V"形，岸坡地段基岩浅埋或者裸露，出露或钻孔揭露的基岩为片麻岩、花岗片麻岩。

施工中发生如下事件：

事件1：施工单位在施工前进行了施工调查，根据桥位处水文、工程地质和地质情况，拟采用缆索吊装主拱肋施工方案，主拱肋缆索吊装示意图如图3-5所示。

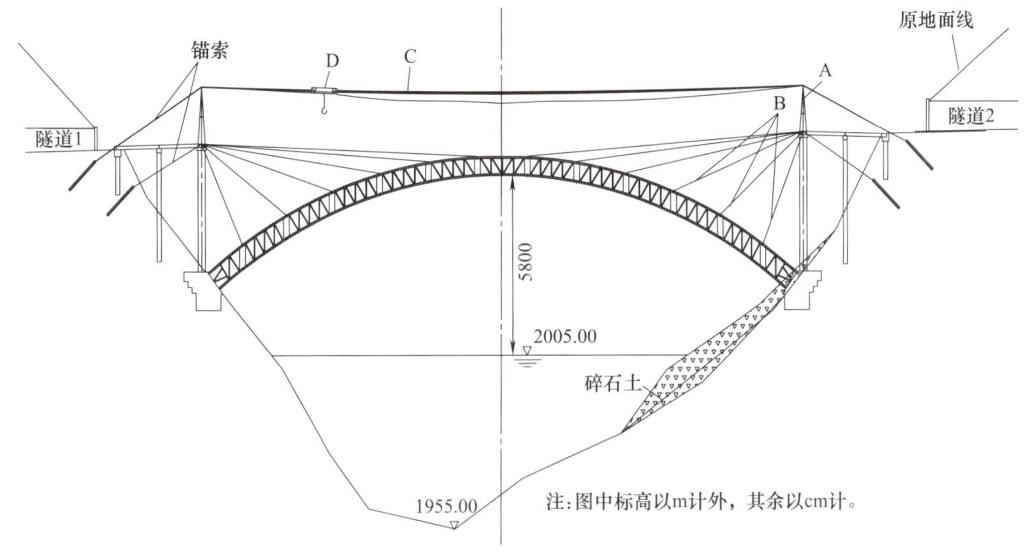

图3-5 主拱肋缆索吊装示意图

事件2：施工单位根据自身资源及技术条件做了施工总体部署。施工总体部署的主要内容为：① 项目的组织机构设置；② 施工任务划分；③（E）；④ 主要项目的施工方案；⑤（F）；⑥ 大型临时设施；⑦ 主要资源配置计划。

主拱肋施工方案中拟采用的缆索吊装主要施工工序为：

拱肋和拱上钢结构加工预制→陆运至桥位附近临时码头→船运分段拱肋至安装位置→（G）→用扣索对分段拱肋临时固定→安装平联单元→吊装其他分段拱肋→各段拱肋轴线调整→（H）→灌注主管内混凝土→安装拱上结构。

事件3：施工单位建立了应急预案体系，编制了应急预案，并进行了评审。

事件4：施工单位对拱肋施工质量进行了控制，钢管拱肋安装实测项目有轴线偏位、拱肋接缝错边、焊缝尺寸、焊缝探伤和高强度螺栓扭矩等。

钢管拱肋安装完成后对拱肋安装进行了分项工程评定。

【问题】

1. 说明事件1施工单位采用缆索吊装方案的理由。

2. 写出图3-5中A、B、C、D对应的设备或结构名称。

3. 写出事件2施工总体部署中E、F对应的内容。

4. 写出事件2拟采用的缆索吊装主要施工工序中G、H的内容。

5. 写出事件3中应急预案体系的组成，应急预案评审人员除桥梁专家外还应包括哪些方面的专家？

6. 补全事件4钢管拱肋安装实测项目中的缺项。根据《公路工程质量检验评定标准》，钢管拱肋安装质量评定合格应满足哪些规定？

【参考答案与分析思路】

1. 因该桥位于山间河流水库区域，有通航要求，两侧谷深狭窄，山体陡峻，呈"V"形，而缆索吊装施工跨越能力大，水平和垂直运输机动灵活，适用于峡谷或水深流急的河段上，或在通航的河流上需要满足船只的顺利通行的情形，所以施工单位采用了缆索吊装方案。

> 本题考查的是缆索吊装的适用范围。在峡谷或水深流急的河段上，或在通航的河流上需要满足船只的顺利通行时可选用缆索吊装施工。与背景资料的"山间河流水库区域和谷深狭窄，山体陡峻"刚好契合。

2. A为缆索吊机塔架，B为扣索，C为承重索，D为跑车。

> 本题考查的是桥梁上部结构缆索吊装施工。该类识图问题较为简单，A在桥头两边，较容易判断为索塔，B为扣索，C为承重索（主索），D为跑车（天车）。

3. E为施工顺序，F为主要施工阶段工期分析。

> 本题考查的是公路工程施工部署。本题既是简答题也是一个查漏补缺型的题目。施工部署的内容和侧重点根据建设项目的性质、规模和客观条件不同而有所不同。施工总体部署主要内容包括：项目组织机构设置；施工任务划分；施工顺序；拟定主要项目的施工方案；主要施工阶段工期分析（或节点工期分析）。用排除法，本题还缺的是施工顺序和主要施工阶段工期分析。

4. G为首节段起吊安装就位，H为主拱圈合龙。

> 本题考查的是缆索吊装施工工序。缆索吊装施工工序为：在预制场预制拱肋（箱）和拱上结构，将预制拱肋和拱上结构通过平车等运输设备移运至缆索吊装位置，将分段预制的拱肋吊运至安装位置，利用扣索对分段拱肋进行临时固定，吊装合龙段拱肋，对各段拱肋进行轴线调整，主拱圈合龙，拱上结构安装。

5. 应急预案体系的组成：（1）综合应急预案；（2）专项应急预案；（3）现场处置方案。
应急预案评审专家还应包括：（1）安全生产方面的专家；（2）应急管理方面的专家。

> 本题考查的是应急预案体系的组成及应急预案评审。应急救援预案有综合应急预案、专项应急预案、现场处置方案三种主要类型。参加应急预案评审的人员应当包括有关安全生产及应急管理方面的专家，且评审人员与施工单位有利害关系的，应当回避。

6. 钢管拱肋安装实测项目的缺项：（1）拱肋高程；（2）对称点相对高差。
质量评定合格应满足下列规定：
（1）基本要求符合相关规范要求；
（2）检验记录应完整，即工程应有真实、准确、齐全、完整的施工原始记录、试验检测数据、质量检验结果等质量保证资料；
（3）实测项目应合格（实测关键项目合格率≥95%，一般项目合格率≥80%）；
（4）外观质量应满足要求。

> 本题考查的是分项工程的质量评定。关于本小题的第二问的考核要能将其定位在分项工程的质量评定合格应符合的要求处，这样就容易得分了。

实务操作和案例分析题七 [2018年真题]

【背景资料】

某施工单位承建了一条全长1310m横跨一条二级公路与某生态湿地公园景区的钢结构步行桥工程。该桥梁主桥上部结构采用55m＋2×90m＋55m圆筒形镂空钢桁架结构，其外径4.15m，内径3.55m，桥面全宽6.0m。为保护生态湿地环境，节约施工用地，保证施工进度，主桥采用顶推施工方案。引桥为30m跨径的钢箱梁桥，采用分段吊装安装方式。

主桥钢桁梁总长290m，结合现场情况拟将主桥钢桁梁在主桥3-4号墩之间搭设拼装支架逐段拼焊，并在支架上采用步履式智能顶推装置配合竖向千斤顶将钢桁梁顶推至设计位置，最后20m钢桁梁在拼装支架上拼装成整体。

主桥钢桁梁在工厂内制造成构件运至现场，在卧拼胎架上拼焊成圆形小节段，然后用龙门吊运至拼装支架上立拼焊成顶推节段，各顶推钢桁梁节段间主要采用焊接，部分杆件采用焊接与高强度螺栓合用连接。桥面系构件在工厂内制造，运至现场采用焊接与高强度螺栓合用连接成整体。

主桥桥跨与主梁钢桁梁拼装顶推现场布置图如图3-6所示。

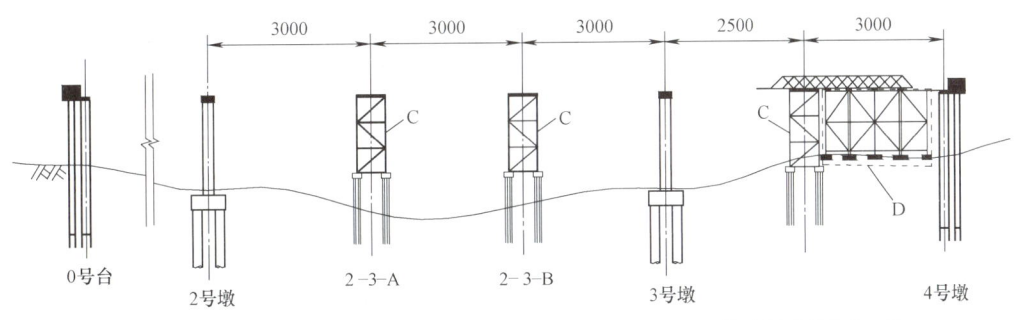

图3-6 主桥桥跨与主梁钢桁梁拼装顶推现场布置图

施工中发生如下事件：

事件1：主桥钢桁梁拼装与顶推架设施工中，施工单位采取了如下做法：

（1）工地焊接前采用钢丝砂轮对焊缝进行除锈，并在除锈后的48h内进行焊接；

（2）高强度螺栓施拧采用扭矩扳手，在作业前后均应进行校正；

（3）当钢桥为焊接与高强度螺栓合用连接时，完成终拧高强度螺栓连接副后应进行焊缝检验；

（4）工地焊接时应设立防风、防雨设施，遮盖全部焊接处；焊接时风力应小于5级，温度应高于5℃，相对湿度应小于85%；

（5）临时墩上必须设置顶推装置；

（6）主梁顶推完成后，永久支座应在落梁后进行安装。

事件2：主桥拼装及顶推架设施工主要作业工序包括：① 钢梁定位与永久支座安装；② 在拼装支架上拼装20m梁段完成全桥拼接；③ 主梁前端安装顶推钢导梁；④ 主桥钢桁梁首节段拼装；⑤ 构件运至现场；⑥ 落梁；⑦ 首节段顶推移梁；⑧ 施工场地准备；⑨ 逐段拼装顶推270m梁段至设计位置。

事件3：主桥拼装及顶推架设施工中，施工单位配备的主要机具设备有：步履式智能顶推装置、竖向顶升千斤顶、移动式起重机、手拉葫芦、钢丝砂轮等。

顶推施工中采用的水平-竖向顶推方式的滑动装置由摩擦垫、滑块（支承块）组成。

事件4：主桥拼装及顶推施工计划总工期为90d，按拼装场地准备（10d）、拼装顶推支架搭设（20d）、钢桁梁拼焊（50d）、钢桁梁顶推（50d）、桥面附属设施安装（50d）、落梁拆除支架（10d）共六个主要工作控制施工，其中拼装场地准备与拼装顶推支架搭设可同时开工，钢桁梁顶推在钢桁梁拼焊10d后方可开始，桥面附属设施安装比钢桁梁顶推推迟10d开工。施工单位拟按表3-4格式绘制主桥拼装及顶推施工横道图。

表3-4　主桥拼装及顶推施工横道图

项目	工期（d）								
	10	20	30	40	50	60	70	80	90
拼装场地准备									
拼装顶推支架搭设									
钢桁梁拼焊									
钢桁梁顶推									
桥面附属设施安装									
落梁拆除支架									

【问题】

1. 图3-6中，C、D（图中虚线框内）各是哪种临时设施？写出设施C的主要作用。

2. 事件1中，逐条判断施工单位的做法是否正确，并改正错误。

3. 写出事件2中工序①～⑨的正确排序（以"②→③→⑥→……"格式作答）。

4. 事件3中，施工单位还应配备哪些主要的机具设备？顶推施工中滑动装置的组成部分还应有哪些？

5. 根据事件4，复制表3-4至答题卡上，并在表中绘制主桥拼装及顶推施工的横道图。

【参考答案与分析思路】

1. 图3-6中临时设施C为顶推临时墩；图3-6中临时设施D为拼装顶推支架。

图3-6中设施C的主要作用：承担顶推梁段的竖向荷载、减小弯矩、导向作用。

> 本题考查的是顶推施工主要临时设施及其机具设备。这是一个实务操作题，结合工作经验即可轻松作答。

2. 事件1中，施工单位的做法正确与否及改正：

（1）错误。改正：将"并在除锈后的48h内进行焊接"改为"并在除锈后的24h内进行焊接"。

（2）正确。

（3）错误。改正：将"完成终拧高强度螺栓连接副后应进行焊缝检验"改为"应先检验焊缝合格后再终拧高强度螺栓连接副"。

（4）正确。

（5）错误。改正：将"顶推装置"改为"滑道装置"。

（6）错误。改正：将"永久支座应在落梁后进行安装"改为"永久支座应在落梁前进行安装"。

> 本题考查的是钢桥安装与顶推施工的要点。工地焊接前应对接头坡口、焊缝间隙和焊缝板面高低差等进行检查，并应采用钢丝砂轮对焊缝进行除锈，且工地焊接应在除锈后的24h内进行。当钢桥为焊接与高强度螺栓合用连接时，栓接结构应在焊缝检验合格后再终拧高强度螺栓连接副。应牢记，临时墩一般只设滑道而不设顶推装置。

3. 事件2中，工序①～⑨的正确排序为：⑧→⑤→④→③→⑦→⑨→②→①→⑥。

> 本题考查的是主桥拼装及顶推架设施工主要作业工序。本题中，首先确定⑧→⑤的优先顺序，以及⑨→②的顺序是送分题。永久支座应在落梁前进行安装。①→⑥的排序可以确定。那么⑨→②→①→⑥的顺序也较容易锁定为最后四个工序。

4. 事件3中，施工单位还应配备的主要机具设备：门式起重机、电焊机、扭矩扳手。顶推施工中滑动装置的组成部分还应有滑板、滑道。

> 本题考查的是钢桥安装机具设备与梁段顶推施工装置。水平＋竖向千斤顶顶推方式的滑动装置，一般应由摩擦垫、滑块（支承块）、滑板和滑道组成。

5. 根据事件4绘制的主桥拼装及顶推施工的横道图见表3-5。

表3-5　绘制后的主桥拼装及顶推施工的横道图

项目	工期（d）								
	10	20	30	40	50	60	70	80	90
拼装场地准备	▬▬								
拼装顶推支架搭设	▬▬▬								
钢桁梁拼焊			▬▬▬▬						
钢桁梁顶推				▬▬▬▬▬▬▬▬					
桥面附属设施安装					▬▬▬▬▬▬▬▬				
落梁拆除支架									▬▬

> 本题考查的是施工横道图的绘制。绘制该横道图要充分注意背景资料中给出的各工作的开始时间。

实务操作和案例分析题八 ［2017年真题］

【背景资料】

某特大桥主桥为连续刚构桥，桥跨布置为75m＋6×20m＋75m，桥址区地层从上往下依次为洪积土、第四系河流相的黏土、亚黏土及亚砂土、砂卵石土、软岩。主桥均采用钻孔灌注桩基础，每墩位8根桩，对称布置。其中1号、9号墩桩径均为φ1.5m，其余各墩桩径为φ1.8m，所有桩长均为72m。

施工中发生如下事件：

事件1：该桥位处主河槽宽度为270m，4号～6号桥墩位于主河槽内，主桥下部结构施工在枯水季节完成，最大水深4.5m。考虑到季节水位与工期安排，主墩搭设栈桥和钻孔平台施工，栈桥为贝雷桥，分别位于河东岸和河西岸，自岸边无水区分别架设至主河槽各墩施工平台，栈桥设计宽度6m，跨径均为12m，钢管桩基础，纵梁采用贝雷桁架，横梁采用工字钢，桥面采用8mm厚钢板，栈桥设计承载能力为60t，施工单位配备有运输汽车、装载机、切割机等设备用于栈桥施工。

事件2：主桥共计16根ϕ1.5m与56根ϕ1.8m钻孔灌注桩，均采用同一型号回旋钻机24h不间断施工，钻机钻进速度均为1.0m/h。钢护筒测量定位与打设下沉到位另由专门施工小组负责，钻孔完成后，每根桩的清孔、下放钢筋笼，安放灌注混凝土导管、水下混凝土灌注、钻机移位及钻孔准备共需2d时间（48h），为满足施工要求，施工单位调集6台回旋钻机，为保证工期和钻孔施工安全，考虑两种钻孔方案，方案一：每个墩位安排2台钻机同时施工；方案二：每个墩位只安排1台钻机施工。

事件3：钻孔施工的钻孔及泥浆循环系统示意图如图3-7所示，其中D为钻头、E为钻杆、F为钻机回转装置、G为输送管，泥浆循环如图中箭头所示方向。

事件4：3号墩的1号桩基钻孔及清孔完成后，用测深锤测得孔底至钢护筒顶面距离为74m。水下混凝土灌注采用直径为280mm的钢导管，安放导管时，使导管底口距离孔底30cm，此时导管总长为76m，由1.5m、2m、3m三种型号的节段连接而成。根据《公路桥涵施工技术规范》JTG/T 3650—2020要求，必须保证首批混凝土导管埋置深度为1.0m，如图3-8所示，其中H_1为桩孔底至导管底端距离，H_2为首批混凝土导管埋置深度，H_3为孔内水头（泥浆）顶面至孔内混凝土顶面距离，h_1为导管内混凝土高出孔内泥浆面的高度，且孔内泥浆顶面与护筒顶面标高持平。混凝土密度为2.4g/cm³，泥浆密度为1.2g/cm³。

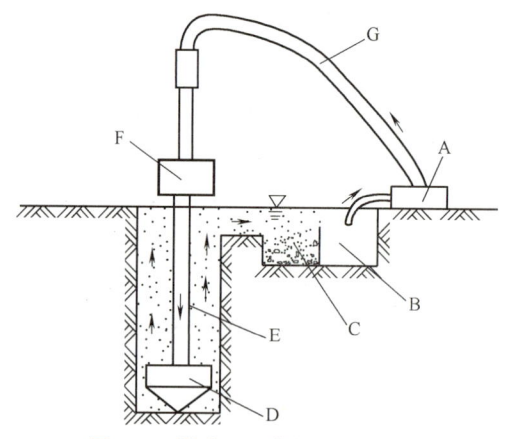

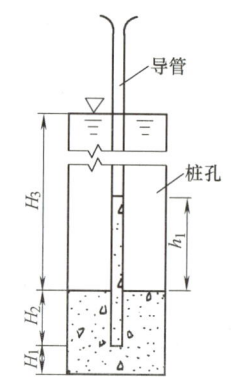

图3-7　钻孔及泥浆循环系统示意图　　图3-8　混凝土灌注示意图

事件5：3号墩的1号桩持续灌注3h后，用测深锤测得混凝土顶面至钢护筒顶面距离为47.4m，此时已拆除3m导管4节、2m导管5节。

事件6：某桩基施工过程中，施工单位采取了如下做法：

（1）钻孔过程中，采用空心钢制钻杆。

（2）水下混凝土灌注前，对导管进行压气试压试验。

（3）泵送混凝土中掺入泵送剂或减水剂、缓凝剂。

（4）灌注混凝土过程中注意测量混凝土顶面高程，灌注至桩顶设计标高时即停止施工。

（5）用于桩身混凝土强度评定的混凝土试件置于桩位处现场，与工程桩同条件养护。

【问题】

1. 事件1中，补充栈桥施工必须配置的主要施工机械设备。结合地质水文情况，本栈桥施工适合采用哪两种架设方法？

2. 针对事件2，不考虑各桩基施工工序搭接，分别计算两种方案主桥桩基础施工的总工期，应该选择哪一种方案施工？

3. 写出图3–7中设备或设施A、B、C的名称与该回旋钻机的类型。

4. 事件4中，计算h_1与（单位：m）与首批混凝土数量（单位：m^3）（计算结果保留2位小数，π取3.14）。

5. 计算并说明事件5中导管埋置深度是否符合《公路桥涵施工技术规范》JTG/T 3650—2020规定？

6. 事件6中，逐条判断施工单位的做法是否正确，并改正错误。

【参考答案与分析思路】

1. 栈桥施工必须配置的主要机械设备还有：履带式起重机、振动锤、焊接机。本栈桥施工适合采用履带式起重机架设法、悬臂推出法。

本题考查的是栈桥施工的架设方法。首先要从背景资料中摘取相关信息，事件1中提到了"主墩搭设栈桥和钻孔平台施工，且栈桥为贝雷桥""自岸边无水区分别架设至主河槽各墩施工平台"，即从岸边逐渐架设至主河槽的，是慢慢推进的。"钢管桩基础，纵梁采用贝雷桁架、横梁采用工字钢"，重要的是考虑到钢管桩基础。"施工单位配备有运输汽车、装载机、切割机等设备用于栈桥施工"。关联到装载机、切割机应该可以推导出电焊的工作需要焊接机。

2. 每根桩施工时间为：$72 \times 1/24 + 2 = 5$d。

按方案一：2台钻机同时工作每墩位8根桩，需要$5 \times 8/2 = 20$d。

6台钻机分3组同时工作完成9个墩位72根桩，共需$20 \times 3 = 60$d。

按方案二：第一循环6台钻机施工6个墩位48根桩，需要40d。

第二循环只需3台钻机施工3个墩位24根桩，需要40d。

共计施工时间为：$40 + 40 = 80$d。

因方案一施工工期较短，所以应选择方案一。

本题考查的是施工工期的计算。本题应考虑到一根桩24h不间断施工，$72 \div 1 = 72$h（3d）。我们首先应该了解一共有几根桩。9个墩即应该有72个桩。若每个墩安排2台，则最多可以有3个墩同时施工。每个墩安排1台，则最多可以6个墩同时施工。

3. A为泥浆泵，B为泥浆池，C为沉淀池（或沉渣池）。该回旋钻机为正循环回旋钻机。

本题考查的是钻孔泥浆循环系统。本题考核的较为简单，为送分题，考生结合钻孔泥浆循环系统示意图即可轻松推导出正确答案。

4. $H_3 = 74 - 1 - 0.3 = 72.7$m。

$h_1 = (72.7 \times 1.2)/2.4 = 36.35$m。

首批混凝土数量$V = (3.14 \times 1.8^2 \times 1.3)/4 + (3.14 \times 0.28^2 \times 36.35)/4 = 5.54 m^3$。

本题考查的是混凝土灌注施工中涉及的计算。$V = \pi D^2 (H_1 + H_2)/4 + \pi d^2 h_1/4$。首先考生应该看出混凝土灌注示意图中导管下端并未到达孔底且导管距离孔底距离为30cm。考生需要注意"必须保证首批混凝土导管埋置深度为1.0m"等重要信息。解答本题需要考生充分利用背景资料所给信息。先计算出h_1，再计算首批混凝土数量就会简单许多。

5. 事件5中，导管埋置深度 = 74 − 47.4 − 22 − 0.3 = 4.3m，导管埋设深度符合规范的"导管埋置深度宜控制在2～6m"的规定。

本题考查的是《公路桥涵施工技术规范》JTG/T 3650—2020的相关规定。本题应充分利用事件4和事件5的资料进行作答。本题并没有想象的那么难。事件4中，74m是固定的，导管底口距离孔底30cm = 0.3m。事件5中，"已拆除3m导管4节、2m导管5节"的长度较为容易得出。

6. 事件6中施工单位做法是否正确的判断及改正：

（1）正确。

（2）错误。改正：必须对导管进行水密承压和接头抗拉试验，严禁用压气试压。

（3）正确。

（4）错误。改正：灌注的桩顶标高应比设计标高高出一定高度，一般为0.5m，以保证混凝土强度。

（5）错误。改正：桩身混凝土强度评定的混凝土试件应置于试验室标准养护条件下养护28d。

本题考查的是桩基施工要点。泥浆通过钻杆的中心往下走必然为空心钻杆，方法（1）表述正确。水下混凝土一般用钢导管灌注，导管内径为200～350mm，视桩径大小而定。导管使用前应进行水密承压和接头抗拉试验，严禁用压气试压。灌注的桩顶标高应比设计高出一定高度，一般为0.5m，以保证混凝土强度，多余部分接桩前必须凿除，桩头应无松散层。方法（4）中，"灌注至桩顶设计标高时即停止施工"的表述明显有误。

实务操作和案例分析题九［2015年真题］

【背景资料】

某施工单位承包了跨湖区某大桥的滩地引桥施工。该引桥全长2450m，共44孔，每孔跨径55m，上部结构为预应力混凝土连续箱梁。桥跨布置为四跨一联，采用MSS55下行式移动模架施工，每联首跨施工长度为55m + 8m，第2、3跨施工长度为55m，末跨施工长度为47m。

事件1：移动模架两主梁通过牛腿支承托架支承在桥墩墩柱或承台上，模板系统由两主梁支承（如图3-9和图3-10所示）。首跨施工主要工序为：① 移动模架安装就位、调试及预压；② 工序D；③ 底模及支座安装；④ 预拱度设置与模板调整；⑤ 绑扎底板及腹板钢筋；⑥ 预应力系统安装；⑦ 内模就位；⑧ 顶板钢筋绑扎；⑨ 工序E；⑩ 混凝土养护、内模脱模；⑪ 施加预应力；⑫ 工序F；⑬ 落模拆底模；⑭ 模架纵移。

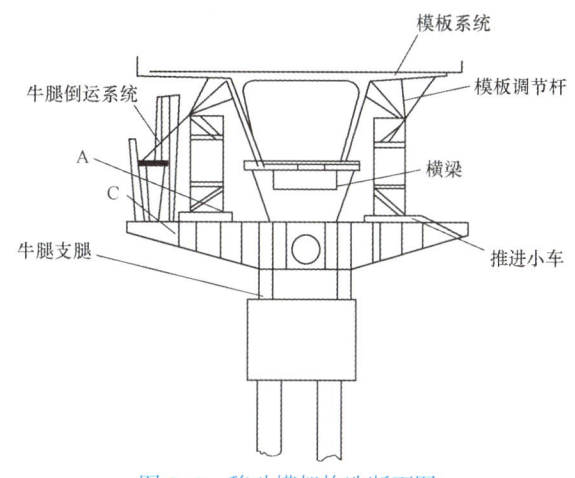

图 3-9 移动模架构造断面图

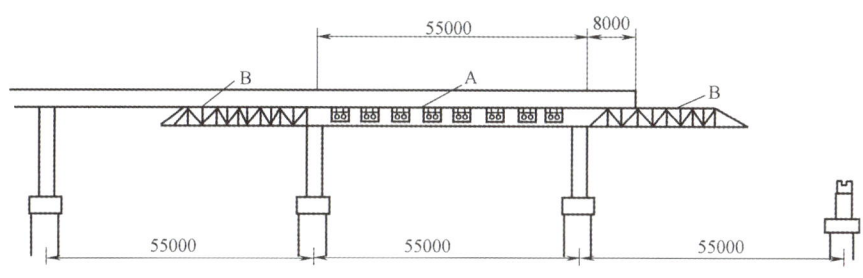

图 3-10 移动模架构造侧示图（单位：mm）

首跨施工完成后，开始移动模架，移动程序包括：① 主梁（横梁）横向内移；② 主梁（横梁）横向外移；③ 主梁（导梁）纵移过孔；④ 主梁（横梁）及模板系统就位；⑤ 解拆模板、降下主梁。

事件2：模板安装完毕后，施工单位在浇筑混凝土前，对其平面位置及尺寸、节点联系及纵横向稳定性进行了检查。

事件3：箱梁混凝土设计抗压强度为50MPa。施工过程中按规范与试验规程要求对混凝土取样制作边长为150mm的立方体标准试件进行强度评定，试件以同龄期者三块为一组，并以同等条件制作和养护，经试验测定。第一组三块试件强度分别为50.5MPa、51.5MPa、61.2MPa，第二组三块试件强度分别为50.5MPa、54.7MPa、57.1MPa，第三组三块试件强度分别为50.1MPa、59.3MPa、68.7MPa。

事件4：上部结构箱梁移动模架法施工中，施工单位采用如下做法：

（1）移动模架作业平台临边护栏用钢管制作，并能承受1000N的可变荷载，上横杆高度为1.2m。

（2）模架在移动过孔时的抗倾覆系数不得小于1.5。

（3）箱梁混凝土抗压强度评定试件采取现场同条件养护。

（4）控制箱梁预应力张拉的混凝土试件采取标准养护。

事件5：根据交通运输部《公路桥梁和隧道工程施工安全风险评估指南（试行）》要求，施工单位对该桥梁施工进行了总体风险评估，总体风险评估为Ⅲ级，施工过程中对大桥施工安全风险评估实行动态管理。

【问题】

1. 写出图3-9、图3-10中构件A、B、C的名称。

2. 事件1中，写出箱梁施工的主要工序D、E、F的名称，写出首跨施工完成后模架移动的正确顺序（用编号表示）。

3. 事件2中，对安装完毕的模板还应进行哪些检查？

4. 分别计算或测定事件3中三组试件的混凝土强度测定值。

5. 逐条判断事件4中施工单位做法是否正确，并改正错误的做法。

6. 事件5中，是否需要对移动模架法施工进行专项风险评估？为进行安全风险评估动态管理，当哪些因素发生重大变化时，需要重新进行风险评估？

【参考答案与分析思路】

1. 构件A为主梁（或主桁梁），构件B为导梁（或鼻梁），构件C为牛腿支撑托架梁。

本题考查的是移动模架的构造，考生对这部分熟悉之后不是特别难，移动模架的构造示意图如图3-11和图3-12所示。

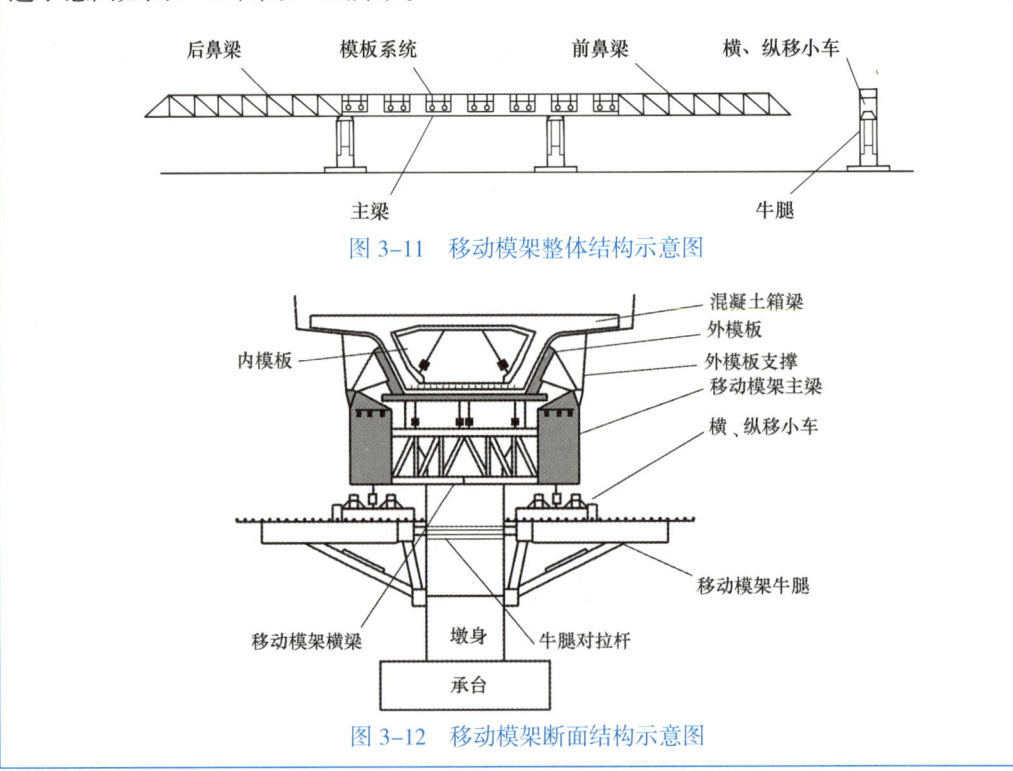

图3-11　移动模架整体结构示意图

图3-12　移动模架断面结构示意图

2. 工序D为侧模板安装就位，E为箱梁混凝土浇筑，F为预应力管道压浆及封锚。

首跨施工完成后模架移动的正确顺序：⑤—②—③—①—④。

本题考查的是用移动支架逐孔现浇施工（移动模架法）的工序。用移动支架逐孔现浇施工（移动模架法）主要工序有：侧模安装就位、安装底模、支座安装、预拱度设置与模板调整、绑扎底板及腹板钢筋、预应力系统安装、内模就位、顶板钢筋绑扎、箱梁混凝土浇筑、内模脱模、施加预应力和管道压浆及落模拆底模及滑模纵移。

3. 对安装完毕的模板还应进行顶部标高、预拱度的检查。

本题考查的是模板安装注意要点。本题为典型的查漏补缺型题目。模板安装完毕后，应对其平面位置、顶部标高、节点联系及纵横向稳定性进行检查，签认后方可浇筑混凝土。

4. 混凝土强度测定值：

（1）第一组：50.5MPa、51.5MPa、61.2MPa，一个测值与中间值的差值超中间值15%，测定值取中间值51.5MPa。

（2）第二组：50.5MPa、54.7MPa、57.1MPa，以三个试件测值的算术平均值为测定值，取平均值54.1MPa。

（3）第三组：50.1MPa、59.3MPa、68.7MPa，有两个测值与中间值的差值均超过15%，该组试件无效，不能用于强度测定。

本题考查的是混凝土施工的一般规定。在进行混凝土强度试配和质量评定时，混凝土的抗压强度应以边长为150mm的立方体尺寸标准试件测定。试件以同龄期者三块为一组，并以同等条件制作和养护，每组试件的抗压强度应以三个试件测值的算术平均值为测定值，如有一个测值与中间值的差值超过中间值的15%时，则取中间值为测定值；如有两个测值与中间值的差值均超过15%时，则该组试件无效。

5. 事件4中施工单位做法正确与否的判断及改正：

（1）正确。

（2）正确。

（3）错误。改正：箱梁混凝土抗压强度评定采用试验室标准养护。

（4）错误。改正：控制箱梁的预应力张拉的混凝土试件养护采用现场同条件养护。

本题考查的是上部结构箱梁移动模架法施工要点。考生应着重注意，当梁体混凝土强度达到设计规定的张拉强度（试压与梁体同条件养护的试件）时，方可进行张拉。

6. 需要对移动模架法施工进行专项风险评估。

当工程设计方案、施工方案、工程地质、水文地质、施工队伍等发生重大变化时，需要重新进行风险评估。

本题考查的是公路桥梁和隧道工程安全风险评估相关要求。公路桥梁和隧道工程施工安全风险评估应遵循动态管理的原则，当工程设计方案、施工方案、工程地质、水文地质、施工队伍等发生重大变化时，应重新进行风险评估。

典 型 习 题

实务操作和案例分析题一

【背景资料】

施工单位承建了二级公路某桥梁工程，上部结构为3×16m预应力混凝土简支T梁，墩台基础为钻孔灌注桩，墩柱最大高度7.5m，桥梁立面示意图如图3-13所示。

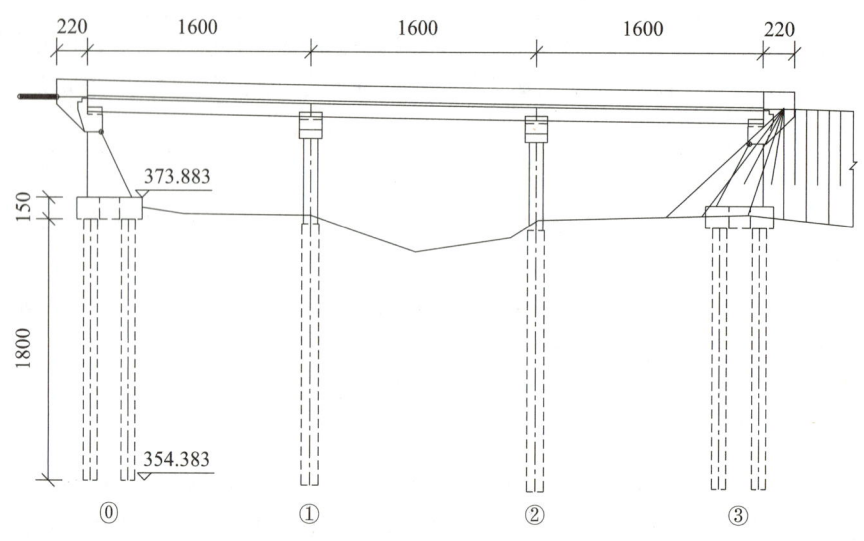

图 3-13　桥梁立面示意图（图中尺寸以cm计，高程单位为m）

施工中发生以下事件：

事件1：施工单位按计划组织钢筋、钢绞线、水泥、砂等材料进场，其中第一批钢绞线进场数量50t，施工单位按要求对钢绞线进行了检验。

事件2：上部结构T梁采用预制安装方法施工，部分做法如下：

（1）T梁采用穿心式千斤顶施加预应力；使用前按规定对千斤顶、油泵进行了标定，使用1个月后油泵电机损坏，施工单位更换了电机立即投入使用。

（2）T梁预制完成后移至存梁区，将梁端用厚钢板支承在坚硬的台座上存放。

事件3：0号桥台钻孔灌注桩基础施工中，施工单位对原地面进行整平并埋设护筒，整平后地面高程为373.000m；水下混凝土灌注前对灌注用导管进行了A和B试验。1号墩的桩基础原设计桩长18m，根据地质复勘资料设计桩长变更为25m。

事件4：施工单位在T梁安装施工前复测了支座的平面位置和C。

【问题】

1. 根据《关于开展公路桥梁和隧道工程施工安全风险评估试行工作的通知》（交质监发〔2011〕217号）要求，结合该桥梁工程背景资料判断是否需要进行施工安全风险评估。

2. 事件1中钢绞线应抽取几组进行检验？检验项目有哪些？

3. 逐条判断事件2中施工单位的做法是否正确。若不正确，写出正确做法。

4. 写出事件3中A、B试验的内容。事件3中的设计变更为哪类设计变更？护筒顶面高程应不小于多少米（计算结果保留至小数点后2位）？

5. 答出事件4中C的内容。

【参考答案】

1. 该桥梁工程不需要进行施工安全风险评估。

2. 事件1中钢绞线应抽取3组进行检验。

检验项目有：表面质量、直径偏差、力学性能试验。

3. 逐条判断事件2中施工单位的做法是否正确：

（1）不正确。正确做法：千斤顶更换了电机并重新配套标定后使用。

（2）不正确。正确做法：将梁端用垫木（或橡胶板，或方木）支承在坚硬的台座存放。

4. 事件3中A试验的内容：水密承压；B试验的内容：接头抗拉（A、B可互换）。

事件3中的设计变更为一般设计变更。

护筒顶面高程应不小于373.38m。

5. 事件4中C的内容：高程。

实务操作和案例分析题二

【背景资料】

施工单位承建了某大桥工程，该大桥桥址位于两山体之间谷地，跨越一小河流，河流枯水期水深0.5m左右，丰水期水深2m左右，地面以下地层依次为黏土、砂砾、强风化砂岩。该桥基础原设计为40根钻孔灌注桩，桩长12.0～13.8m不等。施工中发生如下事件：

事件1：大桥基础施工时，恰逢河流枯水期且大旱无水。施工单位考虑现场施工条件、环保、工期等因素影响，提请将原设计大桥基础钻孔灌注桩全部变更为人工挖孔桩。监理单位与相关部门评估、审定，认为该变更属于对工程造价影响较大的重要工程变更，在履行相关审批程序后，下达了工程变更令。

事件2：开工前，施工单位编制了人工挖孔桩专项施工方案，为保证施工安全，人工挖孔桩施工采用分节现浇C25混凝土护壁支护，每节护壁高度为1m，桩孔混凝土护壁形式及结构示意图如图3-14所示。挖孔施工过程中，发现地层中有甲烷、一氧化碳等气体，施工单位重新修订了专项施工方案。

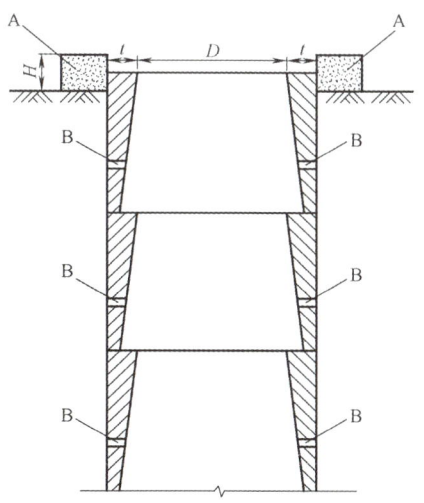

图3-14　混凝土护壁形式及结构示意图

事件3：桩基础人工挖孔施工中，施工单位采取了如下做法：

（1）挖孔作业时，至少每2h检测一次有毒有害气体及含氧量，保持通风；孔深大于10m时，必须采取机械强制通风措施。

（2）桩孔内设有带罩防水灯泡照明，电压为220V。

（3）桩孔每开挖2m深度浇筑混凝土护壁。

【问题】

1. 事件1中，监理工程师下达工程变更令之前，需履行哪两个审批程序？

2. 图3-14中，判断混凝土护壁形式属于外齿式还是内齿式。写出构造物A的名称。说明混凝土护壁节段中设置的管孔B的主要作用。

3. 根据《公路工程施工安全技术规范》JTG F90—2015，图3-14中标注的D与H的范围是如何规定的？事件2中，为防止施工人员发生中毒窒息事故，挖孔施工现场应配备哪些主要的设备、仪器？

4. 事件3中，逐条判断施工单位的做法是否正确。若错误，予以改正。

5. 该大桥挖孔桩修订后的专项施工方案是否需要专家论证审查？说明理由。

【参考答案】

1. 事件1中，监理工程师在下达工程变更令之前，需履行的程序如下：

（1）报业主批准。

（2）同承包人协商确定变更工程价格不超过业主批准的范围。

2. 图3-14中，混凝土护壁形式属于内齿式。

图3-14中，构造物A的名称为孔口护圈（或围挡）。

图3-14中，管孔B的主要作用为：

（1）作为泄水孔。

（2）向护壁与桩周间空隙灌注水泥浆的灌浆（或压浆）孔。

3. D（挖孔桩直径）不宜小于1.2m；H应不小于0.3m。

为防止施工人员发生中毒窒息事故，应配备的主要设备、仪器有：气体浓度检测仪器、机械通风设备（鼓风机）、隔绝式压缩氧自救器。

4. 事件3中，（1）正确。

事件3中，（2）错误，将"220V"改正为"36V及以下安全电压"。

事件3中，（3）错误，改正为"桩孔开挖每开挖不超过1m深度必须浇筑混凝土护壁，（或挖一节浇筑一节护壁）"。

5. 修订后的专项施工方案需要专家论证审查。

理由：因为该大桥人工挖孔桩基础虽然开挖深度不超过15m，但土体中存在甲烷、一氧化碳等有毒有害气体。

实务操作和案例分析题三

【背景资料】

某施工单位甲承接了一座3×30m预应力混凝土先简支后连续梁桥工程，下部构造为重力式桥台和桩柱式桥墩，总体布置如图3-15所示。

地质钻探资料揭示，1号、2号墩有厚度5~8m不等的砂卵石覆盖层，其强度大于25MPa，卵石平均粒径为20cm，持力层为中风化砂层。设计要求桩基在低水位期间采用筑岛钻孔法施工。

施工单位甲将桩基施工分包给施工单位乙，并签订了安全生产管理协议，明确了双方在安全隐患排查中的职责。

桥梁上部结构的主要施工工序包括：① 安装临时支座；② 拆除临时支座；③ 安放永久支座；④ 架设T梁；⑤ 浇筑T梁接头混凝土；⑥ 现浇T梁湿接缝混凝土；⑦ 浇筑横隔板混凝土；⑧ 张拉二次预应力钢束。

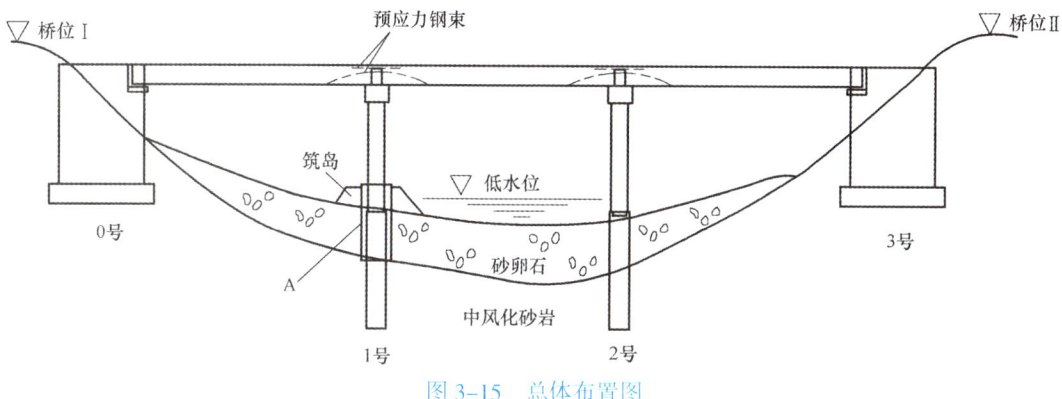

图 3-15　总体布置图

【问题】

1. 开展1号墩顶测量放样时，应控制哪两项指标？

2. A是什么临时设施？有何作用？

3. 根据地质条件，宜选用何种类型钻机施工？

4. 在双方签订的安全生产管理协议中，施工单位甲对事故隐患排查治理应负有哪些职责？

5. 对背景资料中上部结构主要施工工序进行排序（用圆圈的数字表示）。

【参考答案】

1. 开展1号墩顶测量放样时，应控制的两项指标：墩顶坐标和高程。

2. A是钢护筒，作用是稳定孔壁，防止塌孔，保护孔口地面，固定桩孔位置和起到钻头导向作用等。

3. 根据地质条件，宜选用冲击钻机（或冲抓钻机或旋转钻机）。

4. 在双方签订的安全生产管理协议中，施工单位甲对事故隐患排查治理应负有统一协调和监督管理的职责。

5. 对背景资料中上部结构主要施工工序进行排序：①→④→⑦→⑥→⑤→⑧→③→②（或①→③→④→⑦→⑥→⑤→⑧→②）。

实务操作和案例分析题四

【背景资料】

某施工单位承接了一座多跨变截面预应力混凝土连续箱梁桥，大桥分为上下游两幅，每幅单箱顶板宽10.5m，底板宽6m。大桥采用钻孔灌注桩基础，双柱式桥墩（墩柱高15~26m不等），普通钢筋混凝土盖梁。

上部结构0号块采用墩顶混凝土现浇施工，临时固结构造示意图如图3-16所示。

其他梁段（1~19号）采用预制场长线法台座预制，缆索吊装系统悬臂拼装。各梁段之间腹板采用剪力齿衔接，环氧树脂粘合，顶板与底板均设20cm湿接缝。施工中加强测量管理，各梁段施工按照设计标高安装定位，控制好全桥线形。

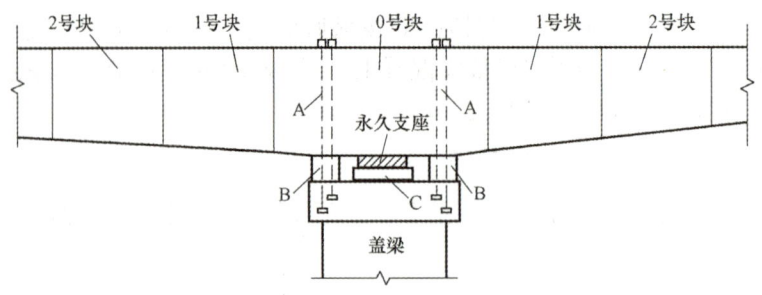

图 3-16　临时固结构造示意图

1～19 号梁段长线法预制及悬拼安装施工工序为：预制场及存梁区布置→梁段浇筑台座准备→梁段浇筑及养护→D→梁段外运→梁段吊拼就位→临时预应力张拉及腹板剪力齿粘合→E→预应力穿索及张拉、封锚→下一梁段施工。

按照交通运输部颁布的《公路桥梁和隧道工程施工安全风险评估指南（试行）》的要求，施工单位对全桥进行了总体风险评估，评估结果为Ⅲ级。

【问题】

1. 写出图 3-16 中 A、B、C 结构的名称。

2. 长线法预制及悬拼安装施工中工序 D、E 各是何种工序？

3. 各梁段悬拼安装线形控制测量的关键项目是哪几项？

4. 该大桥是否需要进行专项风险评估？说明理由。若需要进行专项风险评估，说明还需要进行哪几个步骤？

【参考答案】

1. A 结构的名称为锚固钢筋，B 结构的名称为临时支座（混凝土垫块），C 结构的名称为支座垫石。

2. 长线法预制及悬拼安装施工中，工序 D 是梁段吊运存放、修整工序。

长线法预制及悬拼安装施工中，工序 E 是湿接缝混凝土浇筑与养护。

3. 各梁段悬拼安装线形控制测量的关键项目是中轴线（或纵轴线）及梁段顶面高程。

4. 该大桥需要进行专项风险评估。

理由：总体风险评估等级达到Ⅲ级及以上的桥梁或隧道工程，应进行专项风险评估。

还需要进行的步骤：确定专项风险评估范围、开展专项风险评估、确定风险控制措施。

实务操作和案例分析题五

【背景资料】

某跨度 40m 现浇预应力钢筋混凝土简支梁桥，采用后张法张拉预应力。施工单位采用碗扣式满堂支架施工，如图 3-17 所示，支架由钢管、扣件、型钢等组成，纵横梁采用电弧焊连接。支架为就近租赁，为保证支架安装质量，施工单位认真检查了扣件的外观质量。

为了保证支架的承载力以及消除支架和支架地基引起的塑性变形，对支架进行了堆沙袋预压，压重为梁自重的 1.2 倍（梁自重加施工荷载），并在跨中支架顶部设置了标高观测点。

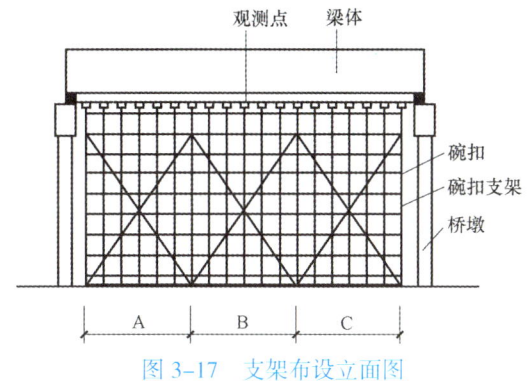

图 3-17　支架布设立面图

观测点预压前标高为 185.756m，进行分级预压，100% 预压荷载时观测点的标高为 185.701m。预压稳定后进行了分级卸载，卸载后观测点的标高为 185.725m。

经计算，该桥达到了设置预拱度的条件，恒载、活载、混凝土温度、徐变、收缩引起挠度见表 3-6，并按二次抛物线设置预拱度。跨中底板的设计标高为 185.956m。

表 3-6　恒载、活载、混凝土温度、徐变、收缩引起挠度表

项次	内容	挠度（mm）	备注
1	成桥自重（恒载）引起	9	向下
2	成桥后 1/2 设计汽车荷载引起	5	向下
3	成桥后设计汽车荷载引起	10	向下
4	收缩、徐变、温度引起	6	向下

梁体浇筑后进行了预应力的张拉，然后拆除支架。为保证施工安全，拟定分 3 部分（A、B、C），如图 3-17 所示，分批分次拆除支架。

【问题】

1. 计算梁自重和施工荷载作用下的弹性变形（保留小数点后 3 位）。

2. 计算该支架跨中需要设置的预拱度以及底板的立模标高（保留小数点后 3 位）。

3. 排列 A、B、C 三部分合理的拆除顺序。

4. 写出旧扣件外观质量可能存在的病害。

5. 写出架设本桥支架所需要的特殊工种。

【参考答案】

1. 梁自重和施工荷载作用下的弹性变形 = 185.725 - 185.701 = 0.024m。

2. 跨中底板的设计标高 + 预拱度 = 立模标高。

该支架跨中需要设置的预拱度 = 0.024 + 0.009 + 0.005 + 0.006 = 0.044m。

底板的立模标高 = 185.956 + 0.044 = 186.000m。

3. A、B、C 三部分合理的拆除顺序：先拆除 B，然后同步拆除 A 和 C。

4. 旧扣件外观质量可能存在的病害：裂缝、变形、锈蚀（或生锈）、螺栓出现滑丝。

5. 架设本桥支架所需要的特殊工种：架子工、电焊工、信号指挥工、司索工、起重机司机、电工。

实务操作和案例分析题六

【背景资料】

二级公路某大桥全长857m，桥宽12.5m，桥梁上部结构布置为：4×25mT梁＋6×40m T梁＋（45m＋80m＋45m）悬浇连续箱梁＋6×40mT梁＋4×25mT梁。其中40mT梁桥跨横断面如图3-18所示。

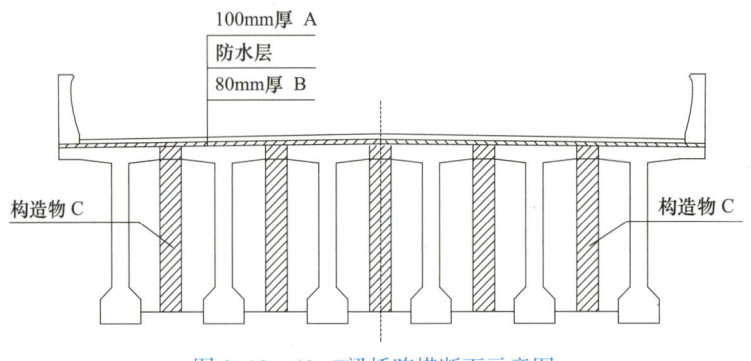

图3-18　40mT梁桥跨横断面示意图

T梁预制场位于南岸0号桥台一侧的路基上，设有3个25mT梁预制台座与4个40mT梁预制台座。结合本桥结构及地形条件，使用1台运梁平车将T梁从预制场的存梁区移运至架梁现场，采用40m双导梁架桥机首先对南岸T梁逐孔架设，待（45m＋80m＋45m）悬浇连续箱梁施工完毕后逐孔架设北岸各跨T梁。

施工中发生如下事件：

事件1：T梁预制完成后，采用两台设计起吊能力为125t的门式起重机将T梁吊运至存梁区存放。移梁前对梁体喷涂统一标识，标识内容包括预制时间、施工单位、部位名称。施工单位T梁存放做法如下：

（1）T梁移运至存梁区时，其混凝土强度不低于设计强度的80%。

（2）T梁叠层存放时不得超过三层。

（3）叠层存放时下层T梁端部顶面上用加厚钢板支垫。

（4）T梁按吊装次序、方向水平分层叠放，标志向外，并支撑牢固。

事件2：T梁吊装前，在每片梁两端标出竖向中心线，并在盖梁（桥台）顶面上测量放样，放出梁的纵向中心线与每片梁的具体位置。

T梁预制并运输到架设施工现场，采用双导梁架桥机架设的主要施工工序包括：① 架桥机及导梁拼装，试吊；② 架桥机前移至安装跨，支顶前支架；③ 安放支座；④ 落梁，横移到位；⑤ 运梁喂梁，吊梁、纵移到位；⑥ 铰缝施工，完成整跨安装；⑦ 重复各步骤架设下一片梁直至完成整孔梁；⑧ 架桥机前移至下一跨，直至完成整桥施工。

事件3：施工前，根据《公路工程施工安全技术规范》JTG F90—2015和《公路水运工程安全生产监督管理办法》，施工单位针对本桥梁上部结构施工危险性较大工程编制了25mT梁预制、25mT梁运输与安装、40mT梁预制、40mT梁运输与安装共四个专项施工方案，并按照方案要求进行施工。

【问题】

1. 分别计算本大桥需预制40mT梁的边梁、中梁的数量（单位：片）。

2. 写出图3-18中结构层A、B和构造物C的名称。

3. 事件1中，补充T梁还应喷涂的标识内容。施工单位存梁做法中哪两条是错误的？并改正错误之处。

4. 事件2中，补充在墩台面上测量放样的缺项；写出T梁双导梁架桥机架设施工工序①～⑧的正确排序（用序号表示，如：③②④①……）。

5. 事件3中，哪个专项施工方案需要召开专家论证会进行论证、审查？专家论证会由哪个单位组织召开？

【参考答案】

1. 40mT梁的边梁数量为：2×6×2＝24片；中梁数量为：4×6×2＝48片。

2. 结构层A的名称：沥青混凝土（水泥混凝土）桥面铺装层。

结构层B的名称：钢筋混凝土现浇调平层。

构造物C的名称：横隔板湿接缝。

3. T梁还应喷涂的标识内容包括：张拉时间、梁体编号。

施工单位存梁做法中（2）、（3）错误。

存梁做法中（2）的正确做法：T梁叠层存放时不得超过2层。

存梁做法中（3）的正确做法：当构件多层叠放时，层与层之间应以垫木隔开。支垫材质应采用承载力足够的非刚性材料。

4. 墩台面上测量放样的缺项包括：支座纵横中心线、梁板端位置横线。

T梁双导梁架桥机架设施工工序的正确顺序：①→②→⑤→④→③→⑦→⑥→⑧。

5. 事件3中需要召开专家论证会进行论证、审查的专项施工方案：40mT梁的运输与安装。

专家论证会由施工单位组织召开。

实务操作和案例分析题七

【背景资料】

某十联现浇预应力混凝土连续箱梁桥地处山岭重丘区，跨越河谷，起点与另一特大桥相连，终点与一隧道相连。部分桥跨布置示意图如图3-19所示。

该项目在招标投标和施工过程中发生如下事件：

事件1：招标文件中的设计文件推荐连续箱梁采用移动模架法施工，因现场场地受限，模架在该桥梁终点处的隧道内拼装，然后前移逐孔施工。但某施工单位进场后，发现隧道标未开工（另一施工单位承担该隧道施工），无法按时提供移动模架拼装场地。经桥梁施工单位提出，建设单位、设计单位和监理单位确认，暂缓第十联施工，而从第九联开始施工。因第九联桥墩墩身较高，移动模架采用桥下组拼、整体垂直提升安装方案，第十联箱梁待隧道贯通后采用桩柱梁式支架（第十联支架布置示意图如图3-20所示）施工，由此造成工期推迟一个月。上述方案上报相关单位并经批复后开始施工，根据相关规定，施工单位提出了以下索赔要求：

（1）移动模架桥下组拼场地处理费用。

（2）工期延长一个月按天索赔增加的现场管理费。

（3）移动模架垂直提升安装费用。

（4）第十联支架摊销费用。

（5）因第十联改为支架而损失的模架摊销费。

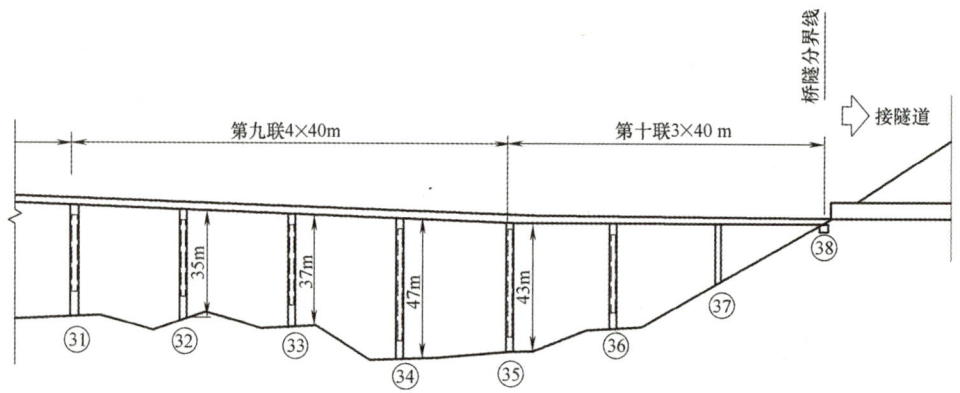

图 3-19　部分桥跨布置示意图

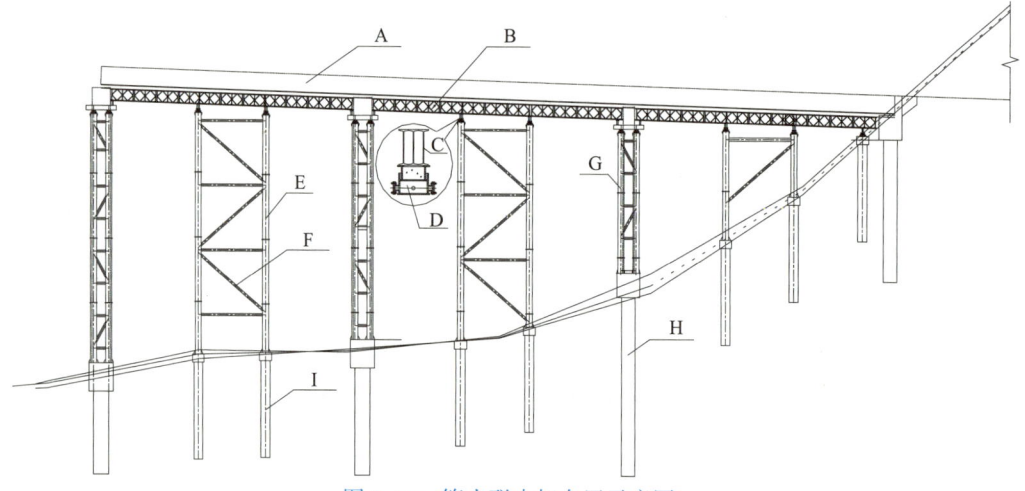

图 3-20　第十联支架布置示意图

事件2：图3-20所示的桩柱梁式支架由桩基础、钢管柱、卸落装置、贝雷片、型钢、联结件等组成，支架按设计计算设置了施工预拱度。组拼完成后，按相关要求进行检验及加载预压试验，满足要求后投入使用。

事件3：施工单位按照《公路工程施工安全技术规范》JTG F90—2015要求，编制了支架施工专项方案，该方案经施工单位审核，由技术负责人签字后，报监理工程师审查批准后实施。

【问题】

1. 事件1中，逐条判断施工单位提出的索赔要求是否成立。

2. 结合图3-20与事件2，指出型钢、卸落装置、贝雷片分别对应图3-20中的A～H中的哪个编号。说明应根据哪些因素来确定卸落装置的形式。

3. 事件2中，支架施工预拱度的设置应考虑哪些主要因素？

4. 事件3中，支架专项施工方案实施前的相关程序是否正确？若不正确，写出正确程序。

【参考答案】

1. （1）索赔成立；（2）索赔不成立；（3）索赔成立；（4）索赔成立；（5）索赔不成立。

2. 结合图3-20与事件2，型钢对应C，卸落装置对应D，贝雷片对应B。

根据结构形式（或支架形式），承受的荷载大小与需要的卸落量来确定卸落装置的形式。

3. 支架施工预拱度的设置应考虑主要因素有：模板、支架承受施工荷载引起的弹性变形；受载后由于杆件接头的挤压和卸落装置压缩而产生的非弹性变形；支架地基在受载后的沉降变形。

4. 支架专项施工方案实施前的相关程序不正确。

正确程序应为：该支架高度最高达43m，大于8m，属于超过一定规模的危险性较大工程的范围，专项方案必须由施工单位组织专家进行论证、审查，专家组提交论证报告并签字后方可实施。

实务操作和案例分析题八

【背景资料】

某施工单位承接了二级公路一桥隧相连项目，其中桥梁桥跨布置为65m＋120m＋65m，③号桥台紧邻隧道进口洞门。隧道全长910m，净宽12m，净高5m，单洞双向两车道，最大埋深100m，进、出口50m范围内埋深均小于20m（属浅埋隧道）。桥跨布置与隧道围岩级别及其长度、掘进速度如图3-21所示。

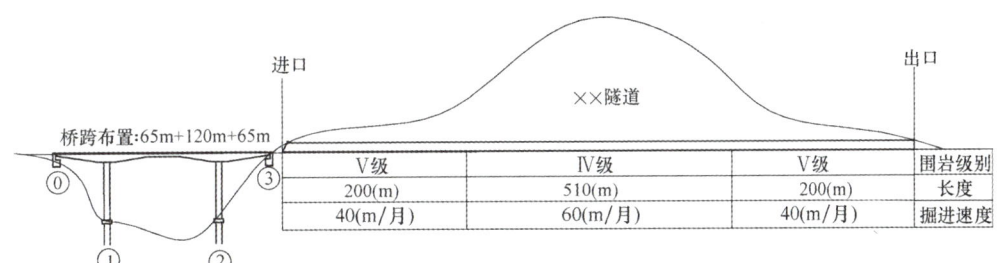

图3-21　桥隧布置示意图

该项目实施过程中发生了如下事件：

事件1：桥梁为T形刚构，采用挂篮悬臂浇筑，设计文件要求悬臂浇筑须对称平衡。中跨、边跨合龙段长度均为2m，靠近桥台4m梁段采用现浇施工。

事件2：隧道掘进工期为12个月，采用进、出口双向开挖，但最后30m为单向开挖。由于受③号桥台施工限制，决定先由A作业队从出口向进口方向掘进，待③号桥台施工完成后，立即由B作业队从进口掘进，且最后30m决定由B作业队单独完成。

事件3：洞口工程施工包括以下工序：① 截水沟施工；② 边、仰坡开挖；③ 套拱及长管棚施工；④ 边、仰坡防护。

事件4：A作业队在进洞30m后，现场负责人决定将开挖方法由台阶法改为全断面法。

【问题】

1. 事件1中，主跨悬臂浇筑施工是否需要在墩梁处采取临时固结措施？说明理由。

2. 事件1中，边跨4m现浇梁段应采用何种方法施工？说明本桥合龙顺序。

3. 事件2中，为保证隧道掘进工期，③号桥台施工最迟应在A作业队掘进开工后多少个月完成（列式计算，计算结果小数点后保留1位）？

4. 写出事件3中洞口工程施工的正确顺序（用编号表示即可）。

5. 事件4中，改变后的开挖方法是否合理？说明理由。

【参考答案】

1. 不需要采取临时固结措施。

理由：因为0号块与桥墩是固结的，已具有抗弯能力。

2. 边跨4m现浇梁段应采用支架法（或托架法，或钢管柱法）

合龙顺序：先边跨后中跨。

3. B作业队完成最后30m掘进时间：30/60＝0.5个月。

A作业队最长掘进时间：12－0.5＝11.5个月。

A作业队最长掘进距离：40×5＋60×6.5＝590m。

B作业队最短掘进长度：910－590＝320m。

B作业队掘进需要最短时间：200/40＋120/60＝7个月。

最多滞后时间为12－7＝5个月。

即：③号桥台施工最迟在A作业队掘进开工后5个月完成。

4. 正确顺序：①→②→④→③

5. 改变后的开挖方式不合理。

因为进洞30m处尚处于浅埋段，根据相关规范规定，浅埋段不应采用全断面法开挖（或：浅埋段采用全断面法开挖不安全；或：浅埋段采用全断面法开挖易塌方）。

实务操作和案例分析题九

【背景资料】

某二级公路一标段共12座涵洞工程，包括箱涵及盖板涵等结构形式，其中某座盖板涵设计示意图如图3-22所示。施工单位确定了盖板涵的主要施工工序如下：

测量放线→基坑开挖→现浇混凝土基础→浆砌墙身→（B）→提前预制盖板并吊装→出入口浆砌→（C）→涵洞回填及加固。

施工中发生如下事件：

事件1：工程开工初期，项目经理组织人员进行了安全生产隐患排查，要求现场须做到"施工人员管理"和"施工现场安全防护"两项达标。经检查，"施工人员管理"方面的一线人员用工登记、施工安全培训记录和各类人员持证上岗都符合规定。

事件2：针对各类涵洞，部分施工做法如下：

（1）预制盖板等成品混凝土强度达到设计强度85%时，方可搬运安装，安装后预制构件上的吊装孔应以砂浆填塞。

（2）现浇箱涵分两阶段施工，先进行梗肋混凝土的浇筑，然后再完成剩余部分的混凝土浇筑。

（3）涵洞台背回填填料宜采用透水性材料，透水性材料不足时，可采用石灰土或水泥稳定土回填。

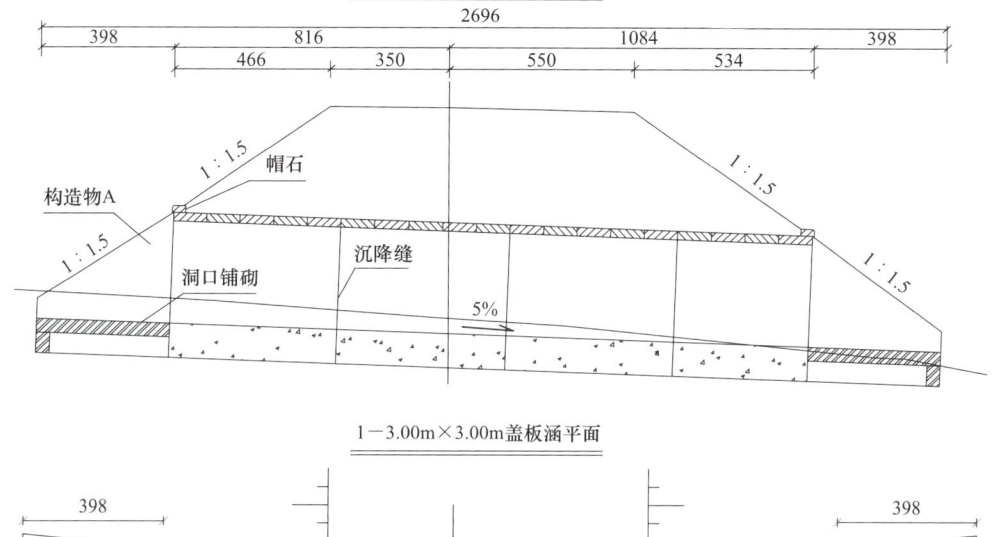

1—3.00m×3.00m盖板涵立面

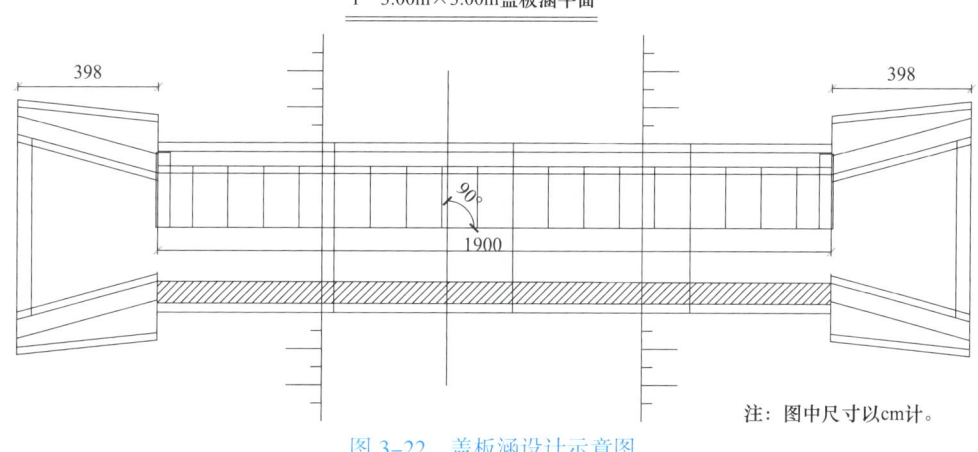

1—3.00m×3.00m盖板涵平面

注：图中尺寸以cm计。

图3-22　盖板涵设计示意图

（4）涵洞洞身两侧回填，应同时、水平、分层、对称地进行填筑，压实度不应小于90%。

事件3：盖板涵施工过程中监理工程师检查了混凝土和砂浆强度、结构尺寸、长度、跨径、相邻板块最大高差、顶面高程、盖板支承中心偏位、涵底铺砌厚度、砌体平整度等项目。工程合格后，根据《公路工程标准施工招标文件》中规定的计量要求完成了涵洞的计量工作。

【问题】

1. 写出图3-22中构造物A的名称，并写出盖板涵施工工序B、C的名称。

2. 事件1的安全隐患排查要求中，"施工人员管理"项目达标还需排查哪两项内容？

3. 逐条判断事件2中的施工做法是否正确。若不正确，写出正确做法。

4. 事件3中盖板涵质量检查还需检查哪两项主要项目？

5. 图3-22中，盖板涵计量工程量为多少米？分别说明图3-22中洞口铺砌和帽石是否单独计量（计算结果保留小数点后3位）？

【参考答案】

1. A的名称：八字墙；B的名称：现浇板座；C的名称：防水层施工。

2. 还需排查的内容：安全技术交底记录和施工意外伤害责任保险。

3.（1）正确。

（2）不正确。

正确做法：先进行底板和梗肋混凝土浇筑，然后再完成剩余部分的混凝土浇筑。

（3）正确。

（4）不正确。

正确做法：涵洞洞身两侧回填，应同时、水平、分层、对称地进行填筑，压实度不应小于96%。

4. 事件3中盖板涵质量检查还需检查的两项主要项目包括：轴线偏位和涵底流水面高程。

5. 计量工程量：$\sqrt{19^2 + (19 \times 5\%)^2} = 19.024m$。

洞口铺砌不单独计量；帽石不单独计量。

实务操作和案例分析题十

【背景资料】

某施工单位承接了9.82km的三级公路路基施工，路基宽8.5m，设计车速40km/h。其中K3＋100～K3＋420为路堤段，K3＋280处设有1个2.5m×2m的盖板涵，涵洞长度17.62m，涵底坡度1%，K3＋280的路基设计标高为206.07m。涵洞构造示意图如图3-23所示。

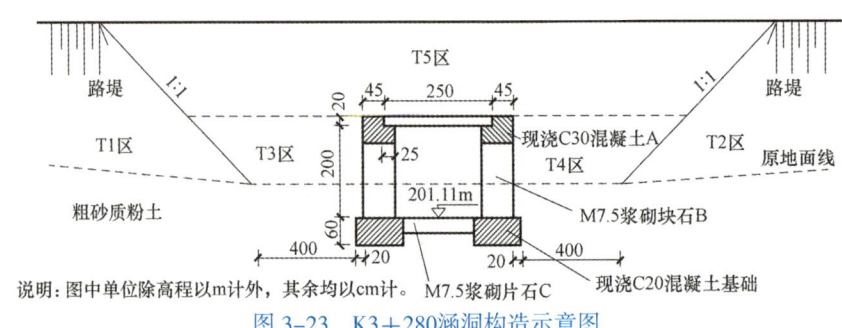

图 3-23　K3＋280涵洞构造示意图

工程开工前，在业主支持下，由设计单位向施工单位交接了交点桩、水准点桩，设计文件中提供用于中线放样的资料只有"直线、曲线及转角度"。施工单位备有全站仪、自动水准仪等常规测量仪器。

涵洞施工与涵洞前后路堤T1区、T2区的填筑同时进行，T1区、T2区按图示坡度分层填筑。涵洞施工中，施工单位首先进行了涵洞中心桩号、涵轴线的放样，涵洞基坑开挖平面尺寸按17.62m×3.8m放样，基坑开挖严格按放样尺寸采用人工垂直向下开挖至基底设计标高。在对基底进行处理并通过验收后，开始基础施工。

涵洞完工后，在涵洞砌体砂浆或混凝土强度达到设计强度的70%时，进行涵洞两侧及顶面填土，填筑顺序为T3区→T4区→T5区，填筑方法采用人工配合小型机械夯填密实。

【问题】

1. 按洞顶填土厚度划分，指出该涵洞类型，并说明理由。

2. 写出可用于本路曲线段中线放样的两种方法。

3. 写出涵洞构造示意图中A、B、C结构的名称。

4. 找出涵洞基坑施工中的错误，并说明理由。

5. 改正填筑施工中的错误。

【参考答案】

1. 按洞顶填土厚度划分，该涵洞的类型为暗涵。

理由：按洞顶填土情况，涵洞可分为洞顶不填土的明涵和洞顶填土厚度大于50cm的暗涵两类。该涵洞洞顶填土厚度为2.76m（206.07－201.11－2.2＝2.76m），超过0.5m。

2. 可用于本路曲线段中线放样的两种方法有：偏角法、切线支距法。

3. 涵洞构造示意图中A的名称为台帽（或板座、台座），B的名称为墙身（或涵台），C的名称为涵底铺砌（铺底）。

4. 涵洞基坑施工中的错误及理由：

（1）错误：涵洞基坑开挖平面尺寸按17.62m×3.8m施工。

理由：开挖尺寸应考虑工作面，基坑尺寸应大于基础尺寸，以方便基础施工。

（2）错误：涵洞基坑垂直向下开挖。

理由：原土质是粗砂质粉土，基坑开挖时应放坡，以利于土方稳定和安全。

5. 填筑施工的错误应改为：

（1）涵洞前后路段T1区、T2区应按图上坡度分层预留台阶。

（2）砂浆或混凝土的强度达到设计强度的75%以后，进行两侧回填。

（3）T3、T4同时回填，然后回填T5。

第4章 隧道工程施工技术实务操作和案例分析专项突破

2015—2024年度实务操作和案例分析题考点分布

考点	年份									
	2015年	2016年	2017年	2018年	2019年	2020年	2021年	2022年	2023年	2024年
隧道围岩分级						●				
隧道构造										
隧道地质超前预报	●						●			●
隧道施工监控量测技术										
隧道施工准备与施工测量										
隧道洞口、明洞施工	●						●			
隧道开挖	●			●	●	●	●	●	●	●
隧道支护与衬砌	●				●	●	●	●	●	
隧道防水与排水							●			
隧道通风防尘及水电作业										
隧道辅助坑道施工及辅助工程措施										
隧道盾构施工										
隧道改（扩）建										
涌水地段施工										
塌方地段施工							●			
岩溶地段施工										
瓦斯地段施工							●			●
流沙地段施工										
岩爆地段施工										
膨胀岩土地段施工										
软岩大变形地段施工										

考点	年份									
	2015年	2016年	2017年	2018年	2019年	2020年	2021年	2022年	2023年	2024年
隧道水害、冻害防治										
隧道衬砌病害防治										
隧道震害防治										

【专家指导】

在实务操作和案例分析题的考核中，每年都会有一个关于隧道工程的题目，我们主要学习隧道开挖、隧道支护与衬砌、隧道防水与排水的内容，这是命题的主要素材。

历 年 真 题

实务操作和案例分析题一 ［2024年真题］

【背景资料】

某双向四车道高速公路山岭隧道，地质岩性为板岩，岩体节理较发育，地下水不发育。施工中采用的开挖方法：III级围岩采用全断面法；IV级围岩采用二台阶法；V级围岩采用环形开挖预留核心土法，其施工工序示意图如图4-1所示。支护采用复合式衬砌。隧道穿越区域存在煤系地层，其起讫桩号K18＋427～K18＋440。根据设计文件。该隧道绝对瓦斯涌出量最大值为1.5m³/min。

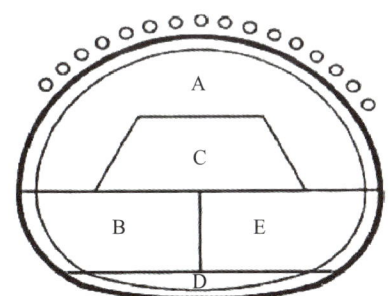

注：A—环形导坑开挖；B—下台阶左侧开挖；C—上部核心土开挖；
D—仰拱开挖；E—下台阶右侧开挖

图4-1 环形开挖预留核心土法施工工序示意图

施工过程中发生以下事件：

事件1：穿越煤系地层时，地质超前预报单位对隧道实施地质超前预报时，以地质调查法为基础，以M预报方法为主，结合物探法进行预报。每次预报长度为50m。

事件2：当隧道施工到K18＋430时，测得掌子面回风流附近瓦斯浓度为0.45%，实测最大风速为0.25m/s。项目部的做法如下：

（1）爆破作业中，采用煤矿许用的炸药和煤矿许用的电雷管，并进行反向装药。

（2）爆破网路采用串并联连接方式。

（3）钻孔、装药时，采取了不间断通风。

（4）通风机设置了两路专用电源，并装设了风电闭锁装置。

事件3：施工企业在对项目专项安全检查时，发现以下安全生产事故隐患：① 隧道内装载机未安装倒车影像装置；② 仰拱未及时封闭成环；③ 初期支护连续2榀拱架双侧拱脚同时悬空。

【问题】

1. 写出事件1中M预报方法的名称。按照地质超前预报长度划分，该隧道地质超前预报属于哪一类？

2. 根据图4-1，写出环形开挖预留核心土法的正确开挖顺序（写出代号即可，如ABC……）。写出D工序的紧后工序。

3. 根据背景资料，该隧道为哪类瓦斯隧道？逐条判断事件2中项目部的做法是否正确。若不正确，写出正确做法。

4. 写出事件3中的重大事故隐患［写出编号即可，如（1）……］，并写出其易引发的事故类型。判断事件3中专项安全检查的费用是否在安全生产费用中列支。

【参考答案与分析思路】

1. 事件1中M预报方法的名称：超前水平钻探。

按照地质超前预报长度划分，该隧道地质超前预报属于中距离预报。

本题考核的是隧道地质超前预报方法。隧道地质超前预报方法主要有：地质调查法、超前钻探法、物理勘探法（TSP法、TGP法和TRT法）、超前导洞法、水力联系观测。

（1）地质调查法是隧道施工超前地质预报的基础，适用于各种地质条件隧道，调查内容应包括隧道地表补充地质调查和隧道内地质素描。

（2）物理勘探法适用于长、特长隧道或地质条件复杂隧道的地质超前预报，主要包括弹性波反射法、地质雷达法、陆地声呐法、红外探测法、瞬变电磁法、高分辨直流电法。

（3）TSP法适用于各种地质条件，对断层、软硬接触面等面状结构反射信号较为明显，每次预报的距离宜为100~150m，连续预报时，前后两次应重叠10m以上。

（4）地质雷达法适用于岩溶、采空区探测，也可用于探测断层破碎带、软弱夹层等不均匀地质体。岩溶不发育地段每次预报距离宜为10~20m，岩溶发育地段预报长度可根据电磁波波形确定。连续预报时，前后两次重叠不应小于5m。

（5）超前水平钻探每循环钻孔长度应不低于30m。连续预报时，前后两循环孔应重叠5~8m；可能发生突泥涌水的地段，超前钻探应设孔口管和出水装置，防止高压水突出；富含瓦斯的煤系地层或富含石油天然气地层应采用长短结合的钻孔方式进行探测。

（6）富水构造破碎带、富水岩溶发育地段、煤系或油气地层、瓦斯发育区、采空区以及重大物探异常地段等地质复杂隧道和水下隧道必须采用超前钻探法预报、评价前方地质情况。

（7）超前导洞法可采用平行超前导洞法和隧道内超前导洞法，两座并行隧道可根据先行开挖的隧道预测后开挖隧道的地质条件。

（8）当隧道排水或突涌水对地下水资源或周围建（构）筑物产生重大影响时，应进行水力联系观测。

地质超前预报按预报长度可以分为以下三类：

（1）短距离预报，预报长度小于30m，可采用地质调查法、地质雷达法及超前钻探法。

（2）中距离预报，预报长度大于等于30m，小于100m，可采用地质调查法、弹性波反射法及超前钻探法等。

（3）长距离预报，预报长度大于等于100m，可采用地质调查法、弹性波反射法及超前钻探法等。

2. 环形开挖预留核心土法的正确开挖顺序：ACBED 或 ACEBD。

D 工序的紧后工序：仰拱初期支护。

本题考核的是环形开挖预留核心土法。隧道主要开挖方法：

（1）全断面法：按设计断面一次基本开挖成形的施工方法。

（2）台阶法：先开挖上半断面，待开挖至一定距离后再同时开挖下半断面，上下半断面同时并进的施工方法。台阶法分为二台阶法、三台阶法。台阶长度一般为3～5m。

（3）环形开挖预留核心土法：先开挖上台阶成环形，并进行支护，再分部开挖中部核心土、两侧边墙的施工方法。

（4）中隔壁法（CD法）：在软弱围岩大跨隧道中，先开挖隧道的一侧，施作中隔壁墙，然后再分部开挖隧道另一侧的施工方法。

（5）交叉中隔壁法（CRD法）：是一种在中隔壁法的基础上增加临时仰拱，更快地封闭初支的施工方法。

（6）双侧壁导坑法：先开挖隧道两侧的导坑，进行初期支护，再分部开挖剩余部分的施工方法。

仰拱部位开挖应符合的要求：

（1）应控制仰拱到掌子面的距离。必要时，仰拱应紧跟掌子面。

（2）仰拱开挖时，应采取交通安全措施。

（3）仰拱开挖长度：土和软岩应不大于3m，硬岩应不大于5m。开挖后应及时施作仰拱初期支护、二次衬砌及填充。

（4）应做好排水措施，清除底面积水和松渣，严禁松渣回填。

3. 该隧道为低瓦斯隧道。

（1）不正确。正确做法：严禁反向装药，应正向装药。

（2）不正确。正确做法：爆破网络必须采用串联连接方式，不得并联或串并联。

（3）正确。

（4）正确。

本题考核的是瓦斯隧道。

（1）《公路瓦斯隧道设计与施工技术规范》JTG/T 3374—2020：

3.2.1 瓦斯隧道分为微瓦斯、低瓦斯、高瓦斯和煤（岩）与瓦斯突出四类；瓦斯隧道工区分为非瓦斯工区、微瓦斯工区、低瓦斯工区、高瓦斯工区、煤（岩）与瓦斯突出工区五类。瓦斯隧道类别应按瓦斯地层或瓦斯工区的最高类别确定。

3.2.2 微～高瓦斯地层或瓦斯工区类别的判定指标为隧道内绝对瓦斯涌出量，并应符合表4-1确定。

表4-1 瓦斯地层绝对瓦斯涌出量判定指标

瓦斯地层或瓦斯工区类别	绝对瓦斯涌出量 Q_{CH_4}（m^3/min）
非瓦斯	0
微瓦斯	$0 < Q_{CH_4} < 1.0$
低瓦斯	$1.0 \leqslant Q_{CH_4} < 3.0$
高瓦斯	$3.0 \leqslant Q_{CH_4}$

（2）瓦斯隧道钻爆作业应符合的规定

① 工作面附近20m以内风流中瓦斯浓度必须小于1%，必须采用湿式钻孔，炮孔深度不应小于0.6m，装药前炮孔应清除干净。

② 必须采用煤矿许用炸药和煤矿许用电雷管，严禁反向装药。

③ 爆破网络必须采用串联连接方式，不得并联或串并联。

④ 起爆电源必须使用防爆型起爆器，应安装在新鲜风流中，并与开挖面保持200m左右距离。同一开挖面不得同时使用两台及以上起爆器起爆。

⑤ 炮孔封泥不严或不足时，不得进行爆破，炮泥应采用黏土炮泥，严禁用煤粉、块状材料或其他可燃性材料作炮泥。

⑥ 揭煤爆破15min后，应由救护队员佩戴防毒面具或自救器到开挖工作面，查看爆破效果、检测瓦斯浓度、巡查通风及电路，如有煤尘超标、电路破损、通风死角、瞎炮残炮等危险情况必须立即处理。在确认安全后方可通知送电，开启局部风机。

⑦ 通风30min后，由瓦斯检测人员检测工作面、回风道瓦斯浓度。当瓦斯浓度小于1%、二氧化碳浓度小于1.5%时，解除警戒，允许施工人员进入作业面。

⑧ 隧道内各作业面应配备瓦斯检测仪，高瓦斯工点和瓦斯突出地段应配置高浓度瓦斯检测仪和自动检测报警断电装置，瓦斯隧道人员聚集处应设置瓦斯自动报警仪。

（3）瓦斯隧道通风应符合的规定

① 编制全隧道和各工区的施工通风方案，并考虑工区贯通后的风流调整和防爆要求。

② 应建立瓦斯通风、监控、检测的组织机构，系统地测定瓦斯浓度、风量风速及气象等参数。

③ 高瓦斯工区的施工通风宜采用巷道式，瓦斯隧道各掘进工作面必须独立通风，严禁任何两个工作面之间串联通风。

④ 按瓦斯绝对涌出量计算的风量，应将洞内各处的瓦斯浓度稀释到0.5%以下；巷道式通风的回风道瓦斯浓度应小于0.75%。

⑤ 防止瓦斯聚积的风速不宜小于1m/s，对瓦斯易聚积处应实施局部通风。

⑥ 施工期间应连续通风，因故障原因停风时，必须撤出人员、切断电源。恢复通风前，必须检测瓦斯浓度，符合规定后才可启动机器。

⑦ 瓦斯工区的通风机应设两路电源，电源的切换应在15min内完成，保证风机正常运转。必须有一套同等性能的备用通风机，并保持良好的使用状态。

⑧ 应采用抗静电、阻燃的风管。

（4）《公路瓦斯隧道设计与施工技术规范》JTG/T 3374—2020第7.2.5条：

7.2.5　瓦斯工区通风设备的布置及安装应满足下列规定：

1　洞外通风机应设在洞外新鲜风流中，洞内送风风机应布设在进风通道的新鲜风流中，且供给新鲜风量应大于洞内通风机的吸入风量，风机距回风排污口的距离不小于30m。

2　应有一套同等性能的备用通风机，并保持良好的使用状态，备用通风机应能在10min内启动。

3　通风机应设两路电源，并装设风电闭锁装置，当一路电源停止供电时，另一路应在10min内接通。

4　低瓦斯工区、高瓦斯工区及煤（岩）与瓦斯突出工区内使用的局部通风机、射流风机均应采用防爆型，高瓦斯地区及煤（岩）与瓦斯突出工区应采用专用变压器、专用开关、专用线路、风电闭锁和甲烷电闭锁。

5　风管应具有抗静电、阻燃性能，其直径不宜小于1.2m。风管送风口距开挖面不宜大于10m，风管安装应平顺，接头严密，百米漏风率不得大于2%。

4. 事件3中的重大事故隐患：（2）。易引发的事故类型：坍塌。

专项安全检查的费用应在安全生产费用中列支。

本题考核的是专项安全检查。安全生产费包括完善、改造和维护安全设施设备费用，配备、维护、保养应急救援器材、设备费用，开展重大危险源和事故隐患评估和整改费用，安全生产检查、评价、咨询费用，配备和更新现场作业人员安全防护用品支出，安全生产宣传、教育、培训费用，安全设施及特种设备检测检验费用，施工安全风险评估、应急演练等有关工作及其他与安全生产直接相关的费用。

实务操作和案例分析题二［2022年真题］

【背景资料】

某高速公路双向六车道分离式隧道，左洞长825m，起讫桩号为ZK16＋435～ZK17＋260，右洞长840m，起讫桩号为YK16＋440～YK17＋280。隧道进出口均为Ⅴ级围岩，洞身包含Ⅱ、Ⅲ和Ⅳ级围岩。由于地形和地质条件限制，隧道采用出口向进口单向掘进的施工方案。隧道出口段浅埋且以软弱破碎地层为主，属不良地质。隧道出口端设计为端墙式洞门，洞门示意图如图4-2所示。

施工过程中发生了如下事件：

事件1：为降低地表水对隧道施工的影响，洞口排水系统的技术要求如下：① 仰坡坡顶的截水沟应结合永久排水系统在洞口开挖前修建；② 洞顶截水沟不应与路基边沟顺接组成排水系统；③ 洞门排水沟应与洞门结构同时完成；④ 洞口截水、排水设施不应在融雪期之前完成；⑤ 截水沟迎水面不得低于原地面，回填应密实且不易被水掏空。

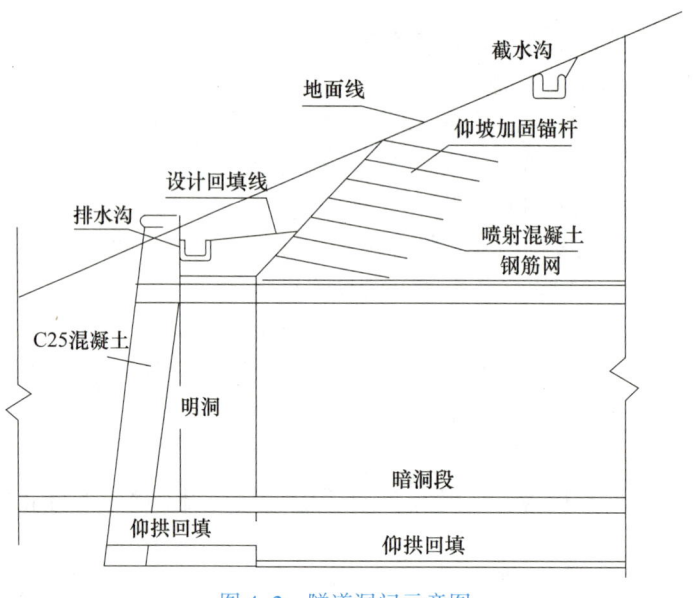

图 4-2 隧道洞门示意图

事件2：为保障进洞施工安全，采用超前管棚支护辅助施工措施，其施工流程包括：① 钻孔；② 管棚钢管内注浆；③ 浇筑导向墙（包括安设导向管）；④ 插入钢筋笼；⑤ 打设管棚钢管。

事件3：隧道洞口段施工时，明洞衬砌施作应遵循以下技术要求：① 明洞衬砌内模板应采用衬砌模板台车，并应设置外模和固定支架；② 明洞衬砌拱圈混凝土混合料坍落度宜控制在150mm以下；③ 混凝土入模温度应控制在5～32℃范围内；④ 明洞混凝土强度达到80%后方可拆除内模。

事件4：施工单位编制了隧道施工组织设计和标后预算，标后预算中的自有机械费用由不变费用和可变费用组成。项目计划工期为2年10个月，实际工期比计划工期节省了4个月。施工时投入了2台挖掘机、4台装载机和2套二衬台车等自有机械设备，其中每台装载机的原价为42万元，年折旧率为12%。

【问题】

1. 逐条判断事件1中洞口排水系统的技术要求是否正确。若不正确，写出正确的做法。

2. 写出事件2中正确的超前管棚支护施工流程（用编号表示，如① ②……）。

3. 综合安全、质量、进度和经济等因素，写出隧道出口段适宜的两种开挖方法，并说明理由。

4. 逐条判断事件3中明洞衬砌施工遵循的技术要求是否正确。若不正确，写出正确做法。

5. 计算事件4中所有装载机在该项目实际发生的折旧费，并写出自有机械不变费用中折旧费之外包含的其他三项费用名称。

【参考答案与分析思路】

1. ① 正确。

② 错误。正确做法：洞顶截水沟应与路基边沟顺接组成排水系统。

③ 正确。

④错误。正确做法：洞口截水、排水设施应该在融雪期之前完成。

⑤错误。正确做法：截水沟迎水面不得高于原地面。

> 本题考查的是洞口排水系统的技术要求。在判断正确与否的题目时，我们一定要找关键词，关键词主要有：施工工序先后顺序、应该与不应该、高于与低于、大于与小于、数值等。找到这些关键词，就找到了作答的依据，我们根据施工经验来判断。

2. ③→①→⑤→④→②。

> 本题考查的是超前管棚支护施工工艺流程。施工工艺流程是特别重要的采分点。

3. 隧道出口段适宜的两种开挖方法：中隔壁法、交叉中隔壁法。

理由：隧道出口段浅埋为Ⅴ级围岩、大断面隧道。中隔壁法、交叉中隔壁法适用于围岩较差、跨度大、浅埋、地表沉降需要控制的场合，可以用于隧道出口。

> 本题考查的是公路隧道主要开挖方式及适用范围。这个知识点是特别特别重要的采分点，不仅实务操作和案例分析题可以考，更是选择题很好的命题素材。环形开挖预留核心土法、双侧壁导坑法、单侧壁导坑法也适宜该隧道出口段的开挖。只是问题要求回答两种方法，这五种方法回答任意两种都是正确的。

4. ①正确。

②错误。正确做法：明洞衬砌拱圈混凝土混合料坍落度宜控制在120mm以下。

③正确。

④错误。正确做法：明洞混凝土强度达到75%后可以拆除内模。

> 本题考查的是明洞衬砌施工的技术要求。拆模时要求的强度一般是75%。

5. 装载机在该项目实际发生的折旧费 = 4×42×2.5×12% = 50.4万元。

自有机械不变费用中折旧费之外包含的其他三项费用名称：检修费、维护费、安拆辅助费。

> 本题考查的是机械费的组成。折旧费 = 设备原值×年折旧率×使用年限（年）。

实务操作和案例分析题三［2021年真题］

【背景资料】

某高速公路双向四车道分离式隧道，左洞起讫桩号为ZK4＋120～ZK5＋435，右洞起讫桩号为K4＋125～K5＋445，隧道围岩等级为Ⅲ、Ⅳ级。右洞进洞口处仰坡陡峻，采用的洞门示意图如图4-3所示。K4＋430～K4＋455（ZK4＋440～ZK4＋475）、K4＋525～K4＋545（ZK4＋540～ZK4＋565）为低瓦斯地段，采用复合式衬砌结构，其初期支护施工的主要内容包括：①初喷混凝土；②打设锚杆；③架立钢架；④挂钢筋网；⑤复喷混凝土。根据瓦斯隧道施工组织要求，施工单位在施工前编制了防治瓦斯的专项施工方案、超前地质预报方案和作业要点手册等文件。

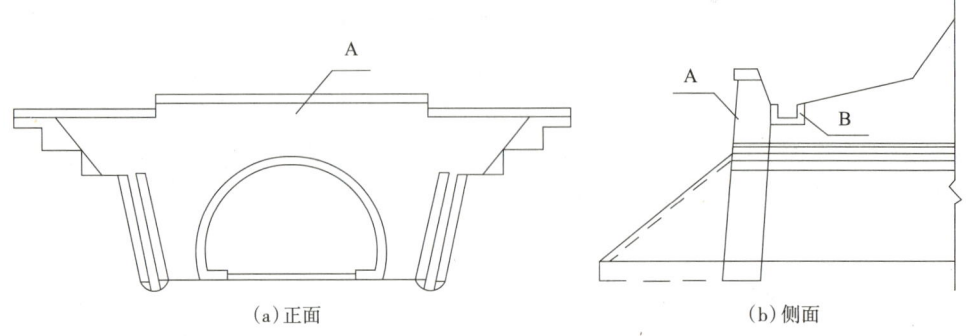

(a) 正面   (b) 侧面

图 4-3　隧道洞门示意图

施工过程中发生了如下事件：

事件1：隧道开挖过程中，技术人员采用激光隧道界限测量仪测定了隧道断面的超欠挖，提出欠挖控制要求及处理措施：拱脚、墙脚以上1m范围内等位置严禁欠挖；对于其他位置，当岩层完整、岩石抗压强度大于30MPa，并确认不影响衬砌结构稳定和强度时，每1m²内欠挖面积不宜大于0.1m²，欠挖隆起量不得大于C值；当欠挖面积及隆起量较大时，采用补炮措施进行处理。

事件2：针对低瓦斯隧道施工，施工单位提出的部分技术要求如下：

（1）在开挖工作面装药前、爆破前和爆破后，瓦检员、技术员和电工应同时检查放炮地点附近20m以内风流中的甲烷浓度。

（2）每次爆破通风达到规定时间后，当甲烷浓度小于1%，一氧化碳浓度小于1.5%时，方可解除警戒，允许施工人员进入作业面。

（3）采用抗静电、阻燃的通风管，风管安装应平顺，接头严密，每100m平均漏风率不应大于2%。

【问题】

1. 图4-3中所示的隧道洞门属于哪一种类型？写出构造物A、B的名称。

2. 根据背景资料中初期支护施工的主要内容，写出正确的初期支护施工顺序（用编号表示，如①②……）。根据瓦斯隧道施工组织要求，施工单位在施工前还应编制哪些文件？

3. 事件1中，隧道开挖时还有哪个位置严禁欠挖？C值为多少？采用技术人员提出的措施处理欠挖时，对欠挖部位通常会造成哪些不利影响？

4. 逐条判断事件2中的技术要求是否正确。若不正确，写出正确技术要求。

【参考答案与分析思路】

1. 图4-3中所示的隧道洞门属于翼墙式洞门。构造物A的名称为：洞门端墙，构造物B的名称为：洞顶截水沟。

　　本题考查的是洞门的类型，属于实务操作题。洞门类型主要有：端墙式洞门、翼墙式洞门、环框式洞门、柱式洞门、台阶式洞门、削竹式洞门、遮光式洞门等。构造物A、B的名称需要考生根据实际施工经验来作答。

2. 根据背景资料中初期支护施工的主要内容，正确的初期支护施工顺序：①④③⑤②（或①③④⑤②）。

根据瓦斯隧道施工组织要求，施工单位在施工前还应编制的文件：通风设计方案、瓦斯监测方案和应急预案。

> 本题考查的是初期支护施工与瓦斯隧道施工组织。初期支护施工工艺流程：施工准备→初喷混凝土→强支护→架立钢架→质量验收→挂钢筋网→质量验收→复喷混凝土→质量验收→打设锚杆→质量验收→结束。
>
> 瓦斯隧道施工组织应符合的规定：
>
> （1）瓦斯隧道施工前应编制防治瓦斯的专项施工方案、超前地质预报方案、通风设计方案、瓦斯监测方案、应急预案和作业要点手册等。
>
> （2）成立负责通风、瓦斯检测、防治处理瓦斯爆炸和煤与瓦斯突出、救护等的专门机构。高瓦斯工区及瓦斯突出工区应配备救护队。
>
> （3）设置灭火器、消防水池、消防用沙等消防设施。

3. 严禁欠挖的位置还包括净空图折角对应位置；C值为50mm。

采取技术人员提出的措施处理欠挖时，对欠挖部位通常会造成的不利影响有：局部超挖、二次扰动围岩、围岩较差时可能引起坍塌。

> 本题考查的是公路隧道超欠挖控制。当岩层完整、岩石抗压强度大于30MPa，并确认不影响衬砌结构稳定和强度时允许岩石个别突出部分（每$1m^2$内不宜大$0.1m^2$）欠挖，但其隆起量不得大于50mm。拱脚、墙脚以上1m范围内及净空图折角对应位置严禁欠挖。
>
> 欠挖须采取补炮措施，由于欠挖大多在30cm左右，顺帮开挖通常会造成局部超挖，还可能会二次扰动围岩，在围岩较差时更会引起坍塌，欠挖如果处理不当，会对隧道的安全、进度和质量带来不利的影响。

4. 事件2中的技术要求是否正确的判断及正确技术要求：

（1）错误。正确技术要求：在开挖工作面装药前、爆破前和爆破后，瓦检员、放炮员（或爆破工，或爆破员）和安全员应同时检查放炮地点附近20m以内风流中的甲烷浓度。

（2）错误。正确技术要求：每次爆破通风达到规定时间后，当甲烷浓度小于1%，二氧化碳浓度小于1.5%时，方可解除警戒，允许施工人员进入作业面。

（3）正确。

> 本题考查的是低瓦斯隧道施工技术要求。考生要注意了解瓦斯隧道钻爆作业和通风应符合的规定。

实务操作和案例分析题四〔2020年真题〕

【背景资料】

某施工单位承建一分离式双向六车道高速公路山岭隧道工程，其起讫桩号为K19＋720～K21＋450，全长1730m。隧道两端洞口100m范围内为偏压浅埋段，其围岩级别为Ⅴ级。隧道洞口开挖断面宽度为13.5m，左右洞口中心线间距为50m。隧道左右洞地质情况相同。隧道最大埋深为80m，隧道纵断面示意图如图4-4所示。该隧道设计支护结构为复合式衬砌（即初期支护＋混凝土二次衬砌）。

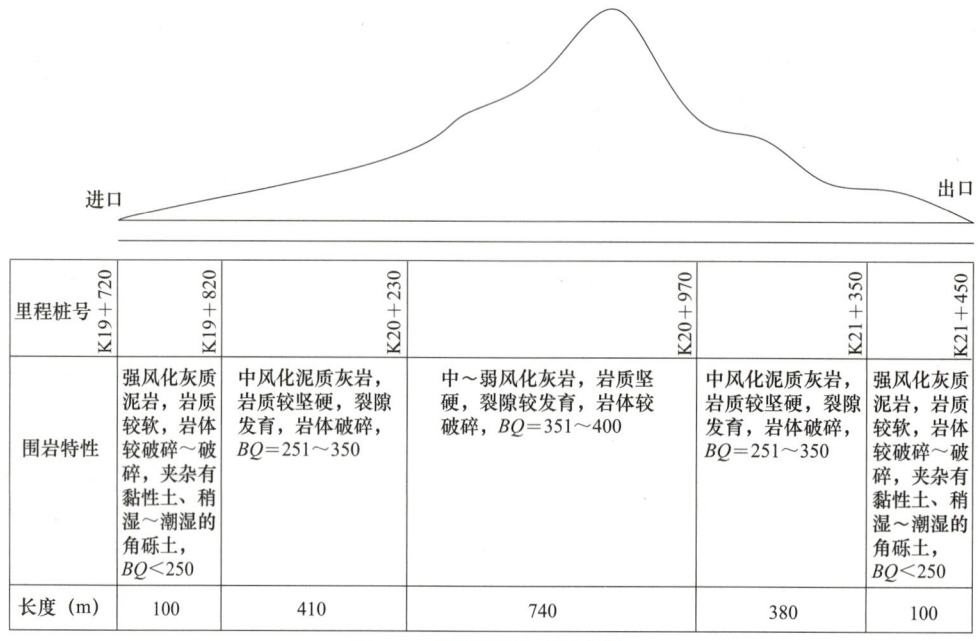

进口　　　　　　　　　　　　　　　　　　　　　　　　　出口

里程桩号	K19+720	K19+820	K20+230	K20+970	K21+350	K21+450
围岩特性		强风化灰质泥岩，岩质较软，岩体较破碎～破碎，夹杂有黏性土、稍湿～潮湿的角砾土，$BQ<250$	中风化泥质灰岩，岩质较坚硬，裂隙发育，岩体破碎，$BQ=251\sim350$	中～弱风化灰岩，岩质坚硬，裂隙较发育，岩体较破碎，$BQ=351\sim400$	中风化泥质灰岩，岩质较坚硬，裂隙发育，岩体破碎，$BQ=251\sim350$	强风化灰质泥岩，岩质较软，岩体较破碎～破碎，夹杂有黏性土、稍湿～潮湿的角砾土，$BQ<250$
长度(m)		100	410	740	380	100

图4-4　隧道纵断面示意图

开工前，有关单位根据围岩特性对该隧道各段围岩的级别进行了核实，并计算了各级围岩段占全隧长的百分比。

在隧道施工过程中进行了安全质量检查，发现施工单位存在如下错误做法：

（1）初期支护施工过程中，喷射混凝土采用干喷工艺；

（2）对于隧道底部超挖部分采用洞渣回填；

（3）仰拱和底板混凝土强度达到设计强度75%，允许车辆通行；

（4）二次衬砌距Ⅳ级围岩掌子面的距离为100m。

【问题】

1. 该隧道是否属于小净距隧道？说明理由。

2. 写出图4-4中 BQ 的中文名称。判断K20+230～K20+970段、K20+970～K21+350段围岩级别。计算Ⅳ级围岩总长占全隧长度的百分比（小数点后保留1位）。

3. 逐条修改安全质量检查过程中发现的错误做法。

4. 施工单位的错误做法中，哪两条属于重大安全事故隐患（用编号表示）？从单位和项目两个层次分别写出重大安全事故隐患排查治理第一责任人。

【参考答案与分析思路】

1. 该隧道属于小净距隧道。

理由：因围岩级别为Ⅴ级，根据规范规定，Ⅴ级围岩分离式独立双洞的最小净距为 $3.5B=3.5\times13.5=47.25$m＞（50−13.5）m=36.5m，所以属于小净距隧道。

> 本题考查的是小净距隧道。小净距隧道是指隧道间的中间岩墙厚度小于分离式独立双洞的最小净距（根据《公路隧道设计规范 第一册 土建工程》JTG 3370.1—2018要求，见表4-2）的特殊隧道布置形式。

围岩级别	I	II	III	IV	V	VI
最小净距（m）	1.0×B	1.5×B	2.0×B	2.5×B	3.5×B	4.0×B

注：B——隧道开挖断面的宽度。

根据背景资料围岩级别为V级，查表4-2可得3.5×B。

2. BQ中文名称：围岩基本质量指标。

K20+230～K20+970段围岩级别为III级，K20+970～K21+350段围岩级别为IV级。

IV级围岩总长与全隧长度的百分比：（380＋410）/1730×100%≈45.7%。

本题考查的是公路隧道围岩分级。本小题解题依据见表4-3。

结合背景资料图4-4中BQ的值与表4-3对应即可得出等级。IV级围岩对应的总长也就显而易见了。

表4-3 公路隧道围岩分级

围岩级别	围岩或土体主要定性特征	围岩基本质量指标BQ
I	坚硬岩（饱和抗压极限强度R_b＞60MPa），岩体完整，巨块状或巨厚层状整体结构	＞550
II	坚硬岩（R_b＞30MPa），岩体较完整，块状或厚层状结构较坚硬岩，岩体完整，块状整体结构	550～451
III	坚硬岩，岩体较破碎，巨块（石）碎（石）状镶嵌结构较坚硬岩或较软硬质岩，岩体较完整，块状体或中厚层状结构	450～351
IV	坚硬岩，岩体破碎，碎裂（石）结构较坚硬岩，岩体较破碎—破碎，镶嵌碎裂结构较软岩或软硬岩互层，且以软岩为主，岩体较完整—较破碎，中薄层状结构	350～251
IV	土体： （1）压密或成岩作用的黏性土及砂性土； （2）黄土（Q_1，Q_2）； （3）一般钙质、铁质胶结的碎、卵石土、大块石土	—
V	较软岩，岩体破碎； 软岩，岩体较破碎—破碎； 极破碎各类岩体，碎、裂状、松散结构； 一般第四系的半干硬—硬塑的黏性土及稍湿至潮湿的一般碎、卵石土、圆砾、角砾土及黄土（Q_3，Q_4）。非黏性土呈松散结构，黏性土及黄土呈松软结构	＜250
VI	软塑状黏性土及潮湿、饱和粉细砂层、软土等	—

3. 安全质量检查过程中发现的错误做法修改如下：

（1）初期支护施工过程中，喷射混凝土采用湿喷（潮喷）工艺。

（2）对于隧道底部超挖部分应采用与衬砌（仰拱）相同强度等级混凝土浇筑。

（3）仰拱和底板混凝土强度达到设计强度100%，方允许车辆通行。

（4）二次衬砌距IV级围岩掌子面的距离不大于90m。

本题考查的是公路隧道支护与衬砌。① 干喷法因喷射速度大，粉尘污染及回弹情况较严重，质量不稳定，很多地方已禁止使用干喷法施工。湿喷法的粉尘和回弹量少，喷射混凝土的质量容易控制，但对喷射机械要求较高，机械清洗和故障处理较麻烦。目前施工现场湿喷法使用的较多。② 隧道底部（包括仰拱），超挖在允许范围内应采用与衬砌相同强度等级混凝土浇筑。

4. （1）和（4）属于重大安全事故隐患。
重大安全事故隐患排查治理第一责任人：
单位层次：施工单位法定代表人。
项目层次：项目经理。

本题考查的是安全生产事故隐患排查治理职责与公路工程重大事故隐患清单。公路工程重大事故隐患清单详见考试用书。施工单位法定代表人、项目经理是安全生产事故隐患排查治理的第一责任人，对管理范围内安全生产事故隐患排查治理工作负全面负责。

实务操作和案例分析题五 ［2018年真题］

【背景资料】

某施工单位承建一山岭隧道工程，该隧道为分离式双向四车道公路隧道，起讫桩号K23＋510～K26＋235，全长2725m。岩性为砂岩、页岩互层，节理发育，有一条F断层破碎带，地下水较丰富。隧道埋深18～570m，左、右洞间距30m，地质情况相同，围岩级别分布如图4-5所示。

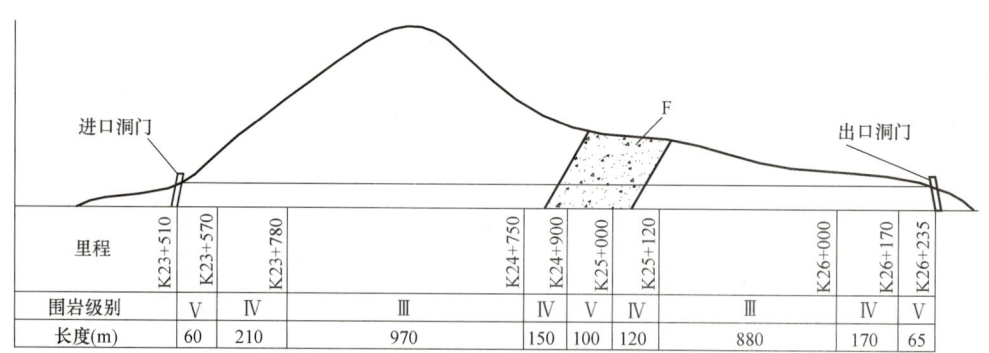

图4-5 隧道纵断面示意图

该隧道设计支护结构为复合式衬砌，即：喷锚初期支护＋二次混凝土衬砌，Ⅳ、Ⅴ级围岩设钢支撑和仰拱。本工程合同工期为22个月，施工过程中发生如下事件：

事件1：施工单位决定按进、出口两个工区组织施工，左洞进、出口同时进洞施工，采用钻爆法开挖，模板台车衬砌。施工组织设计中，明确了开挖支护月进度指标为：Ⅲ级围岩135m/月，Ⅳ级围岩95m/月，Ⅴ级围岩50m/月；施工准备2个月，左、右洞错开施工，右洞开工滞后左洞1个月，二次衬砌滞后开挖支护1个月，沟槽及路面工期3个月，贯通里程桩号设定在K24＋900。在设计无变更情况下，满足合同工期要求，安全优质完成该工程。

事件2：隧道开挖过程中，某些段落施工单位采用环形开挖留核心土法开挖，该方法包括以下工序：① 上台阶环形开挖；② 核心土开挖；③ 上部初期支护；④ 左侧下台阶开挖；⑤ 右侧下台阶开挖；⑥ 左侧下部初期支护；⑦ 右侧下部初期支护；⑧ 仰拱开挖、支护。部分工序位置如图4-6所示。

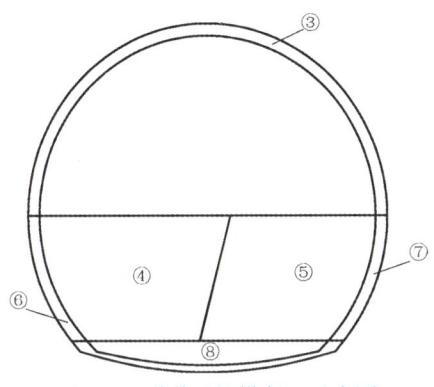

图4-6　隧道开挖横断面示意图

【问题】

1. 根据背景资料，计算各级围岩总长及所占比例（以百分比表示，四舍五入，小数点后保留1位）。

2. 分别写出适用于该隧道Ⅲ、Ⅳ级围岩的施工方法。

3. 针对事件1，计算隧道施工工期（单位：月，小数点后保留1位）。

4. 针对事件2，复制图4-6至答题卡上，在图中按环形开挖预留核心土法补充开挖线，并在图中填写工序①和②的位置；并写出工序①～⑧的正确排序（以"②→③→⑥→……"格式作答）。

【参考答案与分析思路】

1. 各级围岩总长度及所占比例：

（1）Ⅲ级围岩长度＝970＋880＝1850m。

Ⅲ级围岩长度所占比例＝1850/2725≈67.9%。

（2）Ⅳ级围岩长度＝210＋150＋120＋170＝650m。

Ⅳ级围岩长度所占比例＝650/2725≈23.9%。

（3）Ⅴ级围岩长度＝60＋100＋65＝225m。

Ⅴ级围岩长度所占比例＝225/2725≈8.3%。

> 本题考查的是围岩总长及其比例的计算。本题为送分题，根据图示围岩等级分别相加即可得出每一等级围岩的总长，再求出各等级总长所占隧道全长的比例即可。

2. 该隧道围岩的施工方法：

（1）Ⅲ级围岩适宜采用全断面法、台阶法。

（2）Ⅳ级围岩适宜采用台阶法。

> 本题考查的是公路隧道的开挖方法。全断面法适用于Ⅰ～Ⅲ级围岩的中小跨度隧道。台阶法适用于Ⅲ～Ⅴ级围岩的中小跨度隧道。

3. 隧道进口工作区域开挖支护所需工期：970/135＋（210＋150）/95＋60/50＝12.2个月。

隧道出口工作区域开挖支护所需工期：880/135＋（120＋170）/95＋（100＋65）/50＝12.9个月。

由于进、出口同时进行施工，所以，以工期长者为开挖工期。

隧道施工工期：2＋12.9＋1＋1＋3＝19.9个月。

> 本题考查的是隧道施工工期的计算。① 关于隧道开挖工期的计算，我们首先应想到的是将进口工作区域与出口工作区域开挖支护的工期分别计算，取大值。② 需要同时考虑的信息有：施工准备2个月；右洞开工滞后左洞1个月（通过计算可知右洞工期为大值），二衬滞后开挖支护1个月；沟槽及路面工期3个月。

4. 隧道开挖的横断面示意图如图4-7所示。

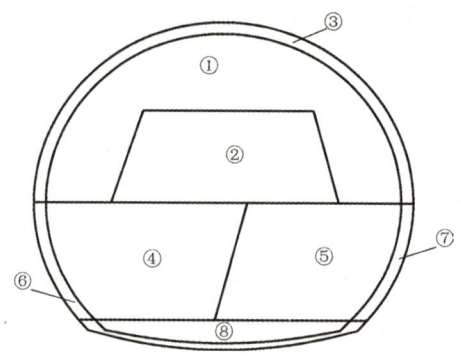

图 4-7　隧道开挖的横断面示意图

该隧道采用环形开挖预留核心土法，各工序正确排序为：①→③→②→④→⑥→⑤→⑦→⑧。

> 本题考查的是环形开挖预留核心土法。环形开挖预留核心土法是先开挖上台阶成环形，并进行支护，再分部开挖中部核心土、两侧边墙的施工方法。

实务操作和案例分析题六 ［2017 年真题］

【背景资料】

某高速公路隧道右洞，起讫桩号为 YK52＋626～YK52＋875，工程所在地常年多雨，地质情况为：粉质黏土，中-强风化板岩为主，节理裂隙发育，围岩级别为 V 级。该隧道 YK52＋626～YK52＋740 段原设计为暗洞，长114m，其余为明洞，长135m，明洞开挖采用的临时边坡坡率为1：0.3，开挖深度为12～15m，YK52＋740～YK52＋845 明洞段左侧山坡高且较陡，为顺层边坡，岩层产状为 N130° W ∠45°。隧道顶地表附近有少量民房。

隧道施工发生如下事件：

事件1：隧道施工开工前，施工单位向监理单位提供了施工安全风险评估报告，在 YK52＋875～YK52＋845 段明洞开挖施工过程中，临时边坡发生了滑塌。经有关单位现场研究，决定将后续 YK52＋845～YK52＋740 段设计方案调整为盖挖法，YK52＋785 的盖挖法横断面设计示意图如图4-8所示，盖挖法施工流程图如图4-9所示。

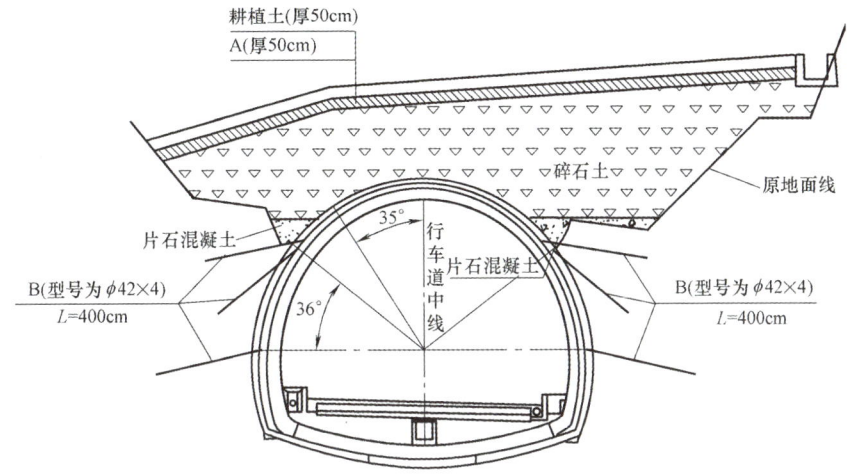

图4-8 盖挖法横断面设计示意图（YK52+785）

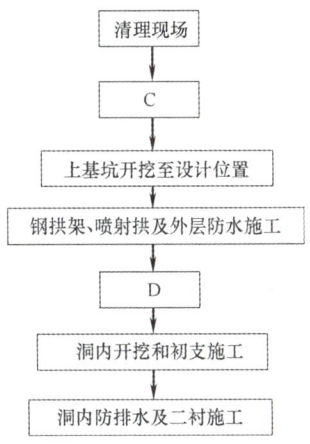

图4-9 盖挖法施工流程图

事件2：在采用盖挖法施工前，监理单位要求再次提供隧道施工安全风险评估报告，施工单位已提供过为由，予以拒绝。

事件3：施工单位对盖挖法方案相对于明挖法方案的部分施工费用进行了核算和对比，见表4-4。其中，挖石方费用增加了55.17万元，砂浆锚杆费用减少了42.53万元，$\phi 42$锁脚锚杆费用增加了25.11万元。

表4-4 盖挖法相对于明挖法的费用变化值表

序号	细目名称	费用（万元）	备注
①	挖石方	55.17	增加
②	砂浆锚杆	42.53	减少
③	锁脚锚杆	25.11	增加
④	16Mn热轧型钢（I20a）	92.86	X
⑤	C20喷射混凝土	42.00	X

序号	细目名称	费用（万元）	备注
⑥	φ6.5钢筋网	10.57	X
⑦	C30混凝土拱墙	25.14	X

【问题】

1. 结合地质信息，判断本项目是否需要编制专项施工方案，是否需专家论证、审查，并分别说明理由。

2. 结合本项目说明盖挖法相较于明挖法的优点。

3. 写出图4-8中填筑层A的材质名称、设施B的名称，以及A和B的作用。

4. 写出图4-9中工序C和工序D的名称。

5. 事件2中，施工单位的做法是否正确？说明理由。

6. 分别指出表4-4中序号为④-⑦项备注中的"X"是增加还是减少。计算费用变化合计值（单位：万元，计算结果保留2位小数）。

【参考答案与分析思路】

1. 本项目需要编制专项施工方案，理由：该地质是以粉质黏土、中－强风化板为主，节理裂隙发育，围岩级别为Ⅴ级属于不良地质隧道。

需要进行专家论证、审查，理由：该隧道围岩级别为Ⅴ级，其连续长度占总隧道长度10%以上且连续长度超过100m（该隧道长度为249m）。

> 本题考查的是公路工程危险性较大的分部分项工程范围。本题中，要求考生对隧道工程的需编制专项施工方案的范围以及需专家论证、审查的范围进行扎实地掌握。即使考生对该部分知识未进行掌握，也应在背景资料中摘抄相关地质条件信息稍作加工进行作答，决不可轻言放弃。

2. 盖挖法相较于明挖法的优点体现在：

（1）盖挖法对边坡生态、稳定性影响较小（规避滑坡危险）。

（2）盖挖法受地面条件限制小。

（3）施工受气候影响小。

（4）可以缩短工期。

（5）开挖工程量小。

> 本题考查的是盖挖法与明挖法的优缺点。关于盖挖法优点的知识，考试用书中并没有详细具体的介绍。这种情况就要求考生应结合实际工作经验进行作答。即使工作经验不够丰富也可以从背景资料中找出答题的切入点。首先看选择盖挖法之前的明挖法产生了哪些问题，即可猜出盖挖法的部分优点。

3. 填筑层A的材质名称为黏土，作用：隔水。

设施B为锁脚锚杆，作用：控制护拱变形，加固围岩。

> 本题考查的是盖挖横断面设计示意图的相关知识。关于A的名称，应从盖挖横断面设计示意图中得知碎石土之上有种植土，那么涉及种植土就要考虑A的是隔离防水的作

用。关于设施 B 的名称应充分考虑到其型号和长度的因素。考生还应该看到事件 3 中"$\phi42$ 锁脚锚杆费用增加了 25.11 万元",就是要考生发现锁脚锚杆的型号。

4. 工序 C 为周边截、排水设施施工，工序 D 为护拱顶部回填（碎石土）施工。

本题考查的是盖挖法的施工流程。盖挖法的施工流程图中，C 的下一程序为"上基坑开挖至设计位置"，根据工作经验我们可以较容易地推论出，基坑开挖前的工作少了测量放线等环节，综合考虑背景资料中"所在地常年多雨"的信息，上基坑开挖的紧前工作 C 应为周边截、排水设施施工。关于 D 的名称，应结合盖挖法的施工流程图与盖挖横断面设计示意图进行分析判断，可得出回填的工序。

5. 施工单位的做法错误，理由：将明挖改成盖挖，属于工程设计方案和施工方案发生重大变化，根据《公路工程施工安全技术规程》JTG F90—2015，应重新进行评估。

本题考查的是风险评估。考生应当知道风险评估为动态评估，这是回答本题的切入点，即本题表述不正确。

6. 备注中的"×"：④—增加；⑤—增加；⑥—增加；⑦—减少。

费用变化合计值＝55.17－42.53＋25.11＋92.86＋42.00＋10.57－25.14＝158.04 万元。

本题考查的是明挖法与盖挖法施工费用的对比。本题主要应考虑明挖法与盖挖法的施工工序的对比导致的费用变化。④、⑤、⑥ 盖挖法中初期支护的内容是增加的。⑦ 明挖法是完全挖完后，去做两侧拱墙，拱墙厚度要厚。而盖挖法增加了初期支护，在做二次衬砌时，厚度要变薄。

实务操作和案例分析题七［2015 年真题］

【背景资料】

某高速公路隧道为双向四车道分离式隧道，隧道右线长 1618m，左线长 1616m。设计净空宽度 10.8m，净空高度 6.6m，设计车速 80km/h。该隧道围岩主要为Ⅳ级。采用复合式衬砌。衬砌断面示意图如图 4-10 所示。

隧道穿越岩溶区，地表水、地下水丰富。开挖过程中发现不同程度的渗水和涌水。为保证隧道施工安全，施工单位对隧道渗水和涌水采用超前小导管预注浆进行止水处理，注浆工艺流程如图 4-11 所示。

隧道采用台阶法开挖。施工单位做法如下：

（1）上台阶开挖，掌子面距初期支护距离为 3m。

（2）下台阶开挖，掌子面距初期支护距离为 4m。

（3）仰拱每循环开挖长度为 3m。

（4）仰拱与掌子面的距离为 120m。

（5）下台阶在上台阶喷射混凝土强度达到设计强度的 70% 后开挖。

【问题】

1. 按隧道断面形状，该隧道的洞身属于哪一类型？该类型适用条件是什么？

2. 写出图 4-10 中构造物 A、B、C、D 的名称。

3. 写出图 4-11 中工序 E、F 的名称。

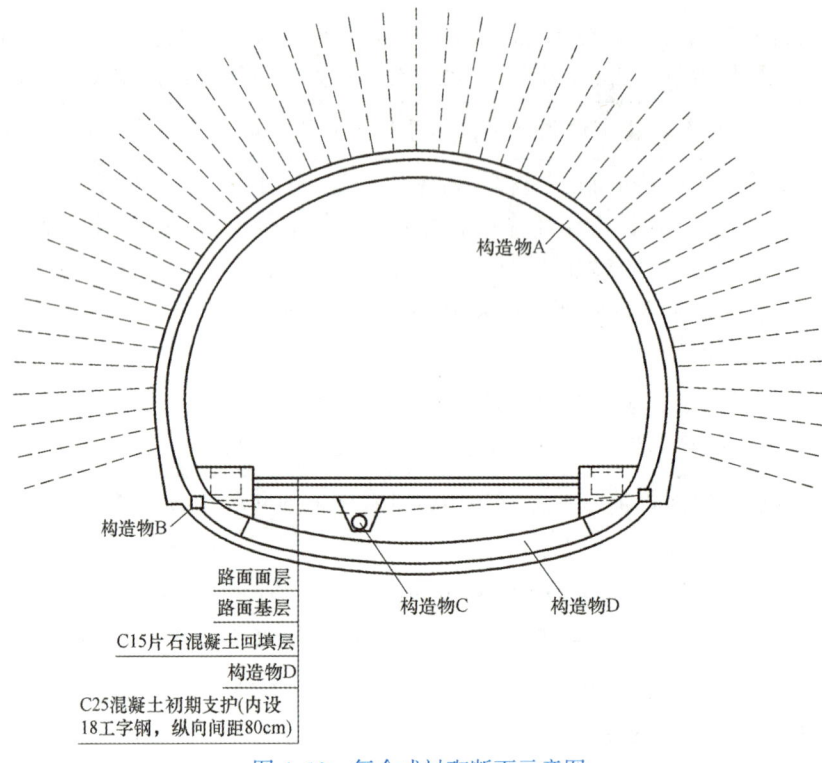

构造物A

构造物B

路面面层
路面基层
C15片石混凝土回填层
构造物D
C25混凝土初期支护(内设
18工字钢,纵向间距80cm)

构造物C   构造物D

图 4-10   复合式衬砌断面示意图

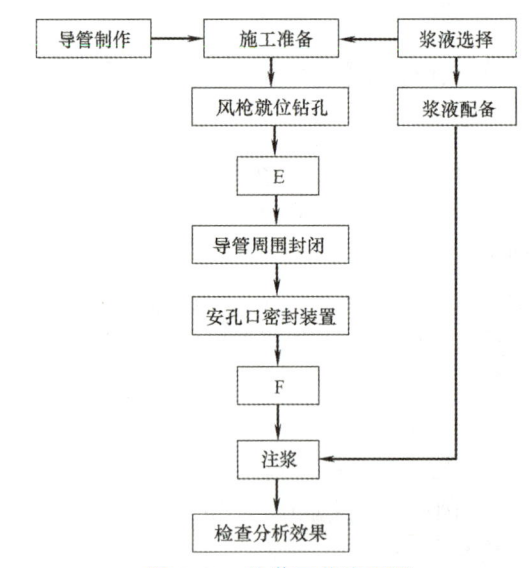

导管制作 → 施工准备 ← 浆液选择

风枪就位钻孔   浆液配备

E

导管周围封闭

安孔口密封装置

F

注浆

检查分析效果

图 4-11   注浆工艺流程图

4.除背景资料中所采用的隧道涌水处理方法外,还可能需要选择哪些辅助施工方法?

5.逐条判断施工单位台阶法开挖做法是否正确。

【参考答案与分析思路】

1.按隧道断面形状,该隧道的洞身属于曲墙式。该类型适用于地质条件较差,有较大水平围岩压力的情况。

本题考查的是隧道的洞身类型及其适用条件。对于隧道断面而言，它包括两边的边墙，顶上的拱圈。边墙是直的叫直墙式衬砌，边墙是曲线形的叫曲墙式衬砌。所以本题看图可知，边墙是曲线形，所以是曲墙式。曲墙式衬砌适用于地质较差，有较大水平围岩压力的情况。

2. 构造物A为二次衬砌，B为排水盲沟，C为中心排水管沟，D为仰拱。

本题考查的是复合式衬砌断面示意图。本题要求考生对复合式衬砌施工技术及要求有较全面的掌握。亦可结合工作经验对构造物进行识别。

3. 工序E为安装导管，工序F为注浆管路安装。

本题考查的是超前小导管的预注浆施工流程。这部分属于比较容易的内容，超前小导管的预注浆的施工流程即：施工准备→风枪就位钻孔→安设小导管→导管周围封闭→安孔口密封→注浆。

4. 还可能需要的辅助施工方法：超前钻孔或辅助坑道排水；超前围岩预注浆堵水；井点降水及深井降水。

本题考查的是隧道涌水处理方法。这部分涉及特殊地段施工的内容。首先考生要了解考查的已知问题，本题已知的是采用超前小导管预注浆的方法进行止水处理，而处理涌水可用的辅助施工办法有：超前钻孔或辅助坑道排水；超前小导管预注浆；超前围岩预注浆堵水；井点降水及深井降水等。这里选择既经济合理，又能确保围岩稳定，并保护环境的治水方案。

5. 第（1）条错误。
第（2）条错误。
第（3）条正确。
第（4）条错误。
第（5）条正确。

本题考查的是台阶法开挖。本题需要考生从台阶法的安全施工要求着手，与背景资料所给的信息进行逐一对比分析。

典 型 习 题

实务操作和案例分析题一

【背景资料】

某二级公路隧道起讫里程为K42＋054～K42＋704，全长650m，隧道围岩级别为Ⅳ级和Ⅴ级，其中K42＋054～K42＋140及K42＋630～K42＋704为Ⅴ级围岩，K42＋140～K42＋630为Ⅳ级围岩。隧道进出口均采用直径108mm的超前管棚辅助施工，超前管棚钢管构造示意图如图4-12所示。隧道洞身Ⅳ级围岩段采用两台阶法施工，Ⅴ级围岩段采用环形开挖预留核心土法施工。

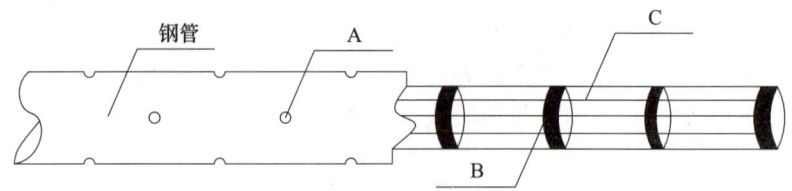

图 4-12 超前管棚钢管构造示意图

施工中发生以下事件：

事件1：施工单位在隧道开挖施工中有以下做法：

（1）两台阶法施工时，下台阶在上台阶喷射混凝土强度达到设计强度的60%以后开挖。

（2）两台阶法施工时，下台阶左、右侧前后错开开挖。

（3）环形开挖预留核心土法施工时，中下台阶每循环进尺按3榀钢架间距控制。

（4）环形开挖预留核心土法施工时，拱部超前支护完成后，开挖上台阶环形导坑。

事件2：为保证Ⅴ级围岩与Ⅳ级围岩开挖方法的转换安全，转换前核对了围岩级别并进行了技术交底，转换过程中对各开挖分部及时支护、及时闭合。

事件3：根据《公路工程质量检验评定标准 第一册 土建工程》JTG F80/1—2017，施工单位对喷射混凝土的强度、喷层与围岩接触状况等进行了实测。隧道施工完成后，施工单位对总体质量进行了检验，实测项目包括车行道宽度、内轮廓宽度、内轮廓高度、隧道偏位等。

【问题】

1. 写出图4-12中构造A、B和材料C的名称。

2. 逐条判断事件1中施工单位的做法是否正确。若不正确，写出正确做法。

3. 事件2中开挖方法转换应选择在哪级围岩段进行？

4. 补充事件3中喷射混凝土缺少的一项实测项目，并指出其中的一项关键项目。指出隧道总体质量实测项目中的一项关键项目。

【参考答案】

1. 图4-12中构造A的名称：注浆孔。

构造B的名称：固定环。

材料C的名称：钢筋笼。

2. 逐条判断事件1中施工单位的做法是否正确：

（1）不正确。正确做法：两台阶法施工时，下台阶在上台阶喷射混凝土强度达到设计强度的70%以后开挖。

（2）正确。

（3）不正确。正确做法：环形开挖预留核心土法施工时，中下台阶每循环进尺按不大于2榀（或1榀，或2榀）钢架间距控制。

（4）正确。

3. 事件2中开挖方法转换应选择在Ⅳ级围岩段进行。

4. 事件3中喷射混凝土缺少的一项实测项目：喷层厚度。

其中的一项关键项目：喷射混凝土强度（或喷层与围岩接触状况）。

隧道总体质量实测项目中的一项关键项目：内轮廓高度。

实务操作和案例分析题 二

【背景资料】

某施工单位承建了一座单洞隧道工程，隧道长度300m，建筑限界净高5m，净宽9m，无紧急停车带。隧道围岩等级为Ⅲ级和Ⅳ级，其中Ⅳ级围岩复合式衬砌断面示意图如图4-13所示。开工前，施工单位在当地招用了部分农民工，签订了劳动合同，约定了工资支付标准、支付时间和方式等内容，并将劳动合同报有关单位备案。

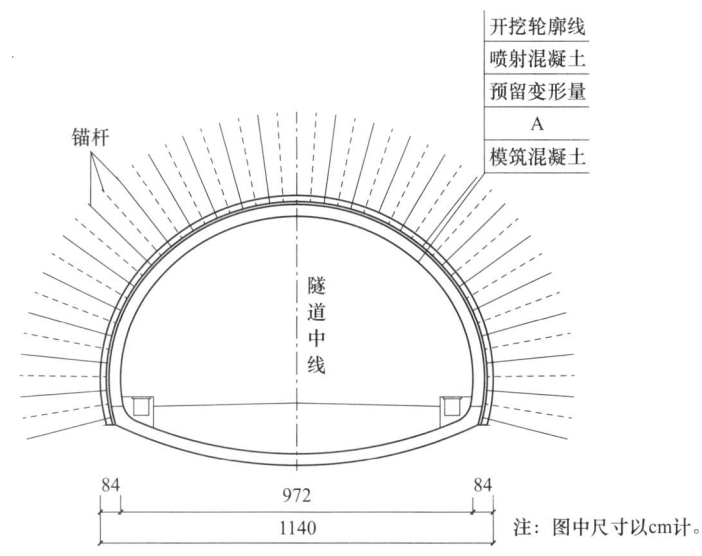

图4-13　Ⅳ级围岩复合式衬砌断面示意图

施工中发生以下事件：

事件1：监控量测方案中确定了洞内外观察、围岩体内位移（洞内设点）、周边位移、拱顶下沉、锚杆轴力、钢架内力及外力等监控量测项目，并明确了量测部位和测点布置；在量测数据处理与应用中给出了位移管理等级，见表4-5。

表4-5　位移管理等级

管理等级	管理位移（mm）	施工状态
Ⅲ	$U < (U_0/3)$	可正常施工
Ⅱ	$(U_0/3) \leq U \leq (2U_0/3)$	B
Ⅰ	$U > (2U_0/3)$	应采取特殊措施

事件2：施工单位确定用水量时，考虑了施工人员的生活用水、浴池用水、消防用水、衬砌用水（包括拌和、养护和冲洗等用水）、喷雾洒水用水等因素的耗水量，并在洞口上方砌筑了一座高压水池。

隧道施工完成后进行了交工验收，交工验收工程质量得分为85分。通车试运营2年后，项目法人按竣工验收工作程序及时组织了竣工验收，竣工验收委员会对工程质量的评分为86分，质量监督机构对工程质量的鉴定得分为82分。

【问题】

1. 图4-13中，构造物A表示什么？按跨度进行分类，该隧道属于哪种类型？

2. 根据《公路建设市场管理办法》，背景资料中的劳动合同应报哪些单位备案？

3. 事件1所列的监控量测项目中，哪些属于选测项目？指标U_0表示什么？写出施工状态B的内容。

4. 事件2中，施工单位还应考虑哪些施工设备用水的耗水量（列出2种）？

5. 改正背景资料中竣工验收时的错误做法。计算该隧道的竣工验收工程质量评分值，为何种质量等级（计算结果保留小数点后1位）？

【参考答案】

1. 图4-13中，构造物A表示：防水层（或防水卷材，或防水板和土工布）。

该隧道属于一般跨度隧道。

2. 劳动合同应报项目监理工程师和项目法人（或建设单位，或业主）备案。

3. 事件1所列的监控量测项目中，属于选测项目的有：围岩体内位移（洞内设点）、锚杆轴力、钢架内力及外力。

指标U_0表示：设计极限位移值。

施工状态B的内容：应加强支护。

4. 事件2中，施工单位还应考虑凿岩机（或气腿式凿岩机，或凿岩台车）用水、空气压缩机冷却用水的耗水量。

5. 改正背景资料中竣工验收时的错误做法：通车试运营2年后，负责竣工验收的交通运输主管部门按竣工验收工作程序及时组织了竣工验收。

该隧道的竣工验收工程质量评分值＝$85 \times 0.2 + 86 \times 0.2 + 82 \times 0.6 = 83.4$。

该隧道的竣工验收工程质量等级为合格。

实务操作和案例分析题三

【背景资料】

某二级公路单洞双车道隧道，起讫桩号K5＋300～K6＋220，全长920m，隧道纵坡为1.5%。K5＋300～K5＋325、K6＋200～K6＋220段为Ⅴ级围岩，其余段落均为Ⅳ级围岩。隧道内涌水量较少，涌突水可能性小。施工单位从隧道两端对向开挖，Ⅴ级围岩段采用中隔壁法，Ⅳ级围岩段采用二台阶法，上台阶长度8m。隧道一端开挖至桩号K5＋600时，其隧道开挖纵断面示意图如图4-14所示。

施工中发生如下事件：

事件1：隧道施工前，施工单位项目部组织工程技术人员编制了隧道施工方案，部分做法如下：

（1）反坡排水时设置集水坑，采用水泵抽水，将水排出洞外。井下工作水泵的排水能力不小于1.1倍正常涌水量，并配备备用水泵。

（2）在开挖掌子面至仰拱之间设置逃生通道，随开挖进尺不断前移。

（3）全断面衬砌模板台车的模板留有振捣窗，振捣窗尺寸为450mm×450mm。

（4）型钢钢架在加工厂采用热弯法加工成形，与连接钢板焊接采用双面焊。

事件2：初期支护施工时，施工单位根据《公路工程质量检验评定标准 第一册 土建工程》JTG F80/1—2017的规定对喷射混凝土质量进行了自检，实测项目包括喷层厚度等三项，合格率均满足要求。

事件3：隧道一端开挖至K5＋650时，安全监督机构对隧道施工进行安全检查发现仰拱与掌子面的距离为60m，二次衬砌距掌子面的距离为105m，安全监督判定此隧道施工存在重大事故隐患。

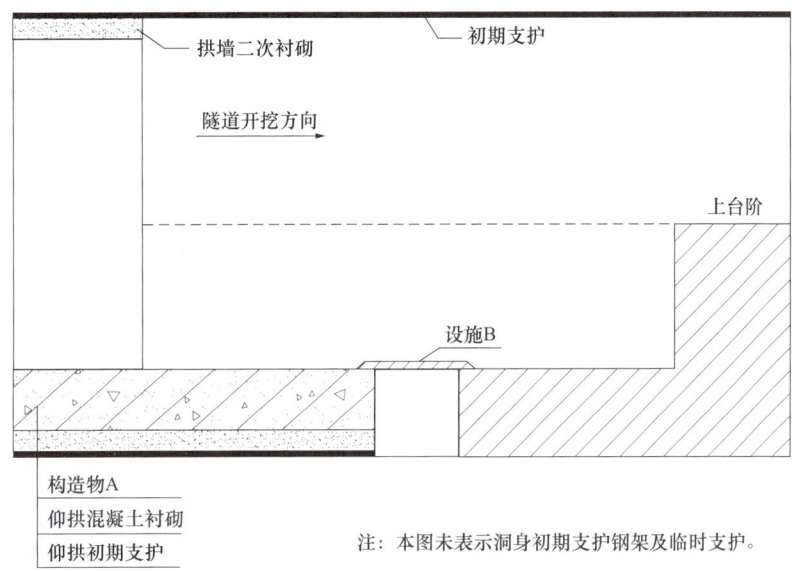

图4-14　隧道开挖纵断面示意图

【问题】

1. 写出图4-14中构造物A和设施B的名称。

2. 根据台阶长度判定施工单位采用的是哪一种方法？

3. 逐一判断事件1中施工方案的做法是否正确。若不正确，写出正确做法。

4. 写出事件2中喷射混凝土质量检验时另外两项实测项目。

5. 根据《公路工程施工安全技术规范》JTG F90—2015，事件3中仰拱与掌子面、二次衬砌与掌子面的距离要求分别是多少？

【参考答案】

1. 构造物A的名称为仰拱填充；设施B的名称为仰拱栈桥。

2. 施工单位采用短台阶法。

3. （1）不正确。

正确做法：井下工作水泵的排水能力应不小于1.2倍正常涌水量，并应配备备用水泵。

（2）不正确。

正确做法：软弱围岩隧道开挖掌子面至二次衬砌之间应设置逃生通道。

（3）正确。

（4）不正确。

正确做法：型钢钢架应采用冷弯法加工成形。

4. 喷射混凝土质量检验时另外两项实测项目为：喷射混凝土强度、喷层与围岩接触状况。

5. 事件3中，仰拱与掌子面的距离不得超过50m。

事件3中，二次衬砌与掌子面的距离不得大于90m。

实务操作和案例分析题四

【背景资料】

某高速公路上下行分离式隧道，洞口间距40m，左线长3216m，右线长3100m，隧道最大埋深500m。进出口为浅埋段，Ⅳ级围岩，洞身地质条件复杂。地质报告指出，隧道穿越地层为三叠系底层，岩性主要为炭质泥岩、砂岩、泥岩砂岩互层，且有瓦斯设防段、涌水段和岩爆段。Ⅰ、Ⅱ、Ⅲ级围岩大致各占1/3，节理裂隙发育，岩层十分破碎，且穿越一组背斜，在其褶曲轴部地带中的炭质泥岩及薄煤层中存有瓦斯等有害气体，有瓦斯聚集涌出的可能，应对瓦斯重点设防，加强通风、瓦斯监测等工作。

技术员甲认为全断面开挖法的特点是工作空间较小、施工速度快、便于施工组织和管理，且全断面开挖法具有较小的断面进尺比，每次爆破振动强度较小，爆破对围岩的震动次数少，有利于围岩的稳定。考虑该隧道地质情况与进度要求，所以该隧道应采用全断面开挖。

隧道施工过程中为防止发生塌方冒顶事故，项目部加强了施工监控量测，量测项目有地质和支护状况、锚杆或锚索内力及抗拔力、地表下沉、围岩体内位移、支护及衬砌内应力。

项目部还实行安全目标管理，采取了一系列措施，要求进入隧道施工现场的所有人员必须经过专门的安全知识教育，接受安全技术交底；电钻钻眼应检查把手胶套的绝缘是否良好，电钻工应戴棉纱手套，穿绝缘胶鞋；爆破作业人员不能着化纤服装，炸药和雷管分别装在带盖的容器内用汽车一起运送；隧道开挖及衬砌作业地段的照明电器电压为110～220V。同时加强瓦斯等有毒有害气体的防治，通风设施由专职安全员兼管。

隧道施工完成后，进行了供配电、照明系统设施的安装，其中变压器为油浸变压器，由于工期延误，变压器运到现场100d后才进行安装。电缆敷设在沟内时遵循了"低压在上、高压在下"的原则，敷设时还要求金属支架、导管必须接地（PE）或接零（PEN）可靠。

在交通监控方面，隧道由监控分中心统一监控，监控中心设有完善的子系统，包括交通信号监控系统、视频监控系统、供配电监控系统、隧道照明控制系统、调度指令电话系统、有线广播系统等。

【问题】

1. 改正技术员甲对全断面开挖法特点阐述的错误之处。

2. 补充本项目施工监控量测的必测项目，并指出隧道监控量测时出现冒顶塌方的危险信号（征兆）有哪些？

3. 指出并改正项目部安全管理措施中的错误。

4. 根据背景资料，油浸变压器安装前应做何处理？指出并改正电缆敷设的错误之处。

5. 除背景资料中给出的监控子系统外，还应有哪些监控子系统（至少列出3种）？

【参考答案】

1. 改正技术员甲对全断面开挖法特点阐述的错误之处如下：全断面开挖法具有较大的

工作空间，较大的断面进尺比，每次爆破振动强度较大。

2.（1）本项目施工监控量测的必测项目还有：周边位移、拱顶下沉。

（2）隧道监控量测时出现冒顶塌方的危险信号有：量测数据有不正常变化（或突变）、洞内或地表位移大于允许位移值、洞内或地表出现裂缝，以及喷层出现异常裂缝。

3. 项目部安全管理措施中的错误及改正。

（1）错误：电钻工应戴棉纱手套。

改正：电钻工应戴绝缘手套。

（2）错误：炸药和雷管分别装在带盖的容器内用汽车一起运送。

改正：炸药与雷管必须分开运送。

（3）错误：隧道开挖及衬砌作业地段的照明电器电压为110～220V。

改正：隧道开挖及衬砌地段的照明电压为12～36V。

（4）错误：通风设施由专职安全员兼管。

改正：通风设施应由专人管理。

4. 油浸变压器安装前应检查油箱密封情况，做油的绝缘测试，并注以合格油。

电缆敷设的错误之处：敷设原则错误。

改正：电缆在沟内敷设应遵循"低压在下、高压在上"的原则。

5. 除背景资料中给出的监控子系统外，还应有：火灾报警子系统、隧道通风控制子系统、紧急电话子系统、专用车辆监视子系统。

<h2 style="text-align:center">实务操作和案例分析题五</h2>

【背景资料】

某二级公路双车道隧道全长850m，起讫桩号为K3＋450～K4＋300，地层岩性以钙质砂岩为主，包含Ⅲ、Ⅳ和Ⅴ级围岩，无不良地质。地下水类型以基岩裂隙水为主，隧道内排水设施横断面布置示意图如图4-15所示。

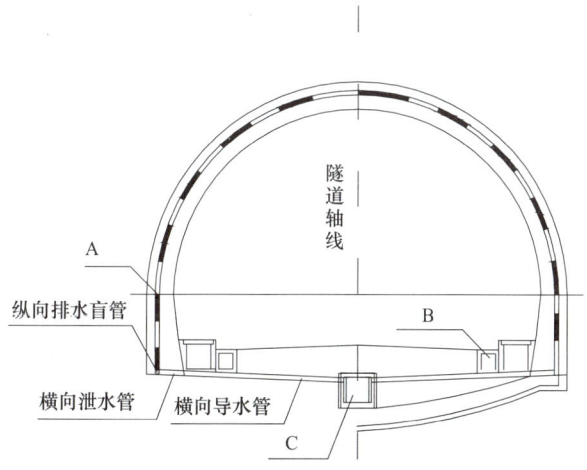

图4-15　隧道内排水设施横断面布置示意图

施工中发生如下事件：

事件1：施工单位在Ⅲ级围岩段采用钻爆法施工，采用的机械设备拟在下列设备中选

131

择：风动凿岩机、盾构机、装药台车、轮胎式装载机、混凝土湿喷设备、柴油自卸卡车、汽油自卸卡车、混凝土搅拌运输车、混凝土输送泵、衬砌台车、空气压缩机等。

事件2：施工过程中，施工单位按照下列要求进行了防水板的施工：

（1）防水板铺设前应对初期支护表面外露的坚硬物和局部渗漏水进行处理。

（2）初期支护表面应平整，无空鼓、裂缝、松酥，不平处用喷射混凝土找平。

（3）防水板宜采用高分子材料，幅宽2～4m，厚度不宜小于1mm。

（4）防水板要求无钉铺设，环向分幅铺挂。

事件3：施工单位采用充气法检查防水板搭接焊缝质量时，当压力达到0.25MPa时停止充气，保持一定时间，压力下降在规定幅度以内时，判定焊缝质量合格。

【问题】

1. 写出图4-15中排水设施A、B、C的名称。

2. 指出事件1中隧道开挖和出渣时宜选用的五种机械设备。

3. 逐条判断事件2中的施工要求是否正确。若不正确，写出正确要求。

4. 说明事件3中压力应保持的时间以及在规定时间内压力下降的规定幅度。

【参考答案】

1. 排水设施A的名称：环向排水盲管（或竖向泄水管、环向排水管）。

排水设施B的名称：路侧边沟。

排水设施C的名称：中央排水管（沟）。

2. 事件1中隧道开挖和出渣时宜选用的五种机械设备有：风动凿岩机、轮胎式装载机、装药台车、柴油自卸卡车、空气压缩机。

3. 事件2中施工要求正确与否的判断及正确要求：

（1）正确。

（2）正确。

（3）不正确。正确要求：防水板宜采用高分子材料，幅宽2～4m，厚度不宜小于1.5mm。

（4）不正确。正确要求：防水板要求无钉铺设，环向整幅铺挂。

4. 压力应保持的时间为15min。

规定时间内压力下降的规定幅度在10%以内。

实务操作和案例分析题六

【背景资料】

某高速公路左右线隧道，洞口间距42m，左线长3316m，右线长3200m，隧道最大埋深460m，净空宽度9.64m，净空面积为58.16m²，设计车速100km/h，开工日期为2021年7月，2023年7月竣工。

该地段地质条件复杂，勘探表明其围岩主要为弱风化硬质页岩，属Ⅳ～Ⅴ级围岩，稳定性差。由于地下水发育，特别断层地带岩石破碎，裂隙发育，为保证施工安全，施工单位在该隧道施工中采用了超前地质预报，并进行监控量测。根据该隧道的地质条件和开挖断面，施工单位在施工组织设计中拟采用三台阶法施工，左线隧道施工工序划分如图4-16所示。

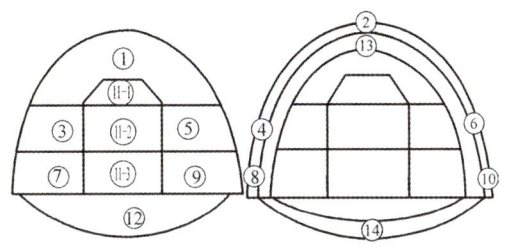

图4-16 左线隧道施工工序

针对开挖时右侧围岩相对左侧围岩较弱的特点，施工单位拟按①→②→③→④→⑤→⑥→⑦→⑧→⑨→⑩→⑪→⑫→⑬→⑭顺序组织施工。

2022年6月6日上午，隧道开挖时，量测人员在处理量测数据中，发现"周边位移—时间"曲线出现反弯点，但未及时告知作业班组存在潜在危险。当日下午发生较大塌方，当场死亡5人、重伤12人。经补报并核实，截至2022年7月6日，确认累计死亡达10人。

事故发生后，施工单位根据交通部对隐患排查治理提出的"两项达标""四项严禁""五项制度"的总目标，认真总结事故教训，开展了安全生产事故隐患排查治理活动，编制了安全专项方案和应急救援预案，尤其注重落实"五项制度"中的施工现场危险告知制度。

【问题】

1. 给出③→⑩、⑫→⑭正确的施工顺序，说明理由。

2. 施工单位采用台阶法施工是否合理？说明理由。

3. 本隧道可采用哪几种超前地质预报方法？

4. 监控量测数据处理中，发现的"周边位移－时间"曲线出现反弯点说明什么问题？应如何处理？

5. 根据《生产安全事故报告和调查处理条例》，背景资料中发生的塌方事故属于什么等级？说明理由。

6. 背景资料中提及的施工现场危险告知制度包括哪些内容？

【参考答案】

1. ③→⑩的正确施工顺序为⑤—⑥—③—④—⑨—⑩—⑦—⑧。

理由：右侧围岩较左侧更差，先开挖。

⑫→⑭的正确施工顺序为⑬—⑫—⑭。

理由：软弱围岩，尽快施工二衬，稳定拱部。

2. 采用台阶法施工不合理。

理由：如果围岩的完整性较好时，可采用多台阶法开挖。本案例中围岩软弱，地下水丰富，隧道断面尺寸大，优先采用单侧壁、双侧壁导坑法。

3. 本隧道可采用超前钻孔法、地质雷达法、TSP、TGP或TRT等超前地质预报方法。

4. 出现反弯点说明围岩和支护呈不稳定状态，应密切监视围岩动态，并加强支护，必要时暂停开挖。

5. 背景资料中发生的塌方事故属于重大安全事故。

理由：造成10人以上30人以下死亡，或者50人以上100人以下重伤，或者5000万元以上1亿元以下直接经济损失的事故，为重大事故。

6. 施工现场危险告知制度的内容：按照《公路水运工程安全生产监督管理办法》，严格安全技术交底制度，施工单位负责项目管理的技术人员应当如实向施工作业班组、作业人员详细告知作业场所和工作岗位存在的危险因素，并由双方签字确认。设置明显安全警示标志，在无法封闭施工的工地，还应当悬挂当日施工现场危险告示，以告知路人和社会车辆。

实务操作和案例分析题七

【背景资料】

某二级公路的一座隧道，根据施工图设计，起讫桩号K101＋109～K101＋404，长度295m，其中，明洞10m，Ⅵ级围岩203m，Ⅴ级围岩82m。根据隧道的围岩级别、地质情况和监控量测单位提供的数据，结合施工现场的实际情况，施工单位决定在该隧道中采用如图4-17所示的工序进行开挖和支护，施工时从进口往出口方向掘进。

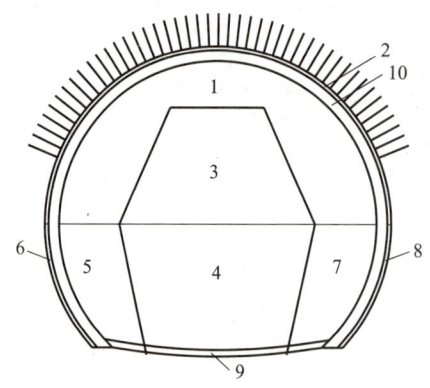

图4-17　施工工序示意图

图4-17中1～10代表开挖或支护的施工工序，开挖时每循环开挖长度为2m，开挖至K101＋259时，仰拱与掌子面的距离为60m。施工过程中，在K101＋244～K101＋249处发生了塌方。事故发生后，现场有关人员立即向本单位负责人报告，单位负责人接到报告后，在规定时间内向当地县级人民政府应急管理部门报告，并按规定妥善处理。事故造成直接经济损失120万元，没有造成人员伤亡。

【问题】

1. 图4-17中所示的隧道开挖方式是什么？该隧道采用这种开挖方式是否合理？说明理由。

2. 写出图4-17中施工工序1、2、3、5、6、9、10的名称。

3. 指出开挖过程中施工单位的不妥之处或错误做法，并改正。

4. 事故发生后，单位负责人接到现场人员的报告后应在多长时间内向当地县级人民政府应急管理部门报告？

【参考答案】

1. 图4-17中所示的隧道开挖方式是环形开挖预留核心土法。

采用这种开挖方式合理。

理由：环形开挖预留核心土法适用Ⅴ－Ⅵ级围岩。

2. 图4-17中施工工序的名称分别为：1—拱部环形开挖；2—拱部初期支护；3—预留核心土开挖；5—下台阶左侧壁开挖；6—下台阶左侧壁初期支护；9—仰拱浇筑；10—二次衬砌。

3. 开挖过程中的不妥之处及改正：

（1）每循环开挖长度为2m不妥（错误）。

改正为"0.5～1m"。

（2）仰拱与掌子面的距离60m错误。

改正为"不超过40m"。

> 本题考查的是环形开挖预留核心土法。环形开挖预留核心土法在隧道施工中，每循环开挖长度宜为0.5～1.0m。依据《公路工程施工安全技术规范》JTG F90—2015的规定，仰拱与掌子面的距离：Ⅲ级围岩不得超过90m，Ⅳ级围岩不得超过50m，Ⅴ级及以上围岩不得超过40m。本题中，开挖至K101＋259时，为Ⅴ级围岩。

4. 单位负责人接到报告后，应在1h内向当地县级人民政府应急管理部门报告。

实务操作和案例分析题八

【背景资料】

某施工单位承接两座单洞分离式隧道施工任务，左线起讫桩号为ZK10＋308、ZK10＋788，右线起讫桩号为YK10＋264、YK10＋776。两隧道均为瓦斯隧道，且围岩富含有害矿物质。根据设计要求，隧道洞内路面采用水泥混凝土刚性路面，路面结构自上而下分别为：24cm厚C25水泥混凝土上面层、20cm厚C20水泥混凝土基层、10cm厚C15水泥混凝土调平层，水泥混凝土路面施工工艺流程如图4-18所示。

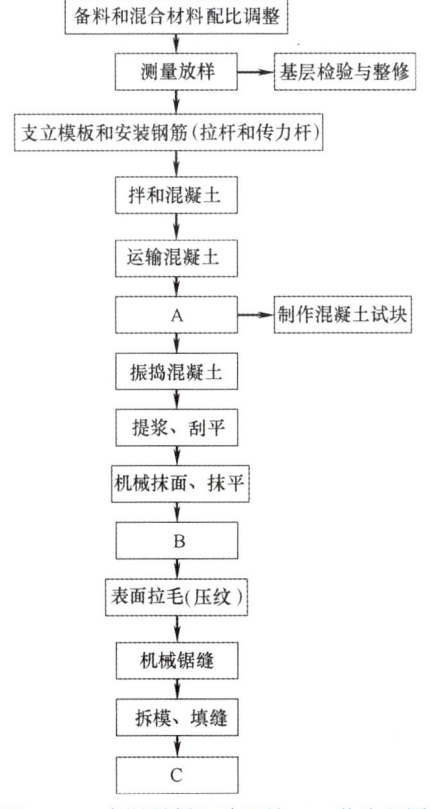

图4-18　水泥混凝土路面施工工艺流程图

施工单位在隧道施工时配备的部分劳动力和相应工伤保险费缴纳的情况见表4-6。

表4-6 劳动力配备表（部分）

序号	劳动力名称及数量	工伤保险费缴纳情况
①	拌合设备操作人员6人	未缴纳
②	运输车辆司机5人	未缴纳
③	压路机操作人员3人	未缴纳
④	摊铺机操作人员4人	未缴纳
⑤	挖掘机操作人员4人	未缴纳
⑥	爆破工3人	已缴纳
⑦	混凝土工4人	未缴纳

明洞段混凝土面层摊铺后，因表面没有及时覆盖，且天气炎热，表面游离水分蒸发过快，体积急剧收缩，导致出现不规则网状裂缝。

隧道施工中施工单位按照国家的劳动保护法规，积极改善隧道施工条件，制定了切实可行的防噪声、通风等措施，以保证作业人员身体健康。

【问题】

1. 按长度划分，左、右线隧道属于什么隧道？说明理由。

2. 如果针对路面面层施工，指出表4-6中劳动力配置哪些是不需要的（以编号标示即可）？按相关法规要求，表4-6中只为危险性较大的爆破工缴纳工伤保险费的做法是否正确？说明理由。

3. 写出工艺流程图中工序A、B、C的名称。

4. 明洞段路面面层摊铺后出现的裂缝通常称为哪种裂缝？

5. 除背景资料中所列措施外，施工单位还应制定哪些劳动保护措施？

【参考答案】

1. 左线：788－308＝480m，小于500m，为短隧道。

右线：776－264＝512m，为中隧道。

理由：隧道按照长度分为特长隧道：$L>3000m$；长隧道：$3000m \geqslant L \geqslant 1000m$；中隧道：$1000m>L>500m$；短隧道：$L \leqslant 500m$。

2. ③⑤⑥，不正确，工伤保险属于规费，是施工企业必须为所有工人缴纳的费用。

3. A为摊铺混凝土，B为人工收面，C为养护。

4. 龟裂。

5. 施工单位还应制定的措施包括：照明、防尘、防有害气体、防辐射的措施。

实务操作和案例分析题九

【背景资料】

某单洞双车道二级公路隧道长960m，开挖宽度10m，断面面积50m²。由于工期紧张，施工单位采用对向掘进方案。

施工中发生以下事件：

事件1：由于隧道围岩条件较好，对向开挖工作面的间距达到15m时，确定该长度为贯通段长度，开挖方法改为进口向出口单向开挖。

事件2：为保证贯通安全，贯通段开挖方法由全断面法改为台阶法，台阶法施工工序示意图如图4-19所示。

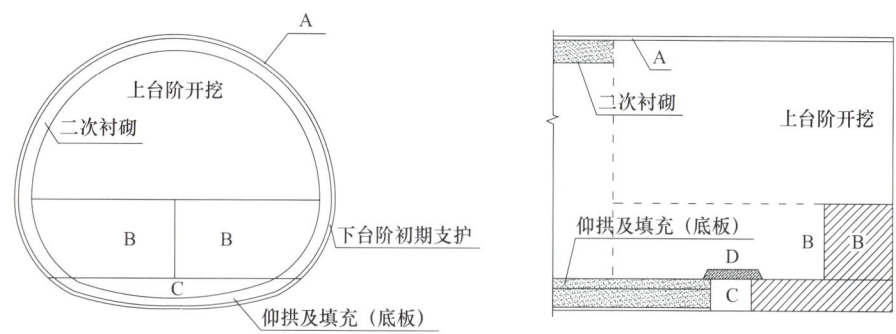

图4-19　台阶法施工工序示意图

事件3：贯通过程中，隧道拱部发生坍塌并造成超挖。为此，设计院变更了设计参数，项目部编制了相应的施工方案。经监理工程师确认该设计变更为一般工程变更，并经过审批后实施。审批流程如下：施工单位提出申请→E审查→F签署工程变更令→施工单位组织变更工程施工→监理工程师和施工单位协商确定变更工程的价款及办理有关的结算工作。

【问题】

1. 按照隧道跨度和长度分类，该隧道分别属于哪种类型隧道？写出承接该项目的施工单位需要具备的最低隧道工程专业承包资质。

2. 判断事件1中施工单位确定的贯通段长度是否正确。若不正确，写出正确的贯通段长度，并说明理由。

3. 写出图4-19中A、B、C、D代表的施工工序。

4. 事件3中处理拱部坍塌造成超挖的施工方案是否需要重新进行技术交底？补充事件3中一般工程变更审批流程中E和F的名称。

【参考答案】

1. 按隧道跨度进行分类：一般跨度隧道。按隧道长度进行分类：中等长度隧道。

承接该项目的施工单位需要具备的最低隧道专业承包资质：二级资质。

> 本题考查的是隧道的类型及承包资质。（1）公路隧道按跨度分类，一般跨度隧道的开挖宽度B：$9m \leqslant B \leqslant 14m$。（2）公路隧道按长度分类，中隧道长度为$L$：$500m \leqslant L \leqslant 1000m$。（3）隧道工程专业承包二级资质企业可承担断面$60m^2$以下且单洞长度$1000m$以下的隧道工程施工。

2. 事件1中施工单位确定的贯通段长度不正确。

贯通段长度应为：25m。

理由：围岩条件较好地段，两开挖面间距达到2.5倍隧道宽度，应改为单向开挖。

> 本题考查的是公路隧道开挖。依据《公路隧道施工技术规范》JTG/T 3660—2020，隧道对向开挖的两工作面相距达到4倍隧道跨度时，两端施工应加强联系，统一指挥；

两工作面不得同时起爆。围岩条件较好地段，两开挖面间距离达到2.5倍隧道跨度时，应改为单向开挖。该隧道围岩条件较好，贯通段应取2.5倍隧道跨度，10×2.5＝25m。

3. 图4-19中A、B、C、D代表的施工工序如下：

A：上台阶初期支护（或初支，或初次衬砌，或初衬，或一次衬砌）。

B：下台阶开挖。

C：底部（或仰拱）开挖。

D：仰拱栈桥搭设。

本题考查的是台阶法施工工序。依据《公路隧道施工技术规范》JTG/T 3660—2020，两台阶法施工工序示意图如图4-20所示。

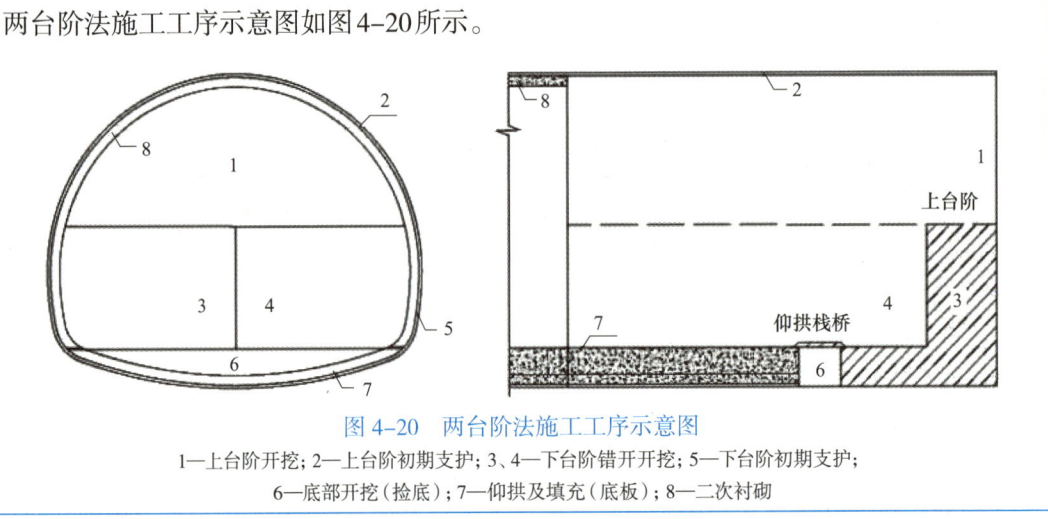

图4-20 两台阶法施工工序示意图

1—上台阶开挖；2—上台阶初期支护；3、4—下台阶错开开挖；5—下台阶初期支护；
6—底部开挖（捡底）；7—仰拱及填充（底板）；8—二次衬砌

4. 处理拱部坍塌造成超挖的施工方案需要重新进行技术交底。

事件3中一般工程变更审批流程中，E的名称：驻地监理工程师，F的名称：总监理工程师（或总监）。

本题考查的是工程变更的程序。驻地监理工程师对变更申请的可行性进行评估，并写出初步的审查意见。总监理工程师对驻地监理工程师审查的变更申请进行进一步的审定，并签署审批意见。总监理工程师签署工程变更令。

实务操作和案例分析题十

【背景资料】

某高速公路全长120km，设计行车速度100km/h，双向四车道。其中有一座分离式隧道，隧道左线起讫桩号为ZK2＋815～ZK3＋880，全长1065m；右线起讫桩号为YK2＋840～YK3＋750，全长910m。隧道最大埋深400m，隧道沿纵向方向设人字坡，坡度为1%。隧道进门段为浅埋段，设40m长的明洞。洞身围岩为Ⅱ～Ⅳ级，岩层含少量地下水。

洞身掘进采用光面爆破，在爆破方案中有如下描述：在开挖面上适当部位掏出小型槽口（炮孔），并沿隧道设计轮廓线布置另一种炮孔。

隧道施工实行安全责任目标管理，项目部决定由专职安全员对隧道的安全生产全面负责。爆破施工前，项目部招聘了6名员工，并立即由专职安全员进行培训，考核合格后安排从事爆破作业。同时严格实行安全技术交底制度和上下班交接制度，严防安全事故的发生。

隧道明洞施工工序为：① 明洞路堑土石方开挖；② 边、仰坡开挖及加固；③ 修筑坡顶排水系统；④ 修筑明洞；⑤ 回填。

【问题】

1. 按地质条件和按地形划分，背景资料中所述的隧道分别属于哪种隧道？按长度划分，左右隧道分别属于哪种隧道？

2. 说明爆破方案中所述两种炮孔的名称。应先起爆哪种炮孔？说明理由。

3. 指出项目部在爆破施工安全管理方面的不妥之处，并提出正确做法。

4. 指出明洞施工工序中应放在首位的工序，并说明理由。

【参考答案】

1. 按地质条件划分，背景资料中所述的隧道属于岩石隧道。

按地形划分，背景资料中所述的隧道属于山岭隧道。

按长度划分，左隧道属于长隧道，右隧道属于中隧道。

2. 开挖面上适当部位掏出小型槽口（炮孔）是掏槽孔；沿着设计轮廓线布置的另一种炮孔是周边孔。

应先起爆掏槽孔。理由：光面爆破的分区起爆顺序：掏槽孔→辅助孔→周边孔。

3. 在爆破施工安全管理方面的不当之处与正确做法：

（1）不妥之处：由专职安全员对隧道的安全生产全面负责。

正确做法：由项目经理对隧道的安全生产全面负责。

（2）不妥之处：招聘了6名员工，并立即由专职安全员进行培训，考核合格后安排从事爆破作业。

正确做法：应由经过专业培训且持有爆破操作合格证的专业人员从事爆破作业。

4. 明洞施工工序中应放在首位的工序：修筑坡顶排水系统。

理由：修筑坡顶排水系统是隧洞进洞前常规的洞口处理，包括劈坡、安全处理及洞口施工的场地平整，附属设施修建等。

实务操作和案例分析题十一

【背景资料】

某施工单位承接了2km的山区二级公路工程项目，其中包含一座长260m的双车道隧道。隧道进口洞顶覆盖层较薄，出口段的路堑地段受落石和塌方危害，隧道进出口段均设置12m的拱式明洞。其中进口段的路堑对明洞有偏压，路床有软基处理，出口段的路堑对明洞无偏压。

隧道开挖后，及时修筑了第一次衬砌，通过施工中的监控量测，确定围岩变形稳定后，修筑防水层及进行第二次衬砌。

隧道洞口段路面采用水泥混凝土路面，路面结构层自上而下为：20cm厚C30水泥混凝土面层；20cm厚水泥稳定碎石层；20cm厚填隙碎石基层。路面施工完成后进行了隧道通风、照明设施的施工。

隧道通车后，在进口段发现路面出现横向裂缝，施工单位对出现裂缝的原因进行调查分析，发现该段基层顶面标高比设计标高平均高出5cm，而混凝土制备、浇筑工艺、养护都满足要求，切缝及时。

【问题】

1. 简述本隧道工程设置明洞的理由。

2. 根据荷载分布划分，该隧道的拱式明洞有哪些形式？

3. 补充隧道中还需要施工的其他附属设施。

4. 分析路面出现横向裂缝的可能原因。

【参考答案】

1. 本隧道工程设置明洞的理由：隧道进口洞顶覆盖层较薄，洞口有落石和塌方危险，应采用明挖法来开挖隧道。明洞既可作为地面建筑物用以抵御边坡、仰坡的塌方、落石、滑坡、泥石流等病害，又可作为地下建筑物用于在深路堑、浅埋地段不适宜暗挖隧道时，取代隧道的作用。

2. 根据荷载分布划分，该隧道的拱式明洞的形式包括：路堑对称形和路堑偏压形。

3. 隧道中还需要施工的其他附属设施：安全设施、供配电设施、应急设施等。

4. 路面出现横向裂缝的可能原因：

（1）切缝深度过浅，由于横断面没有明显削弱，应力没有释放，因而在临近缩缝处产生新的收缩缝。

（2）混凝土路面基础发生不均匀沉降，导致板底脱空而断裂。

（3）混凝土路面板厚度不足，在行车荷载和温度应用下产生强度裂缝。

实务操作和案例分析题十二

【背景资料】

某二级公路工程施工合同段，包含两段路基（K6＋000～K6＋460、K6＋920～K8＋325）和一座隧道（K6＋460～K6＋920），两段路基中既有挖方也有填方。隧道上覆土厚约20m，围岩级别为Ⅳ、Ⅴ级，其中Ⅳ级围岩主要由较坚硬岩组成，Ⅴ级围岩主要由第四系稍湿碎石土组成，该隧道为大断面隧道。

施工单位采用挖掘机开挖路基挖方段土方，开挖时采用横挖法自上而下分台阶进行，直接挖至设计边坡线，并避免超欠挖。开挖时每层台阶高度控制在3～4m以内，并在台阶面设置2%纵横坡以避免雨季积水。

根据施工组织设计要求，部分路基填筑利用隧道洞渣作为路基填料，一般路段采用分层填筑方法施工，土石方分层填筑施工工艺流程如图4-21所示。

隧道进口端路堤，土石料填筑（其中粒径大于40mm的石料超过80%）采用水平分层填筑方法施工，每一层厚控制在400mm，路堤与路床的填料粒径控制不超过层厚，不均匀系数控制在15～20。隧道出口端路堤，由于地势低洼，土石料填筑（其中粒径大于40mm的石料占55%）采用倾填方法施工。

隧道施工采用新奥法，根据施工进度计划，并结合地质情况及运输条件，施工单位对该合同段的隧道施工配置了挖掘机、自卸式汽车、风动凿岩机、装载机、凿岩台车、模板衬砌台车、钻孔机、混凝土喷射机、注浆机等施工机械。

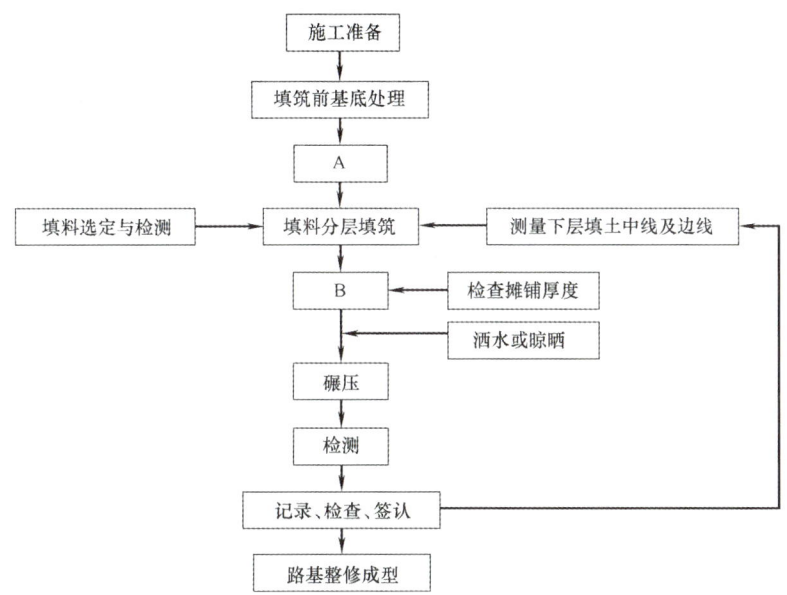

图4-21　土石方分层填筑施工工艺流程

【问题】

1. 指出路基土方开挖的错误做法，并说明理由。

2. 写出图4-21中A和B的名称。

3. 指出隧道进口端与出口端路堤填筑中的错误做法并改正。

4. 路基填筑前，"摊铺厚度"指标应通过什么方法确定？图4-21中，"洒水或晾晒"的目的是什么？

5. 在施工单位对该合同段配置的隧道施工机械中，指出可用于锚杆施工的机械。

【参考答案】

1. "直接挖至设计边坡线"的做法错误。因为按相关规范规定，应预留一定的宽度，以免扰动边坡线外土体。

2. A的名称是基底检测，B的名称是推土机摊铺整平（或摊平，或整平）。

3. "路堤与路床的填料粒径控制不超过层厚"错误。改为"路堤填料粒径不宜超过层厚的2/3（即267mm），路床底面以下400mm范围内，填料粒径应小于150mm，路床填料粒径应小于100mm"。

"土石料填筑（其中粒径大于40mm的石料占55%）时采用倾填方法施工"错误。改为"土石料填筑（其中粒径大于40mm的石料占55%）采用分层填筑、分层压实"。

4. "摊铺厚度"应通过试验（或铺筑试验路段）方法确定；"洒水或晾晒"的目的是使填料含水量接近最佳含水量，以达到最佳压实效果。

5. 在施工单位对该合同段配置的隧道施工机械中，可用于锚杆施工的机械有：风动凿岩机、凿岩台车、钻孔机、注浆机。

第5章 公路工程招标投标与合同管理 实务操作和案例分析专项突破

2015—2024年度实务操作和案例分析题考点分布

考点	年份									
	2015年	2016年	2017年	2018年	2019年	2020年	2021年	2022年	2023年	2024年
公路工程招标投标管理										
公路工程工程量清单编制										
投标报价编制										●
公路工程合同体系结构										
公路工程施工合同履行与管理										
公路工程分包合同管理										
公路工程施工阶段工程变更管理	●					●		●	●	
公路工程施工索赔管理			●	●			●	●	●	
公路工程计量管理	●									●

【专家指导】

关于公路工程施工招标投标与合同管理的考核频率较低，我们主要了解公路工程工程量清单、公路工程施工阶段工程变更管理与公路工程项目施工索赔管理。

历 年 真 题

实务操作和案例分析题一［2024年真题］

【背景资料】

某施工单位投标了新建高速公路工程一标段，全线为整体式路基，根据该工程招标文件以及《公路工程标准施工招标文件》《公路工程建设项目概算预算编制办法》《公路工程预算定额》等资料编制了投标报价，路基工程部分清单子目单价分析数据见表5-1，其中"203-1-a路基挖土方"子目机械使用费中机上人员工资占比为15%，规费费率为36%。

表 5-1 路基工程部分清单子目单价分析数据表（费用单位：元）

序号	子目号	子目名称	单位	数量	人工费	材料费	机械使用费	措施费	企业管理费	利润	规费	税金	安全生产费
1	203-1-a	路基挖土方	m³	1	0.8	0	16.5	0.9	1.7	1.4	A	—	—
2	204-1-a	利用土方路基填筑	m³	1	—	—	—	—	—	—	—	—	—
3	207-1-a	M10浆砌片石路堤梯形排水沟	m³		40.6	225	12.3	3.6	24.6	10.3	43.1		5.4

施工单位中标后按期开展施工，施工过程中发生以下事件：

事件1：路基施工时恰逢雨季，施工单位编制了雨期施工方案，部分施工要求如下：

（1）雨期路基施工地段一般应选择碎砾石、岩石等地段施工。

（2）雨期开挖路堑，当挖至路床顶面以上300~500mm时应停止开挖，并在两侧挖好临时排水沟，待雨期过后再施工。雨期开挖岩石路基，炮孔宜45°角倾斜设置。利用挖方土作填料，含水率符合要求时，应随挖随填，及时压实。每一填筑层表面应做成2%~4%单向路拱横坡以利于排水，高出设计洪水位0.5m以下部位应选用透水性好、饱水强度高的填料分层填筑。

事件2：该工程部分路堤为中硬岩石的土石混填，施工单位按照试验路段确定的工艺流程、工艺参数进行施工，对每一压实层的压实质量采用B指标进行了检测，每填筑3m高检测了路线中线偏位和C指标。

事件3：某段路基工程施工完成后，施工单位向监理工程师提交了工程量清单计量申请，该段路基填筑均为利用土方填筑，其中高路堤填筑及排水沟开挖横断面示意图如图5-1所示。

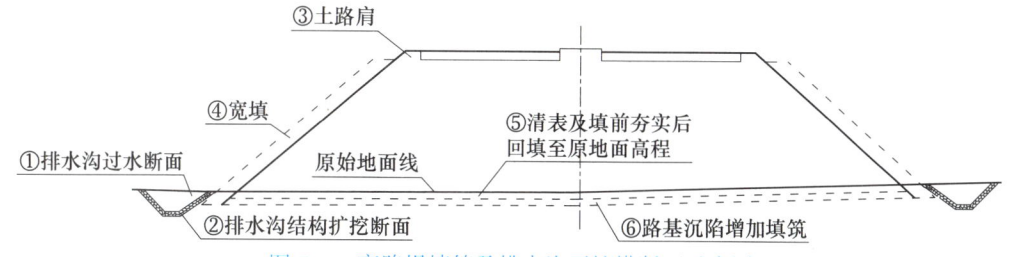

图5-1 高路堤填筑及排水沟开挖横断面示意图

事件4：施工过程中发生了以下情况导致施工单位遭受损失，施工单位向业主提出了工期和费用索赔。措施费、企业管理费和利润以人、材、机合计为计算基数，综合费率为25%。

（1）因季节性大雨导致路基施工停工5d，人工窝工费9700元、机械闲置费28700元。

（2）路基开挖过程中发现地下溶洞，溶洞处理导致工期延长8d，增加人工费17900元、材料费123800元、机械使用费38600元，并导致机械闲置费19300元。

（3）因临时变压器损坏导致拌合站等生产厂区停电，现场全面停工2d，人工窝工费15700元、机械闲置费36100元。

【问题】

1. 表5-1中，"203-1-a路基挖土方"清单子目中规费A是多少元？"207-1-a M10浆砌片石路堤梯形排水沟"清单子目的综合单价是多少元/m（计算结果保留小数点后1位）？

2. 事件1（1）中，还有哪些地段宜选择在雨期施工？

3. 指出事件1（2）中施工要求的两处错误，并分别改正。

4. 写出事件2中B、C指标的名称。

5. 逐条判断事件3图5-1中①、②处排水沟开挖工程量是否在"203-1-a路基挖土方"清单子目中计量，并逐条判断③～⑥处土方填筑工程量是否在"204-1-a利用土方路基填筑"清单子目中计量。

6. 逐条判断在事件4的情况下施工单位是否可向业主索赔工期和费用（注：分别判断工期索赔和费用索赔）。若费用可索赔，逐条计算可索赔的费用（单位：元，计算结果保留整数）。

【参考答案与分析思路】

1. "203-1-a路基挖土方"清单子目中规费A＝（0.8＋16.5×15%）×36%＝1.2元。

"207-1-a M10浆砌片石路堤梯形排水沟"清单子目的综合单价＝40.6＋225＋12.3＋3.6＋24.6＋10.3＋43.1＝359.5元。

> 本题考核的是费用计算。公路工程工程量清单综合单价一般采用全费用综合单价，包括人工费、材料费、机械使用费、措施费、企业管理费、规费、利润和税金以及合同明示或暗示的所有责任、义务和一般风险等全部费用。

2. 雨期施工的地段还包括：砂类土、路堑的弃方地段。

> 本题考核的是雨期施工地段的选择。雨期施工地段的选择：
> （1）雨期路基施工地段一般应选择砂类土、碎砾石和岩石地段以及路堑的弃方地段。
> （2）低洼地段和高填深挖地段的土质路基，重黏土、膨胀土及盐渍土地段不宜在雨期施工；平原地区排水困难及沿河路段，不宜安排雨期施工。

3. 事件1中的两处错误的改正：

（1）错误一：雨期开挖岩石路基，炮孔宜45°角倾斜设置。

改正：雨期开挖岩石路基，炮孔宜水平设置。

（2）错误二：每一填筑层表面应做成2%～4%单向路拱横坡以利于排水。

改正：每一填筑层表面应做成2%～4%双向路拱横坡以利于排水。

> 本题考核的是雨期施工的规定。雨期路堤施工的规定：
> （1）填料应选用透水性好的碎石土、卵石土、砂砾、石方碎渣和砂类土等。利用挖方土作填料、含水率符合要求时，应随挖随填，及时压实。含水率过大、难以晾晒的土不得用作雨期施工填料。
> （2）每一填筑层表面应做成2%～4%双向路拱横坡以利于排水，低洼地带或高出设计洪水位0.5m以下部位应选用透水性好、饱水强度高的填料分层填筑，并及时施作护坡、坡脚等防护工程。
> （3）雨期填筑路堤需借土时，取土坑的设置应满足路基稳定的要求。
> （4）路堤应分层填筑、及时碾压。
> 雨期挖方路基施工的规定：
> （1）挖方边坡不宜一次挖到设计坡面，应预留一定厚度的覆盖层，待雨期过后再修

整到设计坡面。

（2）雨期开挖路堑，当挖至路床顶面以上300～500mm时应停止开挖，并在两侧挖好临时排水沟，待雨期过后再施工。

（3）雨期开挖岩石路基，炮孔宜水平设置。

4. B指标的名称：沉降差；C指标的名称：填筑宽度。

本题考核的是填石路堤施工要求。填石路堤施工要求：

（1）填石路堤应分层填筑压实。在陡峻山坡地段施工特别困难时，三级及三级以下砂石路面公路的下路堤可采用倾填的方式填筑。

（2）岩性相差较大的填料应分层或分段填筑，软质石料与硬质石料不得混合使用。

（3）填石路堤顶面与细粒土填土层之间应填筑过渡层或铺设无纺土工布隔离层。

（4）压实机械宜选用自重不小于18t的振动压路机。

（5）填石路堤采用强夯、冲击压路机进行补压时，应避免对附近构造物造成影响。

（6）中硬、硬质石料填筑路堤时，应进行边坡码砌。码砌防护的石料强度、尺寸应满足设计要求。边坡码砌与路基填筑应基本同步进行。

（7）采用易风化岩石或软质岩石石料填筑时，应按设计要求采取边坡封闭和底部设置排水垫层、顶部设置防渗层等措施。

（8）填石路堤施工过程质量控制：施工过程中每一压实层，应采用试验路段确定的工艺流程、工艺参数控制，压实质量可采用沉降差指标进行检测。施工过程中，每填高3m宜检测路基中线和宽度。

（9）不同强度的石料，应分别采用不同的填筑层厚和压实控制标准。填石路堤的压实质量标准采用孔隙率作为控制指标。孔隙率的检测应采用水袋法进行。

（10）填石路堤成形后的外观质量标准应符合下列规定：路堤表面应无明显孔洞；大粒径石料应不松动；边坡码砌紧贴、密实无松动，砌块间承接面向内倾斜，坡面平顺；路基边线与边坡不应出现单向累计长度超过50m的弯折；上边坡不得有危石。

5. 逐条判断是否计量：

①在"203-1-a路基挖土方"清单子目中计量。

②不在"203-1-a路基挖土方"清单子目中计量。

③不在"204-1-a利用土方路基填筑"清单子目中计量。

④不在"204-1-a利用土方路基填筑"清单子目中计量。

⑤在"204-1-a利用土方路基填筑"清单子目中计量。

⑥在"204-1-a利用土方路基填筑"清单子目中计量。

本题考核的是土方工程计量。

（1）土方体积可采用平均断面积法计算，但与似棱体公式计算结果比较，如果误差超过±5%时，监理人可指示采用似棱体公式。

（2）各种不同类别的挖方与填方计量，应以图纸所示界线为限，而且应在批准的横断面图上标明。

（3）用于填方的土方量，应按压实后的纵断面高程和路床面为准来计量。承包人报价时，应考虑在挖方或运输过程中引起的体积差。

（4）在现场钉桩后56d内，承包人应将设计和进场复测的土方横断面图连同土方的面积与体积计算表一并提交监理工程师批准。所有横断面图都应标有图题框，其大小由监理工程师指定。一旦横断面图得到最后批准，承包人应交给监理工程师原版图及三份复制图。

6. 逐条判断在事件4的情况下施工单位是否可向业主索赔工期和费用：

（1）工期不可索赔，费用不可索赔。

（2）工期可索赔，费用可索赔。

费用索赔：（17900＋123800＋38600）×（1＋25%）＋19300＝244675元。

（3）工期不可索赔，费用不可索赔。

本题考核的是公路工程施工索赔管理。

（1）可原谅可补偿的延误是指由于业主或工程师的错误或失误而造成的工期延误。在这种情况下，承包商不仅可以得到工期延长，还可以得到经济补偿。

（2）可原谅不可补偿的延误是指既不是承包商也不是业主的原因，而是由客观原因引起的工期延误。在这种情况下，承包商可获得一定的工期延长作为补偿，但一般得不到经济补偿。

（3）不可原谅的延误是指由于承包商的原因引起的工期延误。在这种情况下，承包商不但不能得到工期延长和经济补偿，而且由这种延误造成的损失全部都要由承包商来负责。

（4）关键性延误是位于网络进度计划的关键线路上的延误。关键性延误肯定会导致总工期的延长，如果是可原谅的延误应该给予承包商工期补偿。

（5）非关键性延误是位于非关键线路上的延误。一般而言，当其延误时间没有超过总时差时，便不会造成总工期的延长。即使是可原谅的延误，只要其延误不造成总工期的延长，承包商仍然得不到工期补偿。只有超过总时差时，才对其超过部分予以延期。

实务操作和案例分析题二［2022年真题］

【背景资料】

某施工单位承建了长度为15km的高速公路路基工程，合同工期2年。主要工程内容包括：路基、桥梁、通道、涵洞、防护及排水等。其中，路基工程有约3km连续段落需进行软基处理，并经90d预压后进行路基填筑，本段落软基处理深度在4～8m，设计要求以竖向排水体方式进行软基处理，填方边坡高度在3～21m，为保证高填方路基稳定，设计采用了3m高6m宽的反压护道。本合同段路基挖、填方边坡均采取浆砌片石坡面防护。工程实施过程中，发生如下事件：

事件1：项目部就本合同段路基工程编制了施工方案，主要内容包括：① 编制依据；② 工程概况；③ 工艺流程及操作要点、关键技术参数与技术措施；④ 施工技术方案设计图；⑤ 技术方案的主要计算书；⑥ A、B、质量保证、文物保护及文明施工措施；⑦ 危险性较大的分部分项工程安全专项施工方案。

事件2：软基处理完成后，项目部为加快工程进度采取了如下措施：

（1）在软基路段堆载预压期间进行桥台、涵洞、通道工程施工。

（2）路堤与反压护道分开填筑，待所有路堤施工完成后再进行反压护道施工。

事件3：在软基处理后的高填方路段，路基防护工程设计采用了三级浆砌片石护坡，为便于边坡后期维护，每200m长度内间断采用了10m宽加厚浆砌片石护面墙，并按规范要求设计了防滑坎。施工队为了保证工程进度，提出如下技术措施：

（1）在路堤预压期间施工浆砌片石护坡。

（2）所有片石在路基坡面上直接铺筑后再以砂浆填充缝隙。

（3）片石护坡每10～15m应设置一道伸缩缝，缝宽宜为20～30mm。基底地质有变化处应设沉降缝。且伸缩缝与沉降缝可合并设置。

（4）砂浆初凝后，立即进行养护，砂浆终凝前，砌体应覆盖。

（5）护面墙施工完成后再施工防滑坎。

事件4：工程开工半年后，因特殊原因，经专家论证，建设单位下发正式文件要求本合同工程提前半年交工，并在文件中指令将路基预压期压缩为70d。承包人为响应该要求，及时向内部自行招标确定的分包队伍下达了新的工期计划，经共同努力提前半年完成了全部合同工程。工程交工后，本合同段承包人及时向建设单位提交了相关工期及费用的书面索赔报告。

【问题】

1. 结合背景资料，写出软基处理关于竖向排水体较常用的两种方式。

2. 结合事件1及对工程管理过程中编制施工方案的理解，完善第⑥条中A、B的内容。

3. 事件2中（1）、（2）两项措施均明显错误，写出正确做法。

4. 逐条判断事件3中的措施是否正确。若不正确，写出正确做法。

5. 结合事件4，承包人在执行建设单位下达的文件前，监理方应补充什么？

6. 事件4中，承包人向建设单位提交书面索赔报告的做法是否正确？并说明理由。另写出分包人应向哪个单位提交索赔报告？

【参考答案与分析思路】

1. 竖向排水体较常用的两种方式：袋装砂井和塑料排水板。

> 本题考查的是竖向排水体处理软基较常用的方式。这是一个解答题，虽然问题中讲到要结合背景资料，实际上背景资料是没有参考意义的。

2. A的内容为安全，B的内容为环保。

> 本题考查的是施工方案编制的主要内容。是一个挖空型的题目，这个题目可以根据第⑥条中A、B后面的内容来判断，一般与质量保证、文物保护及文明施工并列提出的就应该是安全和环保，这是一个常识。

3.（1）的正确做法：桥台、涵洞、通道工程的施工应该在堆载预压沉降完成后进行。

（2）的正确做法：路堤与反压护道如需要分开填筑，应该在路堤达到临界高度前完成反压护道的施工。

> 本题考查的是软土地区路堤施工技术要求。这个题目在问题中已经告诉我们是错误的说法，那相对于要判断正误再改正简单了一些，我们只需要根据掌握的知识来改正就

可以。如果我们不会做这个题目，怎么办？我们仔细阅读背景资料，可以发现：第（1）条的关键词是"期间"，第（2）条的关键词是"后"，对于第（1）条的修改就在"前"与"后"中选择，对于第（2）条只能修改为"前"。这是在不会做的情况下的有效解答方法。

4.（1）不正确。正确做法：浆砌片石护坡宜在路堤沉降稳定后施工。

（2）不正确。正确做法：所有片石都应坐于新拌砂浆之上。

（3）正确。

（4）正确。

（5）不正确。正确做法：护面墙防滑坎应与墙身同步施工。

本题考查的是浆砌片石护坡的施工规定。相对于第3个问题就复杂了一些，需要先判断是否正确，然后写出正确做法。解答这个问题的关键还是在施工工艺的先后顺序。（1）的改正也可以回答：在路堤预压结束后施工浆砌片石扩坡。（4）的改正也可以回答：先布砂浆再砌筑片石。

5. 承包人在执行建设单位下达的文件前，监理方应补充工程变更令。

本题考查的是工程变更。根据背景资料中的内容"建设单位下发正式文件要求本合同工程提前半年交工，并在文件中指令将路基预压期压缩为70d"，改变合同工期就属于变更。

6. 承包人向建设单位提交书面索赔报告的做法不正确。

理由：因分包人与建设单位无合同关系，不能向建设单位提出索赔，应由承包人向监理工程师提交索赔报告。

分包人应向承包人提交索赔报告。

本题考查的是索赔。是涉及分包工程的索赔，在背景资料中说道：本合同段承包人及时向建设单位提交了相关工期及费用的书面索赔报告，我们必须判断清楚本合同段承包人是指哪一方？是分包人。如果判断不正确，结果就完全不一样。

实务操作和案例分析题三［2021年真题］

【背景资料】

某高速公路合同段起讫桩号为K6＋280～K13＋109。公路沿线为山岭重丘区，路基填挖方量较大。其中K8＋570～K9＋066段为填石路堤，填料以中硬石料为主。根据《公路工程标准施工招标文件》，项目招标文件要求投标文件采用双信封形式密封，第一信封为商务文件和技术文件，第二信封为报价文件，报价文件应包括投标函等内容。某施工单位按照要求提交了投标文件和投标保证金，最终顺利中标。项目开工前，施工单位编制了实施性施工组织设计，并经监理工程师批准。双代号网络计划如图5-2所示。

施工过程中发生了如下事件：

事件1：填石路堤施工前，施工单位进行了试验路段施工，通过试验确定了压实工艺主要参数、质量控制标准和施工工艺流程等。其中压实工艺主要参数包括机械组合、压实机械规格、碾压遍数等；填石路堤施工工艺流程为：施工准备→填料检验合格→填料装运→M→边坡码砌→局部找平、细料补充→N→质量检验。

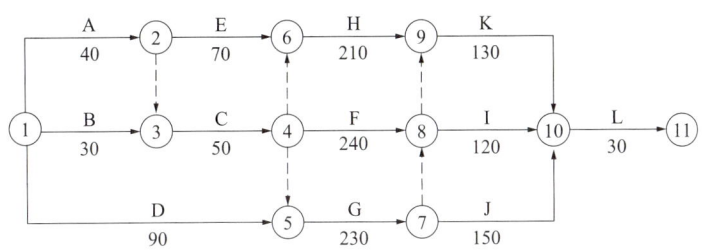

图 5-2 双代号网络计划（单位：d）

事件2：施工组织设计中，填石路堤施工技术要求部分内容如下：① 中硬岩石可以用于路堤填筑，不得用于路床填筑；② 压实机械选用自重大于18t的振动压路机；③ 路床底面以下400mm范围内，填料最大粒径不得大于150mm，其中小于5mm的细料含量应不小于20%；④ 边坡码砌与路基填筑应基本同步进行。

事件3：填石路堤施工过程中，施工单位按规范要求进行施工过程质量控制和质量检验，检验实测项目有压实、弯沉、中线偏位、宽度、横坡、边坡坡度和平顺度等。根据规范，压实质量采用指标X进行控制，同时每填高3m，还检测了Y和宽度。

事件4：合同履行过程中，出现以下情形：① 因业主未能按时提供图纸，导致工作H停工12d，同时导致施工单位一台自有机械窝工12个台班，该机械每台班折旧费400元、检修费与维护费470元、动力燃料费280元；② 因设计变更，工作C的工程量由5000m³增加至6000m³；③ 因业主供应的某主要材料检验不合格，导致工作F开始时间推迟10d，同时导致施工单位一台租赁机械窝工10个台班，该机械每台班租赁费1000元、动力燃料费360元。施工单位分别就以上3个情形向业主提出机械使用费和工期索赔。

【问题】

1. 补充背景资料中报价文件还应包括的两项内容。投标保证金有哪些形式？
2. 事件1中，补充试验路段还应确定的压实工艺参数。写出工序M、N的内容。
3. 逐条判断事件2中的技术要求是否正确。若不正确，写出正确技术要求。
4. 事件3中，补充质量检验实测项目，写出指标X、检测项目Y的名称。
5. 事件4中，计算机械使用费索赔金额。每种情形下工期索赔各是多少天？

【参考答案与分析思路】

1. 背景资料中报价文件还应包括的两项内容：已标价工程量清单、合同用款估算表。

投标保证金的形式：现金、支票、银行保函。

本题考查的是报价文件的组成与投标保证金的形式。根据《公路工程标准施工招标文件》，投标文件的组成应满足相应条款要求，若采用双信封形式，第一个信封（商务及技术文件）应包括下列内容：（1）投标函及投标函附录；（2）授权委托书或法定代表人身份证明；（3）联合体协议书；（4）投标保证金；（5）施工组织设计；（6）项目管理机构；（7）拟分包项目情况表；（8）资格审查资料；（9）投标人须知前附表规定的其他资料。第二个信封（报价文件）应包括下列内容：（1）调价函及调价后的工程量清单（如有）、公路工程标准施工招标文件（2018年版）；（2）投标函；（3）已标价工程量清单；（4）合同用款估算表。投标人在评标过程中作出的符合法律法规和招标文件规定的澄清确认，构成投标文件的组成部分。

投标保证金应采用现金、支票、银行保函或招标人在投标人须知前附表规定的其他形式。

2. 事件1中，补充试验路段还应确定的压实工艺参数：松铺厚度、碾压速度。

工序M的内容为分层填筑，工序N的内容为振动碾压。

本题考查的是填石路堤压实工艺主要参数与施工工艺流程。压实工艺主要参数：机械组合、压实机械规格、松铺厚度、碾压遍数、碾压速度、最佳含水率及碾压时含水率范围等。

填石路堤施工工艺流程如图5-3所示。

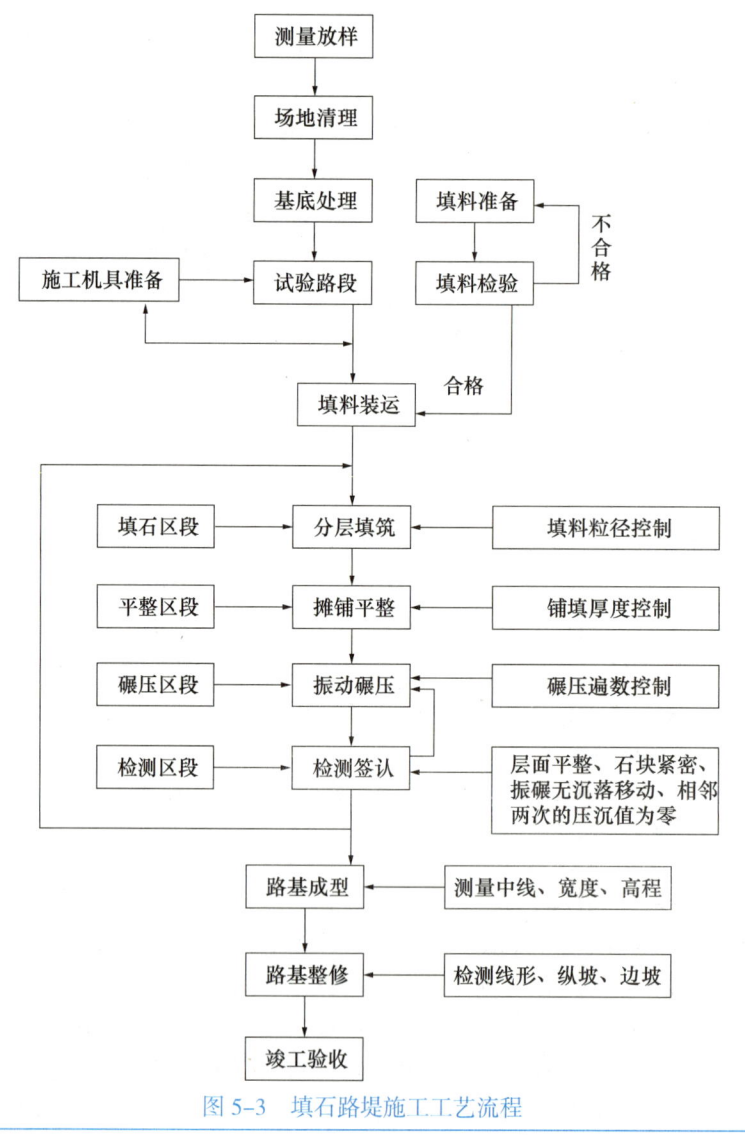

图 5-3　填石路堤施工工艺流程

3. 逐条判断事件2中的技术要求是否正确及正确技术要求：

① 错误。正确技术要求：中硬岩石可以用于路堤填筑，也可以用于路床填筑。

② 正确。

③错误。正确技术要求：路床底面以下400mm范围内，填料最大粒径不得大于150mm，其中小于5mm的细料含量应不小于30%。

④正确。

> 本题考查的是填石路堤施工的技术要求。主要考核的是填石路堤施工要求和填料要求。

4. 事件3中，补充质量检验实测项目：平整度、纵断高程。

指标X的名称为沉降差（或孔隙率）。

检测项目Y的名称为路基中线。

> 本题考查的是填石路基检验实测项目。实测项目包括：压实度（△）、弯沉度（△）、纵断高程、中线偏位、宽度、平整度、横坡、边坡坡度和平顺度。
>
> 填石路堤施工过程质量控制：施工过程中每一压实层，应采用试验路段确定的工艺流程、工艺参数控制。压实质量可采用沉降差指标进行检测。施工过程中，每填高3m检测路基中线和宽度。

5. 事件4中，机械使用费索赔金额：

自有机械索赔金额＝12×400＝4800元。

租赁机械索赔金额＝10×1000＝10000元。

机械使用费索赔金额＝4800＋10000＝14800元。

每种情形下工期索赔：

（1）第①种情形：工作H的总时差为20d，工期索赔为0d。

（2）第②种情形：工作C为关键工作，工期索赔（6000－5000）／（5000/50）＝10d。

（3）第③种情形：工作F的总时差为10d，工期索赔为0d。

> 本题考查的是索赔。对于机械窝工来说，如果是自有机械窝工，计算窝工费用索赔时应采用台班折旧费；如果是租赁机械窝工，计算费用索赔时应采用台班租赁费。检修费与维护费、动力燃料费不计。在计算工期索赔时要结合双代号网络计划图来分析。

典 型 习 题

实务操作和案例分析题一

【背景资料】

2016年3月，某二级公路工程实行公开招标，招标项目估算价为7000万元人民币。资金由项目所在地省交通运输厅筹集，招标人为该省公路建设投资集团公司。招标文件参照《公路工程标准施工招标文件》编制，投标报价方式为工程量清单报价，工程数量由招标人给出，由投标人填写单价和总价。在招标投标和施工过程中，发生了如下事件：

事件1：为防止投标人围标、串标或提供虚假资料，保证工程招标顺利进行，招标人在招标文件中规定：投标人需缴纳80万元投标保证金和120万元信用保证金，以现金或支票形式提交的投标保证金应当从其基本账户转出，一旦发现投标人出现违法、违规行为，一律没收所有保证金。

事件2：投标人甲的总报价为6800.022万元，其中第200章部分报价单见表5-2。在评标过程中，评标委员会发现，清单中细目209-3-c的单价与数量的乘积与合价不一致，细目210-3-b中，招标人给定的锚杆工程量是256m，投标人甲没有填写单价和合价。锚杆的市场综合单价为55.06元/m。其他部分的计算均正确。评标委员会按照偏差修正的有关原则对偏差进行了修正，并征得投标人甲的同意。最终投标人甲以修正后的报价中标并签订合同。

表5-2　第200章部分报价单

第200章　路基					
细目号	细目名称	单位	数量	单价（元）	合价（元）
……	……	……	……	……	……
209-3	挡土墙	—	—	—	—
209-3-a	C15片石混凝土	m³	13745	374.18	5143104.1
209-3-c	砂砾垫层	m³	530	86	455800
210-3	框格锚杆防护（不含喷播草籽）	—	—	—	—
210-3-a	C20混凝土	m³	500	603.41	301705
210-3-b	锚杆	m	256		
210-3-c	光圆钢筋（HPB235）	kg	5311	4.73	25121.03
210-3-d	带肋钢筋（HRB335）	kg	2901	4.87	14127.87
216-1	冲击碾压	m²	42384	3.98	168688.32

第200章　合计　人民币　10775184元

事件3：工程开工后，为协调当地关系，在业主的推荐下，甲公司项目部同驻地所在村委会签订了劳务分包合同，但合同价格已超出甲公司与业主合同中该部分的人工费，甲公司项目部向业主提出了调整人工费的申请。

【问题】

1. 事件1中，根据《公路工程建设项目招标投标管理办法》（2016版），招标人的规定有何不妥？说明理由。

2. 事件2中，针对细目209-3-c和210-3-b分别应该如何处理？说明理由。

3. 事件2中，按照《中华人民共和国招标投标法实施条例》，计算招标人可以收取投标人甲的最高履约保证金（保留小数点后2位）。

4. 事件3中，甲公司项目部与驻地所在村委会签订劳务分包合同的做法是否正确？甲公司项目部的调价申请能否获得支持？分别说明理由。

【参考答案】

1. 不妥之处一：招标文件中规定：投标人需缴纳120万元信用保证金。

理由：投标人只需缴纳投标保证金，而不需缴纳信用保证金。

不妥之处二：一旦发现投标人出现违法、违规行为，一律没收所有保证金。

理由：只有出现投标人在规定的投标有效期内撤销或修改其投标文件以及其他违反约定的行为时，才能没收该投标人的投标保证金。否则招标人不得随意没收投标保证金。

2. （1）针对细目209-3-c应该以单价为准。理由：209-3-c中合价明显错误的情况，应当以单价为准，调整合价应为530×86＝45580元。

（2）针对细目210-3-b应该不予调整。理由：210-3-b中对于投标报价中已经列出的工程量清单，只是没有填写价格的，表明此部分工程量投标人已经考虑到，因为其未填写价格，可以视为其价格已经包含在其他项目中。该项属于投标人漏项，不予调整。

3. 投标人甲的最终修正报价为6800.022－41.022＝6759万元。

招标人可以收取投标人甲的最高履约保证金为6759×10%＝675.9万元。

> 本题考查的是履约保证金的计算。按照《中华人民共和国招标投标法实施条例》规定，招标文件要求中标人提交履约保证金的，中标人应当按照招标文件的要求提交，履约保证金不得超过中标合同金额的10%。本题并无难点，考生只要掌握"履约保证金不得超过中标合同金额的10%"这个要点，即可计算出最高投标保证金。

4. （1）甲公司项目部与驻地所在村委会签订劳务分包合同的做法不正确。

理由：由于村委会不是企业法人单位，也没有劳务资质，不能签订劳务合同。甲公司项目部不是法人单位，未获授权不能代表公司签订合同。

（2）甲公司项目部的调价申请不能获得支持。

理由：因为签订劳务合同是承包商与村委会签订的，根据工程分包合同示范文本的相关规定，分包合同价款与总包合同相应部分价款无任何连带关系，且未发生施工劳务合同价格调整的情形，故无法获得支持。

实务操作和案例分析题二

【背景资料】

某高速公路N合同段路基工程施工，工期18个月，其中K23＋200～K32＋200路段以填方为主，合同段附近地表土主要是高液限黏土（液限值在38～49之间），在较远地带分布有膨胀土、沼泽土、盐渍土、有机土、粉土、砂性土等。出于控制造价的考虑，业主要求就地取材。为此，施工单位针对高液限土填筑路堤做了试验路段，以确定其最大干密度和松铺厚度等指标。

场地清理完毕后，对路基横断面进行测量放样，动土触探，并绘制出横断面图，提交监理工程师复测，确认后开始填筑路基。

施工单位严格按照试验路段提供的数据指导施工，经过2个月的填筑，发现按试验路段数据控制施工，施工周期K（每层的填筑周期超过5d，在雨期，填筑周期达到15d以上）无法满足工期要求。业主在了解情况后，书面要求监理工程师指示施工单位在半个月后变更路堤填料。经过现场考查并征得监理工程师同意和设计单位确认后，选择了粉土与砂性土两种路堤填料，施工单位随即组织施工。在路堤施工，采用一层粉土，一层砂性土，交错分层水平填筑，每层压实厚度22cm左右；碾压时，采用纵向分行进行，直线段由中间向两边，曲线段由外侧向内侧的方式进行碾压。

由于变更后取用的路堤填料需增加较长运距，而在合同中没有该变更的价格，整个工程完工后，施工单位向业主提出了变更工程价款的报告。

1. 根据背景资料中所列土壤类型，哪些不得用于填筑路堤？哪些须经处理后才能用于填筑路堤？

2. 指出施工单位在路堤施工中的错误，并给出正确做法。

3. 根据公路工程施工变更合同价款的确定方法，结合背景资料，填料变更的变更价款应如何确定？

4. 施工单位提出变更工程价款的时间是否符合相关规定？说明理由。

【参考答案】

1. 不得用于填筑路堤的土壤类型：沼泽土、有机土。经处理后才能用于填筑路堤的土壤类型：膨胀土、盐渍土。

2. 施工单位在路堤施工中的错误及正确做法：

（1）错误：场地清理完毕后对路基横断面进行测量放样。

正确做法：先施工放样与断面测量，然后清理场地。

（2）错误：横断面图提交监理工程师复测确认后开始填筑路基。

正确做法：开始填筑路基需进行填前处理，要对路基原地面处理合格后方能进行路基填筑。

（3）错误：粉土与砂性土交错分层水平填筑。

正确做法：由于砂土、粉土没有塑性，受水流冲刷和风蚀易损坏，在使用时可掺入黏性大的土，同时采用不同性质的土应分别填筑，不得混填，每种填料层累计总厚度不宜小于0.5m。

（4）错误：碾压时，直线段由中间向两边，曲线段由外侧向内侧的方式进行碾压。

正确做法：应该直线段由两边向中间，曲线段由内侧向外侧进行碾压。

3. 公路工程施工变更合同价款的确定方法：合同中已有适用于变更工程的价格，按合同已有的价格计算变更合同价款；合同中有类似于变更工程的价格，可以参照此价格确定变更价格，变更合同价款；合同中没有适用或类似于变更工程的价格，由承包人提出适当的变更价格，经工程师确认后执行。

结合背景资料，填料变更的变更价款应按类似变更工程的价格变更合同价款，或由承包人提出适当的变更价格，经工程师确认后执行。

4. 施工单位提出变更工程价款的时间不符合相关规定。

理由：工程变更发生后，承包人在工程变更确定后14d内，提出变更工程价款的报告，经工程师确认后调整合同价款。承包人在确定变更后14d内，不向工程师提出变更工程价款报告时，视为该项设计变更不涉及合同价款的变更。工程师收到变更工程价款报告之日起7d内，予以确认。工程师无正当理由不确认时，自变更报告送达之日起14d后，变更工程价款报告自行生效。

实务操作和案例分析题三

【背景资料】

某二级公路的主要工序见表5-3。

施工单位编制的双代号网络计划如图5-4所示。

表5–3 某二级公路的主要工序

工作代号	工作名称	备注
A	施工准备	—
B	路基土石方开挖	其中部分石方需爆破施工
C	挡墙基坑开挖	—
D	涵洞施工	—
E	桥梁基础施工	钻孔灌注桩基础
F	上边坡防护工程施工	分5级，平均高40m
……	……	……

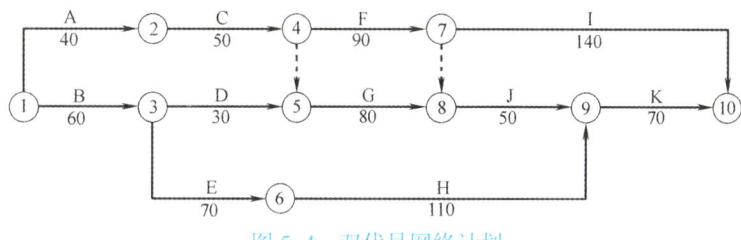

图5–4 双代号网络计划

施工中发生了如下事件：

事件1：由于施工单位设备故障，导致C工作中断4d。

事件2：由于百年一遇的冰雪灾害，导致D工作晚开工15d。

事件3：由于图纸晚到，导致E工作停工10d。针对上述事件中的暂停施工，施工单位在合同规定时间内向监理提出了延期申请和费用索赔的要求。合同约定，成本损失费为人民币1.5万元/d，利润损失费为人民币0.2万元/d。

【问题】

1. 计算双代号网络计划工期，并指出关键线路。

2. 针对背景资料中的双代号网络计划，分别分析工作C、D、E工期索赔和费用索赔的合理性。

3. 计算可索赔的费用。

4. 结合背景资料，分析施工单位应编制哪些安全生产专项施工方案？

【参考答案】

1. 双代号网络计划工期为320d，关键线路为：A—C—F—I。

2. 针对背景资料中的网络计划，工作C、D、E工期索赔和费用索赔的合理性分析如下：

工作C：工期索赔和费用索赔不合理。因为导致工作C中断的原因是施工单位设备故障，应由施工单位承担责任。

工作D：工期索赔和费用索赔不合理。虽然百年一遇的冰雪灾害属于不可抗力，施工单位虽可以索赔工期，但是工作D的总时差为30d，晚开工15d没有超过其总时差，所以不可提出工期索赔的申请。不可抗力发生后的停工损失的责任应由施工单位承担，所以也不可提出费用索赔的申请。

工作E：工期索赔不合理，费用索赔合理。图纸晚到造成的停工责任应由建设单位承担，因此可提出费用索赔的申请。但由于工作E有10d的总时差，停工时间没有超过总时差，因此不可提出工期索赔的申请。

3. 可索赔的费用＝10×1.5＝15万元。

4. 结合背景资料，施工单位应编制路基土石方开挖、挡墙基坑开挖、桥梁基础施工、上边坡防护工程施工安全生产专项施工方案。

实务操作和案例分析题四

【背景资料】

某大型桥梁工程，发包方（简称甲方）通过邀请招标的方式确定本工程由承包商乙中标，双方签订了施工总承包合同。在征得甲方书面同意的情况下，承包商乙将桩基础工程分包给具有相应资质的专业分包商丙，并签订了专业分包合同。在桩基础施工期间，由于分包商丙自身管理不善，造成甲方现场周围的建筑物受损，给甲方造成了一定的经济损失，甲方就此事向承包商乙提出了赔偿要求。

另外，考虑到桥梁主体工程施工难度高，自身技术力量和经验不足等情况，在甲方不知情的情况下，承包商乙又与一家具有施工总承包一级资质的某知名承包商丁签订了主体工程分包合同，合同约定承包商丁以承包商乙的名义进行施工，双方按约定的方式进行了结算。

【问题】

1. 承包商乙和分包商丙签订的桩基础工程分包是否有效？简述理由。

2. 对分包商丙给甲方造成的损失，承包商乙承担什么责任？简述理由。

3. 承包商乙将主体工程分包给承包商丁在法律上属于何种行为？

【参考答案】

1. 承包商乙和分包商丙签订的桩基础工程分包有效。

理由：根据《公路工程标准施工招标文件》（2018年版）的规定，允许分包的工程范围仅限于非关键性工程或者适合专业化队伍施工的专业工程，桩基工程属于适合专业化队伍施工的专业工程。

2. 对分包商丙给甲方造成的损失，承包商乙承担连带责任。

理由：根据《中华人民共和国建筑法》规定，建筑工程总承包单位按照总承包合同约定对建设单位负责，分包单位按照分包合同的约定对总承包单位负责。总承包单位和分包单位就分包工程对建设单位承担连带责任。

3. 承包商乙将主体工程分包给承包商丁在法律上属于违法分包行为。

第6章 公路工程施工进度管理实务操作和案例分析专项突破

2015—2024年度实务操作和案例分析题考点分布

考点	年份									
	2015年	2016年	2017年	2018年	2019年	2020年	2021年	2022年	2023年	2024年
公路工程施工进度计划类型										
公路工程施工进度计划编制	●	●	●	●		●	●		●	
公路工程进度控制方法和措施										
公路工程进度拖延处理										

【专家指导】

关于施工网络进度计划的考核，双代号网络计划时间参数的计算、工期的计算及关键线路的确定属于基本知识，且考核频率较高，对于各工期的计算为考核的要点。关于建造师考试中，网络图的考核没有考生想的那么难，结合真题多加练习关键点即可应对考试。

历 年 真 题

实务操作和案例分析题一［2020年真题］

【背景资料】

某施工单位承接了某高速公路合同段的施工任务，该合同段起讫桩号为K9＋060～K14＋270。公路沿线经过大量水田，水系发育，有大量软土地基。其中在K11＋350附近软土厚度为4.5～8.0m，设计采用水泥粉体搅拌桩进行处理，水泥掺量为14%，桩径为50cm，桩间距为150cm，呈正三角形布置。桩顶地基设砂砾垫层，厚度为30cm。另有一座中心桩号为K13＋050的大桥，其桥台后填土较高，荷载较大，需按规范要求进行台背回填。项目开工前，施工单位编制了实施性施工组织设计，确定了主要分部分项工程的施工方法、施工机械配备等，制定了进度计划，并经监理工程师批准。双代号网络计划如图6-1所示。

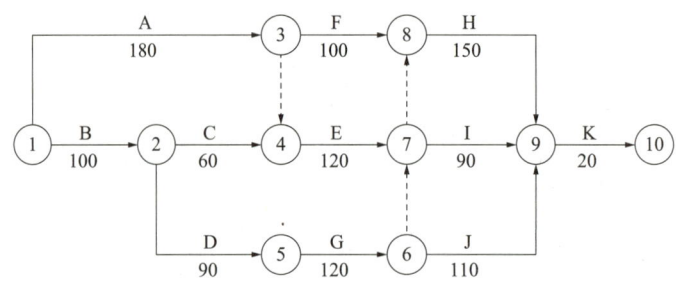
图6-1 双代号网络计划（单位：d）

施工过程中发生了如下事件：

事件1：水泥粉体搅拌桩施工前，施工单位进行了成桩试验，确定了满足设计喷入量要求的水泥粉体搅拌桩施工工艺参数，包括钻进速度、搅拌速度等。施工过程中，施工单位严格按规范要求进行质量检验，实测项目主要包括垂直度、承载力、桩长、桩径、桩距等。检验发现有部分桩体出现下沉，下沉量在1.2～2.0m之间不等，施工单位按规范要求采取措施对桩体下沉进行了处理。

事件2：施工组织设计中，桥台台背回填的技术方案部分内容如下：① 台背填料选用砂石料或二灰土；② 自台身起，顺路线方向，填土的长度在顶面处不小于桥台的高度；③ 锥坡填土与台背填土同时进行；④ 采用小型机械进行压实，压实度不小于94%；⑤ 台背回填在结构物强度达到设计强度65%以上时进行。

事件3：合同履行过程中，先后出现了以下几个可能影响工期的情形：① 因设计变更，工作B的工程量由50000m增加至60000m；② 工作D结束后，业主指令在工作G之前增加一项工程，完成该新增工程需要30d；③ 因业主供应的某主要材料检验不合格，导致工作I开始时间推迟40d。施工单位按合同约定分别就以上3个情形向业主提出工期索赔。

【问题】

1. 计算双代号网络计划的工期，指出关键线路。

2. 事件1中，施工单位在成桩试验中还应确定哪些工艺参数？补充质量检验实测项目。

3. 写出事件1中桩体下沉应采取的处理措施。

4. 逐条判断事件2中施工单位的技术方案是否正确。若不正确，写出正确技术方案。

5. 事件3中的每种情形下可索赔工期分别为多少天？总工期索赔为多少天？

【参考答案与分析思路】

1. 工期＝100＋90＋120＋150＋20＝480d。

关键线路：B→D→G→H→K（或①→②→⑤→⑥→⑦→⑧→⑨→⑩）。

> 本题考查的是双代号网络计划的工期及关键线路的确定。

2. 成桩试验中还应确定的工艺参数：喷粉压力、瞬时喷粉量、累计喷粉量、提升速度。

补充的质量检验实测项目：桩体强度、单桩每延米喷粉量。

> 本题考查的是粉喷桩施工规定，应随时记录喷粉压力、瞬时喷粉量和累计喷粉量、钻进速度、提升速度等有关参数的变化。当发现喷粉量不足时，应整桩复打，复打的喷粉量应不小于设计用量。

3. 桩体下沉应采取的处理措施：

（1）出现沉桩时，孔洞深度在1.5m以内的，可用8%的水泥土回填夯实。

（2）孔洞深度超过1.5m的，可先将孔洞用素土回填，然后在原位补桩，补桩长度应超过孔洞深度0.5m。

> 本题考查的是粉喷桩施工规定。出现沉桩时，孔洞深度在1.5m以内的，可用8%的水泥土回填夯实；孔洞深度超过1.5m的，可先将孔洞用素土回填，然后在原位补桩，补桩长度应超过孔洞深度0.5m。

4. ① 正确。

② 不正确。改正：台背填土顺路线方向长度，应自台身起，顶面不小于桥台高度加2m。

③ 正确。

④ 不正确。改正：台背与墙背1.0m范围内回填宜采用小型夯实机具压实，压实度不小于96%。

⑤ 不正确。改正：台背回填在结构物强度达到设计强度75%以上进行。

> 本题考查的是台背与墙背填筑的施工技术。
>
> （1）二级及二级以上公路应按设计做好过渡段，过渡段路堤压实度应不小于96%；二级以下公路的路堤与回填的联结部，应预留台阶。
>
> （2）台背和锥坡的回填宜同步进行。
>
> （3）台背与墙背1.0m范围内回填宜采用小型夯实机具压实。
>
> （4）分层压实厚度宜不大于150mm，填料粒径宜小于100mm，涵洞两侧回填填料粒径宜小于50mm，压实度应不小于96%。
>
> （5）部位狭窄时，可采用低强度等级混凝土、浆砌片石等材料回填。
>
> （6）涵洞两侧应对称分层回填压实。
>
> （7）回填部分的路床宜与路堤路床同步填筑。
>
> （8）台背与墙背回填，应在结构物强度达到设计强度的75%以上时进行。
>
> 台背与墙背填筑填料要求：填料宜采用透水性材料、轻质材料、无机结合料稳定材料等，崩解性岩石、膨胀土不得用于台背与墙背填筑。

5. 事件3中每种情形下可索赔工期的判断如下：

① 工作B为关键工作，可索赔工期：（60000－50000）/（50000/100）＝20d。

② 增加的工作和工作G均为关键工作，可索赔工期30d。

③ 工作I为非关键工作，推迟40d，未超过60d的总时差，因此索赔0d。

总工期索赔天数：30＋20＝50d。

> 本题考查的是工期索赔。
>
> ① 可索赔工期20d。
>
> 理由：因设计变更属于非施工单位的责任，所以可索赔工期，工程量由50000m增加至60000m，工作B增加20d，工作B是关键工作会使工期延长20d，所以可索赔工期20d。

② 可索赔工期30d。

理由：因工作D结束后，业主指令在工作G之前增加一项工程，属于非施工单位的责任，且增加的工作位于关键线路上，所以可索赔工期30d。

③ 不能进行工期索赔。

理由：工作的总时差为60d，工作I开始时间推迟40d，未超过总时差，不会导致工期的延误，所以工期索赔0d。

综上所述：总工期索赔的天数为：20＋30＝50d。

实务操作和案例分析题二 [2017年真题]

【背景资料】

某公路工程采用工程量清单方式招标，甲公司中标并与发包人签订了施工承包合同，甲公司项目部编制了工程施工进度单代号网络计划如图6-2所示，监理工程师批准了该计划。

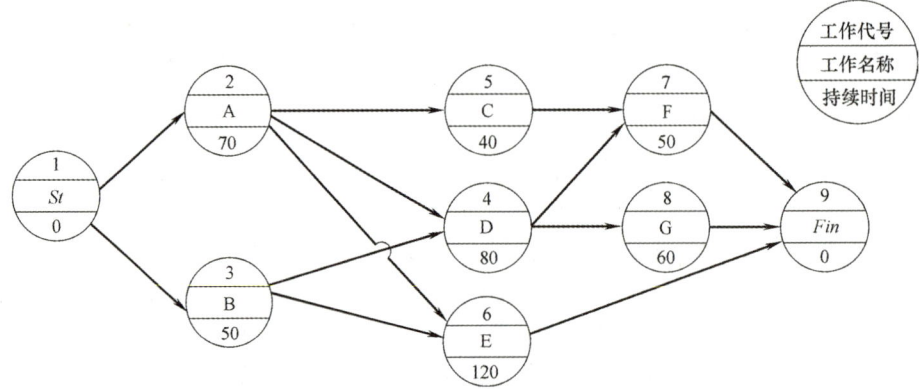

图6-2　工程施工进度单代号网络计划（时间单位：d）

合同约定当工程量增加超出清单工程量25%时，双方可以协商调整超出25%部分的单价，甲公司部分工程量清单报价见表6-1。

表6-1　部分工程量清单报价表

第200章　路基					
子目号	子目名称	单位	数量	单价（元）	合价（元）
……	……	……	……	……	……
203	挖方	—	—	—	—
203—1	路基挖方	—	—	—	—
—a	挖土方（外运1km）	m³	60000.000	15.00	900000
204	填方	—	—	—	—
204—3	结构物台背回填	—	—	—	—
—a	台背回填4%水泥稳定碎石	m³	146.000	285.31	41655
207	排水工程	—	—	—	—

第200章 路基					
子目号	子目名称	单位	数量	单价（元）	合价（元）
207—1	边沟	—	—	—	—
—b	M7.5浆砌片石边沟	m³	108.000	415.42	44865
—d	边沟人工清淤挖运20m	m³	91.260	—	—
……	……	……	……	……	……

第200章　合计　人民币3033830元

施工中发生如下事件：

事件1：由于设计变更，路基挖土方实际完成工程量为90000m³，双方协商调整单价为14元/m³。边沟人工清淤挖运20m实际完成工程量82m³。

事件2：工作A、B开工5d后开始下雨，因季节性下雨导致停工4d，后变为50年一遇特大暴雨，导致停工6d。承包商提出工程延期10d与窝工补偿2万元。

事件3：由于设计变更，导致工作C推迟开工60d。

事件4：工作D完成后，业主委托第三方检验，检验结果质量为不合格。承包商返工修复完工后，业主重新委托第三方检验。由于工作D返工，影响了工作G的开始时间，业主要求承包商赶工，监理工程师也需要一起加班。

【问题】

1. 事件1中，路基挖方的总价为多少元？边沟人工清淤挖运是否计价？说明理由（计算结果保留整数）。

2. 将工程施工进度单代号网络计划转换为双代号网络计划。

3. 事件2中，承包商可以获得的工期和窝工补偿各为多少？事件3中，承包商可以索赔的工期为多少？

4. 事件4中，业主可以向承包商提出索赔的费用有哪些？

【参考答案与分析思路】

1. 路基挖方的总价计算。

（1）路基挖方按原单价结算的工程量：60000×（1+25%）=75000m³。

路基挖方按新单价结算的工程量：90000-75000=15000m³。

路基挖方总价：75000m³×15元/m³+15000m³×14元/m³=1335000元。

（2）边沟人工清淤挖运不予计价。

理由是：此项工作出现在207-1-d中，按照规定，已经列出的工程量清单，只是没有填写价格的，表明此部分工程量投标人已经考虑到，因为其未填写价格，可以视为其价格已经包含在其他项目中。

> 本题考查的是路基挖方成本的计算。关于路基挖方总价的计算，应注意"增加超出清单工程量25%时，双方可以协商调整超出25%部分的单价"的信息，即分别计算超出25%和未超出25%部分的价格，之后求和。

2. 工程施工进度单代号网络计划转换为双代号网络计划，如图6-3所示。

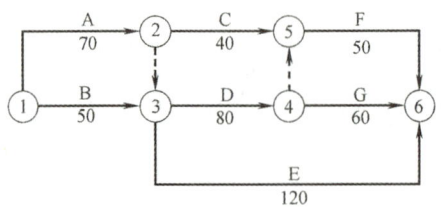

图 6-3　工程施工进度双代号网络计划

> 本题考查的是双代号网络计划的绘制。双代号网络计划中，不允许出现循环回路。绘制网络计划时，箭线不宜交叉。双代号网络图中应只有一个起点节点和一个终点节点（多目标网络计划除外），而其他所有节点均应是中间节点。双代号网络计划应条理清楚，布局合理。

3. 事件2中，承包商可以获得的工期补偿为6d，无法获得窝工补偿（或窝工补偿为零）。事件3中，承包商可以索赔工期10d。

> 本题考查的是工期和费用的索赔。（1）工程延期索赔，因为不可抗力事件等原因造成工期拖延的，承包人向发包人提出索赔。事件2中，"50年一遇特大暴雨，导致停工6d"属于不可抗力事件，故可索赔6d。（2）从网络计划的终点节点开始，逆着箭线方向一次找出相邻两工作之间的时间间隔为零的线路就是关键线路。可得出关键线路为 A→D→G。其他工作的总时差应等于本工作与其各紧后工作之间的时间间隔加该紧后工作的总时差所得之和的最小值，即：$TF_i = \min \{LAG_{i,j} + TF_j\}$。可得出事件3中，工作C的总时差为 40+10，工作F的总时差为10，即 60-（40+10）=10d。

4. 业主可以向承包商索赔的费用：重新检验费和监理加班费。

> 本题考查的是业主向承包商的索赔。质量不满足合同要求，工程被拒绝接收，在承包商自费修复后，业主可索赔重新检验费。工程进度太慢，要求承包商赶工时，可索赔工程师的加班费。

典 型 习 题

实务操作和案例分析题一

【背景资料】

某施工单位承建了长度5km的"四好农村路"改建工程。该改建工程是将现有农村公路升级改建为轻交通荷载等级的四级公路，路面面层为水泥混凝土结构。施工单位中标后，立即组织人员、材料、设备进场，现场设置了工地试验室。

施工中发生以下事件：

事件1：为满足设计要求，施工单位在面层水泥混凝土中掺加了各种掺合料，质量满足规范要求的各种掺合料使用前，施工单位进行了A检验以及B试验。

事件2：为节约成本，通过C验证，施工单位利用了该工程农村公路的再生粗集料。

事件3：工地试验室针对现场材料试验、设备管理做了以下工作：

（1）工地试验室将超出母体检测机构授权范围的试验检测项目和参数进行了外委，并向项目监理单位报备。

（2）该项目的施工单位、监理单位将外委试验委托给同一家检测机构进行检测。

（3）工地试验室设备管理人员将使用状态为"准用"的仪器用"绿"色标签进行标识。

事件4：垫层施工完毕后，施工单位将合同段内路面工程分为两个施工段，每个施工段分三个工序（底基层、基层、面层）组织搭接流水施工，双代号网络计划如图6-4所示。

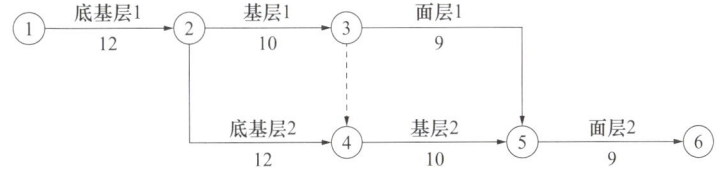

图6-4　双代号网络计划（单位：d）

【问题】

1. 写出事件1中A、B的内容。

2. 写出事件2中C的内容，并结合背景资料，写出该改建工程可使用原农村公路再生粗集料还应具备的两个主要条件。

3. 逐条判断事件3中的工地试验室相关工作内容是否正确。若不正确，写出正确工作内容。

4. 写出事件4中的关键线路（写出数字序号即可，如：432……），并计算总工期。

【参考答案】

1. 事件1中A、B对应的内容如下：

A：混凝土配合比试配检验。

B：掺量优化试验。

> 本题考查的是水泥混凝土路面掺合料要求。各种掺合料在使用前，应进行混凝土配合比试配检验与掺量优化试验，确认面层水泥混凝土弯拉强度、工作性、抗磨性、抗冰冻性、抗盐冻性等指标满足设计要求。

2. C的内容：配合比试验验证。

还应具备的条件：

（1）轻交通荷载等级公路的面层水泥混凝土可使用再生粗集料。

（2）再生粗集料质量满足相关规定。

> 本题考查的是水泥混凝土路面的再生粗集料要求。中、轻交通荷载等级公路面层水泥混凝土可使用再生粗集料，其质量应符合相关规定。再生粗集料可单独或掺配新集料后使用，但应通过配合比试验验证，确定混凝土性能满足设计要求。

3. 事件3中的工地试验室相关工作内容正确与否的判断及正确工作内容：

（1）不正确。

正确的工作内容：向项目建设单位报备。

（2）不正确。

正确的工作内容：不得（或禁止）将外委试验委托给同一家检测机构进行检测。

（3）不正确。

正确的工作内容："黄"色标签。

> 本题考查的是工地试验室设备管理及工地试验外委管理。
>
> （1）工地试验室应加强外委试验管理，超出母体检测机构授权范围的试验检测项目和参数应进行外委，外委试验应向项目建设单位报备。
>
> （2）工程建设项目的同一合同段中的施工、监理单位和检测机构不得将外委试验委托给同一家检测机构。
>
> （3）仪器设备应实施标识管理，分为管理状态标识和使用状态标识。使用状态标识分为"合格""准用""停用"三种，分别用"绿""黄""红"三色标签进行标识。"准用"对应的应为"黄"色标签。

4. 关键线路：12456（或1→2→4→5→6；或①→②→④→⑤→⑥；或①②④⑤⑥都得分）

总工期：12＋12＋10＋9＝43d。

> 本题考查的是关键线路和总工期。自始至终全部由关键工作组成的线路为关键线路，或线路上总的工作持续时间最长的线路为关键线路。本题中，关键线路上的工期相加的总和即为总工期。

实务操作和案例分析题二

【背景资料】

某施工单位承接了某高速公路 A 合同段的施工任务，其中包括 8km 的路基、路面工程和一座跨径 80m 的桥梁施工。该合同段土质以松散砂土和黏土为主，土质含水量为 20%，路基施工中有大量土方需转运 200～300m。

施工前，项目部组织编写了施工组织设计，并将路面分成三个工作量相等的施工段，基层和面层各由一个专业作业队施工。基层的三个施工段按每段 25d，面层的三个施工段按每段 15d 等节拍组织线性流水施工，并绘制了总体进度计划如图 6-5 所示。

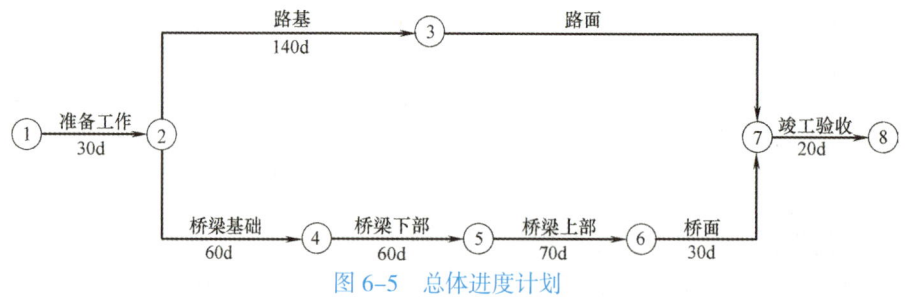

图 6-5　总体进度计划

合同约定工期为 300d，并规定每提前工期 1d，奖励 0.5 万元；每拖延工期 1d，罚款 0.8 万元。

在施工准备阶段，项目部将桥梁工程的基础施工指派给某专业作业队实施，但由于种种原因，施工时间需调整为 70d。

在桥梁基础施工中，由于监理工作失误，使该桥施工暂停 10d，导致人员和租赁的施工机具窝工10d，项目部在规定时间内就此向监理公司提出了费用索赔。

【问题】

1. 该项目土方转运宜选用何种土方机械？说明理由。

2. 按组织流水施工的要求，完善路面部分的施工网络计划。

3. 计算完善后的总体进度计划工期和按此计划项目部可能得到的提前完工奖励或因误期的罚款额。

4. 将桥梁基础施工时间定为70d是否可行？说明理由。

5. 指出桥梁基础施工中机具窝工时可索赔的机械费用组成，项目部是否可以直接向监理公司提出索赔？说明理由。

【参考答案】

1. 该项目土方转运宜选用小型和中型铲运机。

理由：铲运机在土的湿度方面，最适宜湿度较小（含水量在25%以下）松散砂土和黏土中施工，铲斗容积为小型和中型的合理运距为100～350m；大型和特大型的合理运距为800～1500m。本题中的土质以松散砂土和黏土为主，土质含水量为20%，路基施工中有大量土方需转运200～300m。

2. 路面施工时间＝25＋25＋25＋15＝90d，完善后的总体进度计划如图6-6所示。

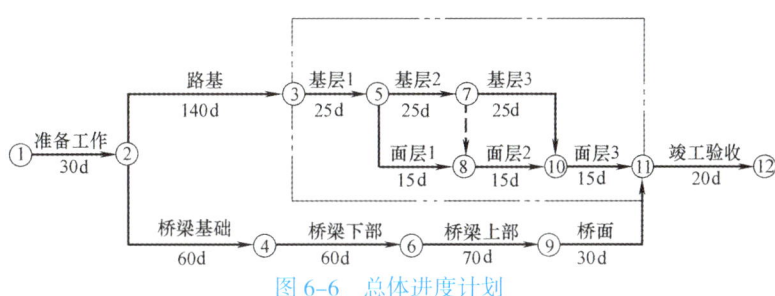

图6-6　总体进度计划

3. 完善后的总体进度计划工期＝30＋140＋90＋20＝280d。

按此计划项目部可能得到的提前完工奖＝（300－280）×0.5＝10万元。

4. 将桥梁基础施工时间定为70d可行。

理由：将桥梁基础施工时间定为70d后，施工工期仍为280d，既不影响总工期，也不会影响提前工期奖。

5. 桥梁基础施工中机具窝工时可索赔的机械费用为机械租赁费。

理由：导致租赁的施工机具窝工。

项目部不可以直接向监理公司提出索赔。

理由：承包商与监理公司没有合同关系，监理工作失误造成的窝工应向业主提出索赔，并按规定向监理递交索赔文件。

实务操作和案例分析题三

【背景资料】

某施工单位承接了一4×20m简支梁桥工程。桥梁采用扩大基础，墩身平均高10m。项目为单价合同，且全部钢筋由业主提供，其余材料由施工单位自采或自购。在离本工程不远的江边有丰富的砂源，经检验，砂的质量符合要求。采砂点位于一跨江大桥下游150m处，施工用砂均取自这里。项目部拟就1～3号排架组织流水施工，各段流水节拍见表6-2。

表6-2　各段流水节拍

段落 流水节拍（d） 工序	1号排架	2号排架	3号排架
扩大基础施工（A）	10	12	15
墩身施工（B）	15	20	15
盖梁施工（C）	10	10	10

注：表中排架由基础、墩身和盖梁三部分组成。

根据施工组织和技术要求，基础施工完成后至少10d才能施工墩身。

施工期间，还发生了如下事件：

事件1：由于业主大型安装设备的进场，业主委托承包人对一旧桥进行加固。加固工程中的施工项目在原合同中有相同项目，承包人要求直接采用相关单价来处理加固费用。

事件2：在桥梁基础开挖完成后，施工项目负责人组织施工人员、质检人员对基槽几何尺寸和标高这两项隐蔽工程进行了检查和验收，随即进入下一道工序。

事件3：施工单位准备开始墩身施工时，由于供应商的失误，将一批不合格的钢筋运到施工现场，致使墩身施工推迟了10d开始，承包人拟就此向业主提出工期和费用索赔。

【问题】

1. 计算排架施工的流水工期（列出计算过程），并绘制流水横道图。

2. 事件1中，承包人的要求是否合理？说明理由。

3. 事件2中，隐蔽工程的检查验收项目是否完善？说明理由。并指出检查方式的错误之处。

4. 针对事件3，承包人是否可以提出工期和费用索赔？说明理由。

5. 指出背景资料中施工单位存在的违法行为，以及违反了哪部法律或法规？按有关规定应如何处理？

【参考答案】

1. 计算流水工期：

扩大基础施工（A）与墩身施工（B）：

```
    10  22  37
 －）    15  35  50
 ─────────────────
    10   7   2  -50
```

$K_{AB} = \max\{10, 7, 2, -50\} = 10d$

墩身施工（B）与盖梁施工（C）：

```
    15  35  50
 －）    10  20  30
 ─────────────────
    15  25  30  -30
```

$K_{AC} = \max\{15, 25, 30, -30\} = 30d$

所以，$T = 10 + 30 + (10 + 10 + 10) + 10 = 80d$

流水横道图见表6-3。

表6-3　流水横道图

工序	工期（d）							
	10	20	30	40	50	60	70	80
A	A1 A2 A3							
B			B1 B2			B3		
C						C1 C2		C3

2. 不合理。

理由：因为按照索赔的一般要求，由于需要加强桥梁结构以承受"特殊超重荷载"而索赔，承包商只能索赔有关工程费用，无权得到利润。但单价合同中的单价包含了利润在内的一切费用。

3. 不完善。

理由：检查项目还应有：土质情况、地基处理。还应请监理单位、建设单位、设计单位相关人员参加。

4. 可以。

理由：因为首先造成墩身施工推迟是由于业主的原因，而且该推迟会使工期延长，并会带来人员、设备的窝工，所以承包商可以提出工期和费用索赔。

5. 存在的违法行为是：在大中型公路桥梁周围200m（施工单位是在150m）范围内取砂，违反了《中华人民共和国公路法》的规定，应由交通运输主管部门责令停止违法行为，并可以处以3万元以下罚款。

实务操作和案例分析题四

【背景资料】

某施工单位承接的二级公路中有4道单跨2.0m×2.0m钢筋混凝土盖板涵，在编制的施工组织设计中，对各涵洞的工序划分与工序的工作时间分析见表6-4。

表6-4　各涵洞的工序划分与工序的工作时间分析

工作时间（d）　涵洞 工序名（代号）	1号涵洞	2号涵洞	3号涵洞	4号涵洞
基础开挖及软基换填（A）	6	7	4	5
基础混凝土浇筑（B）	2	2	4	4
涵台混凝土浇筑（C）	4	3	4	5
盖板现浇（D）	5	4	3	4

施工单位最初计划采用顺序作业法组织施工，报监理审批时，监理认为不满足工期要求，要求改为流水作业法。

根据现场施工便道情况，施工单位决定分别针对A、B、C、D 4道工序组织4个专业作业队伍，按4号→3号→2号→1号涵洞的顺序采用流水作业法施工，确保每个专业作业队的连续作业。在每个涵洞的"基础开挖及软基换填"工序之后，按《隐蔽工程验收制度》规定，必须对基坑进行检查和验收，检查和验收时间（间歇时间）按2d计算。验收由施工单位项目负责人组织施工人员、质检人员，并请监理单位人员及设计代表参加。验收的项目为：基坑几何尺寸、地基处理。验收合格后才进行下一道工序的施工。

【问题】

1. 计算按顺序作业法组织4道涵洞施工的工期。
2. 计算按流水作业法组织施工的流水步距及总工期。
3. 绘制按流水作业法组织施工的横道图（要求横向为工期，纵向为工序）。
4. 根据《隐蔽工程验收制度》，验收时还必须邀请哪个单位参加？
5. 补充基坑验收时缺漏的项目。

【参考答案】

1. 按顺序作业法组织4道涵洞施工的工期 $=（6+2+4+5）+（7+2+3+4）+（4+4+4+3）+（5+4+5+4）+2×4=74d$。

2. 流水施工工期计算：采用"累计数列错位相减取大值法"。

$$
\begin{array}{r}
5 \quad 9 \quad 16 \quad 22 \quad \\
-)\quad\ \ 4 \quad 8 \quad 10 \quad 12 \\
\hline
5 \quad 5 \quad 8 \quad 12 \ -12
\end{array}
$$

故 $K_{AB}=12$，同理 $K_{BC}=4$，$K_{CD}=5$，$T=（12+4+5）+（4+3+4+5）+2=39d$。

3. 绘制按流水作业法组织施工的横道图见表6-5。

表6-5 按流水作业法组织施工的横道图

工序	工期（d）							
	5	10	15	20	25	30	35	40
A	4号涵洞 3号涵洞	2号涵洞	1号涵洞					
B		K_{AB} 间歇2d	4号	3号 2号 1号				
C			K_{BC} 4号	3号 2号	1号			
D				K_{CD} 4号	3号 2号	1号		
				39d				

4. 根据《隐蔽工程验收制度》，验收时还必须邀请建设单位（或业主单位）参加。

5. 基坑验收时缺漏的项目：土质情况、标高。

实务操作和案例分析题五

【背景资料】

某施工单位承接了某二级公路的施工，工程合同总价为6758万元。其工程划分见表6-6。

表6-6 工程划分

单位工程	分部工程（代号）	分项工程
路基工程	路基土石方工程（A）	土方路基、石方爆破路堑、软土路基
	排水工程（B）	浆砌排水沟、跌水、集水槽
	涵洞（C）	基础及下部结构、主要构件预制及安装、填土、总体
	砌筑防护工程（D）	锚喷防护、护坡
路面工程	路面工程（E）	底基层……
桥梁工程	基础及下部结构	桩基……
	F	……
	总体、桥面系及附属工程	……
	防护工程	……

本项目中的桥梁工程为一座3×25m简支梁桥，梁板采用预制构件。

根据施工组织安排，排水工程（B）开始施工20d后才能开始路基土石方工程（A）施工，涵洞（C）完成20d后才能开始路基土石方工程（A）施工，而砌筑防护工程（D）与涵洞（C）、排水工程（B）同时开始施工，在路基工程全部完成后才能进行路面工程（E）施工。

在本项目施工组织设计中，项目机构组成人员中的主要领导包括：项目经理1名，项目副经理1名，总工1名，党支部书记1名，财务主管1名，技术主管1名。

为搞好廉政建设，在项目管理文件中还写明了廉政建设的具体措施。

【问题】

1. 绘制分部工程中A～E工程的单代号网络计划。

2. 写出F代表的分部工程名称。

3. 根据《公路水运工程安全生产监督管理办法》，指出表中已列出的分项工程中需要编制安全生产专项施工方案的工程（如列出错误分项工程，要倒扣分，直到本小题得分扣完为止）。

4. 根据《公路水运工程安全生产监督管理办法》，本项目哪些人员应该持有交通运输部颁发的安全生产三类管理人员上岗证书？最少有几人？

5. 为保证廉政建设措施的落实，一般情况下，按照招标文件要求，施工单位应与哪个单位签订什么文件？

【参考答案】

1. 绘制分部工程中A～E工程的单代号网络计划，如图6-7所示。

2. F代表的分部工程名称：上部构造预制和安装。

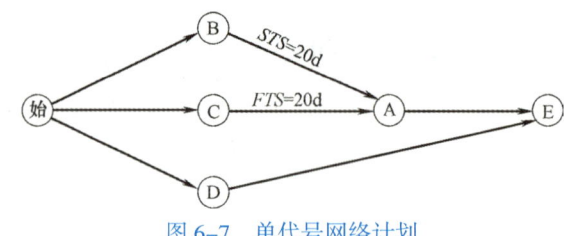

图 6-7　单代号网络计划

3. 已列出的分项工程中需要编制安全生产专项施工方案的工程：石方爆破路堑、桩基。

4. 本项目的项目经理、项目副经理、项目总工、现场专职安全生产管理人员应该持有交通运输部颁发的安全生产三类管理人员上岗证书。最少有5人。

5. 按照招标文件要求，施工单位应与建设单位签订廉政合同。

实务操作和案例分析题六

【背景资料】

某施工单位承接了某二级公路桥梁工程，施工单位按照合同工期要求编制了如图6-8所示的双代号网络计划（时间单位：d），并经监理工程师批准后实施。

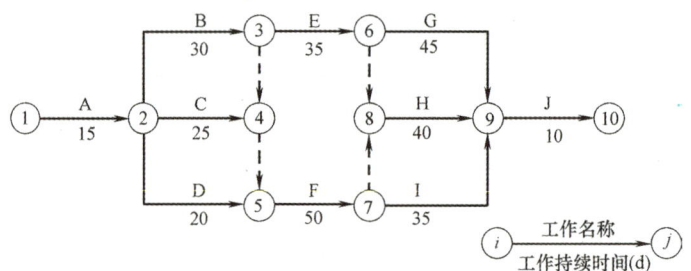

图 6-8　双代号网络计划

在实施过程中，发生了如下事件：

事件1：工作D（1号台基础）施工过程中，罕见特大暴雨天气使一台施工机械受损，机械维修花费2万元，同时导致工作D实际时间比计划时间拖延8d。

事件2：施工单位租赁的施工机械未及时进场，使工作F（1号台身）实际时间比计划时间拖延8d，造成施工单位经济损失2000元/d。

事件3：业主变更设计，未及时向施工单位提供图纸，使工作E（0号台身）实际时间比计划时间拖延15d，造成施工单位经济损失1600元/d。

【问题】

1. 根据双代号网络计划计算该工程的总工期，并指出关键路线。

2. 分别分析事件1、2、3对总工期的影响，并计算施工单位可获得的工期补偿。

3. 分别分析施工单位能否就事件1、2、3导致的损失向业主提出索赔，说明理由，并计算索赔金额。

4. 将背景资料中的双代号网络计划改为单代号网络计划。

【参考答案】

1. 该工程的总工期＝15＋30＋50＋40＋10＝145d。关键路线为A、B、F、H、J。

2. 事件1对总工期没有影响，因为工作D有10d的总时差，延误8－10＝－2d。

事件2对总工期有影响，会使总工期延长8d，因为工作F为关键工作。

事件3对总工期有影响，会使总工期延长5d，因为工作E有10d的总时差，延误15－10＝5d。

施工单位可获得的工期补偿为5d。

3. 就事件1导致的损失，施工单位不能向业主提出索赔。

理由：不可抗力发生后，施工机械的损失由施工单位承担。

就事件2导致的损失，施工单位不能向业主提出索赔。

理由：施工单位租赁的施工机械未及时进场属施工单位的责任。

就事件3导致的损失，施工单位能向业主提出索赔。

理由：施工图纸的延误属业主的责任。

索赔金额＝15×1600＝24000元。

4. 修改后的单代号网络计划如图6-9所示。

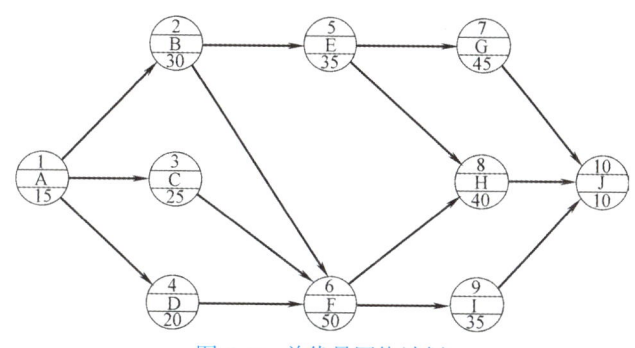

图6-9　单代号网络计划

实务操作和案例分析题七

【背景资料】

某施工单位承接了某二级公路的普通水泥混凝土路面施工项目，合同段总长度36km，路面结构层为15cm厚级配碎石底基层、20cm厚水泥稳定碎石基层、24cm厚水泥混凝土面层，面层采用轨道摊铺机摊铺施工。钢材、水泥供应厂家由建设单位指定。施工单位对基层和面层分别组织一个专业队采用线性流水施工，其施工组织设计内容摘要如下：

摘要1：基层施工进度为每天450m，养护时间至少7d；水泥混凝土面层施工进度为每天400m，养护时间至少14d，所需最小工作面长度为3600m，其流水施工横道图见表6-7。

表6-7　路面工程线性流水施工横道图

工作内容	时间（d）																							
	5	10	15	20	25	30	35	40	45	50	55	60	65	70	75	80	85	90	95	100	105	110	115	120
基层																								
面层																								

摘要2：施工单位现有主要施工设备包括混凝土生产设备、混凝土及原材料运输设备、起重机、布料机、摊铺机、整平机、压路机、拉毛养护机和石屑撒布机，项目部根据实际情况调用。

摘要3：项目部要求工地试验室在检查了产品合格证、质量保证书后向监理工程师提交每批水泥清单。

【问题】

1. 计算摘要1中路面基层和面层工作的持续时间。

2. 计算基层和面层的流水工期并按表绘制路面工程线性流水施工横道图（注：将表抄绘在答题纸上作答）。

3. 结合摘要2，为完成水泥混凝土面层施工，施工单位还需配备哪两个关键设备？并指出肯定不需要调用的两个设备。

4. 摘要3中工地试验室的做法能否保证进场水泥质量？说明理由。

【参考答案】

1. 工作持续时间＝工作总量÷每天的工作量。

路面基层工作的持续时间＝36000÷450＝80d。

路面面层工作的持续时间＝36000÷400＝90d。

2. 因为基层的速度450m/d快于面层的速度400m/d，基层与面层之间逻辑关系应选择STS（开始到开始）搭接关系，搭接时距计算应该除以两者中较快的速度，结果为3600÷450＝8d；考虑到养护至少7d，所以STS＝8＋7＝15d。

基层和面层的流水工期＝15＋90＝105d。

绘制路面工程线性流水施工横道图见表6-8。

表6-8 路面工程线性流水施工横道图

工作内容	时间（d）																							
	5	10	15	20	25	30	35	40	45	50	55	60	65	70	75	80	85	90	95	100	105	110	115	120
基层	━	━	━	━	━	━	━	━	━	━	━	━	━	━	━	━								
面层				━	━	━	━	━	━	━	━	━	━	━	━	━	━	━	━	━	━			

3. 为完成水泥混凝土面层施工，施工单位还需配备的两个关键设备包括：切缝机组和振捣机。肯定不需要调用的两个设备是压路机和石屑撒布机。

4. 摘要3中工地试验室的做法不能保证进场水泥质量。

理由：没有依据标准规范规定的试验方法、试验项目、检验规则进行取样检定。

实务操作和案例分析题八

【背景资料】

甲公司承接了某一级公路K10＋100～K18＋230段的路基路面施工任务，施工前编制了双代号网络计划如图6-10所示，并通过监理审批。

根据与业主所签的施工合同，甲公司将K14＋280～K15＋400段的路基及防护工程分包给乙公司，乙公司再将部分劳务工作交由丙公司承担，并签订了合同。

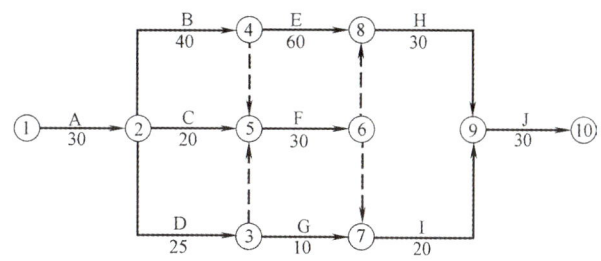

图 6-10　双代号网络计划（时间单位：d）

该项目在实施中发生了如下事件：

事件1：K11＋430～K11＋685段为软土地基，原设计方案为换填处理，由于当地材料缺乏，经监理、业主同意，决定变更为采用砂井处理。

事件2：为便于统一进行安全管理，乙公司现场安全管理人员由甲公司安全管理人员兼任。

事件3：因为业主原因，导致工作F停工35d，甲公司为此向业主提出工期索赔。

事件4：完工后，丙公司以分包人名义向甲公司和业主申请业绩证明。

【问题】

1. 该双代号网络计划的计划工期为多少天？计算工作D的最迟结束时间，并指出双代号网络计划的关键线路。

2. 按照《公路工程设计变更管理办法》，事件1中的变更属于哪一类变更？其变更应由哪级交通运输主管部门负责审批？砂井成孔有哪几种方法？

3. 事件2中，甲、乙两公司的做法是否正确？简述理由。

4. 事件3中，工作F的总时差为多少天？甲公司可以向业主提出多少天的索赔工期？

5. 事件4中，丙公司的做法是否正确？简述理由。

【参考答案】

1. 该双代号网络计划的计划工期为190d。

工作D最迟结束时间是第100天。

双代号网络计划关键线路：A→B→E→H→J（或①→②→④→⑧→⑨→⑩）。

2. 按照《公路工程设计变更管理办法》，事件1中的变更属于较大设计变更。

变更应由省级交通运输主管部门负责审批。砂井成孔方法有：水冲成孔法、套管法、螺旋钻孔法。

3. 事件2中，甲、乙两公司的做法不正确。

理由：甲公司安全管理员不得兼任乙公司安全管理人员，乙公司应有自己的专职安全员管理。

4. 事件3中，工作F的总时差为30d。甲公司可向业主提出5d的索赔工期。

5. 事件4中，丙公司的做法不正确。

理由：丙公司只是乙公司的劳务合作单位而非分包人，根据《公路工程施工分包管理办法》的规定，劳务合作不属于施工分包。劳务合作企业以分包人名义申请业绩证明的，承包人与业主不得出具。

实务操作和案例分析题九

【背景资料】

某等外级公路，起讫桩号K0＋000～K7＋300，沿途经过工业废矿区域，该地多雨潮湿、雨量充沛。随着当地旅游资源的开发，该路段已成为重要的旅游公路。经专家论证，确定该等外级公路升级改造成三级公路，路面结构形式如图6-11所示。

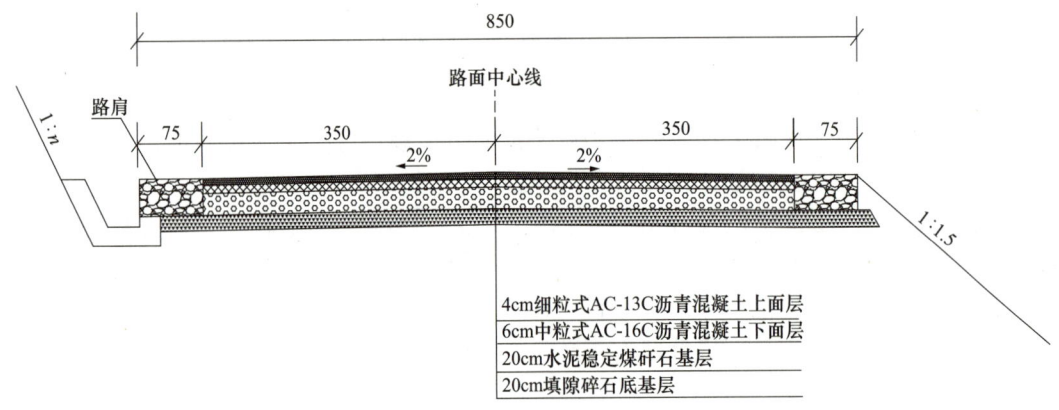

图6-11　路面结构形式示意图

施工中发生如下事件：

事件1：施工单位结合当地的自然条件，采用最适合的A法施工填隙碎石底基层，部分做法如下：

（1）集料层表面空隙全部填满后，立即用洒水车洒水，直到饱满。

（2）用轻型压路机跟在洒水车后碾压。

（3）碾压完成的路段应立即将表面多余的细料以及细料覆盖层扫除干净。

事件2：施工单位对水泥稳定煤矸石混合料进行了不同龄期条件下的强度和模量试验以及温度收缩和干湿收缩试验等，评价其性能。

事件3：为加快施工进度，施工单位编制施工组织设计时，分析了路面工程各结构层流水参数见表6-9，决定采用搭接流水方式施工。通过分析各结构层的施工速度，得出前道工序速度快于后道工序速度，以此确定了工序之间的搭接类型。

表6-9　流水参数与参数类别

流水参数	参数类别
施工段	时间参数
施工过程数	空间参数
组织间歇	工艺参数

事件4：因该旅游公路不能中断交通，施工单位水泥稳定煤矸石基层施工完成后，不能及时铺筑沥青混凝土面层，在基层上喷洒透层油后，采用层铺法表面处治铺筑了相应的功能层B。

174

【问题】

1. 写出事件1中方法A的名称，填隙碎石底基层施工还有哪一种方法？

2. 逐条判断事件1中填隙碎石底基层施工的做法是否正确。若不正确，写出正确做法。

3. 事件2中，施工单位在煤矸石使用前，还应做什么处理？

4. 复制表6-9到答题卡上，对流水参数与各自所属参数类别一一对应连线。

5. 事件3中，施工单位确定了哪种搭接类型？

6. 写出事件4中功能层B的名称，该功能层还可采用哪种方法施工？

【参考答案】

1. 方法A的名称：湿法。填隙碎石底基层施工方法还有干法施工。

2. 事件1中填隙碎石底基层施工的做法正确与否判断及正确做法：

（1）正确。

（2）不正确。正确做法：宜用重型压路机跟在洒水车后碾压。

（3）不正确。正确做法：碾压完成的路段应让水分蒸发一段时间，结构层变干后，将表面多余的细料以及细料覆盖层扫除干净。

3. 煤矸石在使用前还应做崩解稳定处理。

4. 对流水参数与各自所属参数类别连线见表6-10。

表6-10　流水参数与参数类别

流水参数	参数类别
施工段	时间参数
施工过程数	空间参数
组织间歇	工艺参数

（连线：施工段—空间参数；施工过程数—工艺参数；组织间歇—时间参数）

5. 施工单位确定3开始到开始（STS）搭接类型。

6. 功能层B的名称：下封层（或封层）。

该功能层还可采用稀浆封层法施工。

实务操作和案例分析题十

【背景资料】

某施工单位承建了一段山区三级公路路基工程，路段长5.27km，路基宽8.50m，双向两车道，路线地形起伏较大，填挖基本平衡，填石路堤填料主要以弱风化石灰岩为主。开工前，施工单位编制了实施性施工组织设计，并经监理工程师审批同意，其施工进度双代号网络计划如图6-12所示。

施工中发生如下事件：

事件1：填石路堤正式施工前，施工单位按照施工方案进行填石路堤试验路段的施工，通过试验确定了施工过程工艺控制方法、质量控制标准以及压实工艺参数，其压实工艺参数包括压实机械规格、压实功率等。

事件2：实施性施工组织设计中，填石路堤施工技术和质量控制要求部分内容如下：

（1）路基原地基处理后压实度应不小于85%。

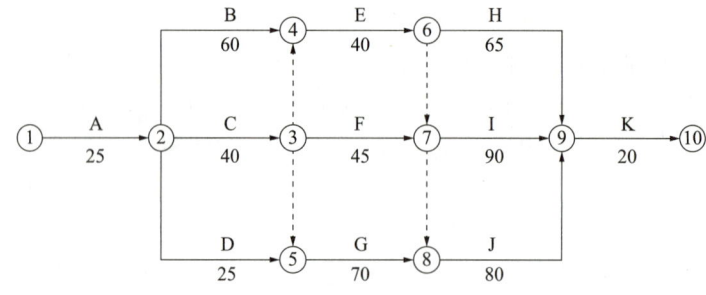

图6-12　双代号网络计划

（2）硬质石料填筑路堤时，应同步进行边坡码砌。

（3）路基填料粒径应不大于500mm，并不超过层厚的1/3。

（4）施工过程中，每填高6m，需检测路基中线和宽度。

事件3：填石路堤分层填筑的主要工艺有：① 分层填筑；② 振动碾压；③ 路基成型；④ 施工准备；⑤ 摊铺平整；⑥ 填料装运；⑦ 路基整修；⑧ 检测签认。施工过程中，施工单位严格按照已审批的实施性施工组织设计进行填石路堤压实质量的检测和控制。

【问题】

1. 确定双代号网络计划的关键线路。

2. 事件1中，补充试验路段还应确定的压实工艺参数。

3. 逐条判断事件2中的要求是否正确。若不正确，写出正确要求。

4. 写出事件3中正确的工艺顺序（写出序号即可，如⑤①③……）。

5. 事件3中，填石路堤压实质量控制应采用哪两项指标？

【参考答案】

1. 关键线路：①→②→④→⑥→⑦→⑨→⑩和①→②→③→⑤→⑧→⑨→⑩（或A→B→E→I→K和A→C→G→J→K）。

2. 压实工艺参数还有：机械组合、松铺厚度、碾压遍数、碾压速度、最佳含水率及碾压时含水率范围。

3. 事件2中的要求正确与否的判断及正确要求：

（1）正确。

（2）正确。

（3）不正确。正确要求：路堤填料粒径应不大于500mm，并宜不超过层厚的2/3。

（4）不正确。正确要求：施工过程中，每填高3m宜检测路基中线和宽度。

4. 正确的工艺顺序：④⑥①⑤②⑧③⑦。

5. 填石路堤压实质量控制应采用的两项指标：沉降差、孔隙率。

第7章 公路工程施工质量管理实务操作和案例分析专项突破

2015—2024年度实务操作和案例分析题考点分布

考点	年份									
	2015年	2016年	2017年	2018年	2019年	2020年	2021年	2022年	2023年	2024年
公路工程施工质量控制策划要求与内容										
公路工程质量控制方法及措施										
公路工程质量数据统计分析方法及应用	●			●	●			●		●
公路工程质量评定与检验		●			●					

【专家指导】

在施工过程中涉及质量的问题考核力度极大，且可考知识点也较多。质量管理的内容在历年真题中，涉及较多的有：各检验的实测项目及检验检测方法。关于各项目检验检测的相关知识点需要在复习过程中，进行熟练掌握。

历 年 真 题

实务操作和案例分析题一 [2023年真题]

【背景资料】

某双向四车道高速公路山岭隧道，全长1850m，地质岩性主要为强风化至弱风化花岗岩，节理较发育，地下水较丰富，穿越区域发育一条断层破碎带，隧道最大埋深310m，隧道纵断面示意图如图7-1所示。

隧道采用单向掘进的方式进行施工，支护采用初期支护＋二次衬砌的复合衬砌，其初期支护为：Ⅲ、Ⅳ级围岩采用锚喷支护，Ⅴ、Ⅵ级围岩采用钢架锚喷支护。

施工过程中发生以下事件：

事件1：项目部根据本工程特点、工程地质和水文地质情况，制定了施工方案，部分地段采取了相应的施工方法如下：

（1）K0＋120～K0＋520地段采用全断面法施工。

（2）K0＋520～K0＋620地段采用台阶法施工。

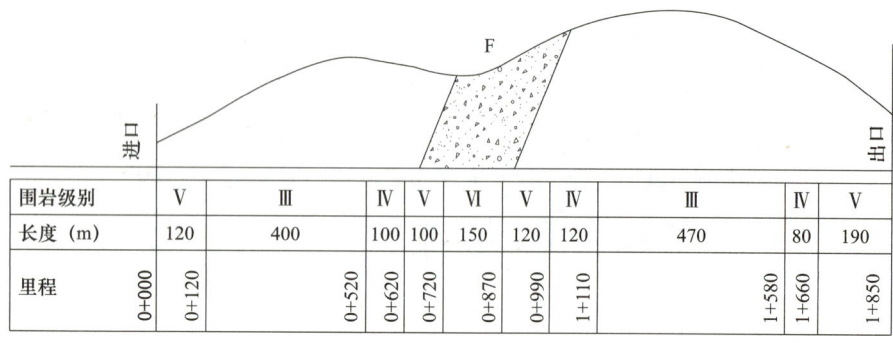

图7-1 隧道纵断面示意图

围岩级别	V	Ⅲ	Ⅳ	V	Ⅵ	V	Ⅳ	Ⅲ	Ⅳ	V
长度（m）	120	400	100	100	150	120	120	470	80	190
里程	0+000　0+120		0+520	0+620	0+720	0+870	0+990	1+110　1+580	1+660	1+850

（3）K0＋720～K0＋870地段采用CRD法施工。

（4）K1＋660～K1＋850地段采用台阶法施工。

事件2：项目部根据本工程情况和相关规定制定了隧道施工安全步距如下：

（1）仰拱与掌子面的距离，Ⅲ级围岩不得超过90m，Ⅳ级围岩不得超过60m，V、Ⅵ级围岩不得超过30m。

（2）软弱围岩及不良地质隧道的二次衬砌应及时施作，二次衬砌距离掌子面Ⅳ级围岩不得超过90m，V、Ⅵ级围岩不得超过70m。

事件3：项目部制定的喷射混凝土质量检验基本要求如下：

（1）开挖断面的质量，超欠挖处理、围岩表面渗漏水处理应符合施工技术规范规定，受喷面应清洁。

（2）喷射混凝土支护应与围岩紧密粘结，结合牢固，不得有空洞。喷层内不应存在片石和木板等杂物。严禁挂模喷射混凝土。

事件4：断层破碎带采用超前注浆加固地层，施工单位分别采用了周边小导管注浆和帷幕注浆两种加固方式，制定了相应的注浆工艺，其中周边小导管注浆工艺流程如图7-2所示。

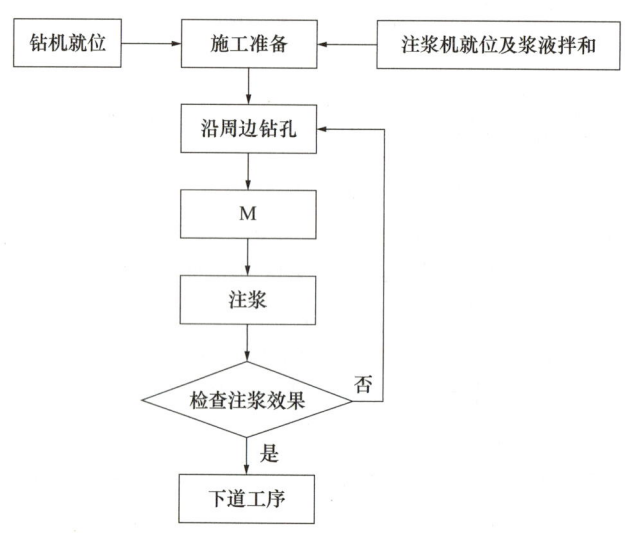

图7-2 周边小导管注浆工艺流程图

事件5：施工单位组织相关职能部门对该项目开展季度检查，进度检查过程中，工程部门着重围绕项目工作量的完成情况、工作时间的执行情况、上次检查提出问题的处理情况等内容开展检查工作，检查发现该项目进度存在严重滞后情况，检查组要求项目部通过优化资源配置缩短某些工作的持续时间等举措进行进度调整；技术部门着重对该隧道工程施工方案的编制及执行情况进行检查，检查发现项目部编制了 V、VI 级围岩专项施工方案，但未发现专家论证和审查资料。

【问题】

1. 逐条判断事件1中施工单位针对各级围岩制定的施工方法是否适用。不适用的予以改正。

2. 逐条判断事件2中施工单位制定的安全步距是否正确。若不正确，写出正确的做法。

3. 结合背景资料与施工技术规范，事件3中项目部制定的喷射混凝土质量检验基本要求是否齐全？如不齐全予以补充。写出喷射混凝土实测项目中的关键项目。

4. 结合图7-1和事件4，写出周边小导管注浆和帷幕注浆分别适用于哪种等级围岩？写出图7-2小导管注浆工艺流程图中工序M的名称。

5. 补充事件5中进度检查的主要内容。写出进度计划调整通常采用的另一种方法。判断该隧道工程专项施工方案是否需要专家论证，并说明理由。

【参考答案与分析思路】

1. 逐条判断事件1中施工单位针对各级围岩制定的施工方法是否适用：

（1）适用。

（2）适用。

（3）适用。

（4）不适用，改正：应采用环形开挖预留核心土法。

本题考查的是公路隧道主要开挖方式的适用范围。见表7-1。

表7-1　不同围岩条件和开挖断面适宜的开挖方法

序号	开挖方法		围岩级别	
			双车道隧道	三车道隧道
1	全断面法		Ⅰ～Ⅲ	Ⅰ～Ⅱ
2	台阶法	长台阶法	Ⅲ～Ⅳ	Ⅱ～Ⅲ
		短台阶法	Ⅳ～Ⅴ	Ⅲ～Ⅳ
		超短台阶法	Ⅴ	Ⅳ
3	分部开挖法	环形开挖预留核心土法	Ⅴ～Ⅵ	Ⅲ～Ⅳ
		中隔壁法	Ⅴ～Ⅵ	Ⅳ～Ⅴ
		交叉中隔壁法	Ⅴ～Ⅵ	Ⅳ～Ⅵ
		双侧壁导坑法	—	Ⅴ～Ⅵ

2. 逐条判断事件2中施工单位制定的安全步距是否正确：

（1）不正确。正确做法：仰拱与掌子面的距离，Ⅳ级围岩不得超过50m，Ⅴ、Ⅵ级围岩不得超过40m。

（2）正确。

3. 事件3中项目部制定的喷射混凝土质量检验基本要求不齐全。

补充：（1）钢架与围岩之间的间隙应采用喷射混凝土充填密实。

（2）喷射混凝土表面平整度应符合施工技术规范规定。

喷射混凝土实测项目中的关键项目：喷射混凝土强度、喷层与围岩接触状况。

4. 周边小导管注浆适用于Ⅴ级围岩。

帷幕注浆适应于Ⅵ级围岩。

小导管注浆工艺流程中工序M的名称：安装小导管。

5. 补充事件5中进度检查的主要内容：资源使用及进度的互配情况。

进度计划调整通常采用的另一种方法：改变某些工作间的逻辑关系。

该隧道工程专项施工方案需要专家论证。理由：K1＋660～K1＋850段Ⅴ级围岩长度为190m＞100m，且K1＋660～K1＋850段Ⅴ级围岩连续长度占总隧道长度190/1850＝10.27%≥10%；Ⅵ级围岩的隧道工程。

实务操作和案例分析题二 [2018年真题]

【背景资料】

某施工单位承建了某一级公路工程，起讫桩号K6＋000～K16＋000，其中K12＋420～K12＋540为一座钻孔灌注桩箱型梁桥。路线施工总平面布置示意图如图7-3所示，拟建公路旁边修建了生产区、承包人驻地及汽车临时便道等，K7＋000～K15＋000段的汽车临时便道共9.3km，K6＋000～K7＋000及K15＋000～K16＋000段的汽车临时便道紧靠拟建公路并与拟建公路平行。桥梁东西两端路基土方可调配，桩号K14＋300附近有一免费弃土坑。

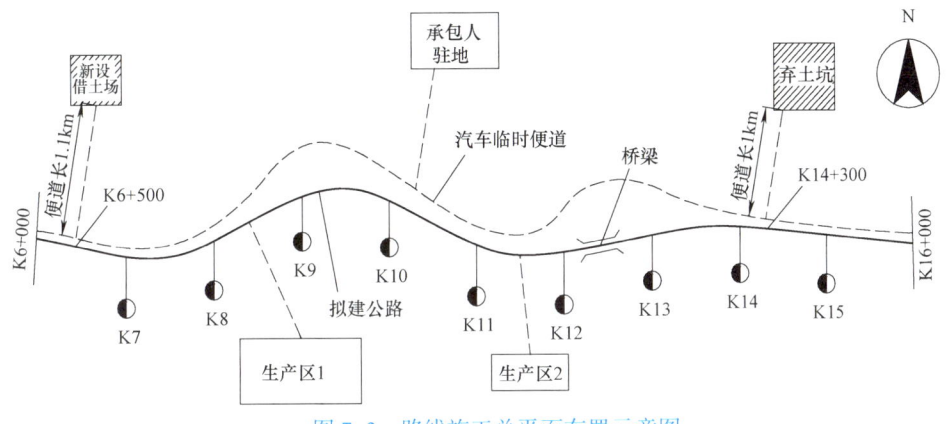

图7-3 路线施工总平面布置示意图

在K7＋000～K15＋000挖填土石方调配完毕后，针对K6＋000～K7＋000（填方路段）和K15＋000～K16＋000（挖方路段），有如下两种路基土方调配方案：

方案一：K15＋000～K16＋000挖土方作为远运利用方调配至K6＋000～K7＋000填筑。

方案二：K6＋000～K7＋000填筑土方从桩号K6＋500附近新设借土场借土填筑。

针对以上两种方案，各分项综合单价见表7-2。

表7-2 各分项综合单价表

序号	分项名称	综合单价（元/m³）
1	挖掘机挖装土方	4
2	自卸汽车运土方第1km	7
3	自卸汽车运土方每增运0.5km	1
4	借土场修建费（折算至每一挖方量综合单价）	4
5	借土场资源费	3

注：当汽车运输超过第1km，其运距尾数不足0.5km的半数时不计，等于或超过0.5km的半数时按增运0.5km计算。

大桥钻孔灌注桩共20根，桩长均相同，某桥墩桩基立面示意图如图7-4所示，护筒高于原地面0.3m。现场一台钻机连续24h不间断钻孔，每根桩钻孔完成后立即清孔、安放钢筋笼并灌注混凝土，钻孔速度为2m/h，清孔、安放钢筋笼、灌注混凝土及其他辅助工作综合施工速度为3m/h。为保证灌注桩质量，每根灌注桩比设计桩长多浇筑1m，并凿除桩头。

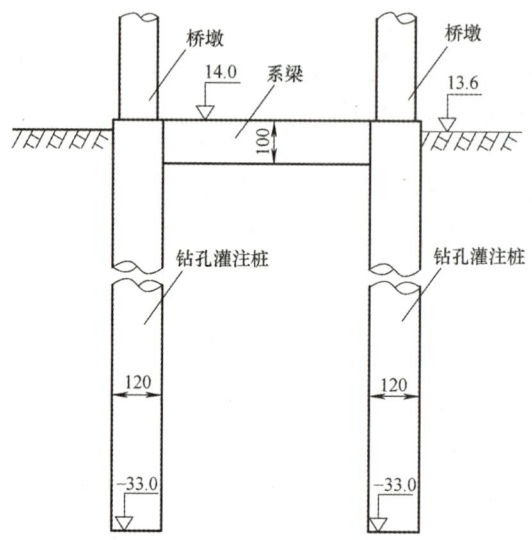

注：本图尺寸标高以m为单位，其余均以cm为单位。

图7-4 某桥墩桩基立面示意图

该工程合同总价：6.982亿元，工期：3年，施工合同中约定，人工单价100元/工日，人工窝工补偿费80元/工日，除税金外企业管理费、利润等综合费率为20%（以直接工程费为计算基数）。施工过程中发生如下事件：

事件1：施工单位根据《公路水运工程安全生产监督管理办法》进行了如下安排：

（1）第一年计划完成施工产值2.1亿元，为保证安全生产，设置了安全生产管理机构，并配备了3名专职安全生产管理人员。

（2）依据风险评估结论，对风险等级较高的分部分项工程编制专项施工方案，并附安全验算结果，经施工单位技术负责人签字后报监理工程师批准执行。

事件2：灌注桩钻孔过程中发现地质情况与设计勘察地质情况不同，停工12d，导致人工每天窝工8工日，机械窝工费1000元/d，停工期间施工单位配合设计单位进行地质勘探用工10工日；后经设计变更每根灌注桩增长15m（原工期计划中，钻孔灌注桩施工为非关键工序，总时差8d）。

事件3：施工单位加强质量管理，根据《公路工程质量检验评定标准 第一册 土建工程》JTG F 80/1—2017，对钻孔灌注桩设置质量检验的实测项目包括：桩位、孔径、孔深、混凝土强度和沉淀厚度。

事件4：钻孔灌注桩施工中，为保证隐蔽工程施工质量，各工序施工班组在上下班交接前均对当天完成的工程质量进行检查，对不符合质量要求的及时纠正，每道工序完成后由监理工程师检查认可后，方能进行下道工序。钻孔灌注桩混凝土浇筑完成后用无破损法进行了检测，监理工程师对部分桩质量有怀疑，要求施工单位再采取A方法对桩进行检测。

【问题】

1. 分别计算路基土方调配方案一和方案二综合单价，根据施工经济性选择出合理方案

（计算结果保留整数）。

2. 根据《公路工程标准施工招标文件》，计算图7-4桥墩桩基单根桩最终计量支付长度（计算结果保留整数）。

3. 事件1中，逐条判断施工单位做法是否正确，并改正错误。

4. 针对事件2，计算工期延长的天数。除税金外可索赔窝工费和用工费各多少元（计算结果保留1位小数）？

5. 针对事件3，补充钻孔灌注桩质量检验的实测项目。

6. 针对事件4，写出A方法的名称。事件4中的一些工作反映了隐蔽工程"三检制"的哪一检工作？还缺少哪两检工作？

【参考答案与分析思路】

1. 路基土方调配方案一的综合单价：$4+7+1\times19=30$ 元 $/m^3$。

路基土方调配方案二的综合单价：$4+7+1\times2+4+7+1+4+3=32$ 元 $/m^3$。

根据施工经济性选择的合理方案为方案一。

本题考查的是路基土方调配成本的计算。土方调配的运距，是指从挖方体积的重心到填方体积的重心之间的距离。在路线工程中为简化计算起见，这个距离可简单地按挖方断面间距中心至填方断面间距中心的距离计算，称平均运距。

方案一：

从最右端运土到最左端，其实就是从K15、K16中间重心的位置，一直到K6和K7中间重心的位置。因为6、7和15、16两端的临时道路和这个线是并行的，中间的临时道路是9.3km。9km是18个0.5km，0.3km正好是超过0.5km的一半，即按19个0.5km来算。两端的是K6、K7，还有K14、K15、K16。两个500m加起来正好是1km。故为：$4+7+1\times19=30$ 元 $/m^3$。

对于方案一来说，平均运输距离为 $9.3+1=10.3$ km，当汽车运输超过第1km，其运距尾数不足0.5km的半数时不计，等于或超过0.5km的半数时按增运0.5km计算，所以计算运距为10.5km。则自卸汽车运输单价为 $7+（10.5-1）\div0.5\times1=26$ 元 $/m^3$，所以方案一的综合单价为 $4+26=30$ 元 $/m^3$。

方案二：

答案需要考虑的是最右端的弃土和最左端的借土。$4+7+1\times2$，其实就是右面的弃土，弃土因为是从15、16的中间先走到这个15，再从15走到14、15的中间，然后再往上走的是1km的一个路线，$4+7$ 就是把它理解成上面那个1km，然后从15、16的中间走到14、15的中间，正好是两个0.5km，1×2 这个没问题。

借土是从6、7的中间，然后竖直往上到借土场。距离1.1km，1.1km其实就是1km + 0.1km，0.1km小于0.5km的一半，这个肯定是不考虑，其实就是1km。前面那部分就是 $4+7+1$，这个是对的。后面的 $4+3$，这个就是表格里面那个借土场的费用，那两项就是 $4+3$，加起来总共是32元 $/m^3$。

对于方案二来说，弃土的平均运输距离为 $1+（15.5-14.3）=2.2$ km，当汽车运输超过第1km，其运距尾数不足0.5km的半数时不计，所以计算运距为2km。则弃土段自卸汽车运输单价为 $7+（2-1）+0.5\times1=9$ 元 $/m^3$，弃土段土方调配的综合单价为 $4+9=$

13元/m³。借土的平均运输距离为1.1＋0.25＝1.35km，当汽车运输超过第1km，其运距尾数不足0.5km的半数时不计，等于或超过0.5km的半数时按增运0.5km计算，所以计算运距为1.5km。则借土段自卸汽车运输单价为7＋（1.5－1）＋0.5×1＝8元/m³，由于借土段还需考虑借土场修建费和资源费，所以借土段土方调配的综合单价为4＋8＋4＋3＝19元/m³。因此方案二的综合单价为13＋19＝32元/m³。

2. 该桥墩桩基单根桩最终计量支付长度为：14－1＋33＋15＝61m。

本题考查的是灌注桩计量支付的长度。计算该题应注意不要漏算"经设计变更每根灌注桩增长15m"。

3. 事件1中，施工单位做法正确与否的判断及改正错误：

（1）错误。改正：将"并配备了3名专职安全生产管理人员"更改为"应配备专职安全生产管理人员至少5名，且按专业配备"。

（2）正确。

本题考查的是公路工程施工安全生产条件。施工单位应当设置安全生产管理机构或者配备专职安全生产管理人员。2亿元以上的应配备不少于5名的专职安全生产管理人员，且按专业配备。

4. 针对事件2，工期延长的天数为：12＋（15×20/2＋15/3）/24－8＝10.5d。

除税金外可索赔窝工费：8×12×80＋1000×12＝19680元。

除税金外可索赔用工费：10×100×（1＋20%）＝1200元。

本题考查的是工期延长窝工费和用工费的计算。工期延长12d导致的窝工包括人工和机械补偿两部分。用工费计算基数为10d，尤其应考虑20%的综合费率。

5. 钻孔灌注桩质量检验应补充的实测项目：钻孔倾斜度、桩身完整性（或钢筋骨架底面高程）。

本题考查的是桥梁工程钻孔灌注桩的实测项目。桥梁工程钻孔灌注桩实测项目有：混凝土强度（△）、桩位、孔深（△）、孔径、钻孔倾斜度、沉淀厚度、桩身完整性（△）。

6. 事件4中，A方法的名称为：钻取芯样。

事件4中的一些工作反映了隐蔽工程"三检制"中的自检工作，还缺少的两检工作为：互检和专检（或交接检）。

本题考查的是钻孔灌注桩的施工质量检验。钻孔灌注桩施工质量检验，应选择有代表性的桩用无破损法进行检测，重要工程或重要部位的桩宜逐根进行检测。设计有规定或对桩的质量有怀疑时，应采取钻取芯样法对桩进行检测。工序交接检查，对于重要的工序或对工程质量有重大影响的工序，应严格执行"三检"制度（即自检、互检、专检），未经监理工程师（或建设单位本项目技术负责人）检查认可，不得进行下道工序施工。

实务操作和案例分析题三〔2015年真题〕

【背景资料】

某段高速公路桩号为 K0＋000～K13＋700，交通荷载等级为重交通。K9＋362处有一座7×30m预应力混凝土T型梁桥，桥梁造价为1000万元（含桥面铺装、交通安全设施等所有工程），K9＋100～K9＋600路线纵断面示意图如图7-5所示。施工单位中标进场后，经初步考察，拟组织下列机械进场：（A）挖掘机；（B）缆索式起重机；（C）羊足碾；（D）旋挖钻机；（E）架桥机；（F）打桩机；（G）平地机；（H）大吨位千斤顶；（I）压路机；（J）自卸汽车等。

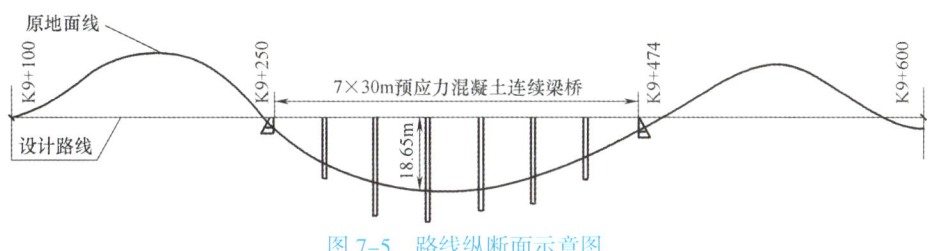

图7-5 路线纵断面示意图

在编制实施性施工组织设计时，施工单位发现 K9＋100～K9＋600 段弃方共计 140000m³，弃方平均运距为450m，且弃土场占用良田较多；桥头两端挖方体经取样检测，甲类土CBR值为4.2%，乙类土CBR值为8.1%，土体均匀。经业主、设计、监理、施工等单位现场考察，综合各方面因素，业主单位提出设计变更，将桥梁变更为路堤，变更后的路基填方横断面示意图如图7-6所示。变更后，桥位段增加填方125000m³（均来自K9＋100～K9＋600段路基挖方），增加的其他所有防护、排水、路面、交通安全设施等工程造价为680万元。该合同段路基挖方单价为14.36元/m³，填方单价为7.02元/m³。

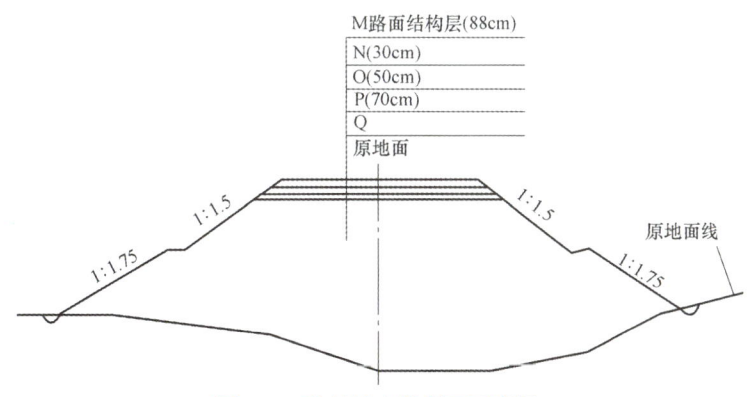

图7-6 路基填方横断面示意图

桥位段地表主要为旱地，原状土强度满足填方要求，设计要求清除表土深度为15cm。变更申请批复后，施工单位先将桥位段树木、表土、坟墓等清理完成，在基底填筑前，进行平整、碾压，并进行了相关检查或检测，然后逐层进行填筑施工。

【问题】

1. 计算路基方案和桥梁方案的造价差额（单位：万元，计算结果保留2位小数）。根据《公路工程设计变更管理办法》，判定该设计变更属于哪级变更？说明理由。该设计变更应该由什么单位审批？

2. 写出路基填方横断面示意图7-6中N、O、P、Q各部位名称。如果桥头两端挖方体作为填料，甲类土可以直接用于路基填方横断面示意图中哪些部位的填筑（以字母代号表示）？

3. 施工单位填筑前，对原地面还应如何处理？说明理由。

4. 施工单位完成原地面处理后，正式填方前通常应对处理后的原地面进行哪些检查或检测？

5. 施工单位在进行该段（K9＋100～K9＋600）变更后的路基工程施工时，从前期拟组织进场的机械中配置哪些比较合理（以字母代号表示）？

【参考答案与分析思路】

1. 造价差额与设计变更如下：

（1）路基方案和桥梁方案的造价差额＝680＋12.5×7.02－1000＝－232.25万元。

（2）根据《公路工程设计变更管理办法》，该设计变更属于较大设计变更。

理由：该桥总长为210m，属于大桥，且该变更为大中桥梁的数量发生变化。

（3）该设计变更应该由项目所在地省级交通运输主管部门审批。

> 本题考查的是造价差额的计算。本题考核的较为简单，此处用变更后造价－1000万元。

2. 路基填方横断面示意图7-6中，N部位名称为上路床，O部位名称为下路床，P部位名称为上路堤，Q为下路堤。

甲类土可以直接用于路基填方横断面示意图中P、Q部位的填筑。

> 本题考查的是路基填方结构及路基填料应用部位。本题要充分考虑到甲类土的CBR值为4.2%，所以，甲类土可以直接用于路基填方横断面示意图中P、Q部位的填筑。

3. 对原地面还应按设计要求挖台阶（或设置成坡度向内并大于4%、宽度大于2m的台阶）。理由：因为桥位地面纵坡约为18%（18.65÷105≈18%），大于12%。

> 本题考查的是施工单位填筑前的地面处理工作内容。本题中，要充分考虑到最低处填高、两侧填筑长度，从而计算出纵坡度。因为最低处填高为18.65m，两侧填筑长度分别为90m和120m，则对应的纵坡度分别为20.07%和15.54%，纵坡大于12%，所以填筑时纵向应挖台阶处理。

4. 应检查清除表土范围和清除表土深度，检测原地面压实度。

> 本题考查的是土方路基实测项目。土方路基实测项目有：压实度（△）、弯沉值（△）、纵断高程、中线偏位、宽度、平整度、横坡、边坡。

5. 从前期拟组织进场的机械中配置（A）（C）（G）（I）（J）比较合理。

> 本题考查的是现场施工机械的配置。施工机械的配置主要在于掌握其特点及适用情况，然后结合背景资料进行分析选择。

典型习题

实务操作和案例分析题一

【背景资料】

某施工单位承建了一段二级公路的路基工程，路基宽度12m，其中设计有1250m的填石路堤，其横断面设计示意图如图7-7所示。

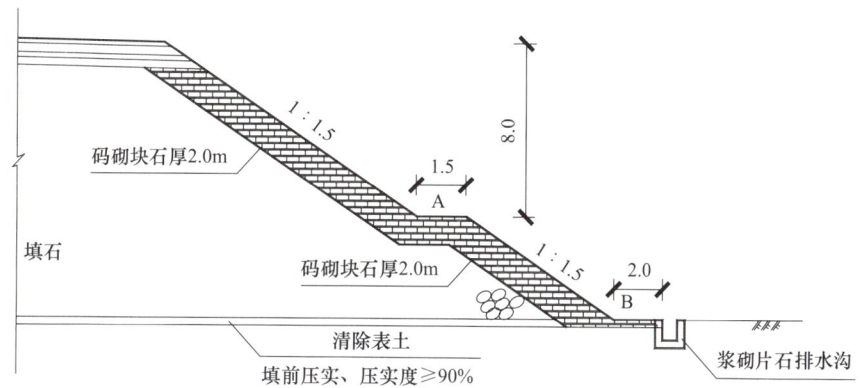

图7-7　填石路堤横断面设计示意图（图中尺寸单位以m计）

施工中发生以下事件：

事件1：填石路堤施工前，施工单位选择了地质条件、路基断面形式等具有代表性的K32＋430～K32＋530段铺筑了填石路堤试验路段，填料均取自主线K32＋010～K32＋300段路堑爆破的石灰岩石渣，对拟作为路堤填料的材料进行取样试验，其单轴饱和抗压强度在40～55MPa，属于中硬岩石。

通过路堤试验段施工，施工单位总结出一套适用于该标段填石路堤施工的方案，确定了满足填石路堤压实质量控制标准的机械组合以及压实机械规格、松铺厚度、沉降差、孔隙率等相关参数与指标。填石路堤机械配置见表7-3。

表7-3　填石路堤机械配置表

机械名称	规格型号	数量	备注
挖掘机	PC400	2	—
自卸汽车	20t	4	每车装石渣11m³
装载机	1.5m³	2	—
C	D85	1	—
压路机	18t	1	—
压路机	22t	1	—
洒水车	8000L	1	—
破碎锤	—	1	—
小型夯实机	—	1	—

事件2：施工中，为控制分层填筑松铺厚度和减少摊铺工作量，施工单位根据车辆配置和试验路段获取的松铺厚度50cm计算出填石路堤填前正方形网格尺寸，并用石灰粉划分成方格网，采用两边挂线施工以控制松铺厚度，每格上料一车。

事件3：针对设计图要求码砌的2m厚块石工程量，施工单位提出需按干砌块石护坡单独计量，而监理单位则要求同路基中的填石一起均按填石路堤计量。

事件4：在填石路堤质量检验过程中，施工单位实测的项目有：压实、纵断高程、中线偏位、宽度、平整度、边坡坡度。

【问题】

1. 事件1中，施工单位填石路堤试验路段选择是否正确？说明理由。补充事件1中路堤试验段压实工艺主要参数。

2. 写出图7-7中A、B两处部位的名称。写出表7-3中机械设备C的名称与作用。

3. 计算事件2中填石路堤填前正方形网格每一格的边长（单位：m，计算结果保留小数点后1位）。

4. 事件3中，施工单位与监理单位的做法哪个正确？说明理由。

5. 补充事件4中填石路堤实测项目中的漏项。写出实测项目中的关键项目。

【参考答案】

1. 事件1中，施工单位填石路堤试验路段选择不正确。

理由：施工单位选择的填石路堤试验路段长度只有100m，根据《公路路基施工技术规范》JTG/T 3610—2019，试验路段长度宜不小于200m。

路堤试验段压实工艺主要参数还有：碾压速度、碾压遍数。

2. A部位的名称：边坡平台。

B部位的名称：护坡道。

机械设备C的名称：推土机。

机械设备C的作用是摊铺平整。

3. 每车的摊铺面积＝11m³÷0.5m＝22m²。

填石路堤填前正方形网格每一格的边长＝$\sqrt{22}$＝4.7m。

4. 事件3中，监理单位的做法正确。

理由：填石路堤计量是依据设计图纸所示的地面线、路基横断面设计面积，按平均断面面积法计算压实的体积进行计量，其工作内容包括边坡码砌。

5. 事件4中填石路堤实测项目中的漏项有：弯沉值、横坡、边坡平顺度。

实测项目中的关键项目有：压实度、弯沉值。

实务操作和案例分析题二

【背景资料】

某施工单位承接了一级公路某标段施工任务，标段内有5座多跨简支桥梁。桥梁上部结构均采用20cm先张预应力空心板，5座桥梁共计35跨，每跨空心板数量均为20片。施工单位在路基上设置了如图7-8所示的预制场，所有空心板集中预制。为节省费用，编制的施工组织设计中要求张拉端钢绞线用连接器连接并重复使用。

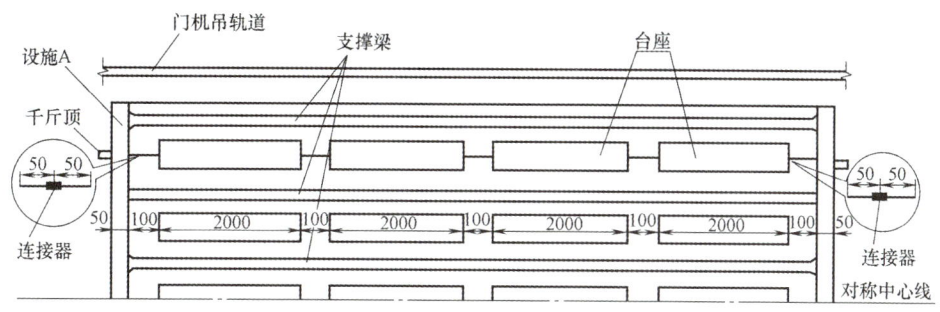

图 7-8 空心板预制场布置示意图（尺寸单位：cm）

施工中还有如下事件发生：

事件1：施工单位定制了8套模板（外模8套，充气式胶囊内模8套）循环重复使用，设定每片空心板预制周期为7d，整个预制施工采取平行流水作业。前20片空心板预制施工横道图见表7-4。

表7-4 前20片空心板预制施工横道图

预制数量	工期								
	第1天	第2天	第3天	第4天	第5天	第6天	第7天	第8天	第9天
8片	████████████████████████████								
8片			████████████████████████████						
4片			████████████████████████████						

事件2：施工单位制定的空心板预应力施工操作要点如下：

（1）预应力张拉采用两套千斤顶、油泵施工，张拉前只要分别对千斤顶、油泵进行检查，即可用于预应力张拉。

（2）预应力张拉采用双控，以张拉力控制为主，以钢绞线的计算伸长量进行校核。

（3）混凝土浇筑完成后，按要求及时拆除外模和内模胶囊，采用与空心板同条件养护的试块进行强度评定。

（4）混凝土试块达到设计强度的70%时，使用砂轮锯切断钢绞线放张。

事件3：空心板预制中，发现有5片空心板顶板厚度只有7cm（设计厚度为10cm），施工单位立即组织技术人员召开现场会，排除了外模板制作与安装、混凝土施工、台座变形等因素，查找到事故原因后，及时解决了问题。

【问题】

1. 写出图7-8中设施A的名称。

2. 事件1中，计算所有空心板预制完成的工期。

3. 逐条判断事件2中空心板预应力施工操作要点的正误，并改正错误之处。

4. 事件3中，分析空心板顶板厚度不足的原因。

【参考答案】

1. 设施A的名称为横梁。

2. 所有空心板预制完成的工期＝34×7＋9＝247d。

189

本题考查的是空心板预制施工工期的计算，根据背景资料中给出的"5座桥梁共计35跨，每跨空心板数量均为20片"可以计算出五座桥梁共用空心板为 $35×20＝700$ 片。

根据图7-8，可以分析出该预制场的总预制台数是20个。根据事件1给出的信息，可以判断出，每20片的预制周期就是表7-4所示的9d，35跨桥的预制板为流水施工，共有34个流水步距，而流水步距为7d。

3. 要点（1）错误。

改正：张拉前对千斤顶、油泵进行配套标定，才能使用。

要点（2）错误。

改正：应以钢绞线的实际伸长量进行校核。

要点（3）正确。

要点（4）错误。

改正：混凝土试块达到设计规定强度，设计未规定时，不得低于设计强度的80%；采用千斤顶放张（或砂箱法放张）。

4. 原因：固定充气胶囊的钢筋不牢固或钢筋数量不足，内模气囊上浮导致顶板偏薄。

实务操作和案例分析题三

【背景资料】

某山岭隧道为单洞双向两车道公路隧道，其起讫桩号为K68＋238～K69＋538，隧道长1300m。该隧道设计图中描述的地质情况为：K68＋238～K68＋298段以及K69＋498～K69＋538段为洞口浅埋段，地下水不发育，出露岩体极破碎，呈碎裂状；K68＋298～K68＋598段和K69＋008～K69＋498段，地下水不发育，岩体为较坚硬岩，岩体较破碎，裂隙较发育且有夹泥，其中，K68＋398～K68＋489段隧道的最小埋深为80m；K68＋598～K69＋008段，地下水不发育，岩体为较坚硬岩，岩体较为完整，呈块状体或中厚层结构，裂隙面内夹软塑状黄泥。

施工过程中发生如下事件：

事件1：施工单位对该隧道的围岩进行了分级。按安全、经济原则从（1）全断面法；（2）环形开挖预留核心土法；（3）双侧壁导坑法中比选出了一种浅埋段隧道施工方法。

事件2：根据设计要求，施工单位计划对K68＋398～K68＋489段隧道实施监控量测，量测项目有：洞内外观察、地表下沉、钢架内力和外力、围岩压力、周边位移、拱顶下沉、锚杆轴力等。

事件3：施工单位在K68＋690～K68＋693段初期支护施工时，首先采用激光断面仪对该段隧道开挖断面的超欠挖情况进行测量，检验合格后，采用干喷技术，利用挂模的方式喷射混凝土，并对喷射混凝土强度等实测项目进行了实测。

事件4：在二次衬砌施工前，施工单位发现K68＋328～K68＋368段多处出现了喷射混凝土掉落的现象，掉落处原岩表面残留有黄泥。施工单位提出了掉落段的处治方法，并进行了复喷施工。

【问题】

1. 判断隧道各段围岩的级别，指出事件1中比选出的施工方法。

2. 事件2中哪四项为必测项目？写出拱顶下沉量测的方法和工具。

3. 指出事件3施工中的错误。补充喷射混凝土质量检验实测项目的漏项。

4. 分析事件4中喷射混凝土因原岩面残留黄泥而掉落的原因，并写出施工单位复喷前应采取的措施。

5. 本项目是否需要编制专项施工方案？是否需要专家论证、审查？

【参考答案】

1. 隧道各段围岩的级别：

（1）K68＋238～K68＋298段围岩以及K69＋498～K69＋538段围岩应为Ⅴ级围岩；（2）K68＋298～K68＋598段围岩和K69＋008～K69＋498段围岩应为Ⅳ级围岩；（3）K68＋598～K69＋008段围岩应为Ⅲ级围岩。

事件1中，比选出的施工方法为环形开挖预留核心土法。

2. 事件2中的四项必测项目为：洞内外观察、拱顶下沉、周边位移、地表下沉。

拱顶下沉量测的方法为水准测量法，拱顶下沉量测的工具为水准仪和钢尺（或收敛计）。

3. 事件3中的错误是采用干喷技术，利用挂模的方式施工喷射混凝土。

喷射混凝土质量检验实测项目还包括：喷层厚度、喷层与围岩接触状况（△）。

4. 事件四中喷射混凝土因原岩面残留黄泥而掉落的原因是：混凝土与围岩的粘结力不足。施工单位复喷前应采取的措施为：清洗原岩面。

5. 本项目需要编制专项施工方案。

需要专家论证、审查。

实务操作和案例分析题四

【背景资料】

某施工单位承接了长45.6km的二级公路路面施工，路面结构如图7-9所示。

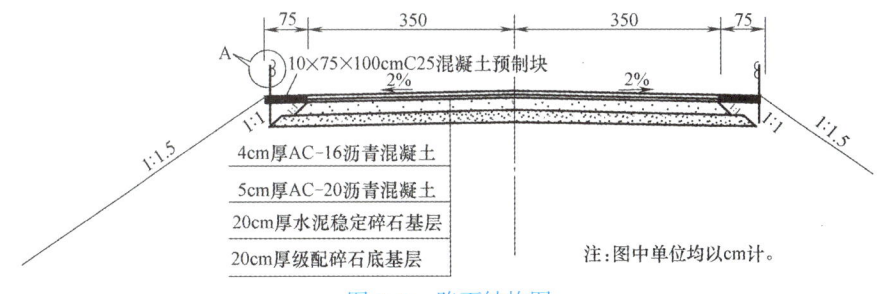

图7-9 路面结构图

施工单位进场后，在图纸会审的初审阶段，发现AC-20沥青混凝土与基层之间没有设计任何过渡层，为加强面层与基层的联结作用，提出在AC-20沥青混凝土与基层之间增设0.5cm厚稀浆封层的变更申请，并按合同约定组价得到新增项目的单价为5.8元／m²。经正常审批后，设计单位认为该变更属于设计疏漏引起，同意增设，设计单位出具了《变更设计图》。监理单位审核后签发了《工程变更令》，审批后的单价为5.25元／m²。施工单位根据《变更设计图》组织施工。

在进行稀浆封层施工过程中，采用中裂的拌合型乳化沥青，通过试验确定乳化沥青的用量。施工过程中发现乳化沥青的破乳时间太长，制约了AC-20沥青混凝土的摊铺进度，施工单位决定在稀浆封层中掺入适量的氧化剂作外加剂。

路面施工完成后，施工单位提出对稀浆封层进行单独计量，并呈送了计量报告，监理单位给予了签认。

【问题】

1. 指出稀浆封层施工中错误的做法，并写出正确的做法。

2. 分析监理单位签发《工程变更令》的理由。

3. 计算施工单位对稀浆封层申请计量的金额。

4. 指出图中交通安全设施A的名称，简述其主要作用。

【参考答案】

1. 错误的做法：掺入了氧化剂作为外加剂。

正确的做法：应该采用一定数量的水泥（或消石灰）作稀浆封层填料。

2. 因为该变更理由合理（属于设计疏漏引起的变更）；且变更程序符合要求，所以监理单位签发《工程变更令》合理。

3. 申请计量的金额＝计量单价×工程数量：$45600 \times 7 \times 5.25 = 1675800$元。

4. 交通安全设施A的名称为波形梁护栏。其主要作用是吸收能量，防止失控车辆冲出路基，视线诱导。

实务操作和案例分析题五

【背景资料】

某施工单位承接了一座80m＋160m＋80m预应力混凝土连续刚构桥。其中2号墩位于水中，河流平均水深达6m。施工期河流不通航，水面宽度240m。地质钻探资料揭示，有厚8～12m的粉质黏土覆盖层，覆盖层以下为黏土和砂性土，桩基设计采用钻孔灌注桩。

施工单位根据本桥的地质和水文情况，采用了施工栈桥、钻孔平台和钢板桩围堰等临时设施。栈桥基础施工有两个方案比选：① 钻孔灌注桩基础；② 钢管桩基础。

基桩施工完成后进行承台施工，承台施工工艺拟采用：① 打设钢板桩围堰；② 吸泥；③ 清底；④ 水下混凝土封底；⑤ 围堰支撑和围堰内抽水；⑥ 钢护筒切割；⑦ 立模；⑧ 钢筋制作安装；⑨ 浇筑承台混凝土。

【问题】

1. 简述栈桥和钢板桩围堰的作用。

2. 根据本桥水文地质情况，栈桥基础比选方案采用哪一个更合理？简述理由。

3. 补充承台施工所缺少的四个施工工艺。

4. 指出水中墩桩基础质量控制关键点。

5. 本桥施工组织设计中施工总体部署应包含哪几个方面的内容？

【参考答案】

1. 栈桥的作用是施工人员、材料和机械设备的运输通道。

钢板桩围堰的作用是隔水以及辅助水中墩承台施工。

2. 栈桥基础比选方案采用钢管桩基础合理。

理由：钢管桩基础比钻孔灌注桩基础更经济、工期更短。

3. 承台施工所缺少的四个施工工艺：凿除桩头、铺筑垫层、测量放样、承台混凝土养护。

4. 水中墩桩基础质量控制关键点有：

（1）桩位坐标控制；

（2）垂直度控制；

（3）孔径的控制，防止缩径；

（4）清孔质量；

（5）钢筋笼接头控制；

（6）水下混凝土灌注质量控制。

5. 本桥施工组织设计中施工总体部署主要内容包括：

（1）项目组织机构设置；

（2）施工任务划分；

（3）施工顺序；

（4）拟定主要项目的施工方案；

（5）主要施工阶段工期分析（或节点工期分析）。

第8章 公路工程施工成本管理
实务操作和案例分析专项突破

2015—2024年度实务操作和案例分析题考点分布

考点	年份									
	2015年	2016年	2017年	2018年	2019年	2020年	2021年	2022年	2023年	2024年
公路工程标后预算组成										
公路工程标后预算编制								●	●	●
公路工程施工成本管理内容								●		
公路工程施工成本控制方法	●				●					
公路工程施工成本核算方法			●							

【专家指导】

施工成本管理的知识点所占篇幅较小，且近几年考核的力度相对较小。成本管理中，我们应根据考试用书对公路工程标后预算编制、施工成本控制、施工成本核算及施工进度款结算的内容进行掌握。

历 年 真 题

实务操作和案例分析题一［2019年真题］

【背景资料】

某山区5×40m分离式双向四车道公路简支T梁桥，2019年3月25日开标，2019年4月12日下发中标通知书，某承包商以2580万元价款中标。该桥梁整体处于3.0%的纵曲线上，单幅桥设计横坡为2.0%，桥两端为重力式桥台，中间墩为桩柱墩，桥台、墩身盖梁与T梁之间设置板式橡胶支座，该桥立面示意图如图8-1所示。该桥在桥台处设置80mm钢制伸缩缝。T梁单片梁重120t，预制梁采用门式起重机调运，架桥机架设。

合同中约定，工程价款采用价格指数调价公式按月动态结算，月底计量当月完成的工程量，于第2月中旬支付。合同履行期间，以基本价格指数为基础，部分材料（钢材、水泥、砂、碎石）价格指数涨跌幅超过±5%时，其风险由业主承担，超过部分据实调整；未超过±5%，其风险由承包商承担，不予调整材料价差。除以上4种材料外，其余因素均不调整价差。基本价格指数为投标截止日前一个月价格指数，现行价格指数为工程实施月价格指数，均以工程所在地省级工程造价管理机构发布的价格指数为准，不同规格的同种材料价格指数取平均值。

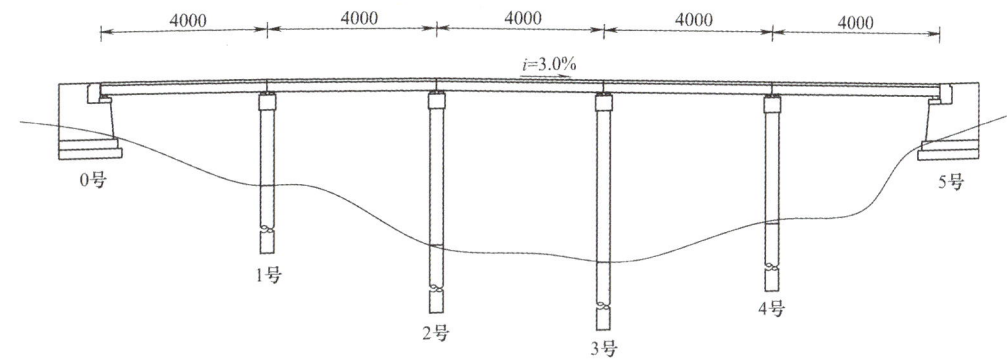

图8-1 某简支T梁桥立面示意图（单位：cm）

施工过程中发生了如下事件：

事件1：施工单位编制了T梁运输与安装专项施工方案。专项施工方案经施工单位技术负责人审核签字、加盖单位公章后，上报总监理工程师审查签字，并加盖执业印章后实施。

事件2：本桥T梁采用C50混凝土，低松弛钢绞线，夹片式锚具。施工单位在T梁预制、张拉施工中采取了如下做法：

（1）T梁预制台座设置了反拱值。

（2）用标准养护的混凝土试块强度作为预应力筋施加张拉条件。

（3）预应力张拉程序为：0→初应力→$1.03\sigma_{con}$（持荷5min锚固）。

（4）由于设计未规定，预应力张拉时要求混凝土的弹性模量不低于混凝土28d弹性模量的75%。

（5）施工单位采取在模板制造时设置模板横坡的方式对T梁进行横坡调整。

事件3：预制施工时，施工单位对梁长、梁端竖直度参数进行严格控制，T梁安装严格按放样位置进行。T梁安装完成后，发现梁端顶面与桥台台背之间间隙在20~30mm，小于伸缩缝安装间隙要求。经检验，预制T梁和台背各项检验指标均满足规范要求，可以排除施工误差对梁端顶面与台背间隙的影响。施工单位采取调整支座垫石倾斜度、支座倾斜安装的做法弥补支座垫板未作调坡处理的缺陷。

事件4：2019年6月中旬承包商向业主申请支付工程进度款，按投标报价计算工程进度款为150万元（未调材料价差），合同中约定的调价公式中定值权重为（A），可调差材料权重与价格指数见表8-1。

表8-1 可调差材料权重与价格指数

序号	材料名称	变值权重	基本价格指数	现行价格指数
1	钢材	0.30	150	180
2	水泥	0.13	121	115
3	碎石	0.11	120	100
4	砂	0.06	134	140

【问题】

1. 事件1中，本项目T梁运输与安装工程是否属于超过一定规模的危险性较大的分部分项工程？说明理由。施工单位编制的专项施工方案还需完善哪些程序？

2. 逐条判断事件2中施工单位的做法是否正确，并改正。

3. 说明事件3中T梁梁端顶面与桥台台背之间间隙过小的原因。指出事件3中支座安装方法的错误，并说明理由。

4. 事件4中，6月申请支付的工程进度款需进行材料调价差，定值权重A等于多少？表8-1中基本价格指数和现行价格指数分别指2019年哪个月的价格指数（小数点后保留1位）？

5. 事件4中，6月申请支付的工程进度款，按合同约定，哪些材料可调价差？材料调价差后，业主应支付承包商多少万元（计算过程小数点后保留3位，最后结果小数点后保留1位）？

【参考答案与分析思路】

1.（1）T梁运输与安装属于超过一定规模的危险性较大的分部分项工程。

理由：因为T梁的长度为40m，根据《公路工程施工安全技术规范》JTG F90—2015中的相关规定，桥梁工程中的梁、拱、柱等构件施工属于危险性较大的分部分项工程，同时长度不小于40m的预制梁的运输与安装还需要组织专家论证、审查。

（2）施工单位编制的专项施工方案还需要组织专家论证、审查。

> 本题考查的是危险性较大的分部分项工程。要对桥涵工程中需编制专项施工方案的范围以及需专家论证、审查的范围有所了解。

2. 事件2中，（1）正确。

事件2中，（2）错误。改正：应采用同环境、同条件养护的混凝土试块强度作为预应力筋施加张拉条件。

事件2中，（3）错误。改正：0→初应力→σ_{con}（持荷5min锚固）。

事件2中，（4）错误。改正：设计无要求时，混凝土弹性模量不应低于28d弹性模量的80%。

事件2中，（5）正确。

> 本题考查的是T梁的预制与张拉施工要点。当梁体混凝土强度达到设计规定的张拉强度（试压与梁体同条件养护的试件）时，方可进行张拉。普通松弛力筋：0→初应力→$1.03\sigma_{con}$（锚固）；低松弛力筋：0→初应力→σ_{con}（持荷5min锚固）。该处要注意区分。事件2中，（4）错在75%。

3. T梁梁端顶面与桥台台背之间间隙过小的原因：由于T梁需按纵坡倾斜安装，T梁上端面侵占了伸缩缝安装空间。

支座安装方法的错误：施工单位调整支座垫石倾斜度、支座倾斜安装。

理由：支座垫石必须水平设置，支座必须水平安装，不得有脱空或不均匀受力等现象。

> 本题考查的是T梁安装。本题第一问给出了"排除施工误差对梁端顶面与台背间隙的影响"，考生即应从安装方面的问题入手作答。本题第二问的作答依据为《公路桥涵施工技术规范》JTG F90—2015。

4. $A = 1 - 0.3 - 0.13 - 0.11 - 0.06 = 0.4$。

基本价格指数为2019年2月的价格指数，现行价格指数为2019年5月的价格指数。

本题考查的是定值权重的计算。考生了解定值权重＝1－变值权重，即可轻松作答。根据"基本价格指数为投标截止日前一个月价格指数"即可判断出基本价格指数为2019年2月的价格指数。6月中旬承包商向业主申请支付工程进度款，申请的是5月的工程进度款。

5. 6月可调价差材料：钢材、碎石。

材料调差后，业主应支付承包商：

$P = 150[0.4 + 0.3 \times (180/150 - 5\%) + 0.13 \times 1 + 0.11 \times (100/120 + 5\%) + 0.06 \times 1] = 154.8$ 万元。

本题考查的是合同价款的调整。回答该题应根据背景资料提供的指数计算出钢材、水泥、砂、碎石价格指数涨幅是否超过 $\pm 5\%$。

钢材价格指数涨幅＝（180－150）/150×100%＝20%，涨幅超过5%。超出部分据实调整。

水泥价格指数涨幅＝（115－121）/121×100%≈－5%，跌幅未超过5%，不调整。

碎石价格指数涨幅＝（100－120）/110×100%＝－16.7%，跌幅超过5%，据实调整。

砂价格指数涨幅＝（140－134）/134×100%＝4.5%，涨幅未超过5%，不调整。

所以，钢材和碎石这两种材料可调差价。

实务操作和案例分析题二 [2017年真题]

【背景资料】

某施工单位承建了西北某二级公路，总工期2年，起讫桩号为K0＋000～K4＋213，该地区全年平均气温16.2℃，每年1—2月份昼夜平均温度在－5℃以下的连续天数约55d。施工单位编制了实施性施工组织设计，路基计划施工工期1年，桥梁计划施工工期1.5年，路面及其他工程计划施工工期0.5年。

施工单位进行了路基土石方计算与调配，路基土石方数量计算与调配见表8-2。

表8-2 路基土石方数量计算与调配表

起讫桩号	普通土挖方（天然密实方）m³	填方（压实方）m³	本桩利用（压实方）m³	填缺（压实方）m³	挖余（天然密实方）m³	纵向调配
K0＋000～K0＋600	4000	8000				
K0＋600～K1＋000	3000	6700				
K1＋000～K1＋120	0	2880				
K1＋120～K1＋420	0	0				
K1＋420～K2＋000	14384	2100				
K2＋000～K3＋000	5800	10000				
K3＋000～K3＋410	6032	1000				

起讫桩号	普通土挖方（天然密实方）m³	填方（压实方）m³	本桩利用（压实方）m³	填缺（压实方）m³	挖余（天然密实方）m³	纵向调配
K3＋410～K4＋000	18328	900				
K4＋000～K4＋21	4524	400				

注：1. 该路段挖方土满足路基填料相关要求，土方的天然密实方与压实方的换算系数取1.16，土方调运采用自卸汽车运输，土方运输损耗系数为0.03。

2. 弃土采用自卸汽车运输，土方的天然密实方与压实方的换算系数取1.05，弃方不计土方运输损耗。

施工单位拟定了A、B、C、D四个弃土场，弃土场平面示意图如图8-2所示，施工单位会同有关单位到现场查看后决定放弃B、C弃土场，采用A、D两个弃土场。弃土按设计要求碾压密实，压实度要求达到90%。经测算，A弃土场可弃土方15000m³（压实方），D弃土场可弃土方20000m³（压实方）。

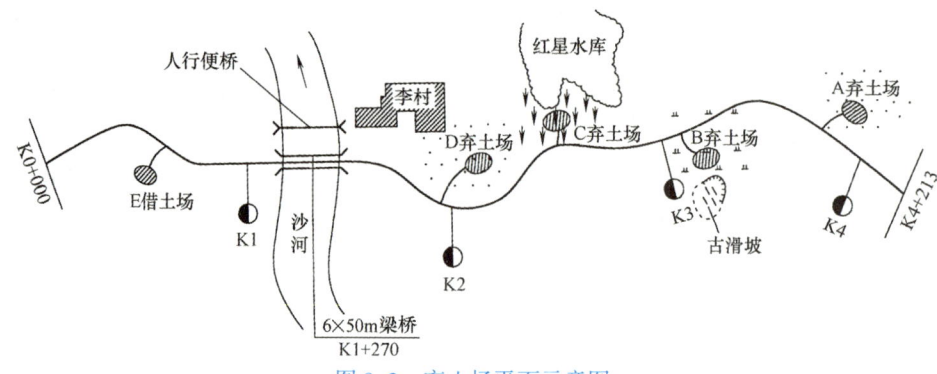

图8-2　弃土场平面示意图

针对当地气候条件，施工组织设计中包含的1—2月份路基施工措施有：

（1）填筑路堤，应按横断面全宽平填，当天填的土必须当天完成碾压。

（2）当路堤顶面施工至距上路床底面1m时，应碾压密实后停止填筑。

（3）填挖方交界处，不应在1—2月份施工。

（4）弃土堆的高度一般不应大于3m，弃土堆坡脚到路堑边坡顶的距离一般不得小于3m。

【问题】

1. 说明放弃B、C弃土场的理由。

2. 填写出表8-2中虚框中的数据（复制表中虚框内的表格作答，计算结果保留整数）。

3. 按费用经济原则，计算A、D两个弃土场的弃土数量（弃方数量按天然密实方计，单位：m³，计算结果保留整数）。

4. 逐条判断1～2月份施工措施是否正确，并改正错误。

【参考答案与分析思路】

1. 放弃B、C弃土场的理由：

（1）B弃土场靠近古滑坡，易扰动古滑坡。

（2）C弃土场位于水库尾端，易对水库造成污染。

（3）弃方量大的路段分别靠近A、D弃土场，B、C弃土场运距较远。

（4）B、C弃土场地处水田段或旱地段，占用耕地。

本题考查的是弃土场的选择。弃土场选择的原则：

（1）避免选择在雨水汇集量大，冲刷严重的地方。

（2）不占或少占耕地，选择在荒山或荒地。

（3）在可能的情况下，应利用弃土造田，增加耕地。

（4）弃渣堆置应不使河床水流产生不良的变化，不妨碍航运，不对永久建筑物与河床过流产生不利影响。

（5）取土场的排水设计应符合有关技术规范对水土保持、生态环境保护的总体要求，按照"因地制宜，安全可靠，切实可行，经济合理"的原则，紧密与当地生产规划以及土地合理利用相结合，以恢复原土地利用类型为主，为恢复原土地利用类型创造条件。

（6）取土场尽可能选在沿线附近，减少运输和工程费用等。

2. 表8-2虚框中的数据：

2100	0	11948
5000	5000	0
1000	0	4872
900	0	17284
400	0	4060

本题考查的是路基土石方计算与调配。

路基土石方的调配原则：

（1）先横向后纵向，填方优先考虑本桩利用，以减少借方和调运方数量。

（2）土石方调配应考虑桥涵位置对施工运输的影响，一般大沟不作跨越运输，同时应注意施工的可能与方便，尽可能避免和减少上坡运土。

（3）根据地形情况和施工条件，选用适当的运输方式，确定合理的经济运距。

（4）土方调配"移挖作填"应综合考虑，保护生态环境，避免水土流失。

（5）不同的土方和石方应根据工程需要分别进行调配。

（6）回头曲线路段，优先考虑上下线的土方竖向调运。

土石方调配校核的关系式为：

（1）填方＝本桩利用＋填缺；挖方＝本桩利用＋挖余。

（2）填缺＝远运利用＋借方；挖余＝远运利用＋废方。

（3）（跨公里调入方）＋挖方＋借方＝（跨公里调出方）＋填方＋废方。

在解答本题时，首先填写本桩利用，一定要注意K2+000～K3+000桩的本桩利用＝5800/1.16＝5000。

本题答案中其他数据的关系如下：

10000－5000＝5000。

$14384 - 2100 \times 1.16 = 11948$。

$6032 - 1000 \times 1.16 = 4872$。

$18328 - 900 \times 1.16 = 17284$。

$4524 - 400 \times 1.16 = 4060$。

3. 大桥前后的土石方分开调配，大桥前的土石方应在桥前处理。桥后的土石方在桥后处理，在横向调配后进行纵向调配，解决填缺，K3＋410～K4＋213挖余量大（21344m³），且离A弃土场近，可将A弃土场弃满，剩余土方弃至D弃土场。

纵向调运数量＝$5000 \times (1.16 + 0.03) = 5950\text{m}^3$。

挖余总数量＝$11948 + 4872 + 17284 + 4060 = 38164\text{m}^3$。

A弃土场的弃土数量＝$15000 \times 1.05 = 15750\text{m}^3$。

D弃土场的弃土数量＝$38164 - 15750 - 5950 = 16464\text{m}^3$。

本题考查的是弃土场的弃土数量。在计算过程中一定要注意背景资料中的表格下面的备注内容。应充分利用好这几个系数。

4. 第（1）条正确

第（2）条错误。改正："当路堤顶面施工至距上路床底面1m时"改为"当路堤顶面施工至距路床底面1m时"。

第（3）条正确。

第（4）条正确。

本题考查的是施工措施正确与否的判断。主要根据规范规定来确定是否正确。

实务操作和案例分析题三［2015年真题］

【背景资料】

某公路工程于2013年6月签订合同并开始施工，合同工期为30个月。2014年1月开始桥梁上部结构施工，承包人按合同工期要求编制了桥梁上部结构混凝土工程施工进度时标网络计划，如图8-3所示，该部分各项工作均按最早开始时间安排，且等速施工，监理工程师批准了该计划。

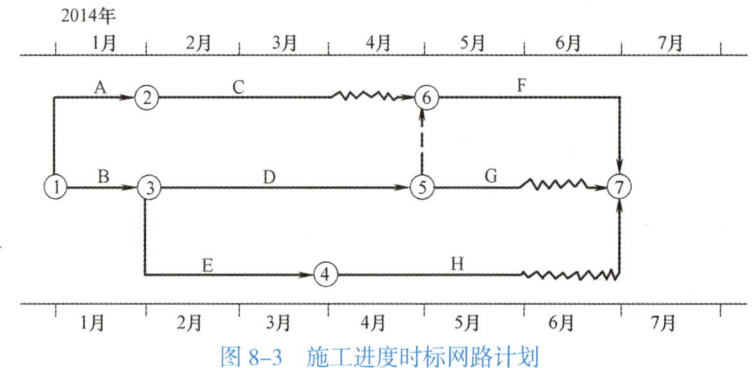

图8-3 施工进度时标网路计划

工作C预应力筋加工所用锚具、夹具和连接器进场时，按出厂合格证和质量证明书检查了其锚固性能类别、型号、规格及数量。预应力筋张拉程序按照：0→初应力→σ_{con}（锚固）进行。工作C完成后，驻地监理工程师对计量结果进行了审查，签字确认后，承包人报业主申请支付工程款。

施工期间，工作D、E、F的实际工程量与计划工程量相比有所减少，但实际工作持续时间与计划持续时间相同。由于业主修改匝道设计，致使工作H推迟开工1个月，另外由于工程量增加，致使该工作的持续时间延长了1个月。各工作的计划工程量与实际工程量见表8-3。

表8-3 计划工程量和实际工程量

工作	A	B	C	D	E	F	G	H
计划工程量（m³）	3000	2800	5400	9600	5200	4200	2800	4000
实际工程量（m³）	3000	2800	5400	9000	4800	3800	2800	5400

合同约定，桥梁上部结构混凝土工程综合单价为1000元/m³，按月结算。结算价按项目所在地结构混凝土工程价格指数进行调整，项目实施期间各月结构混凝土工程基期价格指数见表8-4（2013年6月为基期）。项目所在地每年7月份进入雨期。

表8-4 结构混凝土工程基期价格指数表

时间	2013年6月	2014年1月	2014年2月	2014年3月	2014年4月	2014年5月	2014年6月	2014年7月
基期指数（%）	100	105	110	110	115	120	120	110

承包人在申请工作H工期延期提出了费用索赔，包括：不可辞退工人窝工费、施工机具窝工费、雨期施工增加费、现场管理费、利润、增加的利息支出等，同时也提出了工期索赔。

【问题】

1. 施工进度时标网络计划中，工作E的自由时差和总时差各为多少个月？

2. 预应力筋加工所用锚具、夹具和连接器进场时，除背景资料的检查外，还应进行哪些检验及试验？预应力筋张拉程序是否正确？说明理由。

3. 工作C的计量程序是否正确？说明理由。驻地监理工程师对计量结果审查的主要内容有哪些？

4. 承包人针对工作H提出的费用索赔，哪些无法获得监理单位支持？说明理由。针对本网络计划，承包人可以索赔的工期有多少个月？

5. 计算工作H各月的已完工作预算费用和已完工作实际费用。

6. 计算2014年6月末的费用偏差（CV）和进度偏差（SV）。

【参考答案与分析思路】

1. 依据施工进度时标网络计划可知，工作E的自由时差为0个月，总时差为1个月。

> 本题考查的是双代号网络计划图中时间参数的计算。首先考生要了解总时差等于其紧后工作的总时差加本工作与该紧后工作之间的时间间隔所得之和的最小值，即：1+0＝1。其次自由时差是指在不影响其紧后工作最早开始的情况下，该工作可以利用的机动时间。

2. 除背景资料的检查外，还应进行外观检查、硬度检验、静载锚固性能试验。

预应力筋张拉程序不正确。

理由：预应力筋张拉程序应为0→初应力→$1.05\sigma_{con}$（持荷2min）→σ_{con}（锚固）。

> 本题考查的是预应力筋加工所用的锚具、夹具等的检查和试验以及其张拉程序。考生应掌握其还应进行的检验，包括外观检查、硬度检查以及静载锚固性能试验等。同时也要掌握其检验的方法，张拉的基本程序这部分内容比较简单，考生掌握即可。

3. 工作C的计量程序不正确。

理由：缺少总监理工程师审定，只有总监理工程师审查批准的工程项目，才予以支付工程款。

驻地监理工程师对计量结果的审查主要内容有：计量的工程质量是否达到合同标准；计量的过程是否符合合同条件。

> 本题考查的是工程计量的程序以及计量结果审查的主要内容。考生主要需要掌握工程计量的流程，计量结果审查的主要内容还是属于比较简单的内容。

4. 承包人针对工作H提出的费用索赔，无法获得监理单位支持的有：雨期施工增加费、利润。

理由：雨期施工增加费采用全年摊销的方法，无论是否在雨期施工，均按规定的取费标准计取，不再单独计算。

工期延误没有引起工程量的减少，利润已含在综合单价中，没有影响利润计取。

针对本网络计划，承包人可以索赔的工期为1个月。

> 本题考查的是工程变更索赔的内容。首先考生要了解工程变更索赔的意义和内容。其次做这些题的时候要灵活运用即可。

5. 工作H各月的已完工作预算费用和已完工作实际费用计算如下：

（1）5、6、7月：已完工作每月预算费用＝5400÷3×1000÷10000＝180万元。

（2）5月：已完工作实际费用＝1800×（1000×120%）÷10000＝216万元。

（3）6月：已完工作实际费用＝1800×（1000×120%）÷10000＝216万元。

（4）7月：已完工作实际费用＝1800×（1000×110%）÷10000＝198万元。

> 本题考查的是已完工作预算费用和已完工作实际费用的计算。本题中，已完工作预算费用的计算是基础。已完工作实际费用（ACWP）＝已完成工作量×实际单价。

6. 2014年6月末的费用偏差（CV）和进度偏差（SV）计算如下：

（1）$CV = BCWP - ACWP$＝［（3000＋2800＋5400＋9000＋4800＋3800＋2800＋3600）×1000－（3000＋2800）×（1000×105%）－（5400÷2＋9000÷3＋4800÷2）×（1000×110%）－（5400÷2＋9000÷3＋4800÷2）×（1000×110%）－9000÷3×（1000×115%）－（3800÷2＋2800＋5400÷3）×（1000×120%）－（3800÷2＋5400÷3）×（1000×120%）］÷10000＝–440万元。费用超支440万元。

（2）$SV = BCWP - BCWS$＝［（3000＋2800＋5400＋9000＋4800＋3800＋2800＋3600）－（3000＋2800＋5400＋9600＋5200＋4200＋2800＋4000）］×1000÷10000＝–180万元。进度拖后180万元。

注：6月末工作完成实际工程量为1800＋1800＝3600m³。

本题考查的是费用偏差（CV）和进度偏差（SV）的计算。$SV = BCWP - BCWS$，$CV = BCWP - ACWP$。这两个公式为必须掌握的内容，记住公式代入数值即可。

典 型 习 题

实务操作和案例分析题一

【背景资料】

施工单位承接了某国道的交通安全设施施工项目，起讫桩号K296＋400～K316＋600。该工程参照《公路工程标准施工招标文件》签订合同，合同约定：针对变更工程，投标报价中若无适用清单项目，可重新拟定价格；企业管理费和利润均以直接费为计算基数，企业管理费费率为7%，利润率为6%；针对小型变更项目，监理工程师有权要求施工单位按计日工施工。

根据施工图设计，中央分隔带护栏为混凝土护栏，采用预制安装施工工艺；K300＋210～K300＋250临崖路段路侧护栏为混凝土护栏，其构造形式如图8-4所示。

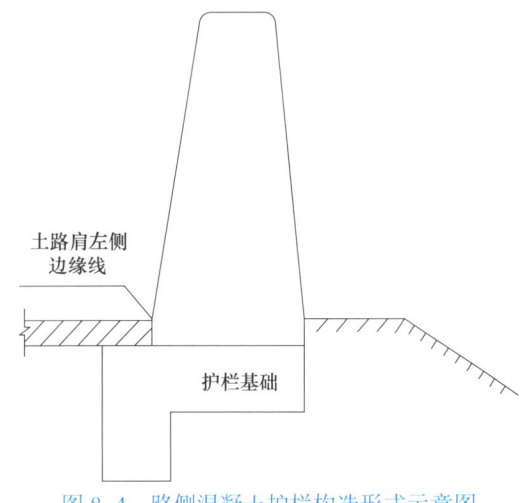

图 8-4　路侧混凝土护栏构造形式示意图

施工中发生如下事件：

事件1：施工单位在工地附近设置了小型构件预制场，用于混凝土护栏、里程碑等构件的预制。小型构件预制场采用封闭式管理，平面布置图中将场地划分为构件生产区、废料处理区等4个主要功能区。

事件2：混凝土护栏预制、安装时，施工单位采取了如下做法：

（1）混凝土护栏预制采用木模板，入模前进行了模板拼缝检查，并选用优质隔离剂，保证混凝土外观。

（2）K298＋300～K299＋900中央分隔带混凝土护栏安装时，施工人员同时从两端向中间施工。

（3）在吊装、堆放混凝土护栏过程中，个别混凝土护栏构件的边角出现了破损，护栏安装就位后，施工人员及时采用M10水泥砂浆进行了修补。

事件3：由于设计变更导致部分已安装完成的混凝土护栏需拆除，经监理工程师现场核查，拆除工作共持续2d，每天1个施工技术员和1个工长现场指挥拆除，20个工人参与护栏拆除，另有1台1m³/斗装载机配合1辆8t自卸汽车运输，每日工作10h（不含午餐午休时间）。以上拆除工作所增加费用，监理工程师要求施工单位按计日工清单结算，合同中部分计日工劳务和计日工施工机械清单报价见表8-5。

表8-5　部分计日工劳务和计日工施工机械清单报价

编号	子目名称	单位	暂定数量	单价（元）	合价（元）
101	班长	工日	30	170	5100
102	普通工	工日	200	150	30000
103	混凝土工	工日	50	160	8000
104	钢筋工	工日	50	160	8000
105	木工	工日	50	160	8000
……	……	……	……	……	……
301	装载机	—	—	—	—
301-1	1.5m³以下	台班	30	900	27000
301-2	1.5～2.5m³	台班	30	1100	33000
302	自卸汽车	—	—	—	—
302-1	6t以下	台班	50	900	45000
302-2	10t以下	台班	50	1000	50000
……	……	……	……	……	……

【问题】

1. 图8-4中，混凝土护栏按构造划分属于什么类型？混凝土护栏的基础为哪种方式？

2. 写出事件1中小型构件预制场内另外2个功能区的名称。

3. 逐条判断事件2中施工单位的做法是否正确。若不正确，写出正确做法。

4. 事件3中，施工单位可计量计日工劳务多少个工日？计日工装载机和自卸汽车各多少个台班？计日工劳务费和计日工施工机械费分别为多少元（计算结果保留小数点后1位）？

【参考答案】

1. 混凝土护栏按构造划分属于单坡形混凝土护栏。

混凝土护栏的基础为座椅式。

2. 事件1中小型构件预制场内另外2个功能区的名称：存放区、养护区。

3.（1）不正确。错误之处：混凝土护栏采用了木模板。

正确做法：预制混凝土护栏块使用的模板，应采用钢模板。

（2）不正确。错误之处：施工人员同时从两端向中间施工。

正确做法：混凝土护栏的安装应从一端逐步向前推进。

（3）不正确。错误之处：采用了M10水泥砂浆进行了修补。

正确做法：个别混凝土护栏构件的边角出现了破碎，应在安装就位后，采用高于混凝土护栏强度的材料及时修补。

4. 施工单位可计量计日工劳务：$20×10×2/8＝50$ 工日。

计日工装载机台班：$1×10×2/8＝2.5$ 台班。

计日工自卸汽车台班：$1×10×2/8＝2.5$ 台班。

计日工劳务费：$50×150＝7500$ 元。

计日工施工机械费：$2.5×900＋2.5×1000＝4750$ 元。

实务操作和案例分析题二

【背景资料】

某新建一级公路工程第二标段里程桩号为 K15＋300～K24＋150，其中 K22＋750～K22＋900 为一座大桥，上部结构为预制箱梁。工程所在地区属于冬Ⅱ区，地处海拔 1700～1800m，工期 12 个月，春季开工。

施工现场总平面布置示意图如图 8-5 所示，现场需在 A、B、C 三个区域分别布置桥梁梁板预制场（含水泥混凝土拌合站）、水泥稳定土拌合站和承包人驻地三种临时工程。

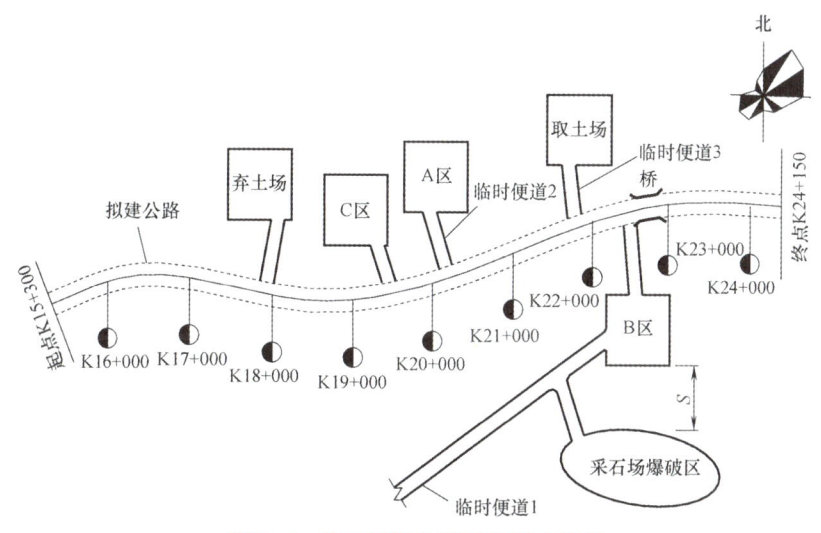

图 8-5　施工现场总平面布置示意图

由于预制场地基地质良好，现场预制箱梁采用了混凝土底模。承包人在驻地现场入口醒目位置设置了工程简介牌和安全生产牌等。现场清表后新建临时便道 1、2、3，其他便道为现场已有便道。

该工程拟就近从采石场采购 1000m³ 碎石，碎石出厂价 80 元/m³，运杂费 5 元/m³，以上价格不含增值税，该材料增值税率 3%，场外运输损耗率 1%，场内运输操作损耗率 2%，采购及保管费率 2.67%。

【问题】

1. 根据《公路工程施工安全技术规范》JTG F90—2015，为保证临时工程的安全，B 区与采石场爆破区直线距离 S 最短需要多少米？依据施工方便、合理、安全、经济、环保等施工现场总平面图布置原则，A、B、C 区分别布置哪种临时工程最合理？

2. 按照文明工地要求，承包人在驻地现场入口醒目处还需设置哪些标示牌？预制场为预制箱梁采用的底模是否合理？若不合理宜采用哪种底模？

3. 根据《公路工程基本建设项目概算预算编制办法》，分别判断临时便道现场清表是否需计取冬期施工增加费、高原地区施工增加费和行车干扰工程施工增加费。临时便道1、2、3是否应按临时设施费计取？

4. 计算该批碎石场外运输损耗费、采购及保管费和碎石材料预算单价（计算结果小数点后保留2位）。

【参考答案】

1. 直线距离S最短需要500m。A区布置：承包人驻地；B区布置：桥梁梁板预制场（含水泥混凝土拌合站）；C区布置：水泥稳定土拌合站。

2. 承包人在驻地现场入口醒目处还需设置的标示牌：施工平面图、文明施工牌、消防保卫牌、廉政监督牌（或管理人员名单及监督电话牌）。

预制场为预制箱梁采用的底模不合理，宜采用钢模。

3. 临时便道现场清表需计取冬期施工增加费，需计取高原地区施工增加费，不计取行车干扰工程施工增加费，临时便道1、2、3不应按临时设施费计取。

4. 场外运输损耗费：

（80＋5）×1%×1000＝850.00元。

采购及保管费：

（80＋5）×（1＋1%）×2.67%×1000＝2292.20元。

碎石材料预算单价：

（80＋5）×（1＋1%）×（1＋2.67%）＝88.14元/m³。

实务操作和案例分析题三

【背景资料】

某高速公路跨江特大桥项目，中标价2.49亿元，主桥为105m＋180m＋105m预应力混凝土连续箱梁刚构桥，两岸引桥均为40m预制T梁，南岸16孔，北岸20孔，均为4孔一联先简支后连续结构。设计通航水位＋12.30m，该标高对应的河面宽460m，主墩处水深6.2～8.6m。由于有通航要求和受流凌影响，所以不准搭设施工便桥。主桥主墩采用φ2.0m钻孔桩基础，低桩承台，矩形空心墩，墩高34～38m。每个承台20根桩，承台长30m，宽20m，厚4.5m，所需混凝土由现场制备。引桥采用钻孔桩基础，圆柱墩，设系梁和盖梁，墩高8～28m，平均高度25m。地势起伏较大。施工单位进场后，经实地考察和校对设计文件，编制了施工组织设计。

项目经理部设立了安全机构，配备了3名持有交通运输部颁发的安全生产考核合格证书的专职安全生产管理人员。机务部检查确认施工船只证照齐全，船机性能良好，船员满员且持证上岗，能满足施工要求，报项目经理批准后，随即开始水上钻孔桩平台打桩作业。项目经理部为保证钻孔桩质量，设置了钻孔桩质量控制关键点：① 桩位坐标控制；② 护筒埋深控制；③ 泥浆浓度控制；④ 桩底贯入度控制；⑤ 护筒内水头高度控制；⑥ 导管接头质量检查与水下混凝土浇筑质量。

施工单位进场后，业主另外又委托其施工进场道路，并约定只按实际发生的工程费支付进场道路直接费，其他工程费的综合费率为10%，其中安全文明施工措施费1%，雨期施工增加费1万元（费率1%）。进场道路完工后，经监理工程师核实确认，施工机械使用费20万元，材料费70万元。

在1号主墩钻孔桩开钻前夕，承包人接到监理工程师指令：石油部门要在墩位处补充调查地下石油管线，要求1号主墩停止钻孔桩施工3d。监理工程师根据机械设备进退场申请单和现场核实，确认有两台钻机停工，其中一台为租赁，其分摊进退场费用后的实际租赁费2000元/d；另一台为自有，投标报价为台班费1600元，停置费1000元/d，利润率7%。

【问题】

1. 本项目配备的专职安全生产管理人员数量是否符合《公路水运工程安全生产监督管理办法》的规定？说明配备标准，项目经理部还有哪些人员需持有安全生产考核合格证书？

2. 本工程主桥施工需在水上搭设的临时工程有哪些？

3. 对项目经理部设置的钻孔桩质量控制关键点存在的错误之处进行修正、补充。

4. 根据背景资料，针对引桥40m预制T梁的架设，采用双导梁架桥机、起重机、跨墩门式起重机三种架设方法，哪种最合理？说明理由。

5. 列式计算施工单位施工进场道路可获得的直接费。

6. 列式计算1号主墩钻孔桩停工3d可索赔的钻机停工费用。

【参考答案】

1. 本项目配备的专职安全生产管理人员数量不符合《公路水运工程安全生产监督管理办法》的规定。

配备标准：施工单位应当根据工程施工作业特点、安全风险以及施工组织难度，按照年度施工产值配备专职安全生产管理人员，不足5000万元的至少配备1名；5000万元以上不足2亿元的按每5000万元不少于1名的比例配备；2亿元以上的不少于5名，且按专业配备。

项目经理部还有项目经理、项目副经理、项目总工程师需持有安全生产考核合格证书。

2. 本工程主桥施工需在水上搭设的临时工程：临时码头、围堰及施工平台。

3. 更正的质量控制关键点两项错误："泥浆浓度控制"应更改为"泥浆指标控制"；"桩底贯入度控制"应更改为"桩顶、桩底标高控制"。

遗漏的四个质量控制关键点为：清孔质量、垂直度控制、孔径控制、钢筋笼接头质量控制。

4. 采用双导梁架桥机架设法最合理。

理由：（1）地质起伏较大，不宜用跨墩门式起重机架设。

（2）桥墩较高，梁重（长、大），不宜用起重机架设。

（3）双导梁架桥机适用于孔数较多的重型梁吊装，对桥下地形没有要求，该架设方法最合理。

5. 其他工程费：$1 \div 1\% \times 10\% = 10$ 万元。

直接工程费：$10 \div 10\% = 100$ 万元。

施工单位施工进场道路可获得的直接费：$100 + 10 = 110$ 万元。

6. 租赁钻机停置索赔费：2000×3＝6000元。

自有钻机停置索赔费：1000×3＝3000元。

合计索赔费：6000＋3000＝9000元。

实务操作和案例分析题四

【背景资料】

某新建一级公路工程K11＋120～K20＋260合同段位于海拔3000m以上的地区。路面结构设计示意图如图8-6所示，该合同段工程与其他工程或已有道路无交叉。依据交通运输部颁布的《公路工程预算定额》JTG/T 3832—2018编制该工程施工图预算，其中K11＋120～K12＋120底基层工程量为22300m²（底基层平均面积）。

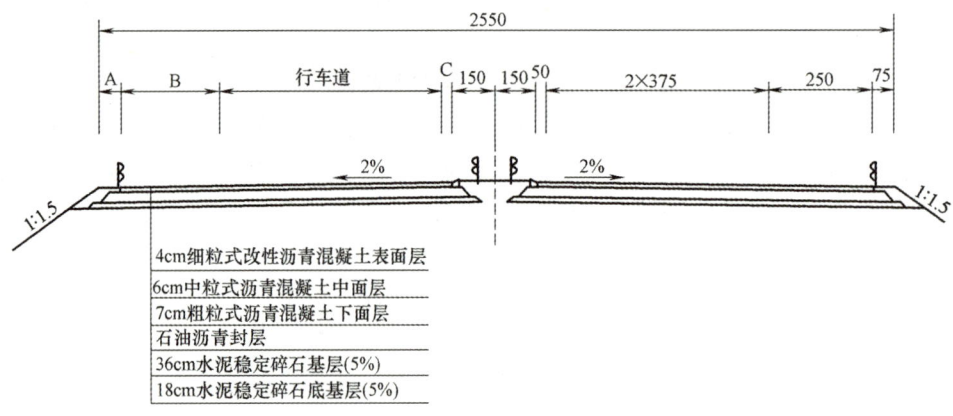

图8-6 路面结构设计示意图（尺寸单位：cm）

厂拌基层稳定土混合料的定额见表8-6。各定额分项预算价格分别为：人工80元/工日；稳定土混合料162.72元/m³；水泥400元/t；水4元/m³；碎石80元/m³；3m³以内轮胎式装载机1200元/台班；300t/h以内稳定土厂拌设备1500元/台班。

表8-6 厂拌基层稳定土混合料定额表（水泥稳定类）

工程内容：装载机铲运料，上料，配运料，拌和，出料　　　　　　　　　　　单位：1000m²

序号	项目	单位	代号	水泥碎石	
				水泥剂量5%	
				压实厚度15cm	每增减1cm
1	人工	工日	1	2.8	0.2
2	稳定土混合料	m³	—	（151.5）	（10.10）
3	32.5级水泥	t	823	16.755	1.117
4	水	m³	866	21	1
5	碎石	m³	958	220.32	14.69
6	3m³以内轮胎式装载机	台班	1051	0.48	0.03
7	300t/h以内稳定土厂拌设备	台班	1160	0.24	0.02
8	基价	元	1999	—	—

项目部在施工底基层、基层时采用方法有：

（1）采用沥青混凝土摊铺机分一层两幅摊铺水泥稳定碎石底基层。

（2）采用稳定土摊铺机分一层两幅摊铺水泥稳定碎石基层。

（3）先用轻型两轮压路机跟在摊铺机后及时进行碾压，后用重型振动压路机，轮胎压路机继续碾压密实。

项目部于2014年6—8月完成了该合同段工程所有路面施工，该地区属于冬Ⅲ区，11月进入冬季。

【问题】

1. 写出路面结构设计图 A、B、C 的名称。

2. 计算 K11＋120～K12＋120 段底基层施工需拌制的水泥稳定碎石混合料的数量，并计算该部分厂拌底基层水泥稳定碎石混合料的材料费和施工机械使用费（计算结果保留小数点后2位）。

3. 该合同段的冬期施工增加费、高原地区施工增加费和行车干扰工程增加费是否需要计取？并分别写出该三项增加费的计算基数构成。

4. 分别判断底基层、基层施工中3个施工方法是否正确。如不正确，请改正。

【参考答案】

1. A 的名称为土路肩，B 的名称为硬路肩，C 的名称为路缘带。

2. 水泥稳定碎石混合料的数量：22300（151.5＋10.10×3）/1000＝4054.14m³。

材料费：22300×［（16.755＋1.117×3）×400＋（21＋1×3）×4＋（220.32＋14.69×3）×80］/1000＝653158.08元。

施工机械使用费：22300×［（0.48＋0.03×3）×1200＋（0.24＋0.02×3）×1500］/1000＝25288.20元。

3. 冬期施工增加费、高原地区施工增加费要计取，行车干扰工程增加费不需要计取。冬期施工增加费计算基数为直接工程费；高原地区施工增加费和行车干扰工程增加费计算基数为人工费与施工机械使用费之和。

4. 底基层、基层施工中3个施工方法的正误与改正：

（1）正确。

（2）错误。改正：采用稳定土摊铺机（或沥青混凝土摊铺机）应分两层两幅摊铺水泥稳定碎石基层。

（3）正确。

实务操作和案例分析题五

【背景资料】

某施工单位承接了某一级公路水泥混凝土路面"白改黑"工程施工，该工程路基宽 2×12m，路面宽度 2×10m，长 45.5km，工期4个月。施工内容包括：旧路面病害的治理、玻纤格栅铺设、6cm 厚 AC–20 下面层摊铺、5cm 厚 AC–16 中面层摊铺、4cm 厚 SBS 改性沥青 SMA 上面层摊铺。设计中规定上面层 SMA 混合料必须采用耐磨值高的玄武岩碎石。

施工单位采用厂拌法施工。为保证工期，施工单位配置了2台3000型间歇式沥青混凝土拌合站（假设SMA沥青混合料的压实密度为2.36t/m³，每台3000型拌合站每拌制一满盘料的重量为3000kg），4台10m可变宽摊铺机，8台双钢轮压路机及4台胶轮压路机。

玻纤格栅采用人工铺设：先洒一层热沥青作粘层油（0.4～0.6kg/m²），然后用固定器将一端固定好，用人工将玻纤格栅拉平、拉紧后，用固定器固定另一端。

施工单位采用马歇尔试验配合比设计法通过三阶段确定了混合料的材料品种、配合比、矿料级配及最佳沥青用量，用以指导施工。

该工程施工期间，原材料价格波动很大，施工合同中约定只对沥青、柴油及玄武岩采用调值公式法进行价差调整。

基期为当年5月，工程款按月计量，每月调整价差，该工程投标函投标总报价中，沥青占35%，柴油占15%，玄武岩占20%。各月价格见表8-7。

表8-7　各月价格

月份	沥青（元/t）	柴油（元/L）	玄武岩（元/m³）
5（基期）	3800	5.9	200
7	4050	6.13	195
8	4280	6.13	215
……	……	……	……

施工单位7月份完成工程产值3156万元，8月份完成工程产值4338万元。

【问题】

1. 该工程中，铺设玻纤格栅的主要作用是什么？
2. 指出并改正玻纤格栅施工的错误之处。
3. 配合比设计包含了哪三个阶段？
4. 该工程SMA沥青混合料最少需要拌制多少盘（列式计算）？
5. 8月份调价之后的当月工程款是多少（列式计算）？

【参考答案】

1. 铺设玻纤格栅的主要作用是防止反射裂缝（防止水泥面板的接缝反射到新铺的沥青路面上）。

2. 错误之处：玻纤格栅施工顺序。

改正：应该先铺设玻纤格栅，再洒热沥青作粘层油。

3. 配合比设计包含了目标配合比设计阶段、生产配合比设计阶段、生产配合比验证三个阶段。

4. SMA沥青混合料重量：$0.04 \times 2 \times 10 \times 45500 \times 2.36 = 85904t$。

最少需要拌制的盘数：$85904/3 = 28635$盘。

5. 8月份调价之后的当月工程款：$4338 \times (0.3 + 0.35 \times 4280/3800 + 0.15 \times 6.13/5.9 + 0.2 \times 215/200) = 4338 \times (0.3 + 0.394 + 0.156 + 0.215) = 4338 \times 1.065 = 4619.97$万元。

实务操作和案例分析题六

【背景资料】

某施工单位承接了一段长30.8km的双向两车道新建二级公路D合同段路基、路面施工，路基宽8.5m，路面宽7.0m，路面结构设计图如图8-7所示。

路面结构代号	I	II
自然区划	V_2	V_2
路基土组	黏性土及页岩	黏性土及页岩
路基干湿类型	中湿	潮湿
路面设计弯沉(0.01mm)	66	66
路面结构层	厚9cm,宽7m 厚20cm,宽7.5m 厚20cm,宽8m	厚9cm,宽7m 厚20cm,宽7.5m 厚20cm,宽8m
路基设计弯沉(0.01mm)	≤230	≤280
E_0	33MPa	30MPa

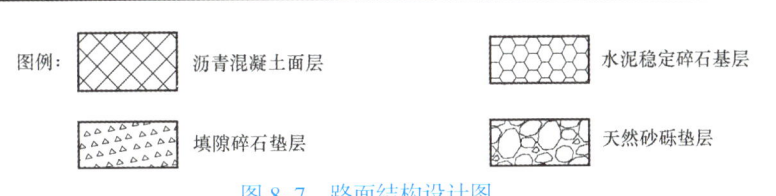

图例： ⬚ 沥青混凝土面层 ⬚ 水泥稳定碎石基层
⬚ 填隙碎石垫层 ⬚ 天然砂砾垫层

图 8-7　路面结构设计图

该工程采用清单计价，施工合同中的清单单价见表8-8。

表8-8　合同清单单价表

项目	单位	单价（元）	备注
9cm厚中粒式沥青混凝土面层	m²	126.9	
20cm厚水泥稳定碎石基层	m²	68.5	
20cm厚填隙碎石垫层	m²	52.5	
20cm厚天然砂砾垫层	m²	26.1	
……	……	……	

施工单位采用湿法施工填隙碎石垫层，在准备好下承层后，按下列工艺流程组织施工：施工放样→摊铺粗碎石→初压→撒布填隙料→复压→再次撒布填隙料→再次碾压→局部补撒填隙料→振动压实填满孔隙→步骤A→碾压滚浆→步骤B。

施工过程中发生了以下两个事件：

事件1：K5＋500～K6＋300路段，设计图为"中湿"类型路基，原设计采用I型路面结构，施工单位现场复核后，确定该路段属于"潮湿"类型路基，监理单位现场确认并书面同意按II型路面结构进行施工。

事件2：K15＋000～K16＋000路段，底基层完工后，施工单位组织自检，在实测纵断高程时发现该路段比设计标高整体低了2.5cm，原因是施工单位测量人员在设置测量转点时发生错误。其余实测项目均合格。施工单位总工程师提出了将该路段水泥稳定碎石基层的厚度由20cm加厚至22.5cm的缺陷修复方案，并按该方案组织施工，基层施工完成后通过了检测。该方案导致施工单位增加了64219元成本。

施工单位针对事件1和事件2分别提出增加费用变更申请，监理单位审批并同意了事件1的变更费用申请，但对事件2的变更费用不予确认。

【问题】

1. 写出步骤A和步骤B所对应的工艺流程名称。

2. 写出底基层施工工艺流程中"碾压滚浆"结束的判断依据。

3. 写出图中E_0的中文名称。

4. 计算事件1的变更增加费用。

5. 监理单位对事件1和事件2申请的审批结果是否合理？分别说明理由。

6. 判别本项目K5＋500～K6＋300路段的路基干湿类型应采用什么指标？

【参考答案】

1. 步骤A所对应的工艺流程名称：洒水饱和。

步骤B所对应的工艺流程名称：干燥。

2. 底基层施工工艺流程中"碾压滚浆"结束的判断依据：一直进行到填隙料和水形成粉砂浆为止。粉砂浆应填塞全部孔隙，并在压路机轮前形成微波纹状。

3. 图中E_0的中文名称：初始弹性模量。

4. 事件1的变更增加费用＝（52.5－26.1）×800×8＝168960元。

> 本题考查的是变更费用的计算。为什么是乘以800m？因为只有K5＋500～K6＋300路段进行了变更。

5. 监理单位对事件1申请的审批结果合理。

理由：事件1的变更是设计与现场实际不符造成的，不属于施工单位责任。

监理单位对事件2申请的审批结果合理。

理由：施工单位测量人员在设置测量转点时发生错误而导致的费用增加应由施工单位承担。

6. 本项目K5＋500～K6＋300路段的路基干湿类型应采用路基临界高度指标。

第9章 公路工程施工安全管理实务操作和案例分析专项突破

2015—2024年度实务操作和案例分析题考点分布

考点	年份									
	2015年	2016年	2017年	2018年	2019年	2020年	2021年	2022年	2023年	2024年
公路工程施工项目安全管理制度										
公路工程施工项目安全管理措施	●	●	●		●					
公路工程施工项目安全风险分级管控	●		●	●			●			
公路工程施工项目事故隐患排查治理						●		●	●	●
应急救援预案编制和管理					●					●
应急管理										
危险性较大的分部分项工程安全管理			●		●			●	●	
安全专项方案		●	●	●		●	●	●	●	

【专家指导】

施工安全管理考查频次较高的要点主要集中在施工安全管理措施、施工安全风险分级管控，安全专项方案和危险性较大的分部分项工程安全管理等内容中。考生需要结合真题着重进行熟练地掌握。关于各项安全技术要点、安全施工要求等也是很好的命题点，考生应注意把握。

历 年 真 题

实务操作和案例分析题一 [2023年真题]

【背景资料】

某一级公路工程，发包人依据《公路工程标准施工招标文件》相关规定进行了招标，公布了该工程某标段最高投标限价为89150万元，某施工单位参与该标段投标并中标，投标报价汇总表见表9-1，第100章总则工程量清单见表9-2，清单标价计算涉及部分内容如下：

（1）按合同条款规定计算出施工期间现场部分保险费如下：永久工程保险费230.6万元，临时工程保险费9.7万元，施工单位购买的运至施工工地用于永久工程的设备保险费6.8万元，施工单位的施工机械设备保险费10.8万元，施工单位雇佣人员工伤事故保险费和人身意外伤害保险费共22.9万元。

（2）安全生产费计列费率为2%。

（3）现场拟建进出场、保通、贯通临时便道共12km；生产区内临时便道共3km；施工驻地内临时便道共1.5km。

（4）现场拟修建一座临时贝雷便桥，最大水深5m。

表9-1 投标报价汇总表

序号	章次	项目名称	金额（万元）
1	100	总则	5619.7
2	200	路基	17662.6
3	300	路面	20873.3
4	400	桥梁、涵洞	18464.9
5	500	隧道	12042.3
6	600	安全设施及预埋管线	4014.1
7	700	绿化及环境保护设施	1605.6
8		第100～700章清单合计	80282.5
9		已包含在清单合计中的材料、工程设备、专业工程暂估价合计	1680
10		清单合计减去材料、工程设备、专业工程暂估价合计	78602.5
11		计日工合计	96.6
12		暂列金额（不含计日工总额）	2311.8
		投标报价	

表9-2 工程量清单

清单第100章总则					
子目号	子目名称	单位	数量	单价	合价
101	通则				
101-1	保险费				
-a	按合同价款规定，提供建筑工程一切险				
-b	按合同价款规定，提供第三者责任险				
102	工程管理				
102-3	安全生产费				
……	……				
103	临时工程与设施				
103-1	临时道路修建、养护及拆除				
……	……				
清单第100章合计		人民币			

施工过程中发生以下事件:

事件1: 施工单位结合现场情况, 在其中一个生产厂区内布置了拌合站与梁板预制场, 考虑施工方便并减少二次搬运, 部分工作区域布置示意图如图9-1所示, 工作区域包括: 梁板预制区、梁板成品堆放区、砂石料堆放区、钢筋加工堆放区、模板加工堆放区、混凝土搅拌区、其他工作区。

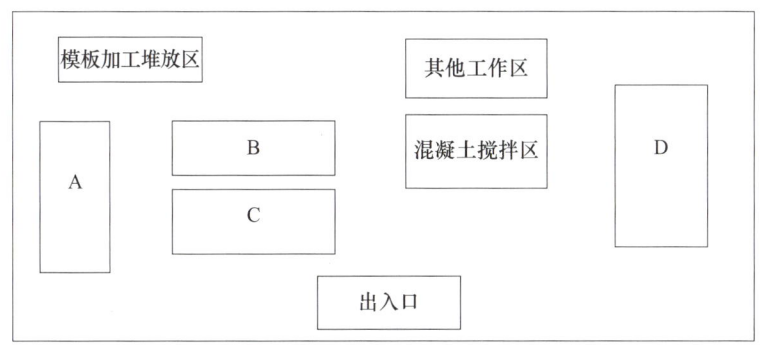

图9-1 拌合站与梁板预制场工作区域布置示意图

事件2: 部分预制梁板采用先张法施工, 为防止张拉台座不均匀沉降及开裂, 台座采用重力式台座, 并采用强度等级C20的混凝土底模。梁板预制完成后, 移梁前对梁板喷涂统一标识和编号, 存梁时支垫材质采用非刚性材料, 且要求不污染梁底。

事件3: 监理工程师根据《公路工程重大事故隐患清单(行业基础版)》对工地建设进行了重大事故隐患排查, 排查了施工驻地及生产厂区是否设置在滑坡、塌方、泥石流、洪水等危险区域, 施工驻地及生产厂区内的E和F设施是否按规范实施。

事件4: 施工过程中, 拌合站及梁板预制场内发生了安全生产事故, 造成1名监理工程师和3名施工人员重伤。项目部对钢板热切割工、钢筋绑扎工、钢筋焊接工、模板制作工、混凝土预制工、叉车工、龙门架升降机操作工等人员进行了专题安全教育与培训。

【问题】

1. 表9-1中投标报价合计为多少万元? 分别计算表9-2中101-1-a建筑工程一切险、102-3安全生产费清单子目投标报价合价(单位: 万元, 计算结果保留小数点后1位), 表9-2中103-1临时道路修建、养护与拆除清单子目应填的数量是多少?

2. 事件1拌合站与预制梁板场工作区域布置示意图中, A、B、C、D区域对应的最合理工作区分别是什么?

3. 指出事件2中两处错误, 并改正。

4. 分别写出事件3中重大事故隐患排查E、F设施的内容, 背景资料中的临时便桥是否需要按危险性较大的分部分项工程编制专项施工方案?

5. 事件4中, 可否按表9-2中购买的第三者责任险向保险公司索赔监理工程师重伤赔偿费? 事件4中所列安全教育与培训人员中必须持证上岗的特种作业工有几种? 分别指出其特种作业工名称。

【参考答案与分析思路】

1. 投标报价合计: 80282.5 + 96.6 + 2311.8 = 82690.9万元。

建筑工程一切险清单子目投标报价合计: 230.6 + 9.7 + 6.8 = 247.1万元。

安全生产费清单子目投标报价合计：89150×2%＝1783.0万元。

临时道路修建、养护与拆除清单子目应填的数量是1。

> 本题考查的是投标报价汇总。投标报价＝第100～700章清单合计＋计日工合计＋暂列金额（不含计日工额投标报价）。
>
> 工程保险费指在合同执行期内，施工企业按合同条款要求办理保险的费用，包括建筑工程一切险和第三方责任险。
>
> （1）建筑工程一切险是为永久工程、临时工程和设备及已运至施工工地用于永久工程的材料和设备所投的保险。
>
> （2）第三者责任险是对因实施合同工程而造成的财产（本工程除外）损失或损害，或人员（业主和承包人雇员除外）的死亡或伤残所负责进行的保险。

2. A、B、C、D区域应对应的最合理工作区分别是：

A：钢筋加工区，B：梁板预制区，C：梁板成品堆放区，D：砂石料堆放区。

> 本题考查的是拌合站与梁板预制场的布置。拌合站建设应综合考虑施工生产情况，合理划分拌和作业区、材料计量区、材料库、运输车辆停放区、试验区、集料堆放区及生活区，内设洗车池（洗车台）、污水沉淀池和排水系统。
>
> 梁板预制场宜采用封闭式管理，场地内应按办公区、生活区、构件加工区、制梁区和存梁区、废料处理区等科学合理设置，功能明确，标识清晰。生活区应与其他区隔开，生活用房按照驻地建设相关标准建设。

3. 事件2中两处错误与改正：

（1）错误之处1：台座采用重力式台座。

改正：台座应采用钢筋混凝土框架式台座。

（2）错误之处2：台座采用强度等级C20的混凝土底模。

改正：底模宜采用通长钢板底模。

> 本题考查的是预制梁板台座布设。预制梁板的台座强度应满足张拉要求，台座尽量设置于地质较好的地基上，在不良地基路段，应先进行地基处理。为防止发生张拉台座不均匀沉降、开裂事故，影响预制梁板的质量，先张法施工的张拉台座不得采用重力式台座，应采用钢筋混凝土框架式台座。
>
> 底模宜采用通长钢板，不得采用混凝土底模。推荐使用不锈钢底模板，钢板厚度不小于6mm，并确保钢板平整、光滑，防止粘结造成底模"蜂窝""麻面"，底模钢板应采取防止变形措施。

4. 事件3中重大事故隐患排查E、F设施的内容：E：防火，F：临时用电。

临时便桥需要编制专项施工方案。

> 本题考查的是公路工程重大事故隐患清单。施工现场、生产区、生活区、办公区等防火或临时用电未按规范实施容易引发火灾。

5. 不可按表9-2中购买的第三责任险向保险公司索赔监理工程师重伤赔偿费。

事件四中所列安全教育与培训人员必须持证上岗的特种作业工有4种，分别是钢板热切割工、钢筋焊接工、叉车工、龙门架升降机操作工。

本题考查的是保险索赔与特种作业工。承包人施工机械设备保险和雇用人员工伤事故保险费、人身意外伤害保险费由承包人承担。

《建筑施工特种作业人员管理规定》指出，建筑施工特种作业包括：① 建筑电工；② 建筑架子工；③ 建筑起重信号司索工；④ 建筑起重机械司机；⑤ 建筑起重机械安装拆卸工；⑥ 高处作业吊篮安装拆卸工；⑦ 经省级以上人民政府建设主管部门认定的其他特种作业。

实务操作和案例分析题二［2022年真题］

【背景资料】

某高速公路位于山岭重丘区，其中K3＋780～K4＋640为路堑工程，局部路段存在小型滑坡，采用削坡减载方法处治。路基某分项工程W的施工网络计划如图9-2所示。

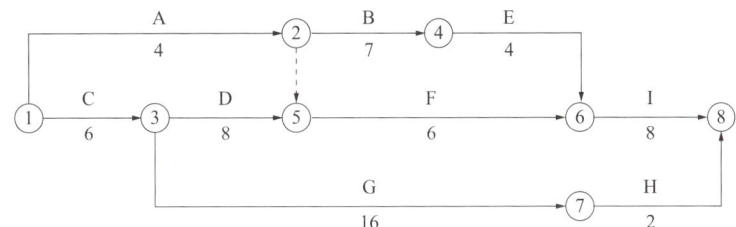

图9-2　路基某分项工程W的施工网络计划（单位：d）

施工过程中发生了如下事件：

事件1：针对K3＋780～K4＋640段滑坡处治，施工单位编制了专项施工方案，经下列具体流程处理后实施：施工单位技术负责人审核签字、加盖施工单位项目部公章，专业监理工程师审查签字、加盖执业印章。

事件2：针对削坡减载工作，施工单位制定了相应的技术措施，部分内容如下：① 边坡开挖自下而上逐级进行；② 边坡开挖严禁采用爆破法施工；③ 开挖坡面宜适当超挖；④ 开挖坡面上有裂缝时，应予灌浆封闭或开挖夯填。

事件3：分项工程W施工时，出现下列2种情形：

（1）工作A、B按进度顺利完成，但工作E施工时，施工单位发现图纸存在错误，经技术论证后，由设计单位对图纸进行修改后继续施工，由此造成E工作停滞3d。

（2）工作D施工时，因施工现场条件变化，建设单位提出了更高的质量要求，导致工作D工作量增加了30%。

针对上述情形造成的工期延长和费用增加，施工单位向监理单位递交了工期索赔和费用索赔的申请。

事件4：施工过程中，施工单位积极开展安全生产事故隐患排查工作，避免安全事故的发生。采用的安全生产事故隐患排查方式有日常安全生产检查等。

【问题】

1. 改正事件1中专项施工方案处理流程的错误之处。判断该专项施工方案是否需要召开专家论证会，并说明理由。

2. 逐条判断事件2中的技术措施是否正确。若不正确，改正错误之处。

3. 写出分项工程 W 的施工关键线路（用①→② ……或 A→B……形式表达），并计算其总工期。

4. 逐条判断事件 3 中的工期索赔和费用索赔是否成立，并说明理由。

5. 补充事件 4 中安全生产事故隐患排查的其他两种方式。

【参考答案与分析思路】

1. 改正：专项施工方案应当由施工单位技术负责人签字、加盖单位公章，由总监理工程师审查签字、加盖执业印章后方可实施。

该专项施工方案不需要召开专家论证会，理由：因为只有中型及以上滑坡体处理才需要专家论证，而本工程滑坡体为小型滑坡。

> 本题考查的是专项施工方案。超过一定规模的危险性较大的分部分项工程才需要召开专家论证。

2. ① 错误。正确做法：削坡减载应自上而下逐级开挖。

② 正确。

③ 错误。正确做法：开挖坡面严禁超挖。

④ 正确。

> 本题考查的是削坡减载施工要求。这里又出现了判断正确与否题目的关键词：自上而下与自下而上、不得与可以、应该与不应该。对③而言，如果对超挖表述出否定含义均可得分。

3. 关键线路：①→③→⑤→⑥→⑧；总工期为 28d。

> 本题考查的是网络计划图关键线路判断与工期的计算。因为在案例分析题中考查的网络图，一般都不太复杂，我们可以把所有的完整线路上各工作的持续时间加起来，然后比较大小，最大的数值就是工期，而对应的线路就是关键线路。

4. （1）工作 E 工期索赔不成立，费用索赔成立。

理由：工作 E 总时差为 5d，延后 3d 不影响总工期，因此工期索赔不成立。延长时间为设计单位过失，应当承担 3d 的人员机械闲置费用，因此费用索赔成立。

（2）工作 D 工期索赔成立、费用索赔成立。

理由：工作 D 为关键工作，增加工作量必然导致总工期延长，属于建设单位的责任，因此工期索赔成立。质量要求是非承包人的责任，应当由业主承担，因此费用索赔成立。

> 本题考查的是索赔。① 由于业主或工程师的错误或失误而造成的工期延误，在这种情况下，承包商不仅可以得到工期延长，还可以得到经济补偿；② 既不是承包商也不是业主的原因而是由客观原因引起的工期延误，在这种情况下，承包商可获得一定的工期延长作为补偿，但一般得不到经济补偿；③ 由于承包商的原因引起的工期延误，在这种情况下，承包商不但不能得到工期延长和经济补偿，而且由这种延误造成的损失全部都要由承包商来负责。
>
> 本题还需要结合网络图来判断是否可以索赔工期。

5. 事件 4 中安全生产事故隐患排查的其他两种方式：综合安全检查、专项安全检查。

本题考查的是安全生产事故隐患排查的方式。考生还需要掌握"两项达标""四项严禁""五项制度"的内容。

实务操作和案例分析题三［2021年真题］

【背景资料】

某施工单位承建一高速公路路面工程，项目位于丘陵地区，属亚热带季风气候，地方路网发达，交通运输较为便利。设计速度100km/h，双向四车道，主线长15km。起讫桩号为K15＋000～K30＋000，行车道宽度为3.75m。

主要工程内容有：水稳底基层、水稳基层、沥青混凝土面层及路面排水等，路面结构如图9-3所示。

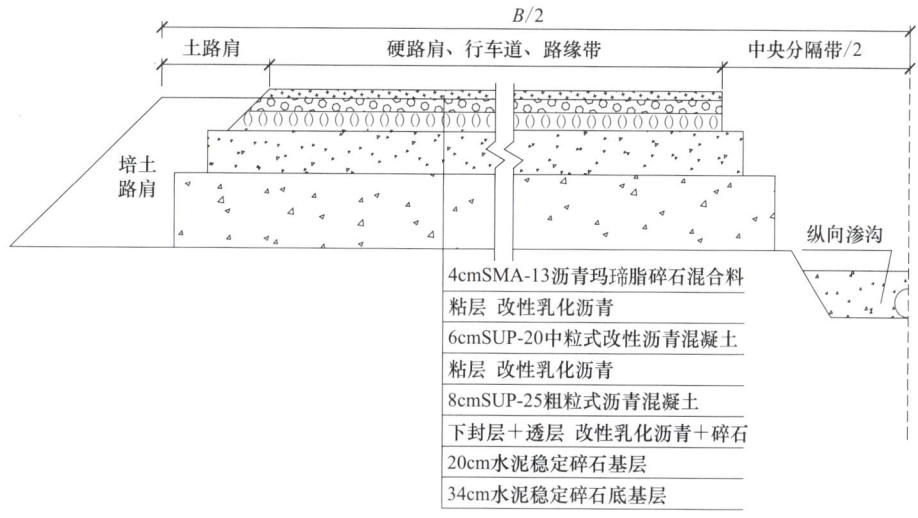

图9-3 路面结构

施工过程中发生了如下事件：

事件1：路面工程施工前，施工单位编制的专项施工方案中，施工安全保证措施包括技术措施、监测监控等。专项方案实施前，项目部按照要求进行了方案交底。同时，施工现场管理人员向X进行了安全技术交底，并由双方和项目Y共同签字确认。

事件2：路面各层施工时，项目部投入以下主要机械设备：水稳拌合站、沥青混合料拌合站、纤维投放机、运输车、装载机、摊铺机、压路机、水泥浆洒布车、振动夯实机、智能沥青洒布车等。K17＋100～K17＋500段基层在养护过程中出现收缩裂缝，经弯沉检测，结构层的承载力满足设计要求，为了防止后期发生质量病害，技术人员采取了灌缝处理措施。

事件3：面层施工中，施工单位的部分做法如下：① 中面层施工前，施工单位完成了成品改性沥青的招标工作，择优选择了一家实力特强的供应商，施工单位要求供货单位供货时需提供有关改性剂与基质沥青两份技术资料；② 中面层施工采用两台摊铺机梯队作业，当日摊铺作业结束后，采用斜缝设置横向接缝；③ 上面层沥青玛蹄脂碎石混合材料配合比设计中沥青用量较高，在正式开始上面层施工前，施工单位选取了200m路段作为试验段，采用轮胎压路机进行碾压施工。

事件4：K20＋000～K25＋000段具备先行施工条件，施工单位决定将该段底基层、基层划分为4个施工段进行流水施工，持续时间见表9-3。待基层施工完成后，对下、中、上面层不分段组织顺序作业，各层施工时间均为4d，底基层与基层，基层与下面层之间的技术间歇均为4d。

表9-3 底基层、基层分段持续时间（单位：d）

施工段	施工过程			
	①	②	③	④
底基层	4	6	4	6
基层	2	4	2	4

【问题】

1. 补充事件1中施工安全保证措施的另外两项主要内容。写出X、Y的名称。

2. 补充事件2中路面各层施工时还需要的机械设备，写出基层收缩裂缝处理的其他两种措施。

3. 写出事件3①中两份技术资料的名称。逐条判断②、③的做法是否正确。若不正确，写出正确做法。

4. 根据事件4中的已知条件，计算K20＋000～K25＋000段路面施工工期（单位：d），复制表9-4到专用答题卡上，并完善基层与下面层的横道图。

表9-4 流水施工横道图

施工过程	时间（单位：d）												
	4	8	12	16	20	24	28	32	36	40	44	48	52
底基层	▬	▬	▬	▬	▬								
基层													
下面层													

【参考答案与分析思路】

1.（1）施工安全保证措施的另外两项主要内容：组织保障、应急预案。

（2）X的名称：作业人员，Y的名称：项目专职安全生产管理人员。

> 本题考查的是专项方案与技术交底。（1）施工现场管理人员应当向作业人员进行安全技术交底，并由双方和项目专职安全生产管理人员共同签字确认。（2）施工安全保证措施包括：组织保障、技术措施、应急预案、监测监控等。

2.（1）路面各层施工时还需要的机械设备：碎石撒布车、清除车、洒水车。

（2）基层收缩裂缝处理的其他两种措施为：① 在裂缝位置铺设玻璃纤维格栅；② 洒铺热改性沥青。

> 本题考查的是路面施工机械与基层收缩裂缝的处理。基层在养护过程中出现裂缝，经过弯沉检测，结构层的承载能力满足设计要求时，可继续铺筑上面的沥青面层，也可采取下列措施处理裂缝：（1）在裂缝位置灌缝；（2）在裂缝位置铺设玻璃纤维格栅；（3）洒铺热改性沥青。

3. 事件3①中两份技术资料的名称：改性剂型号、基质沥青的质量检验报告。

②正确。

③不正确。正确做法：上面层沥青玛琋脂碎石混合料宜采用钢筒式压路机或振动压路机进行碾压施工。

> 本题考查的是沥青路面用料及施工的要求。供应商在提供改性沥青的质量报告时应提供基质沥青的质量检验报告或沥青样品。改性剂的技术资料为改性剂的质量检验报告。

4. （1）K20＋000～K25＋000段路面施工工期：44d。

（2）完善的流水施工横道图见表9-5。

表9-5 完善的流水施工横道图

施工过程	时间（d）												
	4	8	12	16	20	24	28	32	36	40	44	48	52
底基层	―――――――――――――――――												
基层					――――――――――――――								
下面层									――――――――				

> 本题考查的是流水施工工期。首先要能够熟练运用错位相减取大差法来计算流水步距。K20＋0000～K25＋000段路面施工工期＝12＋4＋12＋4＋3×4＝44d。式中的2个"12"分别是底基层与基层、基层与下面层之间的流水步距；2个"4"分别是底基层与基层、基层与下面层之间的技术间歇；"3×4"也就是"4＋4＋4"，是下、中、上面层的施工时间之和。

实务操作和案例分析题四 ［2019年真题］

【背景资料】

某施工单位承建一分离式双向四车道高速公路山岭隧道工程，其起讫桩号为K19＋720～K20＋200，全长480m。隧道左右洞相距36m，地质情况相同，其中K19＋720～K19＋775段和K20＋165～K20＋200段穿越强风化泥质灰岩段，岩质较软，岩体破碎，为Ⅴ级围岩段；K19＋775～K19＋875和K20＋035～K20＋165段穿越中风化泥质灰岩段，岩质中硬，岩体破碎～较破碎，为Ⅳ级围岩段；K19＋875～K20＋035段穿越微风化泥质灰岩段，岩质中硬，岩体较破碎，为Ⅲ级围岩段。该隧道设计支护结构为复合式衬砌（即初期支护＋混凝土二次衬砌），隧道设钢支撑和仰拱。施工过程中发生了如下事件：

事件1：开工前，施工单位对该隧道的Ⅳ级和Ⅴ级围岩的连续长度及合计长度进行了统计，并由（A）负责对该隧道进行了施工安全风险评估，出具了评估报告。报告内容包括：评估依据、工程概况、（B）、（C）、评估内容、评估结论及对策等。

事件2：施工单位采用钻爆法开挖，Ⅳ级围岩段，爆破设计周边孔为60个，爆破后，某开挖面残留有痕迹的炮孔数为45个。

事件3：施工单位在Ⅳ级围岩段初期支护施工作业时，采用了钢拱架形式的钢支撑。

事件4：施工单位在进行仰拱及防水板施工作业时，采取了如下做法：

（1）Ⅳ级围岩的仰拱距掌子面的距离为55m±4m，Ⅴ级围岩的仰拱距掌子面的距离为45m±4m；

（2）仰拱施工采用左右半幅分次浇筑方式；

（3）防水板搭接长度为80mm±10mm。

【问题】

1. 结合事件1和背景，写出隧道进行施工安全风险评估的理由。

2. 事件1中A、B、C各代表什么？

3. 针对事件2和背景，计算周边炮孔痕迹保存率，并判断该值是否满足《公路隧道施工技术细则》JTG/T F60—2009的要求。

4. 事件3中，按材料的组成还可以采取哪种形式钢支撑？

5. 逐条判断事件4中的做法是否正确，并改正。

【参考答案与分析思路】

1. 理由：K19＋720～K19＋775段，Ⅴ级围岩连续长度为55m，超过50m，所以需要进行施工安全风险评估。

> 本题考查的是施工安全风险评估范围。长度3000m及以上的隧道工程，Ⅵ、Ⅴ级围岩连续长度超过50m或合计长度占隧道全长的30%及以上的隧道工程应进行施工安全评估。考虑Ⅴ级围岩的连续长度，K19＋720～K19＋775段，连续长度为55m，超过50m，故连续长度符合施工安全风险评估范围。

2. A代表施工单位，B代表评估方法，C代表评估步骤。

> 本题考查的是施工安全风险评估组织与评估报告的内容。施工安全风险评估工作原则上由项目施工单位具体负责。关于B、C的确定属于查漏补缺型的考核。报告内容应包括评估依据、工程概况、评估方法、评估步骤、评估内容、评估结论及对策建议等。

3. 周边炮孔痕迹保存率＝45÷60×100%＝75%。根据《公路隧道施工技术细则》JTG/T F60—2009的相关规定，对于中硬岩炮孔痕迹保存率应不小于70%，因75%＞70%，故满足要求。

> 本题考查的是炮孔痕迹保存率。本题中炮孔痕迹保存率＝45÷60×100%＝75%。

4. 按材料的组成还可以采取格栅钢架形式钢支撑。

> 本题考查的是钢支撑的分类。钢支撑按其材料的组成可分为钢拱架和格栅钢架。故本题较容易进行判断。

5. 事件4中，做法（1）错误，改正：Ⅳ级围岩的仰拱与掌子面距离不得超过50m，Ⅴ级围岩仰拱与掌子面距离不得超过40m。

事件4中，做法（2）错误，改正：仰拱施工宜整断面一次成型。

事件4中，做法（3）错误，改正：搭接长度不应小于100mm。

> 本题考查的是仰拱施工与公路隧道施工安全步距要求。回答本题的依据为《公路工程施工安全技术规范》JTG F90—2015。事件4中，仰拱施工采用左右半幅分次浇筑方式错误较为明显，仰拱施工宜整断面一次成型。

实务操作和案例分析题五〔2016年真题〕

【背景资料】

某施工单位承建了某双线五跨变截面预应力混凝土连续刚构梁桥，桥长612m，跨径布置为81m＋3×150m＋81m。主桥基础均采用钻孔灌注桩，主墩墩身为薄壁单室空心墩，墩身最大高度60m。主桥0号、1号块采用单箱单室结构，顶板宽12m，翼板宽3m。主桥桥位处河道宽550m，水深0.8～4m，河床主要为砂土和砂砾。

施工中发生如下事件：

事件1：根据本桥的地质、地形和水文情况，施工单位主桥上部结构采用悬臂浇筑施工法。其中0号、1号块采用托架法施工，悬臂端托架布置示意图如图9-4所示。

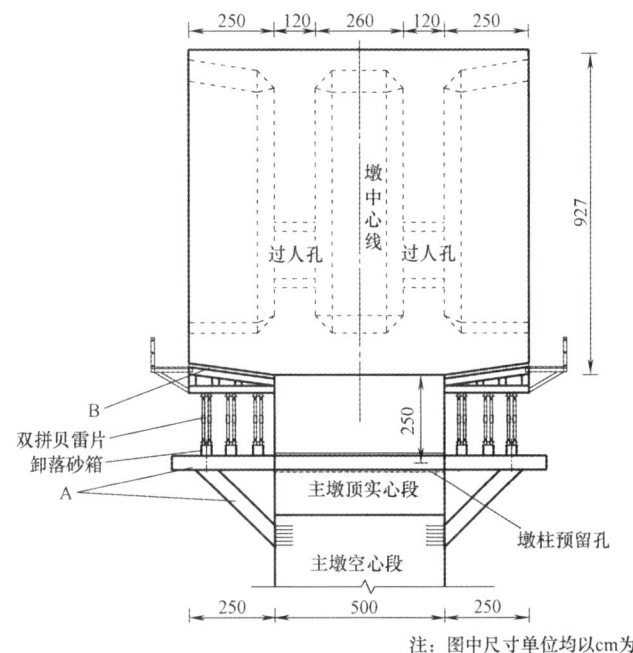

注：图中尺寸单位均以cm为单位。

图9-4　悬臂端托架布置示意图

事件2：项目部编制了该桥悬臂浇筑专项施工方案，主要内容为：工程概况、编制依据、施工计划、施工工艺技术、施工安全保证措施、劳动力计划、C和D。专项方案编制完成后，由项目部组织审核，项目总工签字后报监理单位。

事件3：0号、1号块混凝土施工拟采用两次浇筑的方案：

第一次浇筑高度5.27m，主要工艺流程为：托架及平台拼装→安装底模及外侧模→E→安装底板、腹板、模隔板钢筋→安装竖向预应力管道及预应力筋、埋设预埋件→F→浇筑混凝土→养护。

第二次浇筑高度4m，主要工艺流程为：G→内侧模加高→安装内支架及顶板、翼板模板→H→安装纵向预应力管道→安装横向预应力管道及预应力筋、埋设各种预埋件→浇筑混凝土→养护。

事件4：施工单位采用墩侧塔式起重机运输小型机具和钢筋等材料；采用专用电梯运送施工人员；采用拌合站拌和、混凝土罐车运输、输送泵泵送混凝土入模浇筑。

【问题】

1. 写出图9-4中A和B的名称。

2. 根据本桥结构，施工单位在悬臂施工过程中是否需要采取临时固结措施？说明理由。

3. 事件2中C、D的内容是什么？专项施工方案审批流程是否正确？如有错误则改正。

4. 指出事件3中工艺流程E、F、G、H的名称。

5. 事件4中施工单位采用的施工机械设备哪些属于特种设备？特种设备持证要求有哪些？

【参考答案与分析思路】

1. 图9-4中，A的名称是悬臂端托架，B的名称是悬臂端底模板。

> 本题考查的是悬臂端托架布置示意图。本题要求考生对悬臂端托架布置进行熟练地掌握，亦可结合实际工作中总结的经验进行作答。

2. 不需要采取临时固结措施。

理由：本桥结构为连续刚构，结构本身具有一定的抗弯能力。

> 本题考查的是临时固结措施的采取。对于连续箱梁，梁与墩未固结在一起，施工时，两侧悬浇施工难以保持绝对平衡，必须在施工中采取临时固结措施，使梁具有抗弯能力。本题中并非必须设置的情形。

3. 事件2中，C的内容是方案设计图，D的内容是方案计算书。

专项施工方案审批流程错误。

改正：专项施工方案编制完成后，应由施工单位技术部门组织本单位施工技术、安全、质量等部门的专业技术人员进行审核，由施工单位技术负责人签字。

> 本题考查的是专项施工方案审批流程。本题考核方式较为简单，亦是考生必须掌握的要点。

4. 事件3中，E的名称是预压，F的名称是安装内侧模，G的名称是处理施工缝，H是绑扎顶板、翼板钢筋。

> 本题考查的是悬臂浇筑施工工艺。考生可结合背景资料及考试用书中悬臂浇筑施工工艺流程图进行作答。

5. 施工单位采用的塔式起重机和施工电梯属于特种设备。

特种设备持证有以下要求：设备的出厂合格证、检验合格证、使用地报检合格证、操作人员特殊工种证。

> 本题考查的是特种设备的种类及安全管理。特种设备持证要求为特种设备安全管理的重要内容，需要考生熟练掌握。本题的问答方式较为简单。

典 型 习 题

实务操作和案例分析题一

【背景资料】

某施工单位承建一级公路桥梁工程，跨径布置为30m＋40m＋30m。上部结构为预应力现浇混凝土箱梁（单箱双室等截面），梁高为2m，箱梁混凝土强度等级为C50。混凝土箱梁施工支架采用满堂盘扣式支架，支架由立杆、横杆、斜杆、连接盘等组成，支架上纵梁采用I12工字钢，横梁采用10cm方木，上铺胶合板。桥梁支架立面示意图如图9-5所示，桥梁支架横断面示意图如图9-6所示。

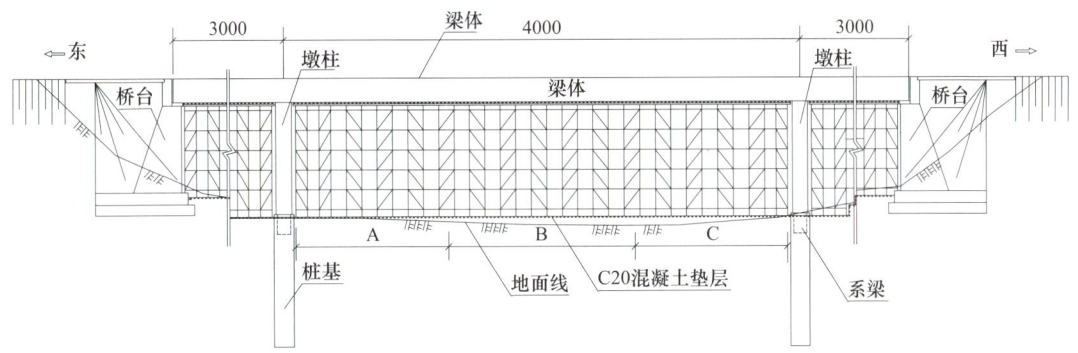

图9-5　桥梁支架立面示意图（图中尺寸以cm计）

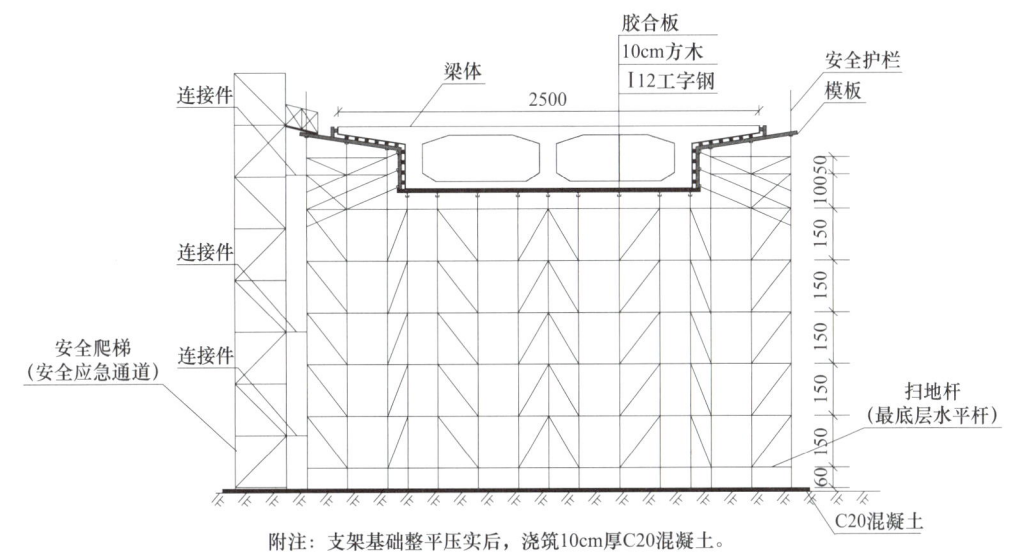

附注：支架基础整平压实后，浇筑10cm厚C20混凝土。

图9-6　桥梁支架横断面示意图（图中尺寸以cm计）

施工中发生以下事件：

事件1：施工单位编制并提前5d向监理工程师提交支架专项施工方案，方案包括下列主要内容：工程概况、编制依据、D、E、施工安全保证措施、劳动力计划、F。

事件2：搭设支架时，支架扫地杆（最底层水平杆）与立杆底托底面距离为60cm。为了方便施工人员上下通行，施工单位在支架旁搭设了人员安全应急通道，为保证通道的稳定，将通道与支架三处紧固连接。箱梁翼板处，临边安全护栏上横杆距作业平台顶面高1.0m。

事件3：支架搭设完毕后，施工单位进行了支架预压。40m跨径上部结构混凝土箱梁支架施工设计荷载（结构荷载及施工荷载）2800t，最终预压荷载范围为G～H。

事件4：40m梁支架纵向立面布置（A、B、C段）如图9-5所示。箱梁混凝土浇筑完成后进行了以下工序：① 拆除箱梁侧模板；② 拆除箱梁底模板；③ 拆除箱梁盘扣支架；④ 张拉预应力钢绞线。

事件5：支架拆除过程中发生了坍塌，死亡2人，重伤10人，直接经济损失356万元。

【问题】

1. 事件1中施工单位提前5d向监理工程师提交专项施工方案的做法是否正确？说明理由。写出支架专项施工方案中D、E、F对应内容。

2. 指出事件2中的3个错误做法，并写出正确做法。

3. 写出事件3中最终预压荷载范围G、H值。

4. 写出事件4中①、②、③、④工序的正确排序（写出数字序号即可，如：4321）和拆除40m梁支架A、B、C段的正确顺序。

5. 写出事件5中安全事故等级，并说明理由。

【参考答案与分析思路】

1. 施工单位提前5d向监理工程师提交专项施工方案的做法不正确。

理由：施工单位应在搭设支架前14d向监理工程师提交专项施工方案。

支架专项施工方案中D、E、F对应的内容：D为施工计划（或进度计划），E为施工工艺（或施工技术），F为计算书及图纸。

> 本题考查的是专项施工方案的提交与内容。承包人应在制作模板、拱架和支架前14d，向监理工程师提交模板、拱架和支架的施工方案。专项施工方案应包括下列主要内容：工程概况、编制依据、施工计划、施工工艺技术、施工安全保证措施、劳动力计划、计算书及图纸。

2. 事件2中的3个错误做法及正确做法如下：

错误做法1：扫地杆与立杆底托底面距离为60cm。

正确做法：扫地杆与立杆底托底面距离为不大于55cm。

错误做法2：将安全应急通道与支架三处紧固连接。

正确做法：安全应急通道不应与桥梁支架连接。（或独立设置）

错误做法3：临边安全护栏上横杆距作业平台顶面高1.0m。

正确做法：临边安全护栏上横杆距作业平台顶面高不小于1.2m。

> 本题考查的是支架搭设与安全防护的要求。本题的易丢分知识点：支架不得与应急安全通道相连接。

3. 最终预压荷载范围G：2940t，H：3080t（注：G、H可互换）。

> 本题考查的是支架的制作及安装。对支架进行预压时，预压荷载宜为支架所承受荷载的1.05～1.10倍，预压荷载的分布宜模拟需承受的结构荷载及施工荷载。2800t×1.05＝2940t。2800t×1.10＝3080t。

4. 工序的正确排序：1423（或①→④→②→③）。

拆除40m梁支架A、B、C段的正确顺序：B→A→C（或B→C→A）。

> 本题考查的是模板支架的拆除顺序。对预应力混凝土结构，其侧模应在预应力钢束张拉前拆除；底模及支架应在结构建立预应力后方可拆除。

5. 事件5中的安全事故等级为较大事故。

理由：依据《生产安全事故报告和调查处理条例》，事故造成重伤10人以上50人以下情况的属于较大事故。此处"以上"包括本数。

> 本题考查的是安全事故等级。较大事故，是指造成3人以上10人以下死亡，或者10人以上50人以下重伤，或者1000万元以上5000万元以下直接经济损失的事故。注意此处，"以上"包括本数，故10人重伤属于较大事故。

实务操作和案例分析题二

【背景资料】

某施工单位承建了一段二级公路，其中1号桥梁起讫桩号为K30+500～K30+596，桥型立面布置示意图如图9-7所示。该桥为单箱双室现浇预应力混凝土连续箱梁，下部结构为薄壁式桥墩，轻型桥台，桥梁纵坡为1%，2号墩承台尺寸为8m×3.6m×3.5m（横桥向×纵桥向×高）。地下水位高程为953.0m，上部结构采用满堂式支架现浇施工。

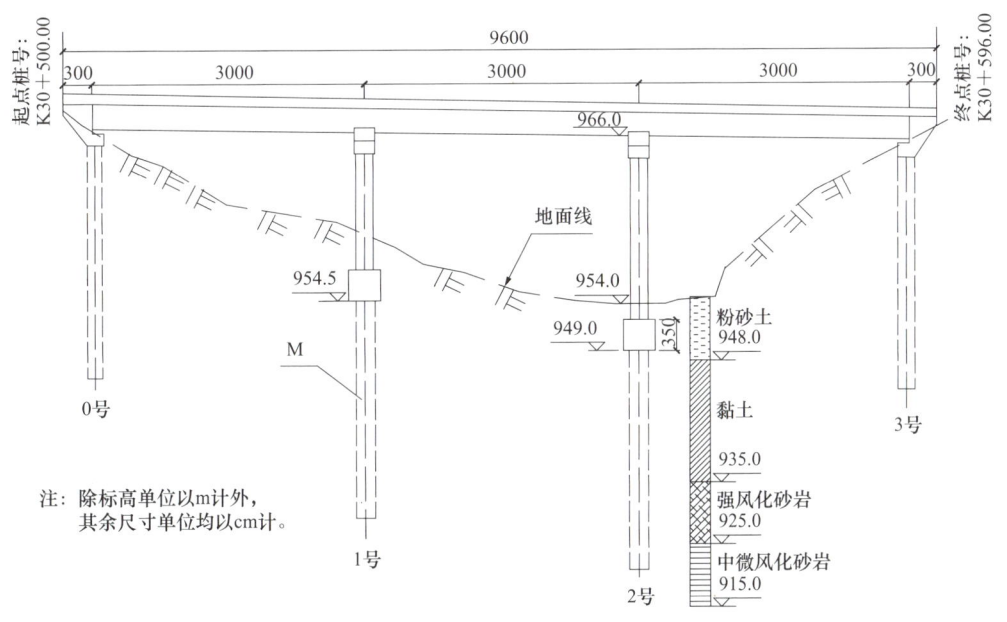

图9-7 桥型立面布置示意图

施工中发生以下事件：

事件1：2号墩地下水位较高，根据2号墩处地质资料，其承台基坑开挖时采取坑壁加固措施。

事件2："1号桥薄壁墩专项施工方案"中，确定了施工质量控制关键点：（1）……；（2）……；（3）……；（4）……；（5）墩顶支座预埋件位置、数量控制；（6）墩身与承台连接处混凝土裂缝控制；（7）墩身实心段混凝土裂缝控制。

事件3：按照《公路工程施工安全技术规范》JTG F90—2015要求，项目部编制了"1号桥现浇梁专项施工方案"。专项施工方案中支架现浇施工流程主要包括：地基处理→A→模板系统安装→B→钢筋、预应力筋安装→C→混凝土浇筑→混凝土养护→预应力筋张拉→D→落架、模板支架拆除。

事件4：项目部编制的"1号桥现浇梁专项施工方案"，经项目总工程师审核，总监理工程师审查后，即开始实施。

【问题】

1. 写出图9-7中构造物M的名称。

2. 事件1中，2号墩承台施工宜采用哪两种坑壁支护方式？

3. 写出事件2中薄壁墩施工质量控制关键点（1）、（2）、（3）、（4）的内容。

4. 写出事件3中工序A、B、C、D的名称。

5. 事件4中，专项施工方案的审批程序是否正确？若不正确，写出正确的审批程序。

【参考答案】

1. 图9-7中构造物M的名称：桩基础。

2. 事件1中，2号墩承台施工宜采用的两种坑壁支护方式：锁口钢板桩或锁口钢管桩。

3. 事件2中薄壁墩施工质量控制关键点的内容：

（1）墩身锚固钢筋预埋质量控制。

（2）墩身平面位置控制。

（3）墩身垂直度控制。

（4）模板接缝错台控制。

4. 工序A的名称：支架搭设。

工序B的名称：支架加载预压。

工序C的名称：内模安装。

工序D的名称：预应力孔道压浆。

5. 事件4中，专项施工方案的审批程序不正确。

正确的审批程序：专项施工方案应当由施工单位技术负责人审核签字并加盖单位公章，总监理工程师审查签字并加盖执业印章后方可实施。

实务操作和案例分析题三

【背景资料】

某高速公路特大桥主桥全长820m（2×50m＋9×80m），为变截面预应力连续箱梁桥，分上下游两幅，每幅单箱单室，顶板宽13m，底板宽6.5m，箱梁采用长线法台座预制，缆索吊装，悬臂拼装。

为加强安全管理，项目部在全桥施工过程中建立了安全生产相关制度，实行了安全生产责任制，并对危险性较大工程编制了安全施工专项方案。

为保证工程质量，项目部加强进场材料管理，对钢筋、钢绞线、水泥等重要材料严格检测其质量证明书、包装、标志和规格。在工地试验室，对砂卵石等地材严格按规范要求进行试验检测。某次卵石试验中，由于出现记录错误，试验人员立即当场用涂改液涂改更正，并将试验记录按要求保存。

缆索吊装系统主要由塔架、主索（承重索）、起吊索、牵引索、扣索、工作索、天车（滑轮索）、索鞍、锚碇等组成。塔架高度85m，采用钢制万能杆件连接组拼，塔架示意图如图9-8所示。

主索锚基坑地层及断面示意图如图9-9所示。基坑开挖完成后，混凝土浇筑前突降大雨，基坑出现大面积垮塌，并导致2人受伤。主桥墩柱、盖梁施工完成后，安放支座、现浇主梁0号块混凝土，然后吊拼1块箱梁，同时进行墩顶箱梁的临时固结，再依次拼接各梁段。

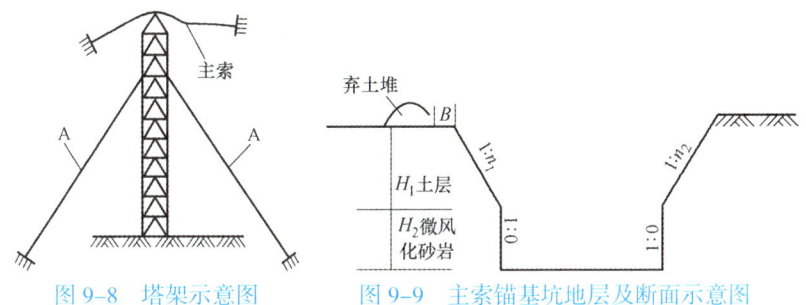

图9-8　塔架示意图　　　图9-9　主索锚基坑地层及断面示意图

【问题】

1. 图9-8中A是何种设施？说明设置A的主要要求。

2. 结合背景资料，说明图9-9中B的大小的要求。图9-9中将微风化砂岩开挖坡度设为1∶0是否正确？说明理由。确定上层土层开挖坡度时，应主要考虑哪些因素？

3. 结合图9-9和背景资料，为防止同类垮塌事故，该基坑开挖时可采取哪些处理措施？

4. 补充钢绞线还需进行的检查项目，改正对砂卵石地材试验检测记录的错误做法。

5. 简要说明墩顶箱梁临时固结的施工步骤。

6. 结合背景资料描述的施工内容，根据交通运输部《公路水运工程安全生产监督管理办法》，项目部应编制哪几个主桥施工安全专项方案？

【参考答案】

1. 图9-8中A是风缆。设置A的主要要求：对称布置，与地面呈30°，与塔架角度大于45°。

2. 图9-9中B的大小的要求是大于1m。

图9-9中将微风化砂岩开挖坡度设为1∶0不正确。

理由：上缓下陡易形成滑坡和塌方。

确定上层土层开挖坡度时，应考虑开挖深度、地质条件、现场的具体情况等因素。

3. 基坑开挖时可采取的处理措施：基坑顶面设置截水沟，坡面可采取混凝土护壁、锚杆支护、锚桩支护等措施加固，排水沟和集水井降水，必要时可采用井点降水法。

4. 补充钢绞线还需进行的检查项目：表面质量、直径偏差和力学性能试验。

改正：在作废数据处划两条水平线，正确数据填在上方，加盖更改人印章。

5. 墩顶箱梁临时固结的施工步骤：将0号块梁段与桥墩钢筋或预应力筋临时固结，待解除固结时再将其切断；在桥墩一侧或两侧设置临时支撑或支墩；顺桥向用扇形或门式托架将0号块梁段临时支撑，待悬浇到至少一端合龙后恢复原状。临时支承可采用硫磺水泥砂浆、砂筒或混凝土块等卸落设备，能较方便地拆除临时支承。

6. 项目部应编制的主桥施工安全专项方案：滑坡和高边坡处理、土方开挖工程、模板工程、起重吊装工程、脚手架工程等。

实务操作和案例分析题四

【背景资料】

某施工单位承接了某高速公路路基H合同段工程施工，该区段设计车速100km/h，平均挖深19m，路基宽度26m，其中K20＋300～K20＋520为石质路堑。该区段岩石为石炭系硅质灰岩，岩石较坚硬，多为厚层构造，局部呈薄层状构造，裂隙发育。要求路堑采用钻爆开挖，爆破石渣最大允许直径为30cm，对开挖石渣尽可能提高利用率。

施工单位编制的爆破设计方案摘要如下：

（1）边坡采用预裂爆破，路基主体尽量采用深孔爆破，局部采用钢钎炮、烘膛炮等方法。

（2）采用直径8cm的钻头钻孔，利用自行式凿岩机或潜孔钻一次钻到每阶平台设计标高位置。

（3）爆破顺序采用从上至下的分台阶，顺路线方向纵向推进爆破，控制最大爆破深度不超过10m，纵向每40～50m为一个单元，边坡和主体采用微差爆破一次性完成。

（4）边坡预裂爆破孔间距为1m，采用"方格形"布置，按水平方向控制炮杆位置，路基主体内炮孔间距4m，采用"梅花形"均匀布置。

爆破设计方案报主管部门审批时未通过，退回后由施工单位重新修改。

在确定爆破安全距离时，施工单位按《爆破安全规程》GB 6722—2014中"安全距离不小于200m"的规定，将安全距离设为200m，并布置警戒线。爆破结束后，未出现安全事故。

K20＋300～K20＋520段需开挖石方140000m³，采用2台装载机（每台作业率720m³/台班）和6台自卸汽车（每台作业率300m³/台班）配合装运石方，其他机械均配套，将石方调运到两端的填方路段。

施工完成后，对路基工程进行了质量检验，其中针对K20＋300～K20＋520路段，实测了纵断高程、中线偏位、宽度、横坡。

【问题】

1. 指出并改正爆破设计方案中的错误之处。

2. 施工单位确定爆破安全距离的做法是否恰当？说明理由。

3. 在不考虑加班的情况下，K20＋300～K20＋520路段石方调运工作需要多少天（列式计算）？

4. K20＋300～K20＋520段路基施工的质量检验还应实测哪些项目？

【参考答案】

1. 错误一：采用"方格形"布置。

改正：采用"一字形"布置。

错误二：按水平方向控制炮杆位置错误。

改正：按边坡坡度控制炮杆位置。

2. 施工单位确定爆破安全距离的做法不恰当。

理由：除考虑露天爆破安全距离不得小于200m外，还应考虑个别飞散物影响，地震波、空气冲击波的影响，经计算后再确定安全距离。

3. 在不考虑加班的情况下，K20＋300～K20＋520路段石方调运工作天数＝140000/

（2×720）＝97.2d≈98d。

4. K20＋300～K20＋520段路基施工的质量检验还应实测的项目：压实度（△）、弯沉值（△）、平整度、边坡坡度、边坡平顺度。

实务操作和案例分析题五

【背景资料】

某高速公路M合同段（K17＋300～K27＋300），主要为路基土石方工程，本地区岩层构成为泥岩、砂岩互层，抗压强度20MPa左右，地表土覆盖层较薄。在招标文件中，工程量清单列有挖方2400000m³（土石比例为6∶4），填方249000m³，填方路段填料由挖方路段调运，考虑到部分工程量无法准确确定，因此采用单价合同，由监理工程师与承包人共同计量，土石开挖综合单价为16元/m³，施工过程部分事件摘要如下：

事件1：施工单位开挖路基后，发现挖方土石比例与设计文件出入较大，施工单位以书面形式提出设计变更，后经业主、监理、设计与施工单位现场勘察、洽商，设计单位将土石比例调整为3.4∶6.6，变更后的土石方开挖综合单价调整为19元/m³，经测算，变更后的项目总价未超过初步设计批准的概算。

事件2：在填筑路堤时，施工单位采用土石混合分层铺筑，局部路段因地形复杂而采用竖向填筑法施工，并用平地机整平每一层，最大层厚40cm，填至接近路床底面标高时，改用土方填筑。

事件3：该路堤施工中，严格质量检验，实测了压实度、弯沉值、纵断高程、中线偏位、宽度、横坡、边坡。

【问题】

1. 《公路工程设计变更管理办法》将设计变更分为哪几种？事件1中的设计变更属于哪一种？说明理由。

2. 指出事件2中施工方法存在的问题，并提出正确的施工方法。

3. 指出事件3中路堤质量检验实测项目哪个不正确。还需补充哪个实测项目？

4. 针对该路段选择的填料，在填筑时，对石块的最大粒径应有何要求？

【参考答案】

1. 公路工程设计变更分为重大设计变更、较大设计变更和一般设计变更。

事件1中的设计变更属于较大设计变更。

理由：因为单项变更金额达到720万元［2400000×（19－16）＝7200000元］，超过500万元的规定。

2. 事件2中施工方法存在的问题及正确施工方法：

（1）不应采用平地机整平。

因含石量为66%，整平应采用大型推土机辅以人工进行。

（2）不应采用竖向填筑法。

土石路堤只能采用分层填筑、分层压实。

3. 不应该实测弯沉值。还需补充平整度项目。

4. 土石混合料中石料强度大于20MPa时，石块的最大粒径不得超过压实层厚的2/3，超过的石料应清除或打碎。

实务操作和案例分析题六

【背景资料】

某二级公路，全长9.32km，全路段的石方爆破主要集中在K2＋300～K2＋420，K3＋240～K3＋480，K6＋450～K6＋490，K8＋590～K8＋810，爆破路段附近无重要建筑物，施工单位编制了"公路路堑石方爆破工程专项施工方案"，专项施工方案编制的主要内容包括工程概况、编制依据、施工计划、施工工艺技术、劳动力计划等。施工单位编制的爆破施工流程为：施爆区现场勘测→爆破设计及设计审批→配备专业施爆人员→施爆区施工放样→用机械清除施爆区强风化岩石→ A →爆破器材检查与试验炮→炮孔检查与废渣清除→装药并安装引爆器材→布置安全岗和施爆区安全员→炮孔堵塞→撤离施爆区内人员→起爆→ B →解除警戒→测定爆破效果（包括飞石、振动波对施爆区内、外构造物造成的破坏和损失）。

施工单位编制的爆破施工方案为：根据爆破工程量要求，综合考虑爆破区地形、地质、环境条件、设备和技术条件等，石方爆破自上而下分台阶逐层进行，采用电力起爆，爆破高度小于5m时，用浅孔爆破法分层爆破，分层高度2～3m；爆破高度5～10m时，用深孔爆破法一次爆破到设计标高；爆破高度超过10m时，分台阶进行深孔爆破，工作台阶分层高度定为5～10m，永久边坡采用光面爆破的方法进行处理。

台阶爆破参数示意图如图9-10所示。

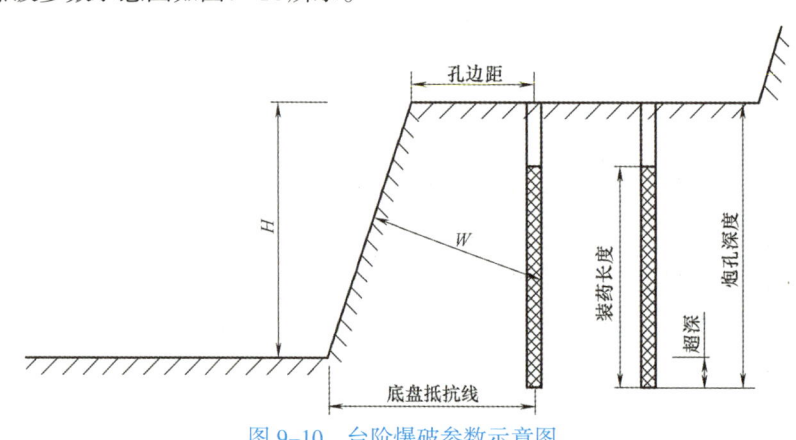

图9-10 台阶爆破参数示意图

施工单位根据爆破施工方案、工程量、施工进度计划、施工质量要求、现有机械技术状况等配置了机械设备，石方爆破主要机械设备见表9-6。

表9-6 石方爆破主要机械设备表

序号	名称	型号	单位	数量
1	潜孔钻机	KQD100	台	4
2	浅孔凿岩机	7655	台	3
3	C	EP200	台	1
4		VY-12/7	台	1

序号	名称	型号	单位	数量
5	C	DY-9/7	台	1
6		V-6/8	台	1

在爆破施工现场，工班长要求操作人员严禁穿化纤衣服，手机必须处于静音状态，堵塞材料应采用钻孔的石渣、黏土、岩粉等，堵塞长度严格按照爆破设计进行，不得自行增加药量或改变堵塞长度，如需调整，应征得现场技术人员和监理工程师的同意并做好变更记录。

【问题】

1. 补充专项施工方案编制的主要内容。

2. 写出爆破施工流程中工序A、B以及石方爆破主要机械设备表中机械设备C的名称。

3. 爆破施工方案中采用的光面爆破是否合理？说明理由。

4. 写出台阶爆破参数示意图中爆破参数H和W的名称。

5. 指出工班长对操作人员所提要求中的错误并改正。

【参考答案】

1. 还有施工安全保证措施、计算书及附图。

2. A的名称为钻孔，B的名称为清除盲炮，C的名称为空气压缩机。

3. 合理。因为光面爆破采用控制抵抗线和药量的方法进行爆破，使之形成光滑平整的边坡，可减小永久性边坡修整的工作量。

4. H的名称为台阶高度，W的名称为最小抵抗线。

5. 错误：①手机必须处于静音状态；②堵塞材料应采用钻孔的石渣、黏土、岩石等；③征得现场技术人员和监理工程师的同意做好变更记录。

改正：①手机关机；②堵塞材料应采用黏土；③应征得设计人员的同意并出具变更通知单。

实务操作和案例分析题七

【背景资料】

某施工单位承接了一座公路隧道的土建及交通工程施工项目，该隧道为单洞双向行驶的两车道浅埋隧道，设计净高5m，净宽12m，总长1600m，穿越的岩层主要由页岩和砂岩组成，裂隙发育，设计采用新奥法施工、分部开挖和复合式衬砌。进场后，项目部与所有施工人员签订了安全生产责任书，在安全生产检查中发现一名电工无证上岗，一名装载机驾驶员证书过期，项目部对电工予以辞退，并要求装载机驾驶员必须经过培训并经考核合格后方可重新上岗。

隧道喷锚支护时，为保证喷射混凝土强度，按相关规范要求取样进行抗压强度试验。取样按每组三个试块，共抽取36组，试验时发现其中有2组试块抗压强度平均值为设计强度为90%、87%，其他各项指标符合要求。检查中还发现喷射混凝土局部有裂缝、脱落、露筋等情况。隧道路面面层为厚度5cm、宽度9m的改性沥青AC-13，采用中型轮胎式摊铺机施工，该摊铺机施工生产率为80m³／台班，机械利用率为0.75，若每台摊铺机每天工作2个台班，计划5d完成隧道路面沥青混凝土面层的摊铺。

路面施工完成后，项目部按要求进行了照明、供配电设施与交通标志、防撞设施、里程标、百米标的施工。

【问题】

1. 指出项目部的安全管理中体现了哪些与岗位管理有关的安全生产制度。补充其他与岗位管理有关的安全生产制度。

2. 喷射混凝土的抗压强度是否合格？说明理由。针对喷射混凝土出现的局部裂缝、脱落、露筋等缺陷，提出处理意见。

3. 按计划要求完成隧道沥青混凝土面层施工，计算每天所需要的摊铺机数量。

4. 补充项目部还应完成的其他隧道附属设施与交通安全设施。

【参考答案】

1. 项目部的安全管理中体现了与岗位管理有关的安全生产制度包括：安全生产责任制度、安全教育培训制度、特种作业人员管理制度。

其他与岗位管理有关的安全生产制度包括：安全生产组织制度；安全生产奖惩制度；安全生产值班制度；外协单位和外协人员安全管理制度；专、兼职安全管理人员管理制度。

2. 喷射混凝土的抗压强度合格。

理由：任意一组试块抗压强度平均值，不得低于设计强度的80%为合格。

针对喷射混凝土出现的局部裂缝、脱落、露筋等缺陷，其处理意见：应予修补，凿除喷层重喷或进行整治。

3. 按计划要求完成隧道沥青混凝土面层施工，每天所需要的摊铺机数量 $N = \dfrac{P}{W_1 Q K_B}$ =（1600×9×0.05）÷（80×2×5×0.75）= 1.2台≈2台。

4. 项目部还应完成的其他隧道附属设施包括：通风设施、安全设施、应急设施等。项目部还应完成的交通安全设施包括：交通标线、隔离栅、视线诱导设施、防眩设施、桥梁防护网、公路界碑等。

实务操作和案例分析题八

【背景资料】

某山区二级公路有一座分离式隧道，左线起止桩号为ZK3＋640～ZK4＋560，右线起止桩号为YK3＋615～YK4＋670，进出口段为浅埋段，Ⅳ级围岩，洞身穿越地层岩性主要为砂岩、泥岩砂岩互层，Ⅱ、Ⅲ级围岩。

该隧道采用新奥法施工，施工单位要求开挖时尽量减少对围岩的扰动，开挖后及时施作初期喷锚支护，严格按规范要求进行量测，并适时对围岩施作封闭支护。施工监控量测得出的位移－时间曲线如图9-11所示。

施工单位项目部实行安全责任目标管理，决定由专职安全员对隧道的安全生产全面负责。爆破施工前，招聘了8名员工，并立即由专职安全员进行培训，经项目部考核合格后安排从事爆破作业。施工过程中要求电钻工戴棉纱手套，穿绝缘胶鞋；隧道开挖及衬砌作业地段的照明电压为110～220V。

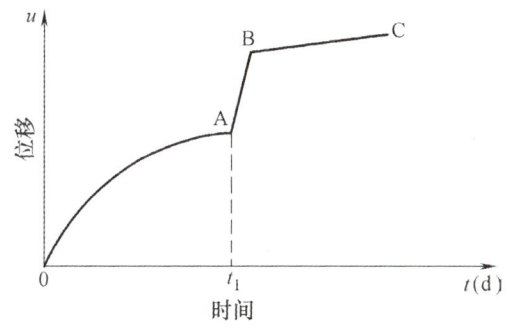

图9-11 位移-时间曲线示意图

【问题】

1. 按长度划分，左右线隧道分别属于哪种隧道？按地质条件划分，该隧道属于哪种隧道？

2. 施工单位对隧道的施工要求体现了新奥法的哪些基本原则？

3. 图9-11中的时间点t_1表明当时围岩和支护已呈什么状态？此时在现场应采取哪些措施？

4. 指出施工单位在施工安全管理方面的错误做法并改正。

【参考答案】

1. 按长度划分，左线隧道属于中隧道；右隧道属于长隧道。

按地质条件划分，该隧道属于岩石隧道。

2. 施工单位对隧道的施工要求体现的新奥法的基本原则：少扰动、早喷锚、勤量测、紧封闭。

3. 图中的时间点t_1表明当时围岩和支护已呈不稳定状态。此时在现场应采取的措施：密切监视围岩动态，并加强支护，必要时暂停开挖。

4. 施工单位在施工安全管理方面的错误做法及其改正如下：

（1）错误做法：由专职安全员对隧道的安全生产全面负责。

正确做法：应由项目经理对隧道的安全生产全面负责。

（2）错误做法：由专职安全员对新员工进行培训，经项目部考核合格后安排从事爆破作业。

正确做法：所有新员工要经过三级安全教育，还要经过专业培训，并取得爆破作业资格。

（3）错误做法：施工过程中要求电钻工戴棉纱手套。

正确做法：施工过程中应要求电钻工戴绝缘手套。

（4）错误做法：隧道开挖及衬砌作业地段的照明电压为110～220V。

正确做法：隧道开挖及衬砌作业地段的照明电压应为12～36V。

实务操作和案例分析题九

【背景资料】

某施工单位承包了南方某二级公路D合同段路基施工，其中K8＋200～K8＋320为沿河路基，设计为浆砌块石路肩挡土墙，如图9–12所示，挡土墙最大高度为11.2m，设计高程211.33m，设计洪水位202.10m，常水位198.90m。施工单位选择在枯水季节施工，挡土墙施工前全面做好排水系统，施工工艺如图9–13所示。

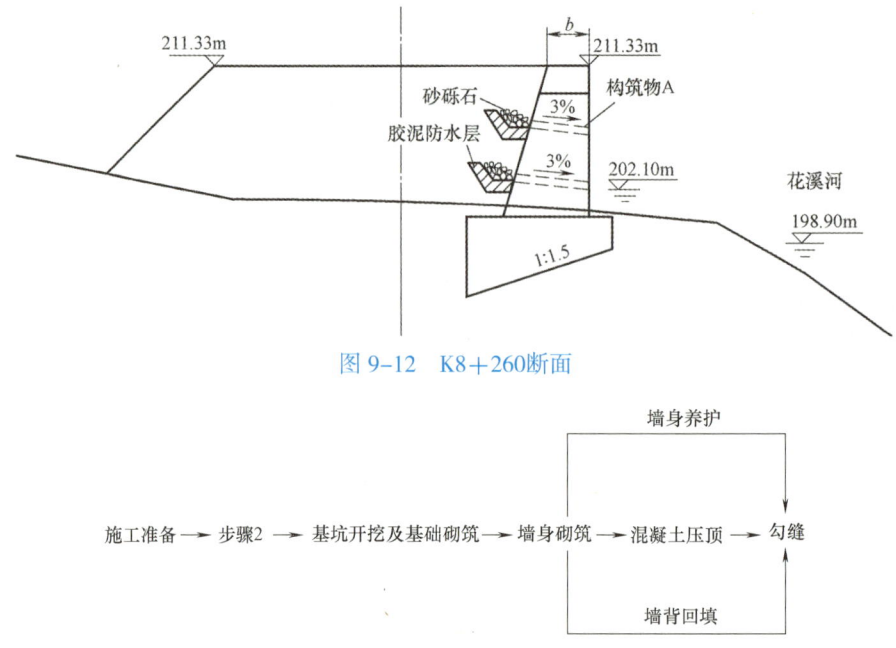

图 9–12　K8＋260断面

图 9–13　施工工艺

在基坑挖到设计高程后，经检验基底承载力等各项指标满足要求，开始进行基础砌筑。基础施工完后，立即进行基坑回填。基础圬工强度达到要求后，进行墙身砌筑。

挡土墙砌筑与路基回填交替施工，对挡土墙按高度分阶段验收。墙背填料采用与前后路段路堤填料相同的黏土，做到逐层填筑，逐层压实。

【问题】

1. 按照施工技术管理制度要求，施工单位在基坑回填前必须履行哪道程序？

2. 墙背填料采用黏土是否合适？说明理由。

3. 写出图9–13中步骤2所对应的工艺名称以及图9–12墙身中的构筑物A的名称。

4. 根据国家标准《高处作业分级》GB/T 3608—2008，该挡土墙的墙身砌筑属于几级高处作业？

【参考答案】

1. 施工单位在基坑回填前必须履行办理基础隐蔽工程质量检验手续。

2. 墙背填料采用黏土不合适。因为该挡土墙浸水，应选择强度高、透水性好的材料（或：因为黏土透水性不好，遇水强度差）。

3. 步骤2对应的工艺名称是测量放样。墙身中的构筑物A的名称是泄水孔。

4. 国家标准《高处作业分级》GB/T 3608—2008规定，高处作业分级：

（1）作业高度在2～5m时，称为1级高处作业。

（2）作业高度在5～15m时，称为2级高处作业。

（3）作业高度在15～30m时，称为3级高处作业。

（4）作业高度在30m以上时，称为特级高处作业。

该挡土墙的墙身砌筑属于2级高处作业。

实务操作和案例分析题十

【背景资料】

某施工单位承接了一段二级公路水泥混凝土路面工程施工，路面结构示意图如图9-14所示。

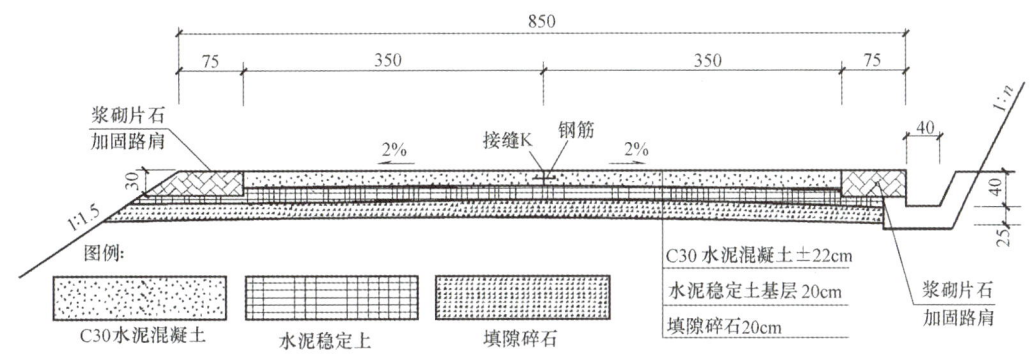

图9-14　路面结构示意图

施工单位进场后设立了水泥混凝土搅拌站和工地试验室，搅拌站的配电系统实行分级配电：设置总配电箱（代码A），以下依次设置分配电箱（代号B）和开关箱（代码C），开关箱以下是用电设备（代号D）。动力配电箱与照明配电箱分别设置。配电箱与开关箱装设在通风、干燥及常温场所，每台用电设备实行"一机一闸"制。施工单位对配电箱与开关箱设置提出一系列安全技术要点，部分摘录如下：

要点一：配电箱的导线进线口和出线口应设在箱体的上顶面。

要点二：移动式开关箱的进口线、出口线必须采用绝缘铝导线。

要点三：总配电箱应装设总隔离开关、分路隔离开关、总熔断器、分路熔断器、电压表、总电流表。

基层采用路拌法施工，施工工艺流程如图9-15所示。为顺利完成基层的施工，施工单位配备了稳定土拌合机、装载机、运输车、多铧犁。

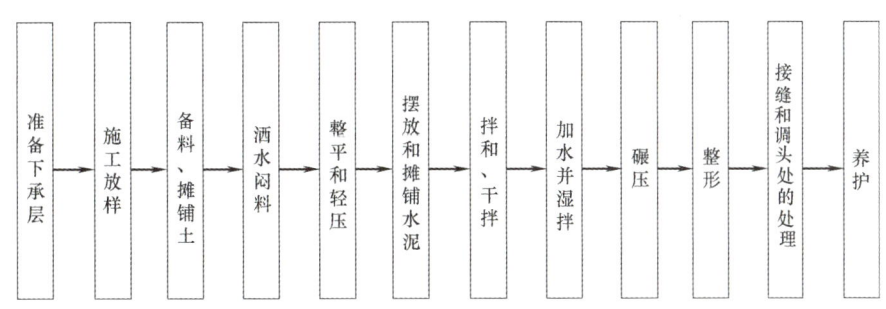

图9-15　基层施工工艺流程图

施工单位对路面面层分左右两幅铺筑，先铺筑左幅，后铺筑右幅，在公路中心处设置接缝K，接缝的1/2板厚处安装光圆钢筋，钢筋的全长范围涂防粘涂层。

【问题】

1. 写出图9-14中接缝K的名称，并改正接缝钢筋施工中的错误做法。

2. 改正图9-15中工艺顺序的错误之处，并补充背景资料中基层施工还需配置的机械设备。

3. 改正要点一、要点二中的错误。

4. 补充要点三中总配电箱还应装设的电器装置。

5. 用代号写出配电系统与用电设备在使用过程中的送电、断电顺序。

【参考答案】

1. 图9-15接缝K的名称为纵向施工缝（或纵缝）。

改正一：接缝处应安装热轧带肋钢筋。

改正二：应对钢筋中部100mm进行防锈处理。

2. 工艺顺序的错误之处：整形和碾压顺序颠倒；整形应在碾压之前。

基层施工还需配备的机械设备：压路机、平地机、推土机、洒水车。

3. 改正要点一的错误：进线口和出线口应设在箱体的下底面。

改正要点二的错误：移动式开关箱的进口线、出口线必须采用橡胶绝缘电缆。

4. 要点三中总配电箱还应装设的电器装置为漏电保护器和总电度表。

5. 配电系统与用电设备在使用过程中的送电顺序：A→B→C→D。

配电系统与用电设备在使用过程中的断电顺序：D→C→B→A。

实务操作和案例分析题十一

【背景资料】

某施工单位承接了一条二级公路的隧道施工项目，该隧道主要穿越砂层泥岩和砂岩，岩层节理、裂隙发育，富含裂隙水。隧道全长800m，设计净高5m，净宽12m，为单洞双向行驶的两车道隧道。

施工单位针对该项目编制了专项施工方案，其中包括工程概况、编制依据、劳动力计划等内容。拟采取二台阶开挖方法施工，施工顺序如图9-16所示，并按表9-7①→⑨的顺序作业。针对该隧道施工过程中有可能出现突水安全事故的特点，编制了应急预案。

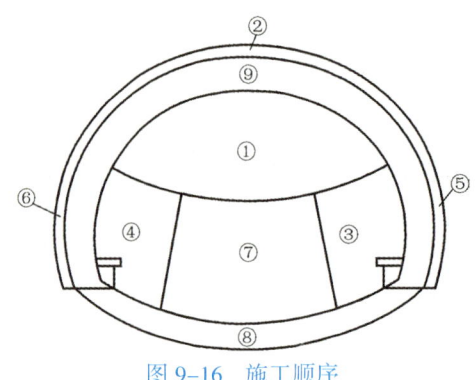

图9-16 施工顺序

表9-7　施工工作内容

序号	工作内容
①	上台阶开挖
②	上台阶支护
③	下台阶右马口开挖
④	下台阶左马口开挖（围岩较弱处）
⑤	下台阶右马口初支
⑥	下台阶左马口初支
⑦	
⑧	
⑨	

【问题】

1. 专项施工方案中的劳动力计划包括哪些类别的人员？

2. 改正③→⑥的施工工序，说明修改原因。

3. 补充表9-7中⑦～⑨项工作的内容。

4. 施工单位编制的应急预案属于哪一类？除此之外，应急预案还有哪些种类？

【参考答案】

1. 专项施工方案中的劳动力计划包括专职安全生产管理人员、特种作业人员等。

2. 改正③→⑥的施工工序为④→⑥→③→⑤。修改原因：下台阶应先开挖围岩较弱处，各部分初期支护应在开挖后立即进行（或边开挖边支护）。

3. 表列⑦～⑨项工作的内容分别为下部核心土开挖、施工仰拱、施作二次衬砌。

4. 施工单位编制的应急预案属于专项应急预案。除此之外，应急预案还有综合应急预案和现场处置方案。

实务操作和案例分析题十二

【背景资料】

某南方高速公路A特大桥桥跨布置及结构形式为3×30m＋60m＋3×110m＋60m＋3×10m连续箱梁刚构桥。该桥地处山区，主桥采用桩基础，钢筋混凝土桥墩，墩高30～40m，主跨采用悬臂浇筑施工。施工单位进场后，经实地考察和核对设计文件，编制了本桥的施工组织设计。在安全技术方面强调按高处作业要求挂设安全网，并设置安全通道、扶梯、防护栏杆和安全警示标示牌等。作业平台要求均载，不得超载偏载，挂篮设计采用三角斜拉带式。经项目经理部工程科负责人同意签认后报监理工程师审批，监理工程师认为施工组织设计的报审程序不符合要求，内容存在不足，退回施工单位要求修改，并提出修改意见。

该桥所用的砂、碎石等地材由施工单位通过媒体以公告的方式邀请材料供应商参加竞标，并且按招标和定标两步骤确定供应商。为确保材料质量，工地试验室对供应商送至项目部的砂、碎石进行了取样试验，质量满足要求后确定了地材供应商。

为了进行挠度观测，在箱梁的顶底板布置了测点，测量了立模时的标高。悬臂浇筑施工期间昼夜温差大，梁段混凝土强度满足要求后，作业班组进行预应力张拉。施工监测人员发现梁底高程误差超出了允许范围，经分析排除了以下原因：混凝土的重力密度的变化与截面尺寸的变化；混凝土弹性模量随时间的变化；结构体系转换以及桥墩变位对挠度产生的影响；施工临时荷载对挠度的影响。

【问题】

1. 改正本桥施工组织设计报审程序的不当之处。除背景资料中提到的安全防护措施外，桥墩顶作业还要采取哪些安全防护措施？说明理由。

2. 砂、碎石等地材的招标方式、招标程序是否符合规定？若不符合规定，请给出正确的做法。工地试验室的砂、碎石取样试验方式有何不妥？

3. 分析说明造成本桥施工挠度控制不当的可能原因。

4. 施工挠度观测时，还应选择在哪些工序作业前后作标高测量？

【参考答案】

1. 改正本桥施工组织设计报审程序的不当之处：施工组织设计的初稿完成后，要组织参加编制的人员及单位进行评价和优化，最终形成正式文件，经过单位技术负责人的审核签认后报监理工程师审批。

除背景资料中提到的安全防护措施外，桥墩顶作业还要采取的安全防护措施：顶端装设防撞信号灯。

理由：桥梁主塔（墩）塔身高于30m时，应在其顶端装设防撞信号灯，主塔还应采取防雷措施，设置可靠的防雷电装置。遇雷雨时，作业人员应立即撤离危险区域，任何人员不得接触防雷装置，本题中墩高为30～40m。

2. 砂、碎石等地材的招标方式、招标程序不符合规定。

正确的做法：招标方通过媒体以公告的方式邀请材料供应商参加竞标，招标方按照法律规定的程序进行招标、开标、评标、定标及活动。成立评标小组，严格按照评标要求进行评审，评标工作按商务、材质技术、价格三大部分进行。对投标书的有效性、投标人法人授权书、投标资格文件、商务文本、投标文本和报价进行综合分析，必要时对样品进行检验比较。招标单位以会议和会签的形式组织有关人员对材料供货商进行集体评价，在评价的基础上选择合格的材料供应商，经主管领导批准后，方可确定为材料供应商。

工地试验室的砂、碎石取样试验方式的不妥之处：对供应商送至项目部的砂、碎石进行了取样试验。

3. 造成本桥施工挠度控制不当的可能原因：混凝土的收缩徐变规律与环境的影响；日照及温度变化也会引起挠度的变化；张拉有效预应力的大小。

4. 施工挠度观测时，还应选择在测立模时、混凝土浇筑前、混凝土浇筑后、预应力束张拉前、预应力束张拉后等作标高测量。

实务操作和案例分析题十三

【背景资料】

某双车道公路隧道。全长620m，地层岩性为石灰岩，地下水较丰富。有一条F断层破裂带，隧道最大埋深490m，纵坡为-3%。其围岩级别及长度如图9-17所示。合同总工期为20个月。

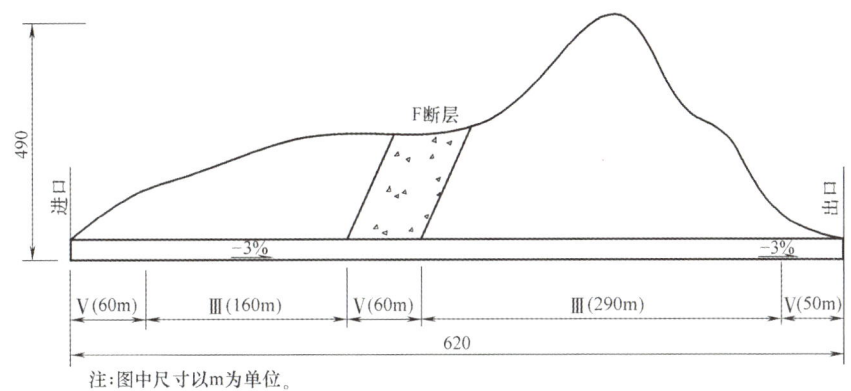

图 9-17 隧道纵断面示意图

为保证施工安全，施工单位结合项目地质和设备条件，拟在全断面法、台阶法、单侧壁导坑法、CD法、CRD法5种工法中选择组织施工。

根据以往施工经验及该项目实际情况，施工前，相关人员经讨论分析确定隧道主要施工内容的进度计划指标为：Ⅲ级围岩70～90m/月，Ⅳ围岩50～70m/月，Ⅴ级围岩30～50m/月，施工准备3个月，隧道内沟槽、路面及附属设施施工3个月。

【问题】

1. 从满足进度要求及经济性考虑，给隧道应布置几个工作面？工作面掘进方向如何设置较为合理？分别说明理由。

2. 按照《公路桥梁和隧道工程施工安全风险评估指南（试行）》，该隧道是否需要进行安全风险评估？说明理由。

3. 根据背景资料给出的地质条件，写出该隧道在地质方面存在的主要安全危险源以及可能造成的安全事故类别。

4. 根据背景资料，针对不同级别的围岩分别采用哪些施工工法较合理？

【参考答案】

1. Ⅴ级围岩地段施工工期＝（60＋60＋50）/30＝5.7≈6个月。

Ⅲ级围岩地段施工工期（160＋290）/70＝6.42≈6.5个月。

总工期＝3＋6＋6.5＋3＝18.5个月。隧道施工工期按照最慢的施工速度总工期为18.5个月＜20个月，为了节约施工成本，可以采用一个工作面进行施工。

工作面掘进方向自出口向进口方向掘进较为合理。

理由：由于地下水丰富，反坡施工更有利于地下水的自然排出，节省排水费。

> 本题考查的是隧道工作面的布置与掘进。
>
> Ⅴ级围岩施工长度为60＋60＋50＝170m，由于"Ⅴ级围岩30～50m/月"，故施工工期＝170/30＝5.7≈6个月。
>
> Ⅲ级围岩施工长度为160＋290＝450m，由于"Ⅲ级围岩70～90m/月"，故施工工期为450/70＝6.42≈6.5个月。
>
> 又因为"施工准备3个月，隧道内沟槽、路面及附属设施施工3个月"，所以总工期为3＋6＋6.5＋3＝18.5个月＜20个月。为了节约成本，所以采用一个工作面进行施工。

2. 该隧道工程需要进行安全风险评估。

理由：在该隧道工程中，V级围岩连续长度均超过50m，根据规范应当进行安全风险评估。

3. 该隧道在地质方面存在的主要危险源有溶洞、地下水、断层破裂带、洞口浅埋段。

可能造成的安全事故类别有：隧道坍塌、突泥、突水。

4. Ⅲ级围岩采用台阶法或全断面法较合理；V级围岩采用台阶法或CD法、单侧壁导坑法较合理。

第10章 公路工程绿色建造及施工现场环境管理实务操作和案例分析专项突破

2015—2024年度实务操作和案例分析题考点分布

考点	年份									
	2015年	2016年	2017年	2018年	2019年	2020年	2021年	2022年	2023年	2024年
公路工程信息化建设技术										
公路工程节能减排										
公路工程"两区三厂"建设		●	●			●			●	
便道、便桥及临时码头建设										

【专家指导】

公路工程绿色建造及现场环境管理内容中，主要以公路工程"两区三厂"建设和施工现场环境管理为考核的重点。

历 年 真 题

实务操作和案例分析题一［2017年真题］

【背景资料】

某施工单位在北方平原地区承建了一段长22km的双向四车道高速公路的路基、路面工程，该工程路面结构设计示意图如图10-1所示。

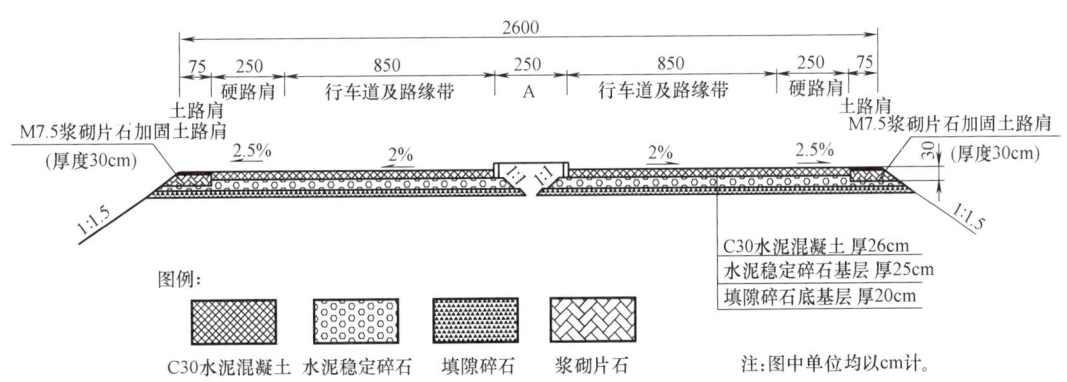

图10-1 路面结构设计示意图

施工中发生如下事件：

事件1：施工单位进场后采用活动板房自建驻地项目部，驻地生活用房建设时充分考虑以人为本的理念，驻地办公用房面积考虑了下列各个部（或室）的要求：项目经理室、书记办公室。项目副经理办公室、各职能部门办公室（质检部、合同部、技术部、财务部、安全部等）、综合办公室、医务室、保安室、档案资料室、打印复印室。

事件2：施工单位在基层施工前，进行了各项标准试验，包括标准击实试验、B试验、混合料的配合比试验、结构强度试验等，其中路面基层无机结合料稳定材料配合比设计流程图如图10-2所示。

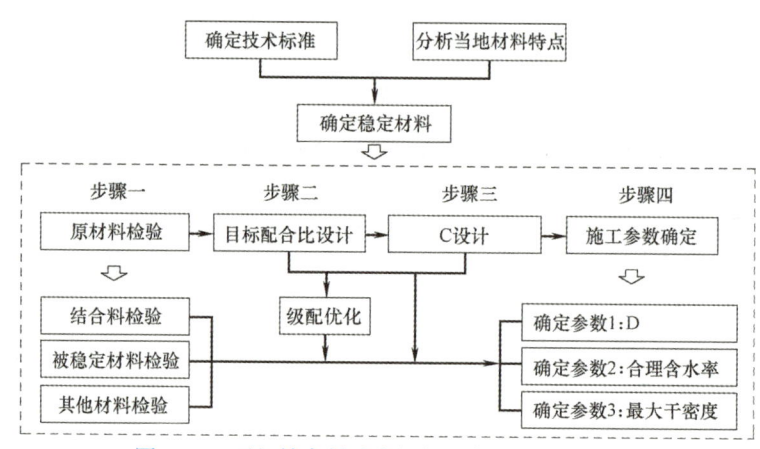

图 10-2　无机结合料稳定材料配合比设计流程图

事件3：施工单位进行无机结合料稳定材料的配合比设计后，将试验报告及试验材料提交监理工程师中心试验室审查批准。监理工程师审查试验报告后，即肯定并签认了施工单位的标准试验参数。

事件4：施工单位为加强对工地试验室的管理，制定了《试验、检测记录管理办法》及相关试验管理制度，现部分摘录如下：

（1）工地试验室对试验、检测的原始记录和报告应印成一定格式的表格，原始记录和报告要实事求是，字迹清楚，数据可靠，结论明确。同时应有试验、计算、复核、负责人签字及试验日期，并加盖项目公章。

（2）工程试验、检测记录应使用签字笔填写，内容应填写完整，没有填写的地方应划"——"不能留空。

（3）原始记录如果需要更改，作废数据应采用涂改液涂改，并将正确数据填在上方，同时加盖更改人印章。

【问题】

1. 写出图10-1中A的名称及图10-2中检测参数3可采用的试验方法。

2. 补充事件1中驻地办公用房面积考虑时缺少的部（或室）。

3. 写出事件2中B试验的名称以及图10-2步骤3中C设计、步骤4中D参数的名称。

4. 判断事件3中监理工程师做法是否正确。如果正确，说明理由；如果错误，改正错误之处。

5. 逐条判断事件4中《试验、检测记录管理办法》摘录内容是否正确，并改正错误。

【参考答案与分析思路】

1. A的名称为中央分隔带。检测参数3可采用的试验方法重型击实方法或振动压实方法。

> 本题考查的是工程路面结构设计示意图和最大干密度的检测试验方法。A的名称较容易判断，属于最基本的常识，这个位置考核的是考生对路面结构中路面基层，路面面层及附属设施的掌握，通过示意图可以清楚地得知其在最中间的位置。检测参数3可采用的试验方法，可以直接翻译为最大干密度的检测试验方法，考生不要被整个流程图所迷惑。确定无机结合料稳定材料最大干密度指标时宜采用重型击实方法，也可采用振动压实方法。

2. 驻地办公用房面积考虑时缺少的部（或室）：项目总工程师办公室、工地试验室、会议室。

> 本题考查的是项目部驻地建设的硬件设施。本题需要结合背景资料的信息进行作答。通过背景资料中的项目经理室、项目副经理办公室，我们首先要想到的是项目总工程师办公室是必不可少的。该问应充分利用事件2中所给出的各种试验，从而提炼出试验室。项目总工程师办公室和试验室是本问的主要采分点。

3. B试验的名称为集料的级配试验，C设计的名称为生产配合比设计，D参数的名称为无机结合料剂量。

> 本题考查的是无机结合料稳定材料的配合比设计流程。考生需要结合事件2中的材料，即确定各标准试验。考生需要知道标准击实试验的用途。其是在含水量及最大干密度时需要进行的试验。考生需要考虑的设计流程图中的"级配优化"，考虑到级配优先的原则。从而得知B试验为标准的试验及级配试验。C设计在目标配合比紧后的，一定是生产配合比设计。应考虑到参数中，已经给出合理的含水率和最大干密度，以及图中提出的级配优化的因素。根据该条件即可锁定D。

4. 监理工程师做法不正确。错误之处：监理工程师审查试验报告后，即肯定并签认了施工单位的标准试验参数。

正确做法：监理工程师中心试验室应在承包人进行标准试验的同时或以后，平行进行复核（对比）试验，以肯定、否定或调整承包人标准试验的参数或指标。

> 本题考查的是试验检测制度。根据问题中，"监理工程师做法"即可锁定"肯定并签认了施工单位的标准试验参数"的知识点。监理工程师缺少了平行进行复核（对比）试验的过程。

5. 事件4中摘录内容的正误判断及改正错误：

（1）错误。改正：应该加盖试验专用公章。

（2）正确。

（3）错误。改正：原始记录如果需要更改，作废数据应划两条水平线；并将正确数据填在上方，同时加盖更改人印章。

> 本题考查的是试验、检测记录管理。本题中（1）的内容中，考生应明辨出"加盖项目公章"的陷阱，试验室有专门的试验公章，应加盖试验专用公章。本题中（3）的内容中，"涂改液涂改"错误较为明显。

实务操作和案例分析题二［2016年真题］

【背景资料】

某施工单位承建了一座高架桥，该桥上部结构为30m跨径的预应力小箱梁结构，共120片预制箱梁。

施工合同签订后，施工单位根据构件预制场的布设要求，立即进行了箱梁预制场的选址和规划，并编制了《梁场布置方案》，在报经企业技术负责人审批后实施。方案要求在梁板预制完成后，移梁前应对梁板喷涂统一标识，包括预制时间、梁体编号等内容。预制场平面布置示意图如图10-3所示。

预制场设5个制梁台座（编号1~5），采用一套外模、两套内模。每片梁的生产周期为10d，其中A工序（钢筋工程）2d，B工序（模板安装、混凝土浇筑、模板拆除）2d，C工序（混凝土养护、预应力张拉与移梁）6d。5个制梁台座的制梁横道图如图10-4所示。

箱梁预制前，施工单位对底模板设置了预拱。在进行第25号箱梁预制时，为选择预应力筋张拉时机，在箱梁混凝土浇筑时，试验人员甲在现场同步取样，并对取样试块按试验室标准条件养护，严格按测定的试块强度作为预应力筋的张拉强度。但张拉完成后发现该梁预拱度出现较大偏差。

【问题】

1. 完善《梁场布置方案》的审批程序，并补充梁板还应喷涂的标识。

2. 分别写出预制场平面布置示意图中D、E、F区域代表的名称。在拌合楼旁通常需设置哪些标识或标牌？

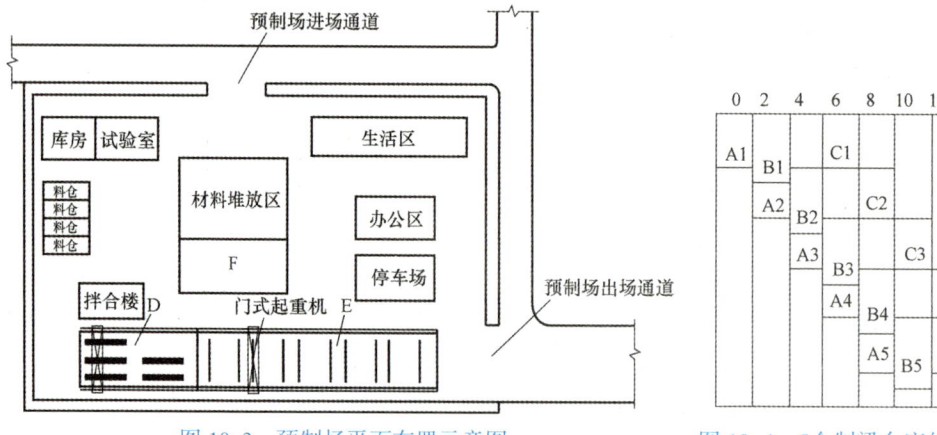

图10-3　预制场平面布置示意图　　　图10-4　5个制梁台座的制梁横道图
（时间单位：d）

3. 列式计算120片箱梁按图10-4的形式组织流水施工的最短预制工期。

4. 分析25号箱梁预拱度出现较大偏差的原因。

【参考答案与分析思路】

1.《梁场布置方案》还应报监理工程师审批后才能实施。

梁板预制完成后，还应喷涂的标识有：张拉时间、施工单位、部位名称。

本题考查的是现场预制梁场的审批程序及标识标牌标准。

（1）场地建设前施工单位应将梁场布置方案报监理工程师审批，方案内容应包含各类型梁板的台座数量、模板数量、生产能力、存梁区布置及最大存梁能力等。

（2）梁板预制完成后，移梁前应对梁板喷涂统一标识和编号，标识内容包括预制时间、张拉时间、施工单位、梁体编号、部位名称等。用排除法即可作答。

2. D区域代表的名称：制梁区；E区域代表的名称：存梁区；F区域代表的名称：材料（钢筋）加工区。

在拌合楼旁通常设置混凝土配合比牌、安全警告警示牌、操作规程标志牌。

本题考查的是预制场平面布置及拌合楼旁的标识设置。拌合楼旁首先必须设置混凝土配合比牌，安全警告警示牌应在各作业点设置，机械设备旁应设置操作规程标志牌。故本题变得简单许多。

3. 每片梁为一个流水段落，共120片，所以有120－1＝119个流水步距。

每个流水步距 $K＝2d$。

所以最短预制工期＝119×2＋（2＋2＋6）＝248d。

本题考查的是片箱梁预制总工期的计算。此处首先应落实流水步距与每个流水步距 K 的值。其次，必须考虑到每片梁的生产周期。

4. 25号箱梁预拱度出现较大偏差的原因：25号箱梁的混凝土取样试块按试验室标准养护条件与箱梁在预制台座上的现场养护条件不同（或：试件养护方式错误），当试块强度达到设计张拉强度时，试件强度与现场梁体强度不一致（或：梁的弹性模量可能尚未达到设计值），导致梁的起拱值偏大而出现预拱度偏差。

本题考查的是箱梁预拱度出现较大偏差的原因。看到预拱度出现较大偏差，应从梁板养护条件与其弹性模量考虑。

实务操作和案例分析题三［2016年真题］

【背景资料】

某公路隧道设计为双向四车道分离式隧道，沥青混凝土路面。隧道合同总工期为36个月。

左右隧道分别长4855m，中线间距30m，隧道最大埋深850m，纵坡为3%人字坡。其地质条件为：岩性为砂岩、石灰岩，局部有煤系地层；瓦斯含量低，属低瓦斯隧道；穿越F1、F2、F3三条断层；地下水发育。左右洞围岩级别均为：Ⅱ级3415m，Ⅲ级540m，Ⅳ级310m，Ⅴ级590m。在距进口2100m（对应里程K27＋850）处设计了一座斜井，斜井长450m，向下纵坡5%～8%。隧道纵断面示意图及平面布置示意图分别如图10-5和图10-6所示。

施工中发生如下事件：

事件1：施工单位进场后，经现场调查发现，进口处为深沟，且跨沟桥台位于隧道洞口。经综合考虑，施工单位提出了设计变更方案，在距进口280m处增设一条长150m的横洞（图10-6）。

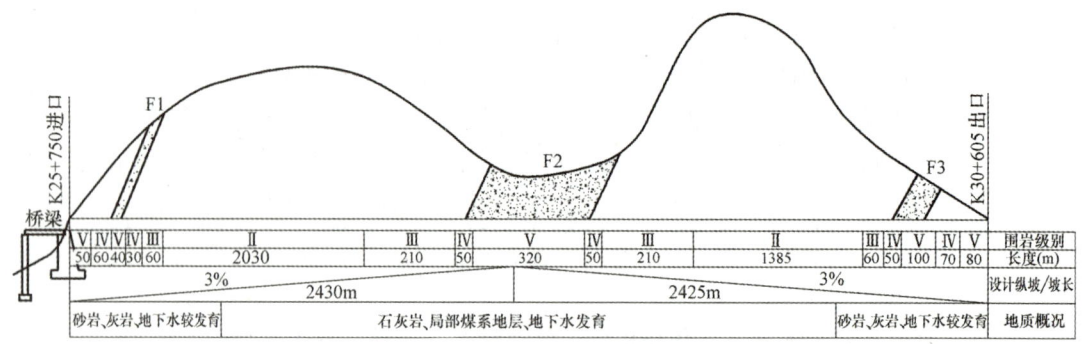

图 10-5　隧道纵断面示意图

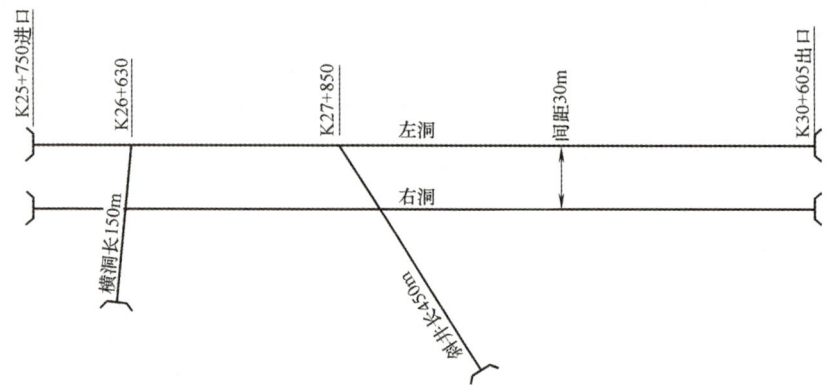

图 10-6　平面布置示意图

事件 2：施工单位根据地质条件和施工水平，采用钻爆法开挖施工、无轨运输。施工计划进度指标为：Ⅱ级围岩开挖支护 130m/月，Ⅲ级围岩开挖支护 90m/月，Ⅳ级围岩开挖支护 70m/月，Ⅴ级围岩开挖支护 30m/月，二次衬砌 144m/月。施工准备 3 个月，二次衬砌及沟槽施工结束滞后于开挖支护 1 个月，路面铺筑及交通、机电工程施工 2 个月，横洞施工 4 个月，斜井施工 6 个月，不确定因素影响工期 1 个月。进出洞口所增加的时间已综合考虑，不再单独计算。

事件 3：根据现场情况，相关单位拟保留横洞而取消斜井。

【问题】

1. 在有斜井和横洞的情况下，本隧道最多有几个开挖面同时施工？并在平面布置示意图上用箭头标明掘进方向（需在答题卡上复制平面布置示意图作答）。

2. 该隧道施工的每个工作面需要配备哪些主要开挖及初期支护机械设备（至少回答 6 种设备）？

3. 分析事件 1 中施工单位提出增设进口横洞的理由。

4. 根据事件 2 给出的条件，在事件 3 中保留横洞而取消斜井的情况下，计算隧道施工最短工期（计算结果以月为单位，保留 1 位小数）。

5. 根据提供的地质信息，本隧道由地质引起的主要施工安全危险源有哪些？

【参考答案与分析思路】

1. 在有斜井和横洞的情况下，本隧道最多有 10 个开挖面同时施工。掘进方向示意图如图 10-7 所示。

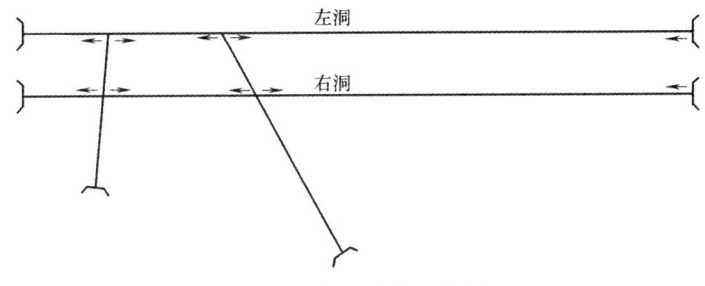

图 10-7　掘进方向示意图

> 本题考查的是同时施工工作面的计算。

2. 该隧道施工的每个工作面配备的开挖及初期支护机械设备有：凿岩机、凿岩台车、装药台车、锚杆台车（锚杆安装机）、混凝土喷射机、钻孔机、注浆泵（压浆机）。

> 本题考查的是隧道施工开挖及初期支护的机械设备。考生应熟记隧道施工暗挖施工法机械配置：
> （1）钻孔机械：风动凿岩机、液压凿岩机、凿岩台车；
> （2）装药台车；
> （3）找顶及清底机械；
> （4）初次支护机械：锚杆台车、混凝土喷射机；
> （5）注浆机械（包括钻孔机、注浆泵）；
> （6）装渣机械（包括轮胎式装载机、履带式装载机、扒爪装岩机、耙斗式装岩机、铲斗式装岩机）；
> （7）运输机械（包括自卸汽车、矿车）；
> （8）二次支护衬砌机械：模板衬砌台车（混凝土搅拌站、搅拌运输车、混凝土输送泵）。
> 考生应根据开工及初期支护的限制条件进行明确区分，避免混淆或者多答。

3. 增设进口横洞的理由：进口端为深沟，所以无施工场地，且与桥台施工相互干扰，因此增加横洞可以为进主洞施工提供进洞条件；同时还可以增加工作面，进一步保证了施工工期。

> 本题考查的是增设进口横洞的理由。此处主要应根据平面布置示意图及事件1中，给出的环境线索进行分析。

4. 根据事件2给出的条件，计算如下：
（1）横洞施工4个月期间，隧道出口开挖掘进长度＝$30 \times 3 + 70 \times 1 = 160$m。
（2）横洞工区和出口工区同时相向施工的各级围岩长度：
Ⅱ级围岩长度＝$2030 - (280 - 50 - 60 - 40 - 30 - 60) + 1385 = 3375$m。
Ⅲ级围岩长度＝$210 + 210 + 60 = 480$m。
Ⅳ级围岩长度＝$50 + 50 + 50 = 150$m。
Ⅴ级围岩长度＝$320 + [100 - (160 - 70 - 80)] = 410$m。
（3）横洞工区和出口工区同时相向施工的工期

$=（3375/130＋480/90＋150/70＋410/30）/2＝23.6$个月。

（4）隧道施工最短工期＝$3＋4＋23.6＋2＋1＋1＝34.6$个月。

> 本题考查的是隧道施工工期的计算。本题中，考生应充分考虑横洞工区和出口工区同时相向施工各级围岩长度，从而得出横洞工区和出口工区同时相向施工的工期，此处为易错点，考生应认真核算。

5. 本隧道由地质引起的主要施工安全危险源为：洞口段、浅埋段、断层破碎带、岩层接触带、岩溶、地下涌水、瓦斯地段。

> 本题考查的是地质引起的主要施工安全危险源。本题需要考生细心对背景资料中所述地质信息进行准确分析，并结合实际工作经验进行作答。

典型习题

实务操作和案例分析题一

【背景资料】

某施工单位承接了一级公路M合同段路面施工任务，起点桩号K16＋000，终点桩号K37＋300，路面面层为26cm厚C30水泥混凝土，采用滑模机械摊铺施工，施工单位根据施工现场的具体条件，通过方案比较后绘制了施工平面布置示意图，如图10-8所示。

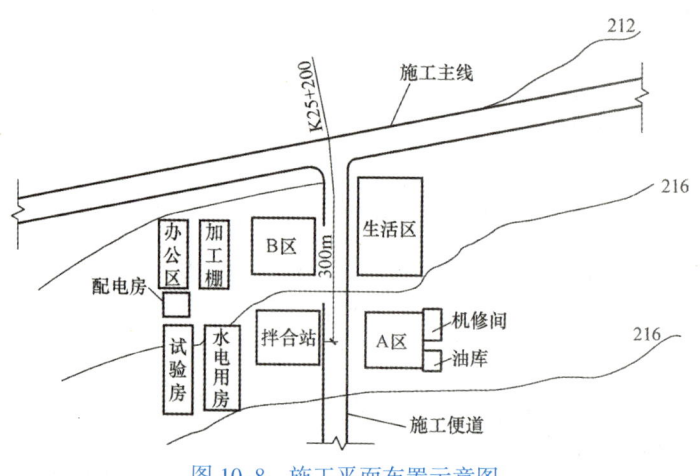

图10-8　施工平面布置示意图

图10-8中拌合站由物料储存系统、搅拌主机和电气控制系统以及其他附属设施等组成。由于路面较宽，面层在纵向分两次铺筑，施工单位按要求设置纵向施工缝，施工缝采用平缝加拉杆型。施工中，监理工程师发现个别拉杆松脱，个别拉杆漏插。根据面层施工特点，施工单位配置了间歇式拌合楼、装运机械、滑模摊铺机、挖掘机、拉毛养护机械。

【问题】

1. 列式计算水泥混凝土拌合料的平均运距（单位以"m"计，保留1位小数）。

2. 写出施工平面布置示意图10–8中A区、B区的名称，补充水泥混凝土拌合站的基本组成系统。

3. 结合该路面施工方法，指出应在何时采用何种手段插入拉杆。

4. 针对监理工程师发现的问题，施工单位应如何处理？

5. 补充至少两种面层施工机械。

【参考答案】

1. K16＋000～K25＋200段距离：25200－16000＝9200m。

K25＋200～K37＋300段距离：37300－25200＝12100m。

$$
平均运距 = \left[\frac{\left(左距 \times \dfrac{左距}{2} \right) + \left(右距 \times \dfrac{右距}{2} \right)}{总运距} \right] + 拌合站到线路的距离
$$

$$
= [(9200 \times 9200/2) + (12100 \times 12100/2)] / (9200 + 12100) + 300
$$

$$
= 5723.7m。
$$

2. A区的名称是机械库，B区的名称是材料场。水泥混凝土拌合站的基本组成系统还应包括物料称重系统、物料输送系统。

3. 应在摊铺过程中用专用的拉杆插入装置插入拉杆。

4. 若发现拉杆松脱或漏插，应在横向相邻路面摊铺前，钻孔重新植入。

5. 补充面层施工机械：切缝机、洒水车、起重机、整平梁、布料机。

实务操作和案例分析题二

【背景资料】

某施工单位承建了一段二级公路的路基工程，路基宽度12m。其中K1＋600～K3＋050为填方路堤，路段填方需从取土场借方；K1＋600～K2＋300填方平均高度为1.6m，设计填方数量16200m³；K2＋300～K3＋050填方平均高度为2.1m，设计填方数量24000m³。

施工单位在工程项目开工前，对施工图设计文件进行了复查和现场核对，补充了必要的现场调查资料，发现该路段原地面下有50cm厚淤泥，设计文件中未进行处理，施工单位在施工图会审中提出处理意见后，经监理工程师和设计代表同意，按路堤坡脚每侧扩宽1m采用抛石挤淤的方法进行处理，抛石方量14193m³，要求采用粒径较大的未风化石料进行抛填。施工单位根据现场情况，确定了取土场位置，并拟定了新建施工便道A、B两个方案，施工便道A方案长度1420m，施工便道B方案长度1310m，最终确定采用A方案，取土场位置平面示意图如图10–9所示。施工过程中，路堤填筑两侧均加宽超填30cm。

【问题】

1. 计算K1＋600～K3＋050路段设计填方量的平均运距（单位：m，计算结果保留到小数点后2位）。

2. 根据《公路路基施工技术规范》JTG/T 3610—2019，K1＋600～K3＋050路段是否需要进行路堤试验路段施工？说明理由。

3. 说明施工单位确定采用施工便道A方案的理由。

图 10-9　取土场位置平面示意图

4. 路堤填筑时，两侧加宽超填30cm的主要作用有哪些？对抛石挤淤的材料还有什么要求？该路段软基处理还可以采用什么方法？

5. 计算K1＋600～K3＋050路段加宽超填土方量，并按《公路工程标准施工招标文件》（2018年版）中工程量清单计量规则，计算该路段业主需计量支付的路堤填土方量（单位：m³，计算结果保留整数）。

【参考答案】

1. K1＋600～K3＋050路段设计填方量的平均运距＝$1420 + \dfrac{16200 \times 350 + 24000 \times 1075}{16200 + 24000}$

＝1420＋782.84

＝2202.84m。

> 本题考查的是填方量的平均运距。土方调配的运距是指从挖方体积的重心到填方体积的重心之间的距离。在路线工程中为简化计算起见，这个距离可简单地按挖方断面间距中心至填方断面间距中心的距离计算，称平均运距。路段设计填方量的平均运距＝∑（采用运量×运距）/总运量，本题的计算还需要加上施工便道A方案的长度。

2. K1＋600～K3＋050路段需要进行路堤试验路段施工。理由：因为该路段公路为二级公路，同时也属于特殊（或软土）地段路基。

3. 施工单位确定采用施工便道A方案的理由：

（1）便道A方案占田少；

（2）便道A方案靠近山脚，稳定性好；

（3）便道A方案对居民点的影响小。

4. 路堤填筑时，两侧加宽超填30cm的主要作用：①保证路堤边缘压实度；②保证刷坡工作面（或保证边坡整修）。

对抛石挤淤的材料还要求石料直径宜不小于300mm。该路段软基处理还可以采用换填垫层或掺水泥、石灰等稳定剂处理的方法。

5. K1＋600～K3＋050路段的加宽超填土方量：（0.3×1.6×700＋0.3×2.1×750）×2＝1617m³。

K1＋600～K3＋050路段业主需计量支付的路堤填土方量：16200＋24000＝40200m³。

> 本题考查的是《公路工程标准施工招标文件》（2018年版）中工程量清单计量规则。加宽超填的土方量不计入计量支付的填土方量。

实务操作和案例分析题三

【背景资料】

某施工单位承接了某公路B合同段K8＋000～K9＋800的路基、路面、1座3×20m的简支梁桥和8道涵洞施工，合同工期为200d。该段土质以松散砂土和黏土为主，路基主要工程量见表10-1。

表10-1　路基主要工程量

桩号	挖方（m³）		填方（m³）	备注
	土	石		
K8＋000～K8＋800	15000	5000	0	挖方中含有机土1000m³
K8＋800～K9＋100	2000	0	2000	道路左侧20～80m范围内为一滑坡体
K9＋100～K9＋800	0	0	24000	—

注：表中挖方为天然密实方，填方为压实方。天然密实方与压实方的换算系数为：土方1.16，石方0.92。假设换算系数不因土石混填而改变，调运方在经济运距内。

施工单位进场后，积极组织施工，将路面分成三个段落组织流水作业，并绘制了施工平面布置示意图和双代号网络计划，分别如图10-10和图10-11所示。

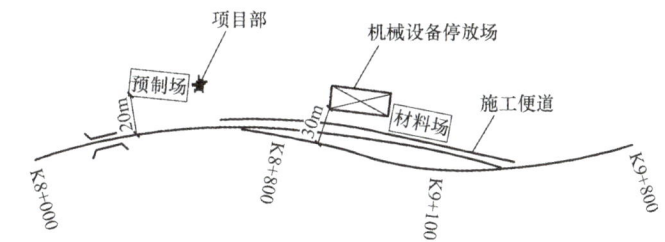

图10-10　施工平面示意图

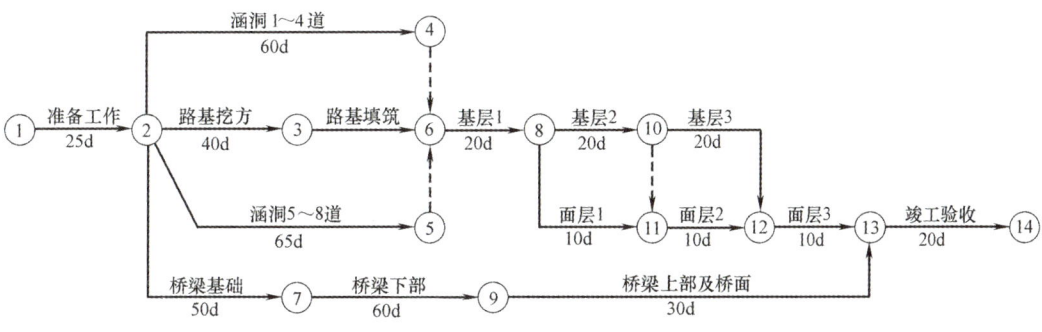

图10-11　双代号网络计划

路基施工中，石方开挖采用爆破，土方开挖采用挖掘机配自卸汽车作业。经实测，挖掘机的台班平均生产率为560m³/台班，机械利用率为0.85。填筑施工采用土石混合倾填，并进行纵向分幅，用振动压路机碾压。

桥梁墩台基础施工完毕后，为确保工程质量，监理工程师要求施工单位挖开再次检查坑底承载力和基础混凝土质量，施工单位对此提出开挖费用索赔。

该路段投入使用1年后，在K9+200~K9+600段出现了路基的纵向裂缝。

【问题】

1. 列式计算路基施工中的利用方（天然密实方）和借土方（压实方）数量。

2. 指出平面布置示意图（图10-10）中临时设施和临时工程布置的不妥之处，并说明理由。

3. 为满足合同工期要求，路基填筑施工最多不能超过多少天？若以桥梁施工为关键线路，路基填筑施工最多不能超过多少天？

4. 按进度计划要求，若挖掘机每天只安排一个班制，施工单位每天应投入多少台挖掘机（不考虑备用）？

5. 分析说明施工单位是否应该获得桥梁基坑开挖检查的索赔费用？

6. 根据背景资料，指出产生路基纵向裂缝的可能原因。

【参考答案】

1. 利用方数量：15000－1000＋5000＋2000＝21000m³。

借土方数量：24000＋2000－（15000－1000）/1.16－5000/0.92－2000/1.16＝6772m³。

2. 平面布置示意图中临时设施和临时工程布置的不妥之处：将临时场地（机械设备停放场和材料场）和施工便道布置在滑坡体内。

理由：这种布置会增加滑坡上的荷载，可能诱发滑坡。

3. 为满足合同工期要求，路基填筑施工最多不能超过的时间是：200－（25＋40＋20＋20＋20＋10＋20）＝45d。

若以桥梁施工为关键线路，路基填筑施工最多不能超过的时间是：50＋60＋30－（40＋20＋20＋20＋10）＝30d。

4. 根据公式 $N=\dfrac{P}{W_1 Q K_B}$，施工单位每天应投入的挖掘机台班：（15000＋5000＋2000）/[（40/1）×560×0.85]＝1.16台班，取2台班。

5. 对于已覆盖的隐蔽工程，监理要求再行开孔检查，若检查后符合图纸和规范要求，一切费用应由业主承担，施工单位应该获得索赔费用；若开孔检查后不符合合同及规范的要求，由承包商承担一切费用，施工单位不应该获得索赔费用。

6. 产生路基纵向裂缝的可能原因：①土石混填且未分层碾压；②纵向分幅填筑。

实务操作和案例分析题四

【背景资料】

某施工企业承包了一段36.8km的四车道高速公路沥青混凝土路面工程，路面单幅宽11.25m。路面结构形式为：基层为两层18cm的石灰粉煤灰稳定碎石；底基层为一层18cm的石灰粉煤灰稳定碎石；沥青混凝土面层为7cm的下面层、6cm的中面层和5cm的SMA表面层，桥上只铺5cm的SMA表面层，隧道内为水泥混凝土路面。

项目经理部人员进场后，完成了经理部的建设和设备的进场工作。施工平面布置示意图如图10-12所示。

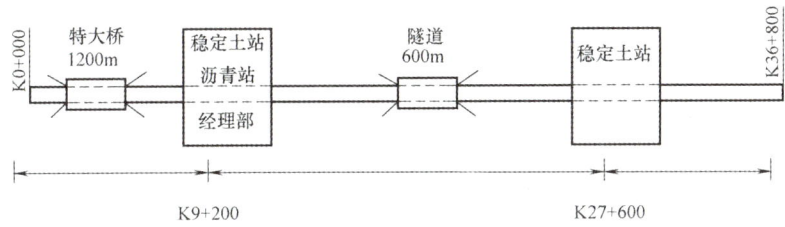

图10-12 施工平面布置示意图

合同规定沥青材料由业主提供，地方材料由施工单位自采。材料管理人员在查看过料场、进行了价格比选后，就开始进料。

项目经理部按照各项要求，在完成了一系列的准备工作后，开始施工石灰粉煤灰稳定碎石底基层。施工中，施工人员发现其中一段800m长的底基层出现了大量裂缝和破损，经检查是由于路基质量差所致，路面施工单位拟向路基施工单位提出索赔。

【问题】

1. 项目部需要采购哪几大类地材？项目部材料采购程序存在什么问题？

2. 指出石灰类材料质量检验中的两大主要指标。

3. 上述平面布置方式对稳定料的场内运输费有什么影响？说明理由。

4. 施工中，工地试验室对石灰粉煤灰稳定碎石应检测哪两项指标？并说明其合格值。

5. 由于路基交工推迟，给沥青混凝土路面施工的时间仅有140d，请通过计算（要求列出计算过程），从生产能力为160t/h、240t/h和320t/h的沥青搅拌站中选择出满足工期要求的合理设备（已知：沥青混凝土的容重取为2.4t/m³，搅拌站每天有效工作时间按8h计算）。

6. 路面施工单位的索赔对象是否恰当？说明理由。

【参考答案】

1. 项目部需要采购：石灰、粉煤灰、碎石、砂和矿粉五种。项目部材料采购程序存在的问题：材料采购中应取样试验，产品合格后才能采购。

2. 石灰类材料质量检验中的两大主要指标：有效钙和氧化镁的含量。

3. 这种平面布置方式可以节约场内运输费。理由：从稳定土搅拌站到施工铺筑现场的平均运距为最小。

4. 工地试验室对石灰粉煤灰稳定碎石应检测7d无侧限抗压强度和压实度两项指标。7d无侧限抗压强度合格值：大于0.8MPa，压实度合格值：应大于98%。

5. 需要搅拌铺筑的沥青混凝土数量为：

$$[（36.8×1000-1200-600）×（7+6+5)/100+1200×5/100]×11.25×2=143100m^3。$$

搅拌机每小时至少需要拌和沥青混凝土数量143100×2.4/（140×8）=306.6t，所以满足工期要求的合理设备应选择320t/h的沥青拌合站。

6. 路面施工单位的索赔对象不恰当。理由：路面施工单位不应该向路基施工单位索赔，因为它们之间没有合同关系，路面施工单位应向业主索赔。

实务操作和案例分析题五

【背景资料】

某施工单位承接了某二级公路预应力混凝土连续箱梁跨河大桥，桥跨布置为4联，每联3跨，大桥纵断面示意图如图10-13所示。基础为钻孔灌注桩，桩长48～64m；桥墩采用双柱墩，墩身高度25～30m，桥台为桩柱式桥台，施工设计图中标明箱梁施工采用满堂支架现浇方案。桥位处平均水深5m，该河段不通航，河床地质为粉质砂土。

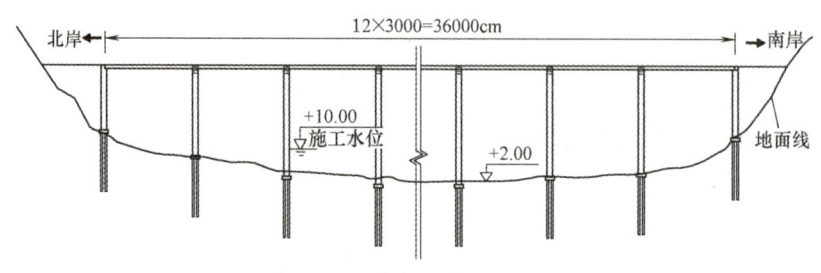

图10-13　大桥纵断面示意图

施工单位无大型施工船只，用于本桥大型临时设施的材料有$\phi560mm$钢管、工字钢等型钢、贝雷架。

根据地质条件，施工单位采用正循环回转钻孔法施工灌注桩，在施工方案中对正循环回转钻孔施工方法描述如下：利用钻具旋转切削土体钻进，泥浆输入钻孔内，从钻头的钻杆下口吸进，泥浆挟带钻渣通过钻杆中心上升，从钻杆顶部连接管道排出至沉淀池内，钻渣在此沉淀而泥浆回流入泥浆池不再使用。

施工单位设置的钻孔灌注桩质量控制点有：① 桩位坐标；② 垂直度；③ 孔径；④ A；⑤ 钢筋笼接头质量；⑥ B。

根据现场实际情况，施工单位建议采用预应力混凝土箱梁预制安装方案。通过监理单位向建设单位提出变更设计申请，经建设单位和设计单位同意后，进行预应力混凝土箱梁施工。

【问题】

1. 根据背景资料，施工单位进行钻孔灌注桩施工应采用哪些主要大型临时设施？说明理由。

2. 施工单位关于正循环回转钻孔施工方法中的描述是否正确？如不正确，写出正确描述。

3. 写出钻孔灌注桩质量控制点A和B的内容。

4. 施工单位提出设计变更申请的理由是否正确？设计变更程序是否完善？并分别说明理由。

【参考答案】

1. 根据背景资料，施工单位进行钻孔灌注桩施工应采用的主要大型临时设施及理由：

应采用的主要大型临时设施有施工临时栈桥；钻孔桩施工平台。

理由：水位较深，但该河段不通航，且施工单位无大型船只；且施工单位备有钢管、型钢、贝雷架等材料，故可搭设栈桥和平台。

2. 施工单位关于正循环回转钻孔施工方法中的描述不正确。

正确描述：利用钻具旋转切削土体钻进，泥浆泵将泥浆压进泥浆笼头，通过钻杆中心从钻头喷入钻孔内，泥浆挟带钻渣沿钻孔上升，从护筒顶部排浆孔排出至沉淀池，钻渣在此沉淀而泥浆流入泥浆池循环使用。

3. 钻孔灌注桩质量控制点A的内容：清孔质量。

钻孔灌注桩质量控制点B的内容：水下混凝土的灌注质量。

4. 施工单位提出设计变更申请的理由正确。

理由：因为施工图与现场实际情况不符。

设计变更程序不完善。

理由：监理单位应该先审核技术是否可行，还需要核算造价影响，然后报建设单位。建设单位通知设计单位，经设计单位同意后，进行设计变更，变更后由建设单位将设计变更发监理单位，监理单位再发给施工单位进行施工。

实务操作和案例分析题六

【背景资料】

某施工单位承建了二级公路施工项目，设计车速60km/h，路基宽度10m。桩号K15+000～K18+000为石方开挖地段，石方含量达80%。桩号K18+000～K19+000为填方路堤，平均填方厚度15m，采用分层压实法，自下而上水平分层，逐层填筑，逐层压实。填方路段划分为4级施工平台、4个作业区段。在路床顶面以下0.5m为第一级台阶，0.5～1.5m为第二级台阶，1.5～3m为第三级台阶，3m以下为第四级台阶。4个作业区段是填石区段、平整区段、碾压区段和检验区段。填石作业自最低处开始，逐层水平填筑。每一层均采用机械摊铺、平整，铺撒嵌缝料，将填石空隙以小石和石屑填满铺平，采用重型振动压实设备碾压。施工单位为充分发挥机械设备的效率，强化了施工机械设备的现场管理。

施工单位在施工中对填石路基质量检验实测项目有：压实度、纵断面高程、中线偏位、宽度、边坡坡度和平顺度。

【问题】

1. 针对背景资料中的4个施工平台和4个作业区段，采用哪种施工组织形式最合理？

2. 写出填石路基的施工工艺流程。

3. 补充填石路基质量检验还缺漏的实测项目。

4. 简述填石路基施工中的装运机械设备配置、摊铺平整机械设备配置和压实机械设备配置。

5. 施工机械现场管理包含哪三方面工作？

【参考答案】

1. 针对背景资料中的4个施工平台和4个作业区段，采用流水施工组织形式最合理。

2. 填石路基的施工工艺流程：施工准备→填料装运→分层填筑→摊铺平整→振动碾压→检测签认→路基成型→路基整修。

3. 填石路基质量检验还缺漏的实测项目：弯沉值、平整度、横坡。

4. 装运机械设备配置：装载机（挖掘机）和自卸车。

摊铺整平机械设备配置：推土机。

压实机械设备配置：自重不小于18t的振动压路机。

5. 施工机械现场管理包含的三方面工作：

（1）做好施工前的准备工作。

（2）合理安排施工任务。

（3）建立机械使用责任制。

实务操作和案例分析题七

【背景资料】

某高速公路穿越某旅游景区，其中K49＋020～K49＋530段原设计为填高10～20m的路堤，并需借土填方。建设单位要求施工单位加强环境保护，做到文明施工。因该地区申报4A级旅游景区，为保护该区域环境地貌，决定取消取土场。经相关各方协商，决定将该段路堤变更为20×25m预应力钢筋混凝土简支T梁桥。由于该设计变更引起的工期延误，造成施工单位误工和机械设备闲置经济损失40万元，施工单位向建设单位提出索赔40万元。在梁段预制施工中，建设单位考虑到工期延误了40d，为加快进度召开了专门会议，决定简化材料采购程序，规定由建设单位指定钢绞线、普通钢筋、水泥等主材供应商。在建设单位口头担保的情况下，材料采购部门填写《材料试验检验通知单》，交由试验室主任指派试验人员到货源处取样进行性能试验，检验合格后，施工单位与供货厂家签订了材料供货合同。

当第一批钢筋运送至工地时，施工单位认为是建设单位指定使用的钢筋，在认真检查了产品合格证、质量保证书后即用于工程施工。后经监理抽检，发现该批次钢筋质量存在问题，要求相关部位暂停施工，已完成的相关部分全部返工，由此造成经济损失60万元，项目部据此向建设单位索赔60万元。

由于25mT梁数量较多，施工单位设置了专门的预制场和存梁区，采用门式起重机移运预制的梁段。施工中由于门式起重机钢丝绳断裂导致预制梁坠落，两片T梁损毁，一人受伤，直接经济损失20万元。

【问题】

1. 根据《公路工程设计变更管理办法》，指出背景资料中所述的变更属于哪一级设计变更？简述该设计变更的程序。

2. 指出施工单位在材料采购和进场检验中的错误做法，并写出正确做法。

3. 分别指出施工单位就工程变更提出的索赔和工程返工提出的索赔是否合理，说明理由。

4. 根据《生产安全事故报告和调查处理条例》，指出预制场梁段坠落事故的等级。

5. 写出T梁预制施工中应做好的主要环境保护工作。

【参考答案】

1. 背景资料中所述的变更属于较大设计变更。

该设计变更的程序包括：意向通知、资料收集、费用评估、协商价格、签发变更令。

2. 错误做法：① 由建设单位口头担保，与主材料供货厂家签订材料供货合同；② 钢筋到场后，未经检验即直接用于施工。

正确做法：① 应通过公开招标方式确定供货商；② 钢筋到场后，应由试验室在监理工程师监督下按规范规定的批量和项目进行检测试验，合格后方可使用。

3. 因工程变更进行的索赔合理，理由：因为是由于建设单位的原因引起的变更。因工程返工引起的索赔不合理，理由：因为造成该损失的原因是施工项目部未把好材料进场关，是施工单位的责任。

4. 预制场梁段坠落事故的等级为一般事故。

5. T梁预制施工中应做好的主要环境保护工作：围挡隔离，场地道路硬化，清运车辆覆盖、封闭并清洗，洒水降尘，降低噪声。

实务操作和案例分析题八

【背景资料】

某施工单位承接了农村公路的5×16m简支板桥施工项目，桥梁上部结构为先张法预应力空心板，下部结构为双柱式桥墩，基础为桩基础，桥面面层为5cm厚沥青混凝土，采用租赁摊铺机摊铺。桥头附近为砂性黏土，地势平坦，施工单位拟在此布置预制梁场，所需普通工人主要在当地雇用。当桩基础施工完毕后按规定进行了完整性检测。

在施工中发生了如下事件：

事件1：施工单位购买了3套千斤顶，为使用方便，千斤顶、油泵随机组合起来张拉预应力钢绞线。由于工期紧，新设备购买后立即投入使用。

事件2：在桥面施工过程中，施工单位安装伸缩缝后即进行5cm厚沥青混凝土施工，要求摊铺机匀速行驶，技术员随时检查高程及摊铺厚度。

【问题】

1. 结合背景资料，写出施工单位需要签订哪些合同？

2. 现场预制场梁场布置一般应考虑哪些因素？

3. 针对事件1，改正错误之处。

4. 针对事件2，改正错误之处。若按背景资料所述方法施工，可能产生哪些质量病害？

【参考答案】

1. 施工单位需要签订的合同：承包合同、采购合同、租赁合同、检测合同、保险合同、劳动合同、安全合同和廉政合同。

2. 现场预制梁场布置一般应考虑的因素：现场的面积、地形、工程规模、安装方法、工期及机械设备情况等。

3. 针对事件1，改正错误之处：在进行张拉作业前，必须对千斤顶、油泵进行配套标定，并每隔一段时间进行一次校验。有几套张拉设备时，要进行编组，不同组号的设备不得混合。

4. 针对事件2，改正错误之处：为改进构造物伸缩缝与沥青路面衔接部位的牢固及平顺，先摊铺沥青混凝土面层，再做构造物伸缩缝。

若按背景资料所述方法施工，可能产生路面不平整病害接缝处压实度不足造成跳车明显，还可能导致伸缩缝早期破坏质量病害。

实务操作和案例分析题九

【背景资料】

某施工单位承接了一段长30km的沥青混凝土路面施工，其中基层采用厂拌二灰稳定碎石，施工前选择了相应的施工机械并经计算确定了机械台数，施工工艺如图10-14所示。

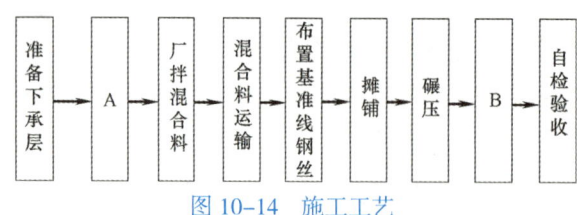

图10-14 施工工艺

其中部分路段采用两幅施工，纵缝采用斜缝连接。同日施工的两个工作段接缝处，要求前一段拌和整修后，留5~8m不进行碾压，作为后一段摊铺部分的高程基准面，后段摊铺完成后立即碾压以消除缝迹。

二灰基层施工完毕后，且在面层施工前，检测了如下项目：弯沉值、压实度、平整度、纵断面高程、宽度、横坡、回弹模量，以评定该分项工程质量。

【问题】

1. 二灰基层施工准备中，计算机械台数需要考虑哪些因素？
2. 补充方框A、B内的工序。
3. 改正接缝处理中错误的做法。
4. 指出二灰基层质量检测评定实测项目中的错项，并补充漏项。

【参考答案】

1. 二灰基层施工准备中，计算机械台数需要考虑的因素：计划时段内应完成的工程量、计划时段内的台班数、机械的利用率和机械台班生产率。

2. 方框A内的工序是施工放样（或放线，或测量），方框B内的工序是养护。

3. 改正接缝处理中错误的做法：

（1）纵缝必须采用垂直相接，不应采用斜缝连接。

（2）后一段施工时，前段留下未压部分，应再加部分生石灰结合料重新拌和，并与后一段一起碾压。

4. 二灰基层质量检测评定实测项目中的错项包括弯沉值、回弹模量。补充的漏项包括厚度、强度。

实务操作和案例分析题十

【背景资料】

某施工单位承建了一段三级公路工程，包括路基与路面工程，起讫桩号K0＋000~K20＋400。该公路左侧临河，临河段设置了路堤挡土墙。为保障行车安全，临河土路肩上设置了构造物A。公路右侧傍山，挖方边坡地质条件为易风化碎落的岩石，在坡脚处设置了100cm宽的构造物B。路基两侧的土路肩采用C20混凝土预制块进行加固。路基断面及路面结构示意图如图10-15所示。

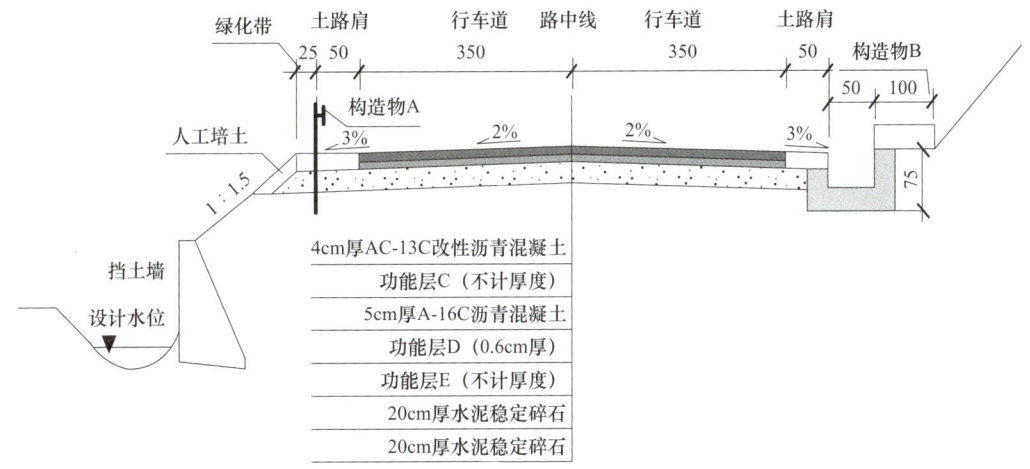

图 10-15　路基断面及路面结构示意图

施工中发生如下事件：

事件 1：施工单位采用厂拌法进行沥青混凝土路面施工。在公路沿线全面考察，考虑设 1 座沥青混合料拌合站。拌合站选址的原则如下：

（1）选址应满足用地合法，周围无塌方、滑坡、落石、泥石流、洪涝等地质灾害，可占用规划的取土场、弃土场。

（2）选址应尽量靠近主体施工部位，做到运输便利，经济合理。

（3）选址应远离生活区、居民区，尽量设在生活区、居民区的上风向。

事件 2：经过集料试验，该工程材料的集料属于碱性集料，施工单位决定采用阴离子乳化沥青。项目部共购买了 PA-2、PA-3、BA-1 三个品种的阴离子乳化沥青，计划分别用于透层、封层和粘层的施工。阴离子乳化沥青品种及适用范围见表 10-2。

表 10-2　阴离子乳化沥青品种及适用范围

阴离子乳化沥青品种	适用范围
PA-2	透层
PA-3	封层
BA-1	粘层

事件 3，根据设计文件中的"路面工程数量表"，全线路面无加宽。施工单位选用 1 台大型沥青混合料摊铺机进行上面层摊铺施工。施工时，从起点向终点方向推进，并对左右幅进行全幅摊铺施工。已知沥青混合料摊铺压实后的密度为 2.4t/m³，摊铺机的摊铺工作速度为 200m/h。摊铺机的时间利用系数为 0.8（提示：摊铺机的每小时生产效率计算公式为：$Q = hBv_0\rho K_B$）。

【问题】

1. 写出背景中构造物 A 和构造物 B 的名称，写出图 10-15 中功能层 C、D、E 的名称。

2. 逐条判断事件 1 中的选址原则是否正确。若不正确，写出正确的选址原则。

3. 复制事件 2 中的表 10-2 到答题卡上，对阴离子乳化沥青品种与各自适用范围一一对应连线。

4.计算事件3中摊铺机的每小时生产效率 Q（计算结果保留小数点后2位）；如果摊铺机每天工作8h，计算上面层的施工工期（精确到整数天）。

【参考答案】

1.构造物A的名称为波形防护栏，构造物B的名称为碎落台，功能层C的名称为粘层，功能层D为下封层，功能层E的名称为透层。

> 本题考查的是沥青路面施工技术。分析临河段设置了路堤挡土墙，临河土路肩上设置了构造物A是为保障行车安全。这个构造物A根据其位置和作用可判断为防护栏。背景资料给出"挖方"边坡地质条件为"易风化碎落的岩石"根据图10-15可知构造物B在挖方坡脚位置，便可以判断为构造物B为碎落台。用于面层和面层之间的应为粘层。故功能层C为粘层。图中功能层D是0.6cm且用于下面层和基层之间，故功能层D为下封层。基层和面层之间应为透层，故功能层E为透层。

2.选址原则是否正确的判断：

（1）不正确。

正确的选址原则：不得占用规划的取、弃土场。

（2）正确。

（3）不正确。

正确的选址原则：选址应远离生活区、居民区，尽量设在生活区、居民区的下风向。

3.阴离子乳化沥青品种及适用范围连线见表10-3。

表10-3 阴离子乳化沥青品种及适用范围连线

阴离子乳化沥青品种	适用范围
PA-2 ———————	——————— 透层
PA-3 ⤬	封层
BA-1 ———————	——————— 粘层

4.摊铺机的每小时生产效率 $Q = hBv_0\rho K_B = 0.04 \times 7 \times 200 \times 2.4 \times 0.8 = 107.52 \text{t/h}$。

上面层的施工工期：$20400 \times 7 \times 0.04 \times 2.4 / (107.52 \times 8) = 16\text{d}$。

> 本题考查的是沥青混凝土摊铺机的生产能力。根据背景资料中给出的"摊铺机的每小时生产效率计算公式为：$Q = hBv_0\rho K_B$"依次带入计算即可。上面层的施工工期＝长×宽×厚度×压实后的密度/（每小时生产效率×8h）＝16d。注意：宽度为（350＋350）/100＝7m。

第11章　公路工程实务操作专项突破

大纲是考试的方向，考试用书是出题的载体。大纲明确标明实务科目出现"实操题"，也意味着出题方向将更重视实务操作。

实操题的出现，就是为了更好地规范和适应市场需要，所以未来的考试会越来越贴近施工现场。简单来说，实操题便是结合图纸与施工现场的应用题，在出题时会根据施工平面示意图、施工流程图、施工操作过程等，考核题型有以下几种：

（1）本工程合理的施工顺序。

（2）指出图中字母或数字所代表的名称。

（3）指出图中有何不妥之处。

（4）判断某示意图是否正确，并要求画出正确的示意图。

（5）所示的图中安装存在哪些错误。

（6）指出图中的安装不符合规范要求之处，并写出正确的规范要求。

解答实操题目，需要在脑海中构建施工现场作答，不能识图将会在实操题上全军覆没。为了便于学习，下面将施工平面示意图、施工流程图、施工操作过程等总结如下。

专项突破一　路基工程

1. 路堑施工工艺流程

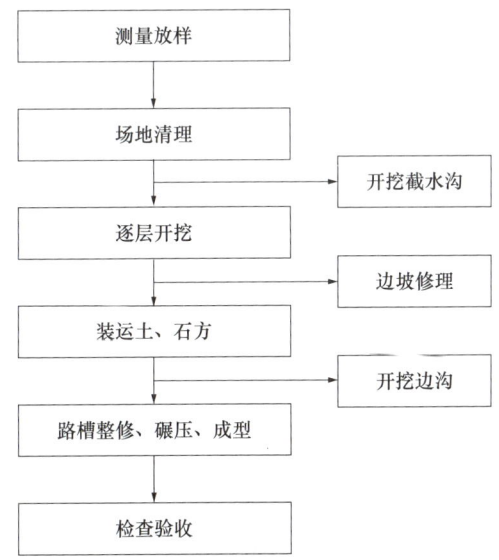

2. 填石路堤施工工艺流程图

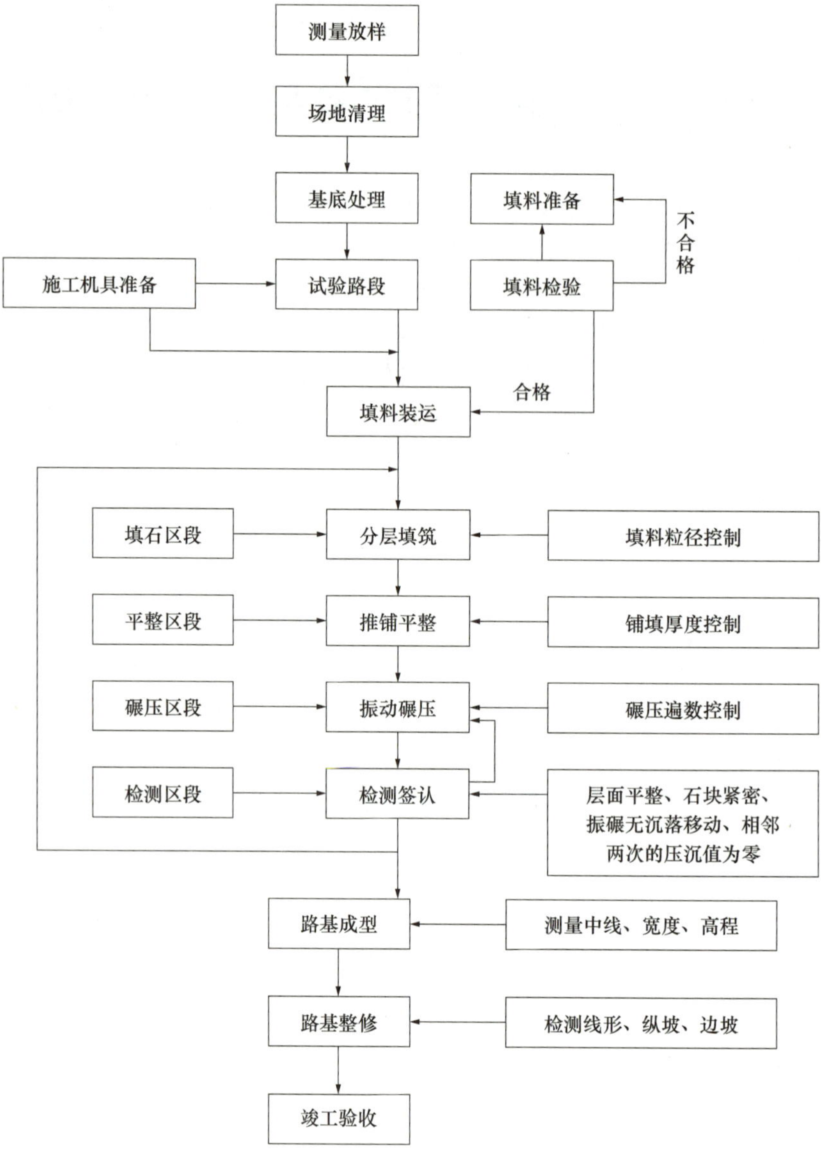

测量放样
场地清理
基底处理
填料准备
不合格
施工机具准备
试验路段
填料检验
合格
填料装运
填石区段
分层填筑
填料粒径控制
平整区段
推铺平整
铺填厚度控制
碾压区段
振动碾压
碾压遍数控制
检测区段
检测签认
层面平整、石块紧密、振碾无沉落移动、相邻两次的压沉值为零
路基成型
测量中线、宽度、高程
路基整修
检测线形、纵坡、边坡
竣工验收

3. 路基拼接示意图

原路面
拼宽路面
护栏
2%
3%
1 : 1.5
1 : 1.5
旧路基
新路基
原地面线
原边沟

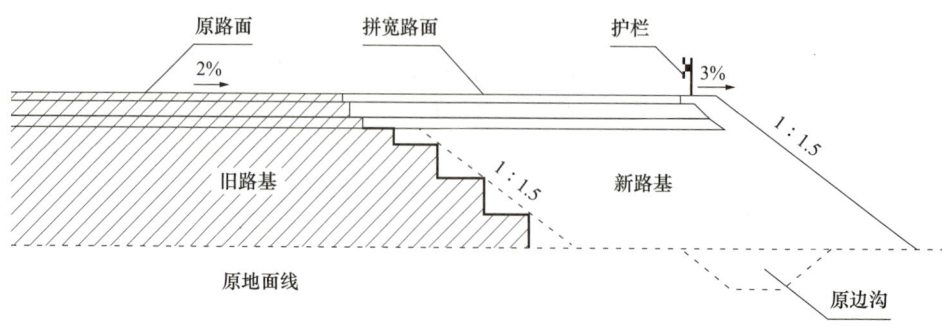

4. 高填方路堤横断面示意图

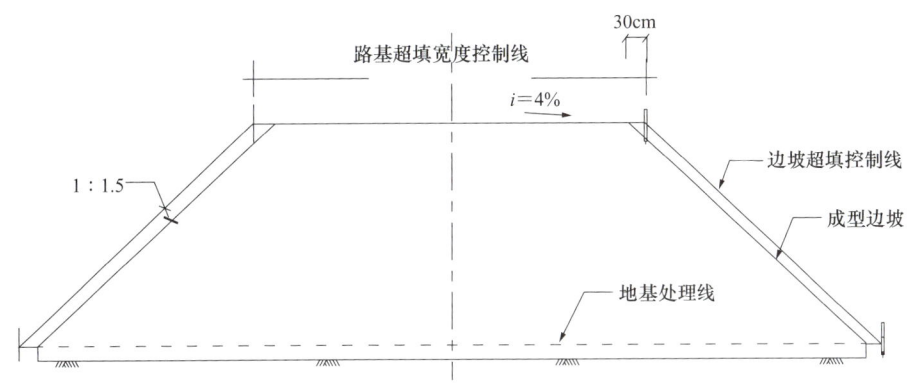

5. 路基横断面示意图

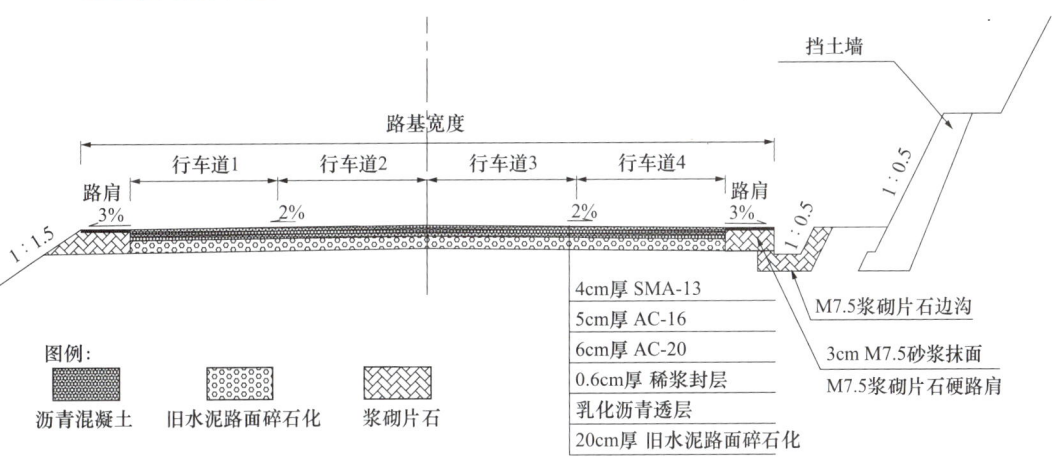

图例：

沥青混凝土　　旧水泥路面碎石化　　浆砌片石

4cm厚 SMA-13
5cm厚 AC-16
6cm厚 AC-20
0.6cm厚 稀浆封层
乳化沥青透层
20cm厚 旧水泥路面碎石化

6. 高速公路软土路基高路堤拓宽设计示意图

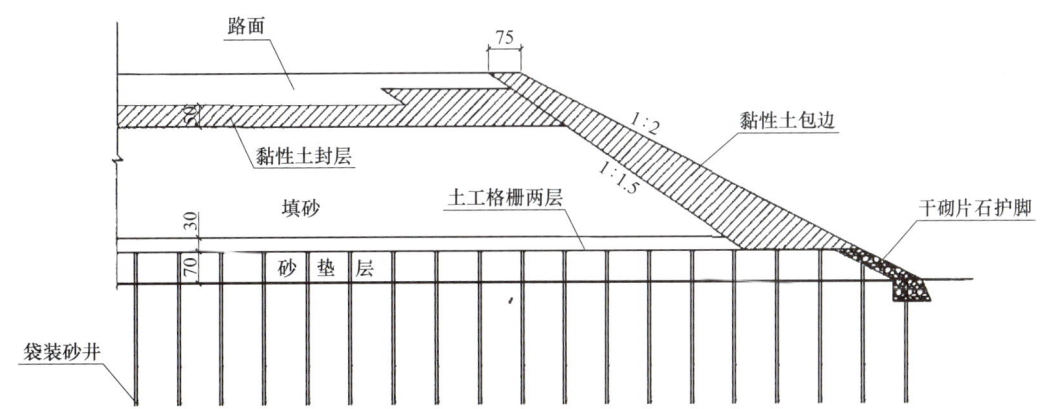

专项突破二 路面工程

1. 无机结合料稳定材料组成设计流程图

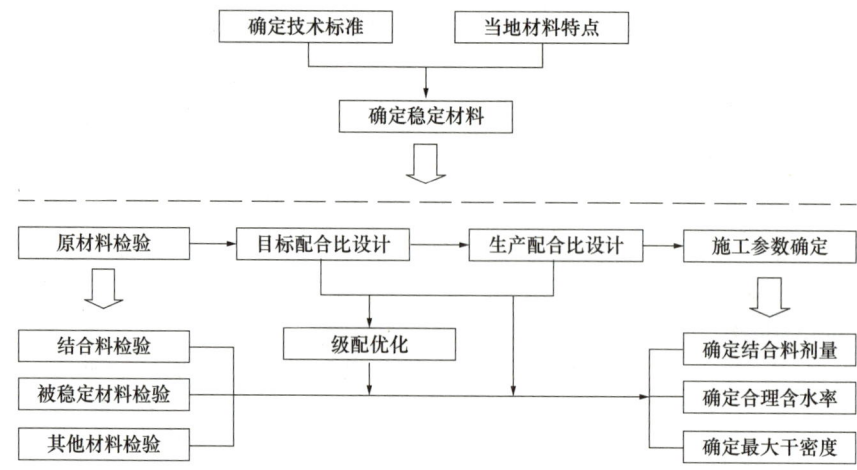

2. 混合料人工路拌法施工工艺流程图

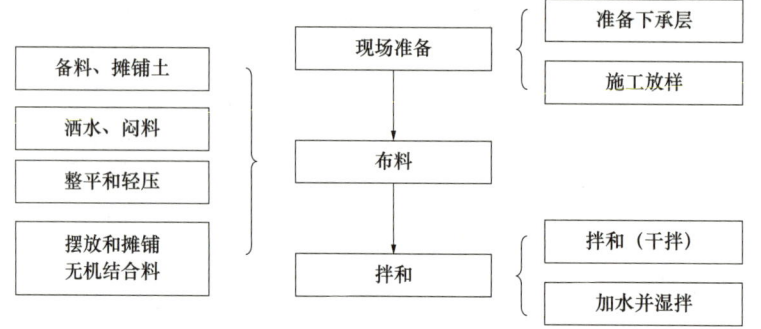

3. 热拌沥青混凝土路面施工工艺流程图

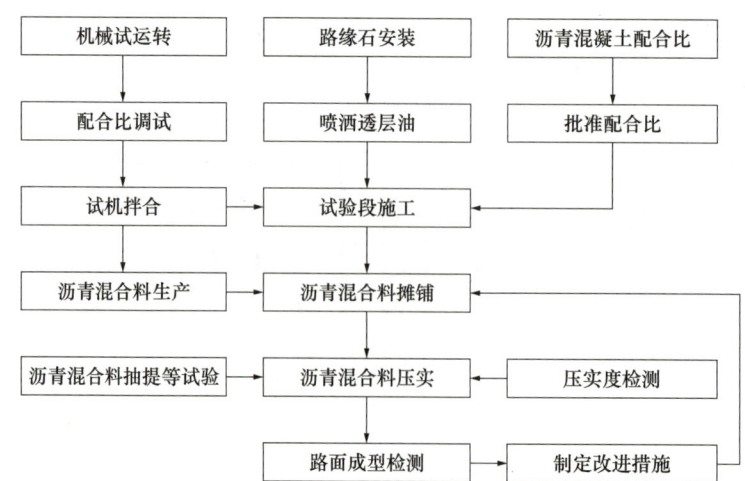

4. 路面结构示意图

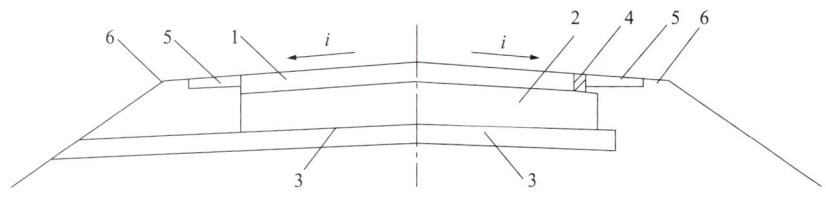

i—路拱横坡度；1—面层；2—基层；3—垫层；4—路缘石；5—加固路肩；6—土路肩

5. 水泥混凝土拌合站平面布置示意图

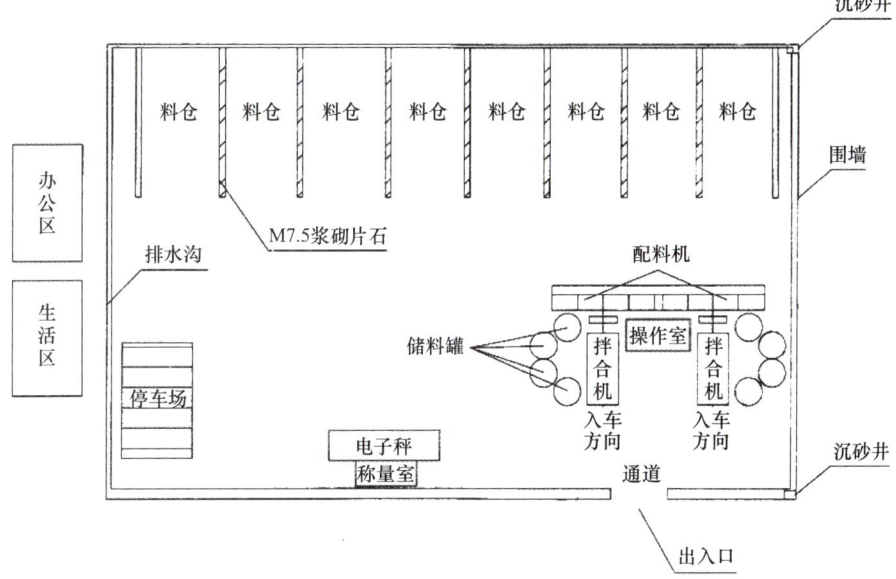

专项突破三　桥梁工程

1. 灌注首批混凝土所需数量计算式及首批混凝土数量计算简图

$$V = \frac{\pi D^2}{4}(H_1 + H_2) + \frac{\pi d^2}{4}h_1$$

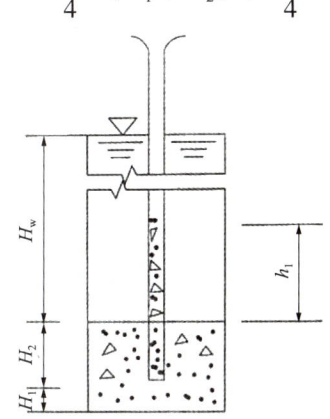

2. 模板制作与安装施工工艺流程

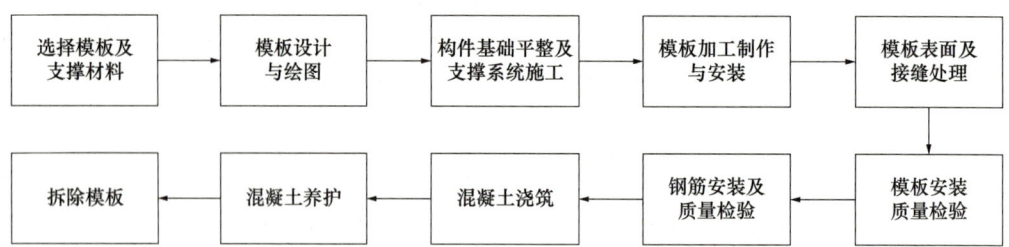

3. 先张法预制梁板施工工艺流程

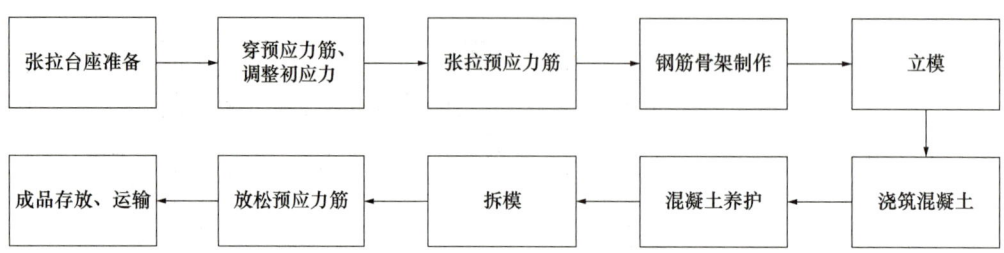

4. 连续刚构桥悬臂浇筑施工工艺流程

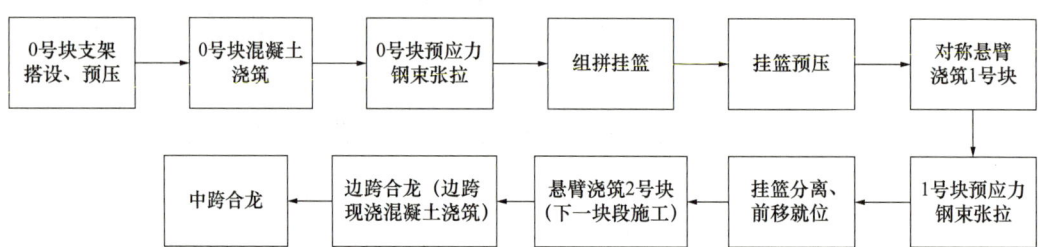

5. 连续梁桥悬臂浇筑施工工艺流程

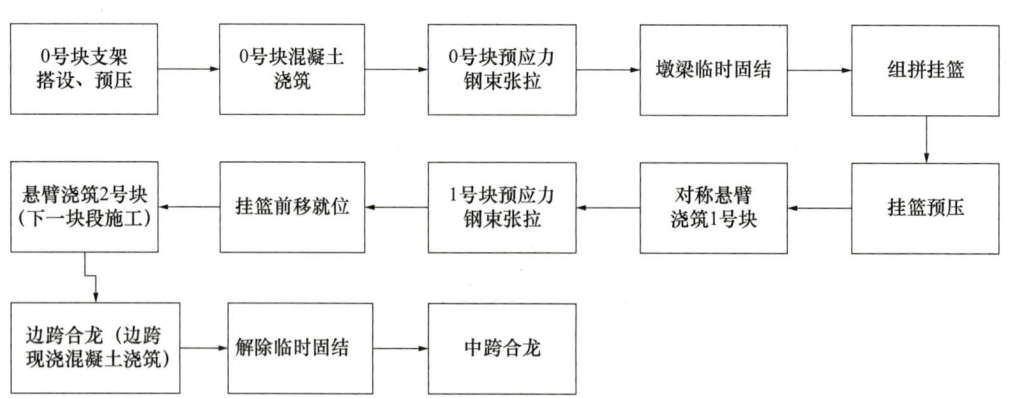

6. 菱形挂篮示意图

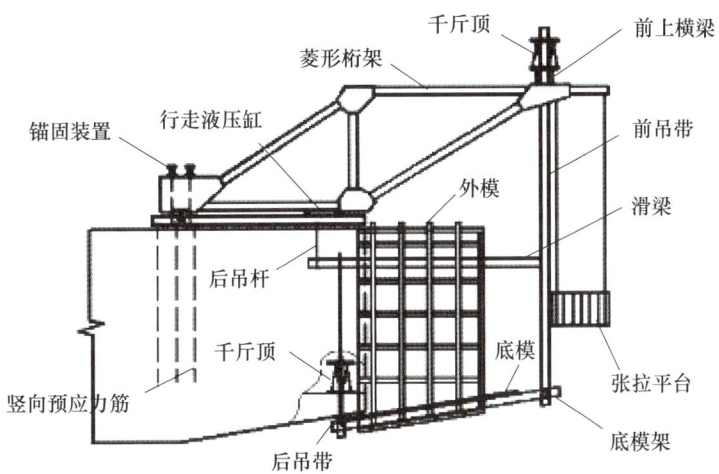

专项突破四　隧道工程

1. 复合式衬砌

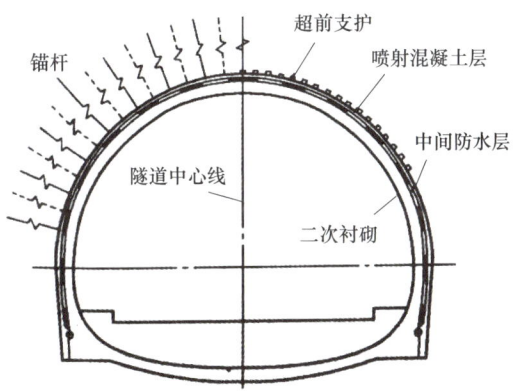

2. 台阶法施工工序示意图

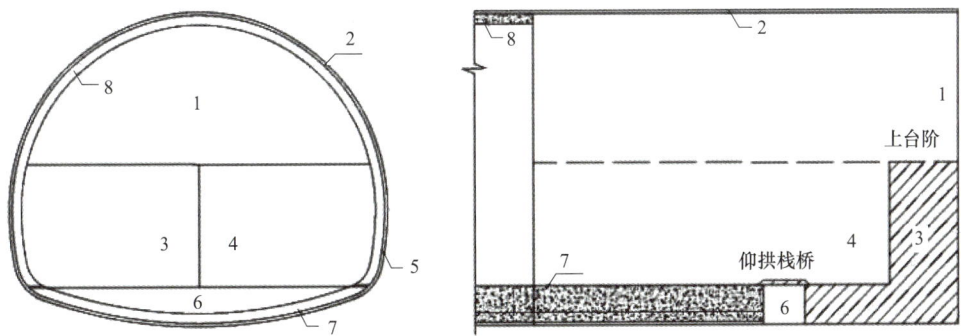

施工工序：1—上台阶开挖；2—上台阶初期支护；3、4—下台阶错开开挖；5—下台阶初期支护；6—底部开挖（捡底）；
7—仰拱及填充（底板）；8—二次衬砌

3. 全断面法施工工序示意图

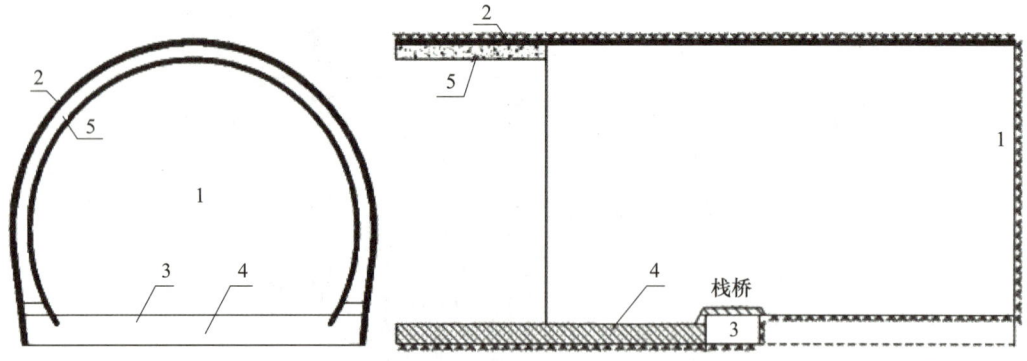

施工工序：1—全断面开挖；2—初期支护；3—隧道底部开挖（捡底）；4—底板（仰拱及填充）浇筑；5—拱墙二次衬砌

4. 环形开挖留核心土法施工工序示意图

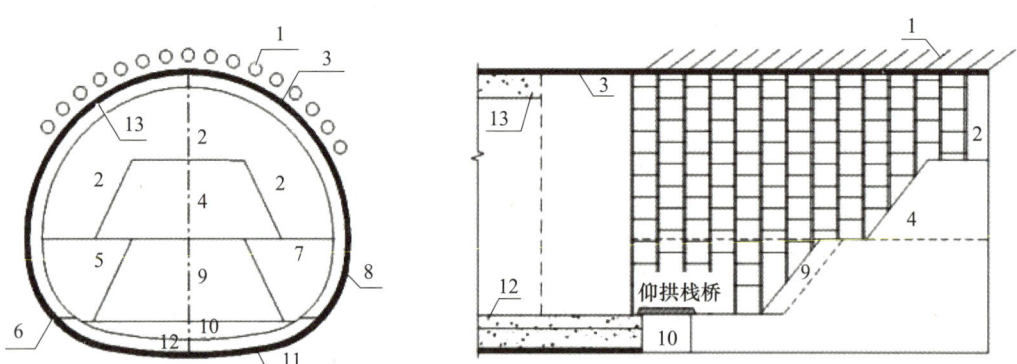

施工工序：1—超前支护；2—上部环形导坑开挖；3—上部初期支护；4—上部核心土开挖；5、7—两侧开挖；
6、8—两侧初期支护；9—下部核心土开挖；10—仰拱开挖；11—仰拱初期支护；12—仰拱及填充混凝土；13—拱墙二次衬砌

5. 中隔壁法施工工序示意图

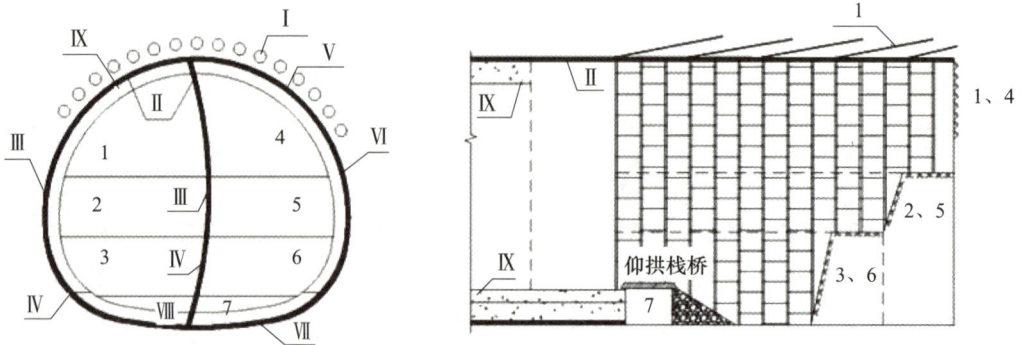

施工工序：Ⅰ—超前支护；1—左侧上部开挖；Ⅱ—左侧上部初期支护；2—左侧中部开挖；
Ⅲ—左侧中部初期支护；3—左侧下部开挖；Ⅳ—左侧下部初期支护；4—右侧上部开挖；
Ⅴ—右侧上部初期支护；5—右侧中部开挖；Ⅵ—右侧中部初期支护；6—右侧下部开挖；
Ⅶ—右侧下部初期支护；7—拆除中隔壁；Ⅷ—仰拱及填充混凝土；Ⅸ—拱墙二次衬砌

专项突破五　交通工程

监控系统的管理结构图（三级）

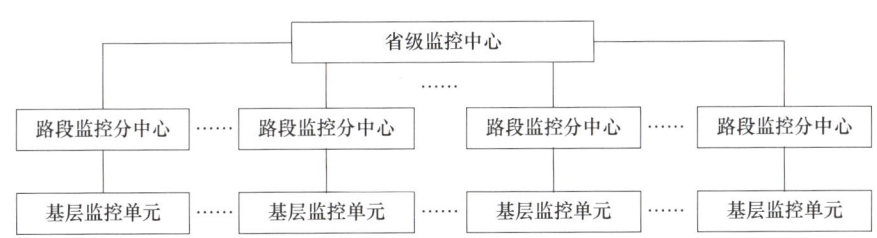